JN445880

한국고전번역총서 3

동양시학원류

제2편 조선시학고

이 책은 2023년 단국대학교 교내연구소 연구 지원비의 지원에 의한 단국대학교 부설 한국고전문학텍스트연구소의 한국고전번역 결과물로 간행된 도서임.

한국고전번역총서 3

東洋詩學原流

朝鮮詩學考

이승규 지음
김효정 박난아 유명석
유진희 최수완 옮김
윤재환 감수
한국고전문학텍스트연구소 편

학자원

간행사

한국고전문학텍스트연구소는 인문학적인 창조의 정신을 바탕으로 대중들의 관심에서 버려져 있는 우리 고전의 가치를 새롭게 밝혀, 현대를 살아가는 사람들에게 삶의 지표와 미래의 희망을 제시하기 위해 설립되었습니다.

흔히 시대를 뛰어넘어 변함없이 읽을 만한 가치를 지니는 책들을 통틀어 고전이라고 합니다. 그렇다면 고전은 과거뿐만 아니라 현재 그리고 지금 이 자리에서도 여전히 변함없는 가치를 지닐 것입니다. 하지만 현재 우리 사회에서 고전에 대한 대중들의 관심을 찾아보기 어렵습니다. 오히려 그것보다 고전을 바라보는 현대인들의 시선은 고전을 오래된 어려운 것, 시대에 뒤떨어진 고리타분한 것을 넘어 이제 더 이상 우리 사회에서 의미 없는 것이라고 생각하는 듯 보이기까지 합니다. 이와 같은 대중들의 시선을 접할 때마다 고전을 업으로 삼는 사람으로서 당혹스럽고 또 어찌해야 할지 혼란스럽기도 하지만 돌이켜보면 이와 같은 문제는 그 연원이 오래된 듯합니다.

현대 사회를 인문학의 위기라고 합니다. 인문학은 더 이상 이 사회에서 의미 없는, 가치 없는 것으로 치부되어 사회의 관심 밖으로 밀려나 설 자리를 잃고 방황하는 듯 보이기도 합니다. 그렇지만 현대 사회에 팽배한 인문학에 대한 폄하 역시 고전에 대한 오해와 같은 것이라고 생각됩니다.

인류의 역사를 되돌아보면 고전이 그 자체로 가치와 의미를 인정받았던 시기를 찾기 어렵고, 인문학이 위기가 아니었던 시대가 없었습니다. 그런 점에서 고전은 언제나 시대에 뒤떨어진 의미 없는 것으로 보이고,

인문학은 늘 위기 속을 허덕이는 학문이라고 생각되기까지 합니다. 하지만 만약 그와 같은 생각이 사실이라면 우리 사회에서 고전과 인문학은 이미 자취를 감추었어야 하지만, 사회가 첨예해지고 기술 문명이 발달할수록 고전과 인문학에 대한 대중들의 갈망이 커지는 경우를 주변에서 쉽게 찾아볼 수 있습니다. 이와 같은 모습들은 고전과 인문학이 우리 사회에서 결코 사라질 수 없는 것임을 보여주는 것입니다.

한국고전문학텍스트연구소는 고전에 대한 왜곡된 인식과 인문학에 대한 그릇된 편견을 교정하는 작은 씨앗이 되고자 설립된 연구소입니다. 이를 위해 우리 연구소에서는 고전을 다양한 사회의 변화에 부응할 수 있도록 새롭게 가공하여, 현대 사회의 대중들이 고전과 인문학의 가치를 새롭게 인식하고 흥미를 느낄 수 있도록 하고자 합니다. 이런 목표를 실현하기 위해 우리 연구소에서 가장 먼저 주목한 것이 번역을 통한 고전의 현대화입니다. 읽기 어렵고 난해한 고전을 현대어에 맞게, 현대인들의 사고와 이해에 부합할 수 있도록 번역하여 고전에 대한 접근과 이해의 폭을 넓히고자 하는 것입니다.

이번에 간행하는 한국고전번역총서 제3권은 이와 같은 우리 연구소의 목표를 달성하기 위해 발간한 책입니다. 『동양시학원류』의 제1편 「중국시학」을 번역하여 간행한 한국고전번역총서의 제2권을 이어 간행되는 한국고전번역총서 제3권은 『동양시학원류』의 제2편인 「조선시학고」편을 현대인들의 시각에서 새롭게 번역하고 다양한 참고 자료를 첨가하여 전문 연구자들뿐만 아니라 일반 대중들까지도 시화가 지니고 있는 흥미롭고 다양한 재미를 느낄 수 있도록 하여 현대의 독자들이 고전과 한문에 대한 새로운 관심을 가질 수 있도록 하고자 하는 것입니다.

엄밀한 선별 과정과 치밀한 번역 및 검토 과정을 거쳐 간행되는 한국고전번역총서는 앞으로도 인문학 관련 전문 연구자뿐만 아니라 일반 대중들에게까지 우리 고전의 가치와 의미를 알려 고전에 대한 왜곡된 인식과 인문학에 대한 그릇된 편견을 교정하는 작은 씨앗의 역할을 충실히 해나갈 수 있으리라 생각됩니다. 이후로도 이 중요한 작업이 충실하게 이루어지기를 기대하며, 한국고전번역총서의 간행을 지원해 주신 단국대학교와 학자원 출판사의 사장 김병환 출판이사님께 다시 한 번 깊은 감사의 마음을 전합니다.

2023년 10월

단국대학교 부설 한국고전문학텍스트연구소장

서문

『동양시학원류』는 1900년대 초기의 학자인 이승규(1882~1954)가 편찬한 책이다. 저자에 대해 알려진 것이 거의 없기 때문에 명확하게 밝혀 말하기는 어렵지만, 이승규는 충청남도 보령 출신으로 한학에 조예가 깊었으며 동아일보 창간기자, 보성학교 교사, 휘문학교 교사, 서울시립농과대학 교수 등을 역임했다고 한다. 그런 점에서 『동양시학원류』는 그가 학생들을 교육하기 위해 편찬한 책이라고 생각된다. 『동양시학원류』는 2편으로 구성되어 있는데, 이 책은 그중 제2편에 해당하는 「조선시학고」편을 번역한 것이다.

이 책은 앞서 간행한 『동양시학원류 - 중국시학』편을 이어 간행하는 책이다. 이 책의 저본인 『동양시학원류』의 제2편 「조선시학고」는 우리 한시사를 왕조사에 따라 나누어 각 시기를 개괄하고 이어 각 시기의 대표적인 작가와 그 작가의 작품을 소개한 뒤 그 작품에 대한 비평을 더하는 방식으로 구성되어 있다. 따라서 이 책의 번역은 우리 한시사의 개괄적인 흐름과 그 흐름 속의 대표 작가 그리고 대표 작품을 이해하는 데 도움을 줄 것이다.

이 책의 번역 이전에 이미 두 권의 번역서를 출간해 보았고, 한시를 공부한 시간도 짧지 않으니 이 책의 번역은 그다지 어렵지 않을 것이라고 생각했다. 특히 앞서 번역한 책이 이 책의 1편에 해당하니 체재와 구성의 통일성에서 별다른 어려움이 없을 것이라고 생각했다. 하지만 이런 생각은 실제로 책을 읽어 나가면서 점차 바뀌었다. 1편을 읽을 때처럼 글자의 판독이 어려운 것은 물론이고, 형식과 체재도 1편과 완전히 달랐다. 같은 책의 두 편이 아니라 완전히 다른 형식의 새로운 책을 읽는 것 같았다. 여기에 더해 인용된 작품이 작자의 문집에 수록된 것과 다른 경우도 부지기수여서 어떤 작품을 저본으로 해야 하는가 하는 새로운 고민까지 생겼다.

1편을 읽으면서도 그랬지만, 2편의 강독에는 정말 많은 시간이 걸렸다. 인용한 작품을 저자의 문집에서 찾아 하나하나 대조하는 작업까지 더해지면서 강독의 시간은 길어지기만 했다. 강독 기간이 길어지면서 재미와 흥미가 사라지자 꼭 이 책을 읽어야 하는가 하는 회의가 들었지만, 지나온 시간의 노력을 생각하면 그만둘 수도 없었다. 그런 점에서 어쩌면 이 책은 지독한 인내의 결실이라고도 할 수 있을 것 같다.

지난한 시간을 거쳐 강독을 마친 이후 학생들은 앞서 출간한 책을 간행할 때와 같은 고통을 겪었다. 긴 시간의 강독으로 몇 번이나 바뀐 형식과 체재를 정리하고 번역을 다듬으면서 교감을 진행했는데, 앞서 번역한 1편과 완전히 다른 2편의 체재를 어떻게 해야 하는가 하는 고민은 이 책의 출간을 가로막는 가장 큰 장애였다. 그런데 학생들에게는 이런 많은 문제들이 그저 어려움으로 다가왔겠지만, 이런 문제들을 토론 속에서 하나하나 해결해 나가는 것을 보는 것은 선생으로서 그간 느껴보지 못했던 새로운 기쁨이었다.

이 책 역시 이전의 책과 같이 번역 어투를 지양하여 일반 대중들까지 수월하게 읽을 수 있도록 했고, 주석과 교감을 별도로 배치하여 원문을 읽을 때 느낄 수 있는 불편함을 최소화했으며, 인용된 작품들의 원문을 첨부하였다. 이제는 학생들이 자신들의 힘으로 책을 번역하여 출간할 수 있을까 하는 의심이나 두려움이 생기지 않는다. 이 책을 읽는 독자들이야 이 책의 의미에 대해 여러 가지 다른 생각을 할 수 있겠지만, 내게는 이 책이 이제는 학생들을 믿고 맡겨도 된다는 자신감을 주었다는 것에 가장 큰 의미가 있을 것 같다.

늘 그랬던 것처럼 이 책의 출간을 준비하면서도 새로운 자료를 학생들과 읽고 있다. 지금 읽는 자료의 강독이 끝나면 그때는 학생들이 먼저 책으로 출간하겠다고 하지 않을까 생각된다. 그러고 보니 이 학생들과 함께 공부한 시간도 근 20년이 되어 간다. 학부생으로 입학해 아무것도 몰랐던 학생들이 이제는 석사 · 박사 과정을 마치고 대학 강단에 서 있다. 대견하고 기특한 모습을 보면서 늘 지금 같은 열정을 잊지 않기를 바란다.

2023년 10월

죽전 연구실에서

윤재환

일러두기

1. 이 책의 번역 대본은 단국대학교 석주선기념박물관 연민문고본 『동양시학원류東洋詩學源流』이다. 영인본은 연민문고본과 영남대학교 도남본에서 판독이 용이한 부분을 뽑아 수록하였다.
2. 이 책의 번역은 단국대학교 한국고전문학텍스트연구소 소속 연구원들의 강독을 바탕으로 하였다.
3. 원문에 수록된 시의 교감은 『한국문집총간韓國文集叢刊』 및 국립중앙도서관본 원저자의 문집과 시선집을 활용하였다.
4. 번역의 분절 단위는 원문의 분절 단위를 따라 아라비아 숫자로 표기하였다.
5. 번역은 최대한 현대국어로 옮기도록 하였다.
6. 현대국어로 옮겨지지 않는 부분과 한자가 반드시 필요한 경우를 제외하고는 한자를 사용하지 않았다. 고유명사의 경우도 원문의 분절 단위를 기준으로 처음 나타날 때만 한자를 병기하여 한자의 사용을 최소화하였다. 한자를 사용할 경우에도 한자의 크기를 줄여 가독성을 높이고자 하였다.
7. 번역문에서 시는 원문을 병기하였다.
8. 원문에서 의미가 전달되지 않는 부분은 교감한 글자로 번역하였다.
9. 교감은 시 제목의 경우 제목 전체를 교감하였다. 나머지는 글자 단위로 하되 불가피한 경우, 앞·뒤 글자와 함께 교감하였다.

10. 각주의 표제어는 한 어절일 경우 원문에 수록된 한자어를 병기하고 세 어절까지는 표제어를 온전히 밝혔다. 네 어절 이상인 경우 앞 · 뒤의 한 어절만 밝히고 말줄임표(……)를 사용하였다.

11. 각주의 원문 출처는 최대한 밝히는 것을 원칙으로 하였다. 원문을 번역하여 밝힌 경우 대괄호([ ])로 묶어 원문을 번역한 뒤 원문을 수록하였다.

12. 이 책에서 사용한 부호는 다음과 같다.

- , : 한 문장 안에서 일반적으로 구의 구분이 필요한 곳에 쓴다.
- · : 명사의 병렬이 중첩적인 경우에 쓴다.
- . : 한 문장의 끝에 쓴다.
- " " : 대화와 인용문, 시구에 쓴다.
- ' ' : " " 안의 재인용 또는 대화 문구를 묶는다.
- …… : 각주 · 교감의 표제어와 각주 인용문의 내용을 줄인다.
- ( ) : 인물의 생몰년과 즉위년을 표시하거나 교감에 활용한 자료의 출처를 표시할 경우에 쓴다.
- [ ] : 번역문과 뜻은 같으나 음이 다른 한자와 모든 인용문의 원문을 묶는다.
- 「 」 : 편명을 묶는다.
- 『 』 : 책명 및 주석의 전거를 묶는다.
- 〈 〉 : 시의 제목을 묶는다. 원저자의 문집과 시의 제목이 다른 경우에도 시의 제목으로 판단되는 경우 왼쪽 부등호와 오른쪽 부등호(〈 〉)로 표시하였다.

목차

제3절 시학의 발흥시대 詩學勃興時代

제4절 시학의 정음시대 詩學正音時代

제5절 시의 극성시대 詩之極盛時代

제6절 시학의 혁명시대 詩學革命時代

제7절 시학의 쇠미시대 詩學衰微時代

『동양시학원류東洋詩學源流 - 조선시학고朝鮮詩學考』 해제

유명석

1. 『동양시학원류 - 조선시학고』의 구성과 내용

본 한국고전번역총서 3의 저본이 된 『동양시학원류』는 단국대학교 석주선기념박물관의 연민문고에 소장 중인 자료이다. 단국대학교 석주선기념박물관 연민문고본 외에 영남대학교 도남본, 단국대학교 국어국문학과 윤재환 교수 개인소장본이 확인되는데, 윤재환 교수 개인소장본은 영남대학교 직인이 찍혀 있어 영남대학교 도남본의 복사본인 듯하며, 여타의 소장처는 확인되지 않는다.

책의 표지에는 "이승규李昇圭 강술講述"이라고 쓰여 있어 이 책의 저자가 이승규李昇圭(1882~1954)임을 알 수 있게 해준다. 저자의 행적에 대해 알려진 것은 많지 않지만, 한학에 조예가 깊었으며 동아일보 창간기자, 보성학교 교사, 휘문학교 교사, 서울시립 농과대학 교수 등을 역임했다고 한다. 그런 점에서 『동양시학원류』는 그가 학생들을 교육하기 위해 편찬한 책이라고 생각된다.

「조선시학고」는 『동양시학원류』에 수록된 2편의 글 가운데 제2편이다. 「중국시학」편과 동일하게 프린트본으로 책 크기는 25.5×18.0㎝이고, 광곽匡郭은 없이 판심版心에 "동양시학원류"라는 책의 제목과 해당 판의 번호가 적혀 있으며, 13행 24자로 원문이 필사되어 있다.

서문이나 발문 등 『동양시학원류』는 물론 「조선시학고」를 저술하게 된 동기를 밝힌 글이 따로 실려 있지 않아 언제 어느 과정을 통해 저술되었는지 알 수 없다. 다만 본 번역총서를 위해 활용한 연민문고본과 윤재환 교수의 도남본 복사본을 비교해 보면 두 본 모두 프린트본이며 글씨체와 페이지 수가 동일하다. 이 점을 고려하면 최초에 「조선시학고」는 「중국시학」과 함께 필사되었고, 해당 필사본이 「중국시학」과 함께 복사되어 교육에 활용된 것이라 추정된다. 다만 1편인 「중국시학」편의 체제와 구성을 비교하면 완전히 다르다고 할 수 있을 정도여서 같은 책의 두 편이 아닌 다른 책처럼 보인다.

「조선시학고」의 구성 방식은 다음과 같다.

첫째, 내용을 장 · 절로 구분하여 기록하였다.
둘째, 내용을 시대별로 구분하여 각 시대별로 간단히 개관을 기록하였다.
셋째, 시대별 개관 이후 시대를 대표하는 작가와 그들에 대한 간단한 평을 붙인 뒤, 해당 작가의 작품을 소개하고 인상비평을 기록하였다.
넷째, 절 안에서 내용이 달라질 때에는 줄을 바꾸어 기록하였다.
다섯째, 작가들은 대부분 출생년도를 기준으로 나열하였다.
여섯째, 작품의 제목은 대부분 '시왈詩曰'이라고 기록하여 구분하였다.
일곱째, 임금을 거론하는 경우 한 칸을 띄워 기록하는 방식인 공격空格을 사용하였다.

「조선시학고」편은 총 1개의 장 속에 7개의 절로 이루어져 있다. 「중국

시학」편이 총 3개의 장으로 구성되어 있는 것으로 보아 「조선시학고」편 역시 여러 개의 장으로 구분하고 하위 절을 구성하려는 의도가 있었던 것으로 보인다. 하지만 실제 내용의 구분은 절을 기준으로 이루어질 뿐이다. 각각의 절은 우리 한시사를 왕조사에 따라 구분하였는데, 1절 시학배태시대詩學胚胎時代는 고대 및 삼국시대, 2절 시학진보시대詩學進步時代는 통일신라, 3절 시학발흥시대詩學勃興時代는 고려전기 및 중기, 4절 시학정음시대詩學正音時代는 고려후기, 5절 시의극성시대詩之極盛時代는 조선전기 및 중기, 6절 시학혁명시대詩學革命時代는 조선후기, 7절 시학쇠미시대詩學衰微時代는 조선말기에 해당한다. 이러한 시대 구분을 통해 우리나라 문학사 속의 한시를 발전론적 시각으로 바라보고자 한 듯하다. 그러나 실제 내용을 보면 각 시대별로 간단한 개관에 이어 대표 작가와 그들의 대표작을 소개한 뒤, 전통시대 시화에서 확인할 수 있는 인상비평을 덧붙였을 뿐이다. 따라서 내용상으로는 한시의 발전 양상에 대해서 파악하기가 어렵다.

「조선시학고」편에 수록된 각각의 시대를 대표하는 작가와 작품 수를 헤아려 보면 1절에서 여옥(1)·유리왕(1)·을지문덕(1)·진덕여왕(1)·왕거인(1)·설요(1) 6인을, 2절에서 최치원(9)·최승우(2)·박인범(2)·최광유(1)·최승로(1) 5인을, 3절에서 박인량(2)·김부식(3)·정지상(6)·고조기(2)·임춘(2)·이인로(6)·이규보(15)·김극기(9)·진화(6)·노여(1)·박항(1)·홍간(1)·정윤의(1)·김구(1) 14인을, 4절에서 이제현(17)·이곡(9)·이색(9)·정몽주(10)·이숭인(9) 5인을, 5절에서 권근(1)·강희백(3)·서거정(6)·김종직(11)·박은(12)·이행(14)·김정(16)·정사룡(9)·박순(7)·최립(9)·이달(6)·이호민(1)·허난설헌(10)·최경창(6)·백광훈(4)·권필(16)·유몽인(14)·김상헌(10) 18인을, 6절에서 김창흡(12)·이덕무(17)·유득공(11)·박제가(8)·이서구(13)·

신위(12) 6인을, 7절에서 김택영(17) 1인을 다루어 총 55인의 작가와 376수의 한시가 수록되어 있다.

수록된 작가들의 이름과 수를 통해 이승규의 작가 선정 원칙에 대해 유추해 볼 수 있다. 첫째, 다양한 작가와 작품을 선별하고자 하였다는 점이다. 수록된 작가의 면면을 보면 우리나라 시사詩史에서 중요하게 평가받는 인물들은 제외되지 않고 대부분 수록되었다고 할 수 있다. 「조선시학고」편을 통틀어 노여 · 박항 · 홍간 · 정윤의 · 김구 · 권근 · 이호민의 시는 각 1수씩에 불과한데, 이는 이승규가 작가를 선정하는 과정에서 작품의 수를 기준에 두지 않았으며 다양한 작가들을 선별하여 수록하고자 하였음을 알게 해주는 부분이다. 다만 수록된 작품들 가운데 문집에 수록되어 있지 않거나 문집에 수록된 작품과 글자나 내용이 다른 부분들이 많이 보인다. 이 점은 「조선시학고」편에 수록된 작품을 어떻게 바라보아야 하는지 고민스럽게 만드는 부분이다.

둘째, 다양한 시기의 작가를 선별하고자 하였다는 점이다. 「조선시학고」편의 시대별 수록 작가들의 수를 살펴보면 다음과 같다.

시 대	시 기	수록 작가 수	수록 작품 수
시학배태시대	고대 및 삼국시대	6	6
시학진보시대	통일신라	5	15
시학발흥시대	고려전기 및 중기	14	56
시학정음시대	고려후기	5	54
시의극성시대	조선전기 및 중기	18	155
시학혁명시대	조선후기	6	73
시학쇠미시대	조선말기	1	17
합계		55	376

작가 수를 기준으로 따지면 고려전기 및 중기, 조선전기 및 조선중기에 해당하는 작가 수가 눈에 띄게 많은 수를 차지한다. 하지만 조선말기를 제외하면 나머지 시대의 작가들 수가 5~6인 수준으로 대동소이하다. 더 나아가 조선을 기준으로 조선 이전, 이후로 구분하여 비교하면 고대 및 삼국시대~고려시대가 30인, 조선시대가 25인 수록되어 있다. 조선시대 작가들의 관련 자료가 이전 시기에 비해 상대적으로 많이 남아 있다는 점에서 조선시대 작가를 선별하기에 더욱 용이했겠지만 오히려 조선 이전 시기의 작가 수가 조선 이후의 작가 수보다 많다. 이는 이승규가 작가를 선별하는 과정에서 다양한 시기의 작가를 고르게 선별하고자 한 결과라고 볼 수 있다. 이처럼 이승규가 우리나라 여러 시기의 다양한 작가를 선별했던 이유는 「조선시학고」편을 통해 우리나라 한시의 역사를 독자들이 일목요연하게 파악하고 이해할 수 있기를 바랐기 때문이라고 여겨진다.

이처럼 「조선시학고」편은 우리나라 전 시기에 걸쳐 다양한 작가의 여러 작품을 다루고 있는데, 여기에는 나름의 일관된 순서가 있고, 내용은 대부분 이 순서에 따라 기록되어 있다. 그 순서는 다음과 같다.

> ① 시대적 개관 - ② 해당 시대에 활동했던 대표 작가 열거 - ③ 대표 작가의 작품 소개 - ④ 작품에 대한 인상비평 혹은 해당 작가와 관련된 일화

「조선시학고」편에서 가장 먼저 눈에 띄는 점은 1절의 기록으로, 여기에 수록된 여옥의 〈공후인〉과 유리왕의 〈황조가〉는 모두 시가 아닌 노래의 가사임에도 수록되어 있다. 이는 이승규에게 '시가 노래의 시초'라는 전통적인 생각이 있었고 그 생각을 바탕으로 작가와 작품을 선정했다는 것을 알 수 있게 해주는 부분이다. 또한 을지문덕이나 진덕여왕, 왕거인

의 시가 수록된 최초의 기록은 역사서인 『삼국사기三國史記』나 민담집인 『삼국유사三國遺事』인데, 「조선시학고」 편의 1절에서는 대표 작가들의 시와 함께 창작의 배경이 되는 일화나 설화를 수록하여 마치 시화집詩話集과 비슷한 구성을 취하기도 한다. 이후 나머지 절의 구성과 내용을 보게 되면 대부분 작가와 작품이 나열되는 방식으로 구성되어 있어 1절과는 달리 시선집과 같은 느낌을 준다. 1절의 구성이 이와 같은 이유는 현전하는 고대와 삼국시대의 작가와 작품이 희소하다는 점이 가장 클 것이다.

다음으로 눈에 띄는 점은 작가들과 관련된 일화이다. 이 일화들은 크게 3가지로 구분이 가능한데, 첫째, 특정 작가의 시가 중국에서 인정받아 유명해진 일화, 둘째, 특정 작가가 지닌 뛰어난 시재로 인해 남들의 시기를 받았던 일화, 셋째, 특정 작가에 대한 후대 문인의 비평과 관련된 일화이다. 첫째에 해당하는 일화가 가장 많은 수를 차지하며, 이러한 일화가 함께 기록된 인물은 최치원 · 박인범 · 박인량 · 이인로 · 김상헌 · 허난설헌에 해당한다. 이들 모두 중국에서 시재를 인정받거나 시가 전해져 유명해진 경우인데 이 가운데 허난설헌이 포함되어 있는 점은 특이하다. 이 작가들을 선별한 것은 이들이 지닌 뛰어난 시재 때문이기도 하겠지만, 이와 함께 이승규가 활동했던 시대상과 맞닿아 있다고 여겨진다. 이승규는 일제강점기를 살았던 인물로 그가 우리나라의 작가들이 중국에서 문학적으로 인정을 받았던 사실을 통해 민족적 우수성을 드러내어 나라를 잃은 조선인들의 민족적 자존감을 고취시키려는 의도가 담긴 것으로 보인다. 둘째에 해당하는 인물로는 정지상과 이숭인이 있다. 정지상은 김부식에게, 이숭인은 정도전에게 시기를 받아 죽었던 일화를 통해 이승규는 명예를 좋아하는 사람들에게 경계의 의미를 부친다고 기록하였다. 양은 많지 않지만 이러한 구성은 「조선시학고」 편에서 시화집과 같은 분위기를 느끼게 한다. 마지막에 해당하는 일화는 총 3건이 있다. 이는 뒤에서 다시 서술하겠지만, 특정 작가들의 경향이나 시풍에 대한 후대 문인들의 평가를 제시하여 독자에게 다양한 정보를 참고할 수 있게 해주었다는 점에서 「조선시학고」편이 교육적 목적을 바탕에 두고 만들어진 것임을 확인할 수 있게 해주는 단면이다.

이와 함께 눈에 띄는 부분은 작가들의 시에 대한 평어라고 할 수 있다. 수록된 모든 작가의 시에 평어를 남긴 것은 아니며, 몇몇 작가들에 한정되어 있다. 평어가 남아 있는 작가와 그에 해당하는 평어를 정리해보면 다음과 같다.

연번	작가명	평어	연번	작가명	평어	연번	작가명	평어
1	박인범	奇健	6	진 화	婉麗秀朗	11	권 필	閒雅
2	김부식	雅健老實	7	김종직	遒勁沈蒼	12	유몽인	奇峭警拔
3	정지상	清新艶逸	8	김 정	清爽飄逸	13	이덕무	清奇
4	이인로	清婉	9	정사룡	清新奇警			
5	이규보	富麗橫放	10	최 립	矯健			

이승규가 이상의 작가들에게만 평어를 남긴 이유와 어떠한 근거로 해당 평어를 남겼는지는 확인할 수 없다. 「조선시학고」에 수록된 작품들이 여타의 시화집이나 시선집에 수록된 작품들과 대체로 비슷하다는 점에서 이승규가 평어를 참고할 수 있었던 것도 시선집과 시화집이었을 것으로 여겨진다. 그렇다면 그가 남긴 평어 역시 선인들의 평어를 토대로 한 것일 수 있지만 구체적으로 그가 누구의 어떤 책을 참고했는지는 확인하기가 어렵다. 다만 이 평어들을 통해 해당 작가들의 시 경향이 어떠했는지를 참고할 수 있다는 점에서 의의가 있다.

마지막으로 눈에 띄는 부분은 「조선시학고」가 교육을 위한 교재였음을 알 수 있게 해주는 내용이다. 전체에서 '독자의 참고에 대비한다.(備讀者之參考)'는 말과 '갖추어 참고할 수 있도록 한다.(以備參考)'라는 말을 총 4차례 확인할 수 있는데, 이는 모두 교육을 위한 교재로 활용하기 위해 「조선시학고」가 만들어졌다는 것을 알 수 있게 해주는 부분이다. 또한 이규보, 김종직, 박은에 있어서는 각각 김창협, 신위, 김창협이 남긴 그들의 작품에 대한 평가를 함께 기록하였다. 이는 독자들이 해당 문인들의 작품에 대한 후대 문인들의 평가를 참고할 수 있게 돕는다는 점에서 교육을 위한 정보의 제공이라고 볼 수 있는 부분이다.

2. 『동양시학원류 - 조선시학고』의 종합적 가치

이상에서 『동양시학원류 - 조선시학고』편의 구성과 내용을 구체적으로 살펴보았다. 이를 토대로 『동양시학원류 - 조선시학고』편의 서지학적 가치와 내용적 가치를 종합하여 정리하면 다음과 같다.

일제강점기에 전통 한학자를 중심으로 한문학 유산의 정리가 이루어지며 정만조鄭萬朝의 「조선시문변천朝鮮詩文變遷」, 홍희洪熹의 「조선문학원류약론朝鮮文學源流略論」, 김원근金瑗根의 「조선고금시화朝鮮古今詩話」가 나왔는데, 조선말부터 일제강점기를 살았던 이승규가 엮은 『동양시학원류』 역시 그러한 작업의 산물이다. 「조선시학고」편은 이 『동양시학원류』의 제1편인 「중국시학」편에 이어 수록된 제2편이다. 「조선시학고」편은 우리나라 한시의 역사를 훑으며 대표 작가를 선별하고 그들의 대표 작품을 한데 모아 엮은 부분으로, 책의 서두에 적힌 '강술'이라는 말과 '독자의 참고를 대비한다'는 말로 보아 한시 교육을 위한 교재로 활용하기 위해 관련 자료를 정리하여 책으로 엮은 것이다. 그렇다면 「조선시학고」

편이 수록된 『동양시학원류』는 일제강점기에 만들어진 한시 교육서이자 이승규가 남긴 유일한 학습용 서적이라는 점에서 그 서지학적 가치를 가늠할 수 있다.

「조선시학고」편은 고조선의 여옥부터 근대기를 살았던 김택영까지 약 2천 년간 이어져 온 우리나라의 시사를 7개의 시대로 정리하고 각 시대별 대표 작가와 대표 작품을 선별하여 총 55인의 작가, 376수의 한시를 수록하고 있다. 수록된 작가와 작품의 수가 아주 많다고 보기는 어렵고, 수록된 한시의 양적 측면에서는 조선시대 작가들의 작품이 다수를 차지한다는 한계가 있다. 그러나 특정 시기마다 중요하게 거론되는 작가들은 대부분 언급되어 있고, 작가 선별의 측면에서는 특정 시기에 편중되지 않고 시기별로 고르게 선별되어 있다는 점에서 여타의 시선집이 조선시대 작가들의 작품에 치우쳐 있는 것과는 비교된다. 내용의 구성에 있어서 1절의 기록이 시화집처럼 시가 창작된 배경을 중심으로 내용이 서술되어 있다는 점도 특징적이다. 「조선시학고」편의 내용 구성 방식은 대부분 각 시대를 개관하고 해당 시대에 활동했던 대표 작가들을 열거한 뒤 그들의 대표 작품들을 소개하고 마지막으로 작품에 대한 인상비평이나 해당 작가와 관련된 일화를 소개하는 방식으로 이루어진다. 하지만 1절은 대표 작가에 대한 소개와 함께 그가 남긴 작품이 창작된 배경을 함께 다루고 있다. 「조선시학고」편이 수록된 『동양시학원류』가 교육서라는 점에서 이와 같이 작품이 창작된 배경에 대한 기록은 학습자의 흥미를 유발하고 정보를 전달하는 측면에서 효과적이라고 할 수 있다. 또한 특정 작가들에 한정되기는 하지만 그들이 중국에서 한시로 명성을 얻은 일화를 기록하였는데, 이 지점은 이승규가 작가를 선별하는 기준으로 활용한 것으로 보인다. 허난설헌이나 김상헌의 경우 한시에 뛰어난 인물들이기는 하지만 55명이라는 제한된 작가군에 포함될 수 있었던 이유는 그들의 한시가 중국에서 인정받아 이름을 알렸기 때문이라고 여겨진다. 그리고 그러한 인물들을 선별한 이유는 작가에 대한 정보 전달과 함께 일제강점기 조선인들의 민족적 자부심을 고취시키기 위한 의도로 파악된다. 이와 함께 작가들의 시에 비평하는 과정에서 다양한 평어를 활용하고 있다. 대개 '청淸계열' 위주의 평어이기는 하지만 작가들의 시가 지닌 특징적인 면모를 확인할 수 있으며, 여타의 시화집이나 문집에서 확인할 수 있는 평어와 비교를 할 수 있다는 점에서 중요한 부분이다. 이러한 몇 가지 지점에서 「조선시학고」편의 내용적 가치를 정리할 수 있다.

「조선시학고」편은 구성과 내용을 보면 시선집과 시화집의 형태를 동시에 갖는다. 교육에 활용하기 위해 만들어졌지만 오늘날의 교과서와는 구성과 형식 측면뿐만 아니라 내용 측면까지 그 결이 매우 다르다. 하지만 「조선시학고」편이 일제강점기에 우리나라의 전통 한문학을 보존하고 후대에 전하기 위한 노력의 산물이라는 점은 부정하기 어려운 사실이다. 『동양시학원류』외에 이승규가 남긴 다른 서적이 존재할 수도 있다. 만약 그러한 서적이 존재한다면 그 서적과의 비교를 통해 『동양시학원류』뿐만 아니라 「조선시학고」편의 가치에 대해 좀 더 명확하게 파악할 수 있을 것이다.

제1장

조선시의 연원

朝鮮詩學考

제1절 시학의 배태시대 詩學胚胎時代

朝鮮詩學考 1

우리나라의 태고 시대는 연대가 아득하여서 그 문자의 기원을 자세히 알 수 없다. 그러나 『수산집[修山]』의 「신사지神事志[1]」에 "단군은 신인神人으로 가르침을 베풀었고, 신지神誌[2]가 만든 문자가 있었다.[3]"라고 하였고, 『용비어천가』 주註에 "『구변도국九變圖局』[4]은 단군 시대의 사람인 신지神誌가 편찬한 것이다.[5]"라고 하였고, 『문헌비고文獻備考』의 「예문고藝文考」에 "책 이름으로 『신지비사神誌秘詞[6]』라는 것이 있었다."라고 하였다. 여러 가지 이야기들을 살펴보면 단군 시대 이미 문자가 있음을 미루어 알 수 있다. 다만 그 글이 전하지 않아서 뒷사람이 소급해 알 수 있는 방법이 없어서 그 문자가 어떤 모양이었는지 알 수 없다. 또 『고기古記[7]』에 "단군이 나라 이름을 정하기를 조선으로 하였으니 아침 해가 선명하다는 뜻을 취한 것이다."라고 하니, 이런 것으로 미루어보면 그때 한자를 사용했다는 것은 의심할 여지가 없다.

1 신사지神事志 : 조선 영 · 정조시대의 사학자 이종휘李種徽의 문집인 『수산집修山集』 권12에 수록된 「동사지東史志」에 포함된 편명이다. 단군의 사적을 수합하고 마니산 제천 의식이 상세하게 기술되어 있다.

2 신지神誌 : 고대 문자를 주관한 것으로 추정되는 벼슬로 신지선인神誌仙人이라고도 한다

3 단군은……있었다 : 『수산집』의 「신사지」를 보면, "환웅의 아들을 단군으로 불렀고 신시의 시대에 신인으로 가르침을 베풀었다[雄之子號檀君云, 神市之世, 以神設敎.]."는 내용은 있으나 신지神誌가 문자를 만들었다는 내용은 확인할 수가 없다. 『수산집修山集』 권12, 「동사지東史志 신사지神事志」.

4 구변도국九變圖局 : 단군조선 때 신지가 지었다고 전하는 예언서로 '구변진단도九變震檀圖' · '구변도국九變圖局' · '구변도九變圖'라고도 한다. 우리나라의 왕조가 아홉 차례 바뀐다는 내용을 담고 있다고 한다.

5 구변도국은……것이다 : 『용비어천가龍飛御天歌』 15장의 주에 있는 말로 "구변도국은 신지가 지었다는 도참서의 이름이다[九變圖局, 檀君時人神誌所撰圖讖之名也.]."라고 되어 있다.

6 신지비사神誌秘詞 : 『증보문헌비고』 권246, 「예문고」 5의 잡찬류 항목에 "신지비사"라는 책이름이 남아있다.

7 고기古記 : 『단군고기檀君古記』를 말하는 듯하다. 단군의 사적을 기록한 문헌으로 이승휴李承休의 『제왕운기帝王韻記』에는 『단군본기檀君本紀』로 되어 있다.

朝鮮邃古之世, 年代杳邈, 未詳其文字之起源, 然修山神事志曰, "檀君, 以神設敎, 有神誌文.", 龍飛御天歌註曰, "九變圖局, 檀君時人神誌所撰.", 文獻備考藝文考曰, "書名有神誌秘詞.", 據諸說則檀君時, 已有文字可推而知也. 但其辭不傳, 後人無由遡究, 未知其文字之爲何樣也. 又古記云, "檀君定國號曰朝鮮, 取朝日善明之義也.", 以此推之, 則其時用漢字無疑也.

2

문화류씨文化柳氏의 족보柳譜에 "부여왕의 문서와 글자가 전서나 부호와 같다고 하였는데, 그때를 상고해보면 은나라 제을帝乙[1] 37년에 해당하지만 이 또한 증명할 만한 것이 없다. 그 뒤에 기자가 동쪽으로 올 때 시서예악詩書禮樂이 좇아왔으니, 이때 이후로 한자가 조선에 통용되었다."라고 하였다.

1 제을帝乙 : 중국 상商나라의 29대 왕이다. 성은 자子, 이름은 을乙로 제을 혹은 을제乙帝라고 부른다. 상나라의 마지막 왕인 주왕紂王의 아버지이다.

柳譜曰, "夫餘王文書文字, 如篆如符, 考其時則在殷時帝乙三十七年, 而亦無可徵. 其後箕子東來, 詩書禮樂從焉, 則自是以後, 漢字通行于朝鮮."

朝鮮詩學考 3

문학의 기원에 대해 논할 것 같으면 운문이 분명 산문보다 앞서고, 음악 역시 시를 통해 지어진 것이다. 대개 사람이라는 것이 생겨난 처음에 사람은 천지의 신령함을 받아 각자 성정性情을 갖추게 되는 것이니 성은 리理이고 정靜이요, 정은 기氣이고 동動이다.

사람이 때로 외물의 접촉을 받으면 정情의 움직임은 먼저 나타나고 성性의 고요함은 따라서 감응한다. 이에 말에 드러나고 말로 부족하기 때문에 탄식하거나 감탄하고, 탄식하거나 감탄이 부족하기 때문에 길게 노래하니 이것이 시가 뜻을 말하는 것이고 음악이 처음[權輿][1]이 되는 이유이다.

살펴보건대 낙성왕樂成王 원년【기자 조선】에 왕이 직접 지은 종묘악장 95편을 지었다 하고 살펴보면 천노왕天老王 17년에 왕이 비류강沸流江에 나가 놀 때 악공을 시켜 영선악迎仙樂을 연주하게 하였다고 하니, 대체로 음악이 있으면 반드시 시가 있는데 그 가사가 모두 전하지 않는다. 옛 음악 가운데 가사가 남아 있는 것은 여옥麗玉의 〈공후인箜篌引〉 한 편뿐이다.

옛 기록에 "조선의 진의 관리인 곽리자고霍里子高가 새벽에 일어나 배를 수리하는데 흰머리의 미친 것 같은 사내가 흘러내리는 물을 건너려고 하는 일이 있었는데, 그의 아내가 쫓아와 말렸지만 미치지 못하고 끝내 강에 빠져 죽었다. 그 아내가 공후를 잡아당겨 노래를 부르니 그 소리가 몹시 슬펐다. 곡이 끝나자, 아내도 몸을 던져 죽었다. 자고가 돌아와

그의 아내인 여옥에게 말하니 여옥이 가슴 아프게 생각하여 공후를 가져다가 그 소리를 묘사하여

그대여 강을 건너지 마오	公無渡河
그대 끝내 강을 건너셨네	公竟渡河
강에 빠져 죽으니	墮河而死
앞으로 그대 어찌하려나	將奈公河

라고 하니, 음조가 슬프고 처량하니 듣는 이들이 느꺼워 상심하지 않는 이가 없었다."라고 하였다.

그 가사가 중국으로 흘러 들어갔는데 한 무제가 악부樂府를 신설하여 사방의 풍요를 채집하여 관현에 올렸을 때 〈공후곡箜篌曲〉이 그 첫머리에 뽑히게 되었다. 그 뒤에 이백李白이 〈공무도하公無渡河〉 시를 지어 크게 떨쳤는데, 이 때문에 〈공후곡〉이 중국 시악계에 큰 영향이 되었다.

---

1 처음[權輿] : 원문의 권여權輿는 저울대를 의미하는 '권權'과 수레의 바탕인 '여輿'가 합쳐진 말이다. '저울을 만들 때는 저울대부터 만들고 수레를 만들 때는 수레 바탕부터 만든다.'는 의미에서 전의하여 사물의 처음, 시초를 의미한다.

若夫論文學之起源, 則韻文, 必先於散文, 樂又由詩而作者也. 盖自生民之初, 人禀天地之靈, 各具性情, 性者, 理也靜也, 情者, 氣也動也. 人有時而受外物之觸嬰, 則情之動者, 先發而性之靜者, 隨而感爲於是乎. 形之於言, 言之不足, 故嗟歎之, 嗟歎之不

足, 故永歌之, 此詩之所以言志, 而樂之所以權輿也. 按樂成王【箕氏朝鮮】元年, 王親製宗廟樂章九十五, 天老王十七年, 王出遊沸流江, 使樂工, 奏迎仙樂, 蓋有樂則必有詩, 而其詞竝無傳焉. 古樂之遺詞, 唯有麗玉<箜篌引>一篇而已. 古記云, "朝鮮津吏霍里子高, 晨起刺船, 有白首狂夫亂流而渡, 其妻隨而止之不及, 遂墮河而死. 其妻援箜篌而歌, 聲甚悽愴, 曲終亦投河而死. 子高歸語其妻麗玉, 麗玉傷之, 引箜篌而寫其聲曰, '公無渡河, 公竟渡河. 墮河而死, 將奈公河.' 音操哀怨悽惋, 聞者莫不感傷." 其詞流入中國, 漢武帝新設樂府, 采四方風謠, 被之管絃, 而<箜篌曲>爲其選首. 其後李白作<公無渡河>詩以大振之, 由是<箜篌曲>, 爲中國詩樂界之大影響.

4

고구려 유리왕에게는 2명의 비가 있었는데 한 사람은 화희禾姬로 골천鶻川 사람이고, 또 한 사람은 치희稚姬로 한漢나라 사람이다. 두 비가 서로 총애를 다투어 왕이 동서 두 궁을 만들어 각각 두어 머물게 하였다. 후에 왕이 사냥을 나가 7일 동안 돌아오지 않았는데 두 비가 서로를 시기하여 화희가 치희를 꾸짖어 말하기를, "한나라의 천한 사람이 어찌 이렇게 심히 무례한가?" 하니 치희가 부끄럽고 한스러워 돌아가버렸다. 왕이 직접 쫓아갔으나 치희가 노하여 돌아오지 않았다. 왕이 나무 아래에서 쉬고 있을 때 꾀꼬리가 날아 모이는 것을 보고 곧 느낀 바가 있어 노래하기를

훨훨 나는 저 꾀꼬리	翩翩黃鳥
암수 서로 정답구나	雌雄相依
외로운 이내 몸 돌아보니	念我之獨
같이 갈 이 누구일까	誰其與歸[1]

라고 하였으니 그 쓸쓸함 가운데 어찌할 수 없는 뜻을 볼 수 있다.

---

1 제목 : 〈황조가黃鳥歌〉, 『대동시선大東詩選』 권1.

高句麗琉璃王, 有二妃, 一曰禾姬鶻川人, 一曰稚姬漢人. 二姬爭寵, 王造東西二宮置之. 後王出田, 七日不返, 二姬相妬, 禾姬罵稚姬曰, "漢家卑, 何無禮之甚." 稚姬慚恨亡歸. 王親自追之, 稚姬怒, 不肯還. 王憩樹下, 見黃飛鳥集, 乃感而歌曰, "翩翩黃鳥, 雌雄相依. 念我之獨, 誰其與歸." 其蹢躅無聊之意, 可見.

5

고구려의 을지문덕乙支文德은 무장이나 시에도 능했다. 옛날에 신위神威로 무력을 떨치고, 유아儒雅로 다시 글을 안다 하는 사람이 진실로 을지문덕을 말하는 것이다. 고구려 영양왕嬰陽王 23년에 수나라 임금 양광楊廣과 우중문于仲文 등이 대거 침략해 오니 을지문덕이 거짓으로 패하여 수나라 군사들을 꾀어 모두 살수를 건너게 되었다. 문덕이 시를 지어 우중문에게 보냈는데

신묘한 계책 하늘의 모든 이치 깨닫고	神策究天文
기묘한 계책 땅의 이치 꿰뚫었네	妙算窮地理
전쟁에서 싸워 이긴 공 이미 높으니	戰勝公旣高
족함 알아 그치겠다고 말하기 바란다	知足願云止[1]

라고 하였으니, 시 속에는 기롱하고 나무라는 뜻을 담고 있어서 우중문이 돌아가기를 권유하였지만 중문이 듣지 않자 문덕은 정예병사를 내어 크게 격파하였다.

---

1 제목 : 〈수나라 우익위 대장군 우중문에게贈隋右翊衛大將軍于仲文〉, 『동문선東文選』 권19.

高句麗, 乙支文德, 武將也, 亦能詩. 古所謂神威, 能奮武, 儒雅, 更知文者, 眞文德之謂矣. 高句麗嬰陽王二十三年, 隋主楊廣與于仲文等, 大擧來侵, 文德佯敗以誘之隋軍, 畢濟薩水. 文德作詩遺仲文曰, "神策究天文, 妙算窮地理. 戰勝公旣高, 知足願云止." 詩含譏誚意以勸歸, 仲文不聽, 文德出精兵, 大破之.

朝鮮詩學考

6

신라 진덕여왕眞德女王[1]이 직접 〈태평송太平頌〉을 지은 뒤 비단에 수놓은 것을 김법민金法敏[2]을 통해 당나라 고종에게 바치니[3] 당나라 사람들에게 몹시 칭찬받았다. 그 시에

위대한 당나라 큰 일을 열었으니	大唐開洪業
높디높은 황제의 계책이 훌륭하네	巍巍皇猷昌
전쟁을 그치니 천하가 안정되고	止戈戎衣定
학문을 닦아 선대의 왕을 이었도다	修文繼百王
하늘을 높이고 비 내림을 거느리니[4]	統天崇雨施
함장[5]으로 만물을 다스리네	理物體含章
지극한 어짊 일월이 조화를 이루어	深仁諧日月
사시를 어루만져 만나는 때마다 편안했네	撫運邁時康
펄럭이는 깃발 어찌 그리 뚜렷하며	幡旗何赫赫
징과 북소리는 어찌 그리 선명한가	鉦鼓何鍠鍠
바깥 오랑캐로 황제의 명 어기는 자는	外夷違命者
베어지고 엎어져 하늘의 재앙입었네	剪覆被天殃
순후한 풍속 어두운 곳과 드러난 곳에 다 머무르니	淳風凝幽顯
멀고 가까운 곳에서 다투어 상서를 바치네	遐邇競呈祥
사계절은 옥촉[6] 같고	四時和玉燭
해와 달과 별이 만방을 두루 도는구나	七曜巡萬方
산악은 보좌할 재상을 내리시고[7]	維岳降宰輔

황제는 충성스럽고 어진 이를 들어 쓰니	維帝任忠良
삼황오제[8]가 하나의 덕 이루어	五三成一德
우리 황실 당나라를 빛내리라	昭我唐家皇[9]

라고 하였다.

---

1 진덕여왕眞德女王 : ?~654. 삼국시대 신라의 제28대 왕으로 성은 김金, 이름은 승만勝曼이다. 시호는 진덕眞德이며, 태화太和 연호를 사용하였다. 성골聖骨 출신 마지막 여왕이다. 즉위하면서 비담의 난을 진압했고, 고구려와 백제의 빈번한 침략을 방어했고, 김춘추를 당나라에 보내 외교관계를 구축했다. 이 과정에서 당 태종에게 〈태평송〉을 비단에 수놓아 바쳤다.

2 김법민金法敏 : 626~681. 신라 태종무열왕太宗武烈王의 원자元子로, 태종 2년(655)에 세자가 되고 태종이 죽은 뒤에 즉위하여 문무왕文武王이 되었다.

3 직접……바치니 : 백제의 연이은 침입으로 신라의 위기가 가중되자 진덕여왕은 650년 6월 김법민에게 자신이 직접 지은 〈당태평송唐太平頌〉을 비단에 수놓아 당 고종唐高宗에게 바치게 하였다. 〈당태평송〉은 〈치당태평송治唐太平頌〉·〈직금헌당고종織錦獻唐高宗〉이라 불리는데, 『삼국사기三國史記』, 『동문선東文選』 등에 실려 있다.

4 비 내림을 거느리니 : 원문의 우시雨施는 은택을 베푼다는 말로 『주역周易』 「건괘乾卦 단사彖辭」에 "구름이 행하고 비가 내려 만물이 형체를 갖춘다[雲行雨施, 品物流形.]."라고 한 데서 온 말이다.

5 함장含章 : 내면에 간직한 아름다운 자질을 말하는 것으로 『주역周易』 「건괘乾卦 육삼六三」에 "아름다움을 속에 품고 곧은 덕을 지킬 수 있다[含章可貞.]."라고 한 데서 온 말이다.

6 옥촉玉燭 : 사철의 기후가 고르고 화창하여 일월이 환히 비치고 만물이 밝게 빛나는 모습으로 태평성세를 비유적으로 이르는 말이다.

7 산악은……내리시고 : 원문의 재보宰輔는 나라의 기둥이 되는 인재를 말한다. 『시경詩經』 「대아大雅 숭고崧高」에 "사악四嶽이 신을 탄강시켜 보후와 신백을 내었도다 신백과 보후는 오직 주 나라의 기둥이로다[維嶽降神, 生甫及申. 維申及甫, 維周之翰.]."라고 하였다.

8 삼황오제[五三] : 원문의 오삼五三은 중국 고대 전설상의 제왕인 삼황오제三皇五帝를 말한다. 삼왕은 복희伏羲·신농神農·헌원軒轅을 가리키며, 오제는 소호少昊·전욱顓頊·제곡帝嚳·요堯·순舜을 말한다.

9 제목 : 〈비단을 짜서 당나라 고종께 바치다織錦獻唐高宗〉, 『동문선東文選』 권4.

新羅眞德女王, 自製太平頌織錦爲紋, 遣金法敏, 獻于唐高宗, 大爲唐人所稱賞, 其詩曰, "大唐開洪業, 巍巍皇猷昌. 止戈戎衣定, 修文繼百王. 統天崇雨施, 理物體含章. 深仁諧日月, 撫運邁時康. 幡旗何赫赫, 鉦鼓何鍠鍠. 外夷違命者, 剪覆被天殃. 淳風凝幽顯, 遐邇競呈祥. 四時和玉燭, 七曜巡萬方. 維岳降宰輔, 維帝任忠良. 五三成一德, 昭我唐家皇."

7

왕거인王巨人[1]은 신라의 은자이다. 진성여왕眞聖女王[2] 때 당시 정사를 비판하고 헐뜯는 사람들이 있어 길에 방을 붙였다. 어왕이 거인이 한 것이라 의심하여 옥에 가두라고 명하였다. 거인은 분하고 원통하여 시를 지어 옥의 벽에 썼는데,

우공이 통곡하니 삼 년 가뭄이 들었고[3]	于公慟哭三年旱
추연이 서러움을 머금으니 오월에도 서리가 내렸는데[4]	鄒衍含悲五月霜
지금 나의 깊은 근심 되레 옛 같지만	今我幽愁還似古
저 높은 하늘은 말없이 푸르기만 하구나	皇天無語但蒼蒼[5]

라고 하였다.

---

1 왕거인王巨人 : ?~?. 통일신라 진성여왕 대의 문인이다. 지금의 합천인 대야주大耶州에 은거해 있었는데, 888년 사회가 혼란하여 누군가 왕실을 비난하는 글을 대로에 게시한 사건이 일어나자 범인으로 지목되어 체포되었다. 왕거인이 원통해하며 감옥의 벽에 글을 쓰자, 그날 저녁에 갑자기 구름과 안개가 덮이고 벼락이 내리치면서 우박이 쏟아지니 진성여왕이 왕거인을 풀어주었다고 한다.

2 진성여왕眞聖女王 : ?~897. 통일신라의 제51대 왕으로, 성은 김金, 이름은 만曼이며 시호는 진성眞聖이다. 즉위 초에는 조세를 면제하고 황룡사에 백좌강경을 설치하는 등 민심수습에 노력했다. 그러나 숙부이자 남편이던 상대등 위홍이 죽자 정치기강이 문란해졌고 사방에서 도적이 봉기했다. 894년 당에서 돌아온 최치원이 시무10조를 올렸

지만 시행되지 못했다. 897년 헌강왕의 아들 요에게 왕위를 물려주고 그해에 죽었다.

3 우공이……들었고 : 우공于公은 한漢나라 때 사람으로, 그가 옥리獄吏가 되었을 때, 동해의 효부孝婦가 무함을 입어 죽었다. 우공이 진실을 따졌으나 여의치 못하였고, 동해 지방이 3년 동안 가물었다. 나중에 태수太守가 왔을 때, 우공이 그 사실을 말하여 무덤에 제사를 지내게 하니 비가 내렸다고 한다.

4 추연이……내렸는데 : 추연鄒衍은 전국시대戰國時代 제齊나라 사람으로, 충성을 다해 연燕나라 혜왕惠王을 섬겼는데도 왕이 참소하는 말을 듣고 옥에 가두자 원통함을 못이겨 하늘을 우러러 통곡했더니 5월달에 하늘이 서리를 내렸다고 한다.

5 제목 : 〈분원시憤怨詩〉, 『대동시선大東詩選』 권1.

王巨人新羅隱者也. 女主曼時, 有人譏謗時政, 榜于路. 主疑巨仁所爲, 命下獄. 巨仁憤怨作詩, 書獄壁曰, "于公慟哭三年旱, 鄒衍含悲五月霜. 今我幽愁還似古, 皇天無語但蒼蒼."

8

설요薛瑤[1]는 신라의 좌무위 장군 승충承冲의 딸이다. 15세에 머리를 깎고 출가하였으나 6년 만에 〈반속요返俗謠〉를 짓고 집으로 돌아와 곽원진郭元振[2]에게 시집을 가 첩이 되었다. 그 가사에

마음은 구름 같아 생각을 정숙하게 하지만	化雲心兮思淑貞
골짜기는 적막하여 사람 볼 수 없는데	洞寂寞兮不見人
아름다운 풀 곱기만 한데 생각은 많기만 하니	瑤草芳兮思芬藴
청춘을 어찌할 것인가	將奈何兮青春[3]

라고 하였다.

1 설요薛瑤 : ?~693. 신라사람으로서 당 고종唐高宗 때, 당나라에 건너가서 좌무장군左武將軍을 지낸 설승충薛承冲의 딸이다. 15세 때, 아버지를 여의고 절망하여 불교에 귀의하려고 출가하였으나 6년이 지나도록 뜻을 이루지 못하고, 〈반속요返俗謠〉를 지어 불계를 버리고 환속하였다. 그 뒤 곽진郭震의 첩이 되어서 여생을 보내다가 당나라 통천현通泉縣 관사에서 죽었다.

2 곽원진郭元振 : 곽진郭震(656~713)을 말한다. 원진元振은 곽진의 자이다. 고종高宗 함형咸亨 4년(673) 진사가 되었다. 개원開元 원년(713) 복상服喪 중에 요주사마饒州司馬로 기용되었지만 도중에 병사했다. 무장이었지만 문에도 능했으며, 현재 시 23수가 전한다.

3 제목 : 〈반속요返俗謠〉, 『대동시선大東詩選』 권1.

薛瑤新羅左武衛將軍承冲之女也. 年十五剪髮出家, 六年爲返俗謠還家, 嫁郭元振爲妾. 其辭曰, "化雲心兮思淑貞, 洞寂寞兮不見人. 瑤草芳兮思芬蒀, 將奈何兮青春."

제2절 시학의 진보시대 詩學進步時代

朝鮮詩學考

1

우리나라의 산천은 신령하고 빼어나며 기후가 맑고 온화하여 절로 사람의 마음을 도아하여 예교禮敎를 일으키고 인화仁化에 감복하여 군자의 기풍이 있었다. 그러므로 사물에 감응하는 것이 있고, 또 성정의 바름을 얻었다는 것을 길거리에서 불리는 노래의 가사를 보면 알 수 있다. 그러나 아주 먼 옛날은 문헌으로 증명할 수 없어서 뒷사람들이 살펴볼 수 없으니 신라의 〈도솔가兜率歌[1]〉·〈회소가會蘇歌[2]〉, 백제의 〈산유화가山有花歌[3]〉 같은 것은 곡명은 있으나 가사가 없으며, 혹여라도 남아 전하는 것도 쇳조각 하나 깃 하나에 불과하니 편과 장으로 정리할 수 없을 정도다. 신라 중엽 이후로 당나라에 들어가 유학하는 사람들이 이어 나와 시학이 크게 진보하였으니 고운孤雲 최치원崔致遠이 탁월하여 우리나라 개산초조開山初祖[4]가 되었다.

---

1 도솔가兜率歌 : 신라 유리왕 때 지은 작자 미상의 가악으로 가사는 전하지 않고, 『삼국

사기三國史記』 「신라본기新羅本紀」 〈유리이사금 5년조〉와 『삼국유사三國遺事』 「노례왕조」에 노래 이름과 관련 설화가 전한다. 『삼국사기』에는 "이 해에 민속이 즐겁고 편안하여 〈도솔가〉를 처음으로 지으니, 이것이 가악의 시초이다[是年民俗歡康, 始製兜率歌, 此歌樂之始也.]."라는 기록이 있고, 『삼국유사』에는 "도솔가를 처음으로 지으니 차사사뇌격이 있다[始作兜率歌, 有嗟辭詞腦格.]."라는 기록이 있다.

2 회소가會蘇歌 : 회소곡會蘇曲이라고도 한다. 신라 유리왕 때 지어진 것으로 추정되는 작자 미상의 노래로 가사는 전하지 않고 관련 설화가 『삼국사기』 「유리왕조」에 전한다.

3 산유화가山有花歌 : 원래는 백제의 유민들이 백제가 망한 것을 서러워하며 불렀으나 후에 노동요로 불렸다. 『증보문헌비고增補文獻備考』 권246 「예문고」에 "'백제에 산유화가가 있는데 남녀가 사랑을 주고받는 가사이고 가락이 구슬프다'라고 기록돼 있을 뿐 이미 사라진 노래로 알려졌다."라는 기록이 있다.

4 개산초조開山初祖 : 원래 종파宗派나 절을 새로 세운 스님을 뜻하지만 여기에서는 우리나라의 한시를 처음으로 세운 인물이라는 의미로 쓰였다.

我東山川靈秀, 氣候淸和, 自能陶冶人心, 興禮敎服仁化, 有君子之風. 故其感於物者, 亦得性情之正, 觀於里巷歌謠之辭可知已. 然鴻荒之世文獻無徵, 後人無由考究, 如新羅之<兜率歌> · <會蘇歌>, 百濟之<山有花歌>, 有其曲而無其辭, 或有遺傳者, 不過零金片羽, 不可以篇章律之也. 自新羅中葉以降, 入唐遊學者續出, 詩學大爲進步, 而崔高雲致遠, 傑然爲我東開山初祖.

朝鮮詩學考

2

최치원崔致遠은 신라 사량부沙梁部 사람으로 자는 고운孤雲이다. 12세에 당唐나라에 들어가 유학하였고, 당나라 희종僖宗 건부乾符[1] 원년 과거에 급제하여 고병高駢[2]의 종사관이 되어 표表 · 장狀 · 서書 · 계啓가 대부분 그의 손에서 나왔다. 그의 황소黃巢[3]를 토벌하고자 하는 격문[4]에 "천하의 사람들이 모두 너를 드러내어 죽이려 생각할 뿐만 아니라 땅속의 귀신들도 몰래 너를 죽이려고 의논할 것이다."라는 말에 황소가 자기도 모르게 침상 아래로 떨어졌고, 이로 인해 이름이 천하에 떨쳤다. 헌강왕 11년에 신라로 돌아와 한림학사翰林學士에 제수되었는데, 최치원은 스스로 중국에서 배워서 얻은 것이 많아 가슴에 쌓인 것을 펼치려 하였으나 신라 말에 의심과 시기가 많아 쓰이지 못했다. 만년에 가야산에 들어가 생을 마쳤다. 시호는 문창후文昌侯이고, 문묘에 배향되었으며 『계원필경桂苑筆耕[5]』이 있어 세상에 전한다.

그의 〈가을밤 비는 내리고秋夜雨中〉 시에

가을바람에 홀로 괴로이 시를 읊조리니	秋風唯苦吟
세상에 나를 알아주는 이 드문데	世路少知音
창밖엔 밤이 깊도록 비 내리고	窓外三更雨
등잔 앞 내 마음은 만 리를 가네	燈前萬里心[6]

라고 하였고, 〈금천사 주지스님에게 주다贈金川寺主人〉 시에

흰 구름 시내 짝한 곳에 절을 세우고 白雲溪畔刱仁祠
삼십 년 전 이곳에 와서 머물러 계셨는데 三十年來此住持
웃으며 절문 앞의 한 줄기 길을 가리키며 笑指門前一條路
산 아래로 벗어나면 천 가지 길이 있다 하네 纔離山下有千岐[7]

라고 하였으며, 〈우강역 정자에서芋江驛亭〉 시에

모래톱에 말 세우고 되오는 배 기다리자니 沙汀立馬待回舟
한줄기 물안개 만고에 수심을 일으키고 一帶烟波萬古愁
이 산이 평평해지고 이 물이 다 마르면 直得山平兼水渴
인간 세상의 이별 그제야 없어지겠지 人間離別始應休[8]

라고 하였고, 〈가야산에서 쓰다題伽倻山〉 시에

겹친 바위 미친 듯 달려 겹겹 산을 울려대서 狂奔疊石吼重巒
사람들의 말소리 지척 간에도 들리지 않는데 人語難分咫尺間
시비하는 소리 귀에 들릴까 항상 걱정하여 常恐是非聲到耳
일부러 흐르는 물에게 산 다 감싸도록 시켰네 故敎流水盡籠山[9]

라고 하였으며, 〈지광 상인에게 주다贈智光上人〉 시에

구름 저 끝 작은 암자 얽어놓고 雲畔結精廬
참선에 든 지 어언 사십여 년 安禪四紀餘
지팡이 짚고 단 한 걸음도 나선 적 없고 笻無出山步
편지는 단 한통도 서울로 들이는 것 없었지 筆絕入京書
대나무 시렁엔 샘물 소리만 들려오고 竹架泉聲緊

솔 난간엔 햇살이 성글게 비치네 松欞日影踈
높은 경지 다 읊을 수 없어 境高吟不盡
눈감고 참된 세계를 느끼네 瞑目悟眞如[10]

라고 하였고, 〈밤에 악관에게 주다夜贈樂官〉 시에

세상일은 흥하면 쇠하는 법이니 人事盛還衰
덧없는 인생 정말로 서럽구나 浮世實可悲
누가 알았을까 하늘에서 연주하던 곡조 誰知天上曲
바닷가에 와서 불게 될 줄을 來向海邊吹
물가 전각 꽃구경하던 그곳 水殿看花處
바람 부는 누각 달구경 하던 그때 風欞對月時
임금[11] 이제 돌아가셨으니 攀髯今已矣
그대와 두 줄기 눈물 흘리네 與爾淚雙垂[12]

라고 하였으며, 〈윤주 자화사에 올라登潤州慈和寺〉 시에

자화사에 올라 잠시 세상의 더러움 떠나 登臨暫隔路岐塵
흥망성쇠 생각하며 읊조리니 한이 더욱 새로워져 吟想興亡恨益新
뿔피리 소리 속에 아침저녁은 물결처럼 흐르는데 畫角聲中朝暮浪
푸른 산 그림자 속엔 옛날 또 지금 사람 靑山影裏古今人
서리에 꺾인 고운 나무엔 꽃 피어도 볼 사람 없고 霜摧玉樹花無主
바람 따뜻한 금릉엔 풀만 절로 봄을 맞는구나 風暖金陵草自春
사씨 집안 남긴 경치에 힘입어 賴有謝家餘景在
길이 시인으로 하여금 정신 번쩍 들게 하네 長教詩客爽精神[13]

라고 하였고, 〈우이현을 다시 지나며再經盱眙〉 시에

외로이 떠돌다 여기서 다시 은혜를 받으니	孤蓬再此接恩輝
시 읊으며 가을바람 맞으니 한이 넘쳐나네	吟對秋風恨有餘
문 앞 버들 올해 난 잎도 벌써 시들었는데	門柳已凋新歲葉
나그네는 아직도 작년 옷 그대로네	旅人猶着去年衣
길은 은하수 아래 어지러워 근심 속에 늙어가고	路迷霄漢愁中老
집은 안개 속에 가려 꿈속에서만 돌아가네	家隔烟波夢裏歸
우습구나 이 몸 봄날 제비처럼	自笑身如春社燕
단청들보 높은 곳에 또 날아드는 것이	畫樑高處又來飛[14]

라고 하였으며, 〈강남녀江南女〉 시에

강남땅의 풍속 방탕해서	江南蕩風俗
딸을 기를 때 교태롭고 예쁘게만 하니	養女嬌且憐
성질은 되바라져 바느질 부끄러워하고	性冶耻針線
화장 다 하고는 악기 연주만 하는데	粧成調管絃
배우는 것은 고아한 음악이 아니라	所學非雅音
대체로 욕정이나 일으키는 것뿐이네	多被春心牽
스스로 말하기를 곱고 어여쁜 얼굴	自謂芳華色
길이 젊은 나이 누릴 것이라 하니	長占艶陽年
도리어 이웃집 여인 비웃으며	却笑隣家女
온종일 베틀을 놀려서	終朝弄機杼
길쌈일이 비록 몸을 힘들게 해도	機杼縱勞身
비단옷은 너에게 이르지 않는단다	羅衣不到汝[15]

라고 하였는데, 여러 시들이 모두 곱고 우아하며 당나라 사람의 시와 아주 닮았다.

1 건부乾符 : 당나라 희종 시기 연호로 874～879 사이에 사용되었다.
2 고병高騈 : ?～887. 당나라 희종 때의 문신으로 자는 천리千里이다. 황소黃巢의 난 때 총사령관으로 임명되었으나 장안長安을 점거한 황소군을 토벌하는데 소극적이어서 조정으로부터 반역의 의심을 받아 총수의 지위를 박탈당하였다. 훗날 신선방술神仙方術에 빠져 세금을 과도하게 매기고 형벌을 남용하다가 필사탁畢師鐸에게 살해당하였다.
3 황소黃巢 : ?～884. 당나라 말기 농민 반란군 지도자이다. 875년 반란을 일으켜 전국 각지에서 관군을 격파하고 881년 장안을 점령하고 스스로 황제가 되었으나 883년 관군의 반격으로 체포되어 처형되었다.
4 황소黃巢를……격문 : 황소의 난을 진압하기 위해 임명된 토벌총사령관 고병高騈의 종사관으로 근무하던 최치원이 지은 격문으로 『계원필경桂苑筆耕』에 〈격황소서檄黃巢書〉라는 제목으로 수록되어 있다.
5 계원필경桂苑筆耕 : 최치원(857～?)의 시문집으로 20권 4책으로 구성되어 있다. 당나라에서 귀국한 다음 해인 886년 당나라에 있을 때 지은 작품을 28권으로 묶어 정강왕定康王에게 바쳤는데 현재는 20권만 전한다. 대부분 고변의 종사관 시절 지은 시문들이 수록되어 있다.
6 제목 : 〈가을밤 비는 내리고秋夜雨中〉, 『고운집孤雲集』 권1.
7 제목 : 〈금천사 주지스님에게 주다贈金川寺主〉, 『고운집孤雲集』 권1.
8 제목 : 〈우강역 정자에서 짓다題芋江驛亭〉, 『고운집孤雲集』 권1.
9 제목 : 〈가야산 독서당에서 짓다題伽倻山讀書堂〉, 『고운집孤雲集』 권1.
10 제목 : 〈운문 난야의 지광 상인에게 주다贈雲門蘭若智光上人〉, 『고운집孤雲集』 권1.
11 임금[攀髯] : 원문의 반염攀髯은 수염을 잡는다는 뜻으로 임금의 승하를 의미한다. 황제黃帝가 형산荊山 아래에서 솥을 주조하여 완성되자, 하늘에서 용이 내려와 황제를 태우고 올라갔다고 한다. 이때 신하들과 궁인들 중 따라 올라간 자가 70여 명이었고, 용의 몸통을 직접 잡지 못한 신하들이 용의 수염을 잡았더니, 수염이 뽑혀 떨어지면서 황제의 활도 함께 떨어져 백성들은 그 활과 수염을 끌어안고 울부짖었다고 한다. 『사기史記』 권28, 「봉선서封禪書」.
12 제목 : 〈당성에 나그네로 노닐면서 선왕의 악관에게 주다旅遊唐城 贈先王樂官〉, 『고운집孤雲集』 권1.
13 제목 : 〈윤주 자화사의 상방에 올라登潤州慈和寺上房〉, 『고운집孤雲集』 권1.
14 제목 : 〈가을날에 우이현을 다시 지나면서 이 장관에게 부치다秋日 再經盱眙縣 寄李長官〉, 『고운집孤雲集』 권1.
15 제목 : 〈강남녀江南女〉, 『고운집孤雲集』 권1.

崔致遠, 新羅沙梁部人字孤雲, 年十二入唐留學, 唐僖宗乾符元年, 登第爲高駢從事, 表壯書啓多出其手. 其討黃巢檄有"不唯天下之人, 皆思顯戮, 抑亦地中之鬼 已議陰誅." 之語, 巢不覺下牀, 由是名振天下. 至憲康王十一年還國, 拜翰林學士, 致遠自以西學多所得, 欲展所蘊, 而衰季多疑忌不能容. 晩年入伽倻山終焉. 謚文昌侯, 配享文廟, 有桂苑筆耕行于世. 其<秋夜雨中>詩曰, "秋風唯苦吟, 世[1]路少知音. 窓外三更雨, 燈前萬里心." <贈金川寺主人[2]>詩曰, "白雲溪畔刱仁祠, 三十年來此住持. 笑指門前一條路, 纔離山下有千岐." <芋江驛亭[3]>詩曰, "沙汀立馬待回舟, 一帶烟波萬古愁. 直得山平兼水渴, 人間離別始應休." <題伽倻山[4]>詩曰, "狂奔疊石吼重巒, 人語難分咫尺間. 常恐是非聲到耳, 故敎流水盡籠山." <贈智光上人[5]>詩曰, "雲畔結[6]精廬, 安禪四紀餘. 笻無出山步, 筆絶入京書. 竹架泉聲緊, 松欞日影踈. 境高吟不盡, 暝目悟眞如." <夜贈樂官[7]>詩曰, "人事盛還衰, 浮世實可悲. 誰知天上曲, 來向海邊吹. 水殿看花處, 風欞對月時. 攀髯今已矣, 與爾淚雙垂." <登潤州慈和寺[8]>詩曰, "登臨暫隔路岐塵, 吟想興亡恨益新. 畫角聲中朝暮浪, 靑山影裏古今人. 霜摧玉樹花無主, 風暖金陵草自春. 賴有謝家餘景[9]在, 長敎詩客爽精神." <再經盱眙縣[10]>詩曰, "孤蓬再此接恩輝, 吟對秋風恨有餘[11]門柳已凋新歲葉, 旅人猶着去年衣. 路迷霄漢愁中老, 家隔烟波夢裏歸. 自笑身如春社燕, 畫樑高處又來飛." <江南女>詩曰, "江南蕩風俗, 養女嬌且憐. 性冶耻針線, 粧成調管絃. 所學非雅音, 多被春心牽. 自謂芳華色, 長占艶陽年. 却笑隣家[12] 終朝弄機杼. 機杼縱勞身, 羅衣不到汝." 諸詩皆婉麗雅馴, 深得唐人風韻.

1 世 : 擧 (『孤雲集』 卷1)

2 贈金川寺主人 : 贈金川寺主 (『孤雲集』 卷1)

3 芋江驛亭 : 題芋江驛亭 (『孤雲集』 卷1)

4 題伽倻山 : 題伽倻山讀書堂 (『孤雲集』 卷1)

5 贈智光上人 : 贈雲門蘭若智光上人 (『孤雲集』 卷1)

6 結 : 構 (『孤雲集』 卷1)

7 夜贈樂官 : 旅遊唐城贈先王樂官 (『孤雲集』 卷1)

8 登潤州慈和寺 : 登潤州慈和寺上房 (『孤雲集』 卷1)

9 景 : 境 (『孤雲集』 卷1)

10 再經盱眙縣 : 秋日再經盱眙縣寄李長官 (『孤雲集』 卷1)

11 餘 : 違 (『孤雲集』 卷1)

12 家 : 舍 (『孤雲集』 卷1)

3

최승우崔承祐[1]는 신라 효공왕孝恭王 9년에 당나라에 들어가 과거에 급제하였으며 시로 세상에 알려졌다. 〈나부산으로 들어가는 조송을 전송하며送曺松入羅浮〉 시에

비 개고 구름 걷혀 자고새 나는데	雨晴雲歛鷓鴣飛
고개언덕 시냇가에서 내 마음 전해보네	嶺嶠臨流話所思
염차 선생은 글짓기를 사양할 것이니	厭次先生須讓賦
선성 태수는 감히 시를 말할 건가	宣城太守敢言詩
과거급제 마음 두지 않아 천험을 넘어섰고	休攀月桂淩天險
산수경치 좋아해 세상 위험 피해버렸네	好把煙霞避世危
칠십 리 긴 계곡 세 골짜기 속에서	七十長溪三洞裏
후세에 이름 이룰 것 당연한 것이겠지	他年名遂也相宜[2]

라고 하였고, 〈빈주 막사로 부임가는 진책 선배를 전송하며送陳策先輩赴邠州幕〉 시에

예형의 사부와 육기의 문으로	禰衡詞賦陸機文
거듭 급제하여 이름 높아 이미 뛰어났는데	再捷名高已不群
구슬 같은 눈물로 멀리 배이부와 하직하고	珠淚遠辭裴吏部
대연에서 이제 두장군을 받드네	玳筵今奉竇將軍
술잔 앞 눈 쌓여 서울을 읊조리고	樽前有雪吟京洛

말 위 오르니 산도 없어 변새 구름만 흘러드네　　　馬上無山入塞雲
이제부터 막부 중에 성가가 높아지리니　　　從此幕中聲價高
붉은 연 붉은 계수 모두 향기로우리라　　　紅蓮丹桂共芳芬[3]

라고 하였으니, 여러 편이 모두 전아하고 장중하며 법도가 있다.

---

1 최승우崔承祐 : ?~?. 신라 말기의 문인으로 본관은 경주慶州이다. 육두품六頭品 출신으로 890년 당나라 국학에서 3년간 공부하고 893년 빈공과賓貢科에 급제한 뒤 관직에 있다가 귀국하였다. 최치원崔致遠, 최언위와 함께 '3최'로 불렸다. 견훤을 대신하여 927년 고려 태조에게 보내는 격서 「대견훤기고여왕서代甄萱寄高麗王書」를 지었다. 최승우는 시에도 능했는데, 『동문선東文選』 권12에 〈경호鏡湖〉를 비롯한 칠언율시 10수가 남아 있다. 사륙집四六集 5권을 저술하여 『호본집餬本集』이라고 하였으나 오늘날 전하지 않는다.

2 제목 : 〈나부로 들어가는 진사 조송을 전송하다送曹進士松入羅浮〉, 『동문선東文選』 권12.

3 제목 : 〈관중에서 빈주의 막사로 부임하는 진책 선배를 전송하다關中送陳策先輩赴邠州幕〉, 『동문선東文選』 권12.

崔承祐, 新羅孝恭王九年, 入唐登第, 以詩鳴于世. <送曺松入羅浮[1]>詩曰, "雨晴雲歛鷓鴣飛, 嶺嶠臨流話所思. 厭次先[2]生須讓賦, 宣城太守敢言詩. 休攀月桂淩天險, 好把煙霞避世危. 七十長溪三洞裡, 他年名遂也相宜." <送陳策先輩赴邠州幕[3]>詩曰, "禰衡詞賦陸機文, 再捷名高已不群. 珠淚遠辭裴吏部, 玳筵今奉竇將軍. 樽[4]前有雪吟京洛, 馬上無山入塞雲. 從此幕中聲價高[5], 紅蓮丹桂共芳芬." 諸篇皆典重有法.

[1] 送曺松入羅浮 : 送曹進士松入羅浮 (『東文選』 卷12)

2 先 : 狂 (『東文選』 卷12)

3 送陳策先輩赴邠州幕 : 關中送陳策先輩赴邠州幕 (『東文選』 卷12)

4 樽 : 尊 (『東文選』 卷12)

5 高 : 重 (『東文選』 卷12)

4

박인범朴仁範은 신라 사람으로 이 사람도 당나라에서 벼슬하여 저작랑著作郎이 되었다. 그의 시격은 기이하고 굳세며 풍취가 있어 중국 사람들이 몹시 칭찬하여 『전당시선全唐詩選』에 수록되어 있으니 문장으로 나라를 빛낼 솜씨를 다하였다. 〈경주 용삭사에서涇州龍朔寺〉 시에

날 듯한 신선집 푸른 하늘에 닿을 듯 있어　　翬飛仙閣在靑冥
월궁의 음악소리 또렷이 들릴 듯하네　　月殿笙歌歷歷聽
반딧불처럼 흔들리는 등불은 새 날 길 밝히고　　燈撼螢光明鳥道
무지개처럼 휘돈 다리는 바위 문에 닿아있네　　梯回虹影到巖扃
흐르는 물 따라가는 인생 어느 때 끝나버릴까　　人隨流水何時盡
시린 산을 휘감은 대는 옛날부터 푸르렀는데　　竹帶寒山萬古靑
시비와 공색의 이치를 시험 삼아 물어보니　　試問是非空色裏
평생 근심에 취한 몸 앉은자리에서 깨달아지는구나　　百年愁醉坐來醒[1]

라고 하였고, 〈강을 따라가며 장수재에게 드리다江行呈張秀才〉 시에

저물녘 작은 배 갈대꽃 핀 물가에 대고 보니　　蘭橈晩泊荻花洲
찬이슬 귀뚜라미 소리 가을 언덕 휘감고 있네　　露冷蛩聲繞岸秋
물 빠진 옛 여울 모래톱에 잠겨있고　　潮落古灘沙觜沒
해진 차디찬 섬 나무마저 근심하는 듯하네　　日沈寒島樹容愁
바람은 강 위에 떼 지어 나는 기러기 보내고　　風驅江上群飛雁

달은 하늘 저 끝 외로이 떠가는 배 전송하네	月送天涯獨去舟
함께 타향살이 싫어하지만 이미 늙어버렸으니	共厭羇離年已老
심사를 말할 때마다 눈물 줄줄 흐르는구나	每言心事淚潸流[2]

라고 하였다.

---

1 제목 : 〈경주 용삭사의 누각에서 아울러 운서상인에게 보내다涇州龍朔寺閣 兼柬雲栖上人〉, 『동문선東文選』 권12.

2 제목 : 〈강을 따라가며 장준 수재에게 드리다江行呈張峻秀才〉, 『동문선東文選』 권12.

朴仁範, 新羅人, 亦仕唐爲著作郎. 其詩格奇健有致, 大爲華人所稱賞, 錄載于全唐詩選, 儘文章華國之手也. <涇州龍朔寺[1]>詩曰, "翬飛仙閣在青冥, 月殿笙歌歷歷聽. 燈撼螢光明鳥道, 梯回虹影到巖扃. 人隨流水何時盡, 竹帶寒山萬古青. 試問是非空色裏, 百年愁醉坐來醒." <江行呈張秀才>詩曰, "蘭橈晚泊荻花洲, 露冷蛩聲繞岸秋. 潮落古灘沙嘴沒, 日沈寒島樹容愁. 風驅江上群飛雁, 月送天涯獨去舟. 共厭羇離年已老, 每言心事淚潸流."

[1] 涇州龍朔寺 : 涇州龍朔寺閣兼柬雲栖上人 (『東文選』 卷12)

5

최광유崔匡裕는 신라 말에 당나라에 들어가 유학했는데 이 사람도 시에 능했다. 〈장안에서 봄날 감회가 일어長安春日有感〉 시에

삼베옷 갈림길에 이는 먼지 떨치기 어려워	麻衣難拂路岐塵
흰 귀밑머리 늙어 새벽 거울 보니 새롭구나	鬢改顔衰曉鏡新
중국 장안 예쁜 꽃들 근심에서도 곱기만 하고	上國好花愁裏艶
고향의 고운 풀들은 꿈에서만 봄을 맞네	故園芳草夢中春
조각배 타고 안개 낀 달밤 바다 떠돌 생각했었고	扁舟煙月思浮海
초라한 말 타고 국경에서 나루터 묻기도 지쳤네	羸馬關河倦問津
다만 형설의 뜻을 보답받지 못해서	祗爲未酬螢雪志
푸른 버들 꾀꼬리 울음 너무 마음 상하게 하네	綠楊鶯語大傷神[1]

라고 하였는데, 이 시의 기구와 결구가 모두 부족하지만 함련은 동악 이안눌李安訥이 점화하여

변방 성의 이지러진 달 근심 저 너머 걸려있고	邊城缺月懸愁外
고향의 고운 꽃들은 꿈속에서 지는구나	故國閒花落夢中[2]

라고 하였는데 원래의 시가 나은 듯하다.

1 제목 : 〈장안에서 봄날 감회가 일어長安春日有感〉, 『동문선』 권12.
2 제목 : 〈초봄에 감회를 쓰다新春書感〉, 『동악집東岳集』 권1.

崔匡裕, 新羅末, 入唐留學, 亦能詩. <長安春日有感>詩曰, "麻衣難拂路岐塵, 鬢改顔衰曉鏡新. 上國好花愁裏艶, 故園芳草[1]夢中春. 扁舟煙月思浮海, 羸馬關河倦問津. 祗爲未酬螢雪志, 綠楊鶯語大傷神." 此詩起句結句俱拙, 而頷聯爲李東嶽安訥所點化云, "邊城缺月懸愁外, 故國閑花落夢中." 然原詩似優.

[1] 草 : 樹 (『東文選』 卷12)

6

최승로崔承老는 고려 성종成宗 때에 벼슬이 수시중守侍中에 이르렀다. 그의 〈궁궐 동쪽 연못의 새로 난 대나무禁中東池新竹〉 시에

궁궐 대나무 막 피어나 마디 분명하고	禁篺初開粉節明
임금 행차에 나지막히 깔려 녹음 이루었으니	低臨輦路綠陰成
임금의 놀이에 어찌 꼭 천악이 필요하겠나	宸遊何必將天樂
절로 가을 바람 옥같은 소리를 흔들어내니	自有金風撼玉聲[1]

라고 하였으니, 그 격조가 비록 높지는 않으나 사물을 가지고 풍간하는 뜻을 붙였으니 자못 볼 만하다.

1 〈궁궐 동쪽 연못의 새로 난 대나무禁中東池新竹〉, 『대동시선大東詩選』 권1.

崔承老, 高麗成宗時, 官至守侍中. 其<禁中東池新竹>詩云, "禁篺初開粉節明, 低臨輦路綠陰成. 宸遊何必將天樂, 自有金風撼玉聲." 其格調雖不高, 然因物寓諷諫之意, 頗有可觀.

제3절 시학의 발흥시대 詩學勃興時代

朝鮮詩學考

1

고려高麗의 광종光宗은 처음으로 과거를 실시하고 사詞와 부賦를 이용하여 인재를 뽑았고, 예종睿宗은 문아文雅를 좋아해서 날마다 문사文士들을 모아 시를 서로 읊고 화답하며 계승하였으며 인종仁宗 명종明宗 또한 유아儒雅를 숭상하였고, 충렬왕忠烈王[1]은 사신들과 함께 시문을 창수하여 『용루집龍樓集』[2]으로 엮었다. 이로 말미암아 세속에서는 사와 부를 숭상하였고, 찬연燦然한 생광生光이 시편들을 환히 비췄다. 문열文烈 박인량朴寅亮[3] · 문열文烈 김부식金富軾[4] · 간의諫議 정지상鄭知常[5] · 대간大諫 이인로李仁老[6] · 문순文順 이규보李奎報[7] · 내한內翰 김극기金克己[8] · 보궐補闕 진화陳澕[9] · 상사上舍 임춘林椿[10] 같은 사람들이 더욱 걸출했고 노련했던 인물이다. 고려 중엽 이후로 북송과 남송 · 요遼 · 금金과 자주 오가며 매번 문사에 식견이 있다고 칭해졌으며, 이로 인해 나라의 근심 같은 것까지 거의 다 풀 수 있었으니, 어찌 사와 부를 사소하게 여길 수 있겠는가.

1 충렬왕忠烈王 : 1236~1308. 고려후기 제25대 왕이다. 원종의 맏아들이며, 어머니는 추밀 부사樞密副使 김약선金若先의 딸 순경태후順敬太后 김씨이다.

2 용루집龍樓集 : 국가의 전고典故에 밝았고 폭넓게 독서를 했던 충렬왕이 세자世子로 있을 때 대사성大司成 김구金坵, 좨주祭酒 이송진李松縉 등과 창화唱和한 시 작품을 모아 엮은 책이다.

3 박인량朴寅亮 : ?~1096. 본관은 평산平山, 자는 대천代天, 시호는 문열文烈이다. 고려 개국공신인 박수경朴守卿의 현손玄孫이다. 문종文宗 때 과거에 급제하였으며 문장에 뛰어나 송宋나라에 사신으로 가서 지은 문장이 송나라 사람들에 의해 출판되기도 하였다. 저서로 『고금록古今錄』, 『수이전殊異傳』이 있었다고 하나 현전하지 않는다.

4 김부식金富軾 : 1075~1151. 본관은 경주慶州, 자는 입지立之, 호는 뇌천雷川, 시호는 문열文烈이다. 직한림, 추밀원 부사, 중서시랑평장사 등을 역임하였으며, 문장으로 이름을 떨쳐 『삼국사기三國史記』의 편찬을 맡았다.

5 정지상鄭知常 : ?~1135. 본관은 서경西京, 호는 남호南湖이다. 작품으로는 『동문선東文選』에 「신설新雪」·「향연치어鄕宴致語」가, 『동경잡기東京雜記』에 「백률사栢律寺」·「서루西樓」 등이 전한다. 김부식과 시문으로 쌍벽을 이루었는데 묘청의 난에 연루되어 김부식에 의해 죽임을 당하였다.

6 이인로李仁老 : 1152~1220. 본관은 경원慶源, 자는 미수眉叟, 호는 와도헌臥陶軒이다. 어려서부터 총명하여 시문과 글씨에 뛰어났다. 저술로는 『은대집銀臺集』·『쌍명재집雙明齋集』·『파한집破閑集』 등이 있었다고 하나 『파한집破閑集』만이 전하고 있다.

7 이규보李奎報 : 1168~1241. 본관은 황려黃驪, 자는 춘경春卿, 호는 백운거사白雲居士이다. 1189년에 급제하여 동지공거, 수태보 문하시랑평장사 등을 역임하였다. 주로 무인 집권 시기에 주로 활동하며 시인이자 문장가로 이름을 떨쳤고, 만년에는 시·거문고·술을 좋아해 삼혹호선생三酷好先生이라고 불렸다. 저서로 『동국이상국집東國李相國集』이 있다.

8 김극기金克己 : ?~?. 본관은 경주慶州, 호는 노봉老峰이다. 어렸을 때부터 문명이 있었으며, 당시 문인들에 의해 "문장의 표현이 맑고 활달하며 말이 많을수록 내용이 풍부하다"라는 평을 받았다. 저서로 『김거사집金居士集』이 있었다고 하나 전하지 않고, 『동문선東文選』·『신증동국여지승람新增東國輿地勝覽』 등에 시가 전한다.

9 진화陳澕 : ?~?. 본관은 여양驪陽, 호는 매호梅湖이다. 문학에 뛰어나 명종이 신하들에게 「소상팔경瀟湘八景」 시를 짓게 하자 장편을 지어 이인로와 함께 절창이라는 평을 받았다. 「한림별곡翰林別曲」에서는 "이정언 진한림 쌍운주필[李正言, 陳翰林, 雙韻走筆]"이라고 하여 그가 주필에 능했다는 것도 알 수 있다. 1784년 진화의 15세손 진후가 여러

시선집에 산재되어 있는 그의 시작품을 모아 『매호유고梅湖遺稿』를 간행하였다.

10 임춘林椿 : ?~?. 본관은 예천醴泉, 자는 기지耆之, 호는 서하西河이다. 무신란 이전에 이미 상당한 명성을 얻었으나 무신난으로 인해 가문 전체가 화를 입어 7년여의 타향살이를 하였다. 그런 생활 중에도 정계에 참여하고자 노력하였지만, 뜻을 이루지 못하고 죽었다. 이인로 등 죽림고회竹林高會와 친하게 지냈으며, 가전체소설인 「국순전麴醇傳」, 「공방전孔方傳」을 지었다. 저서로 『서하선생집西河先生集』이 있다.

高麗光宗始設科用詞賦, 睿宗喜文雅日會文士唱和繼, 而仁明亦尚儒雅, 忠烈與詞臣唱酬, 有龍樓集. 由是俗尚詞賦, 燦然生光照映篇什. 如朴文烈寅亮 · 金文烈富軾 · 鄭諫議知常 · 李大諫仁老 · 李文順奎報 · 金內翰克己 · 陳補闕澕 · 林上舍椿, 尤其傑然老也. 中葉以降, 屢與兩宋遼金交通, 每以文詞見稱, 得紓國患者居多, 夫豈以詞賦而少之哉.

2

소화小華 박인량朴寅亮[1]은 문종文宗 때의 관직이 참지정사參知政事에 이르렀다. 일찍이 사신의 명을 받들어 송宋나라에 들어가 사주泗州의 귀산사龜山寺에 들렀다가 쓴 시에

험하고 괴이한 바위 쌓여 산을 이루었는데	巉巖怪石疊成山
꼭대기에 절이 있어 물이 사방 둘러있네	上有蓮芳水四環
탑 그림자 강에 비춰 물결 속에서 너울대고	塔影倒江翻浪底
경쇠 소리 달을 흔들고는 구름 사이로 사라지네	磬聲搖月落雲間
문 앞의 나그네 배는 큰 파도에 쏜살같이 사라지고	門前客棹洪濤疾
대숲 아래 바둑 두는 스님은 대낮에 한가롭네	竹下僧碁白日閑
사신의 명을 받아 떠나는 애석함을 견디고	一奉皇華堪惜別
다시 시구 남겨두곤 오기를 기약하네	更留詩句約重攀[2]

라고 하였고, 그의 〈배 안에서 밤에 읊다舟中夜吟〉 시에

고국 삼한 아득하여	故國三韓遠
갈바람에 나그네 상념 깊어지는데	秋風客意多
외로운 배에서 한 밤 내내 꿈꾸는 동안	孤舟一夜夢
달은 동정호 물결 위로 지는구나	月落洞庭波[3]

라고 하였는데, 공이 송나라에 들어가 가는 곳마다 모두 시로 남기니

중국 사람이 다투어 전하고 외워 그 시문을 간행하여 세상에 널리 알리고 『소화집小華集』이라 불렀으니 나라를 빛낸 솜씨라고 할 만하다.

---

1 박인량朴寅亮 : 66쪽 주3 참조.

2 제목 : 〈송나라에 사신으로 갔다가 사주의 귀산사를 지나며使宋過泗州龜山寺〉, 『동문선東文選』 권12.

3 제목 : 홍만종洪萬鍾의 『소화시평小華詩評』 권상上에 〈배 안에서 밤에 읊다舟中夜吟〉라는 제목으로 수록되어 있다.

朴小華寅亮, 文宗時官至參政, 嘗奉使入宋, 過泗州龜山寺有詩曰, "巉巖怪石疊成山, 上有蓮芳水四環. 塔影倒江翻浪底, 磬聲搖月落雲間. 門前客棹洪濤疾, 竹下僧碁白日閑. 一奉皇華堪惜別, 更留詩句約重攀." 其<舟中夜吟>詩曰, "故國三韓遠, 秋風客意多. 孤舟一夜夢, 月落洞庭波." 公之入宋所至皆留詩, 華人競相傳誦, 刊其詩文, 公于世, 號小華集, 可謂華國手也.

3

문열공文烈公 김부식金富軾[1]은 인종 때의 문호이다. 그가 편찬한 『삼국사三國史』는 이리저리 뒤섞이되 법도에 맞고 아주 우아하여 서경西京의 풍기가 있었다. 시도 곱고 굳세면서 노련하고 알맹이가 꽉 찼으니 단순히 글만 쓰는 사람이 미칠 수 있는 것이 아니었다.

그의 〈동궁춘첩東宮春帖〉 시에

새벽빛은 누각 모퉁이에서 밝아오고	曙色明樓角
봄바람은 버드나무 가지 끝에 머무는데	春風着柳梢
계인이 새벽의 시작을 알리자마자	鷄人初報曉
벌써 침문으로 문안 드리러가네	己向寢門朝[2]

라고 하였고, 〈감로사甘露寺〉 시에

세상 사람 오지 못하는 곳에	俗客不到處
올라 보니 생각이 깨끗해지네	登臨意思淸
산 모습은 가을 들어 더욱 좋고	山形秋更好
강빛은 밤 들어 더 밝으니	江色夜猶明
흰 새는 높이 날아가버리고	白鳥高飛盡
외로운 배는 홀로 가벼이 떠가네	孤帆獨去輕
스스로 부끄럽구나 달팽이 뿔 사이 같은 세상[3]에서	自慚蝸角上
반평생 공명만 찾으려고 했던 것이	半世覓功名[4]

라고 하였으며, 〈등석燈夕〉 시에

대궐 엄숙한 속 물시계는 깊어가고	城闕沈嚴更漏長
산과 나무에 걸어둔 등 찬란히 빛을 나누는데	燈山火樹燦交光
어렴풋한 비단 휘장 봄바람에 살랑거리고	綺羅縹緲春風細
선명한 단청 속에 새벽달은 서늘하네	金碧鮮明曉月凉
하늘 위 북극성처럼 어좌[5]는 정녕 높고	華蓋正高天北極
대전 중앙에서 옥로를 마주하네	玉爐相對殿中央
임금께서 검소하셔서 성색을 멀리하시니	君王恭黙踈聲色
제자들이여 온갖 보물로 치장하는 것을 자랑하지 말게	弟子休誇百寶粧[6]

라고 하였다.

---

1 김부식金富軾 : 66쪽 주4 참조.

2 제목 : 〈동궁춘첩자東宮春帖子〉, 『동문선東文選』 권19.

3 달팽이……세상 : 『장자莊子』 「칙양則陽」에 나오는 와각지쟁蝸角之爭의 고사를 말한다. 달팽이의 왼쪽 뿔에 있는 촉觸나라와 오른쪽 뿔에 있는 만蠻이라는 나라가 영토를 다투느라 전쟁을 벌여 죽은 시체가 백만이나 되었다고 하는데 흔히 작은 명예와 이익을 위해 다투는 것을 말한다.

4 제목 : 〈감로사에서 혜원의 시에 차운하여甘露寺次惠遠韻〉, 『동문선東文選』 권9.

5 어좌[華蓋] : 원문의 화개華蓋는 오제좌五帝座의 위에 있는 별의 이름으로, 전하여 임금 혹은 임금이 있는 자리를 가리키는 말로 쓰인다.

6 제목 : 〈등석燈夕〉, 『동문선東文選』 권12.

金文烈富軾, 仁宗時文豪也. 其所撰三國史, 錯綜典雅綽有西京風氣, 詩亦雅健老實, 非唯篆者可及. 其<東宮春帖[1]>詩曰, "曙色明樓角, 春風着柳梢. 鷄人初報曉, 已向寢門朝." <甘露寺[2]>詩曰, "俗客不到處, 登臨意思清. 山形秋更好, 江色夜猶明. 白鳥高飛盡, 孤帆獨去輕. 自慚蝸角上, 半世覓功名." <燈夕>詩曰, "城闕沈[3]嚴更漏長, 燈山火樹燦交光. 綺羅縹緲春風細, 金碧鮮明曉月凉. 華盖正高天北極, 玉爐相對殿中央. 君王恭黙踈聲色, 弟子休誇百寶粧."

[1] 東宮春帖 : 東宮春帖子 (『東文選』 卷19)

[2] 甘露寺 : 甘露寺次惠遠韻 (『東文選』 卷9)

[3] 沈 : 深 (『東文選』 卷12)

4

정지상鄭知常은 시격이 청신염일淸新艶逸하다. 마치 연꽃이 물 위에 피어 자연스럽고 꾸밈이 없어 맑은 향기가 멀리까지 풍기는 것 같으니 참으로 뛰어난 시이다. 〈서도西都〉 시에

화려한 거리 봄바람에 가랑비 스쳐가니　　紫陌春風細雨過
먼지 하나 일지 않고 버들가지 치렁치렁　　輕塵不動柳絲斜
푸른 창 붉은 문에 생황 노래 울리니　　綠窓朱戶笙歌咽
이 모두가 이원의 제자 집 같구나　　盡是梨園弟子家[1]

라고 하였고, 〈취한 뒤에醉後〉 시에

복사꽃 붉은 빗속 새들은 재잘대고　　桃花紅雨鳥喃喃
집을 두른 푸른 산엔 군데군데 푸른 남기　　繞屋青山間翠嵐
머리 꼭대기 오사모 게을러 대충 쓰고　　一頂烏紗慵不整
꽃 핀 언덕 취해 누워 강남을 꿈꾸네　　醉眠花塢夢江南[2]

라고 하였으며, 〈대동강大同江〉 시에

비 그친 긴 둑엔 풀빛 짙어지는데　　雨歇長堤草色多
임 보내는 남포에는 서러운 노래 울려 퍼지네　　送君南浦動悲歌
대동강 물은 어느 때나 마르려나　　大同江水何時盡

이별의 눈물 해마다 푸른 물결 더하니 別淚年年添綠波[3]

라고 하였고, 〈단월역團月驛〉 시에

술 취해 베개 베고 그림병풍 아래 잠들었다가 飮闌欹枕畫屛低
앞마을 첫 닭소리에 잠 깨어 夢覺前村第一鷄
문득 지난밤 비구름 흩어진 그때가 떠오르니 却憶夜深雲雨散
작은 누각 저쪽 하늘에 외로운 달만 떠 있었지 碧空孤月小樓西[4]

라고 하였으며, 〈장원정長源亭〉 시에

높디높은 두 대궐 강가를 베고 있고 岧嶢雙闕枕江濱
맑은 밤은 한 점의 티끌조차 없는데 清夜都無一點塵
바람에 보낸 나그네 배 구름처럼 조각조각 風送客帆雲片片
이슬 엉긴 궁궐 기와는 옥처럼 반짝반짝 露凝宮瓦玉鱗鱗
푸른 버들에 가린 집 여덟아홉 집 綠楊閉戶八九屋
밝은 달에 발 말아 올린 서너 사람 明月捲簾三四人
어렴풋한 봉래산이 어디쯤 있는가 縹緲蓬萊在何許
꿈에서 깨니 꾀꼬리 짙푸른 봄에 지저귀네 夢闌黃鳥囀靑春[5]

라고 하였고, 〈변산 소래사邊山蘇來寺〉 시에

묵은 길 적막한 채 솔뿌리 둘러있고 古逕寂寞縈松根
하늘 가까워 두우성도 손에 잡힐 듯한데 天近斗牛聊可捫
뜬구름 흐르는 물처럼 나그네 절간에 이르니 浮雲流水客到寺
붉은 잎 푸른 이끼 속 스님은 문을 닫네 紅葉蒼苔僧閉門

가을바람 선선하게 지는 해 속에 불어오고　　　秋風微凉吹落日
산달 점점 밝아오니 원숭이 울음소리 들리네　　　山月漸白啼淸猿
기이하구나 희끗한 눈썹의 저 늙은 스님은　　　奇哉尨眉一老衲
긴 세월 인간 세상 꿈조차 꾸지 않으니　　　長年不夢人間喧[6]

라고 하였는데, 모두 맑고 고우니 읊조려 세상에 전할 만하다.

---

1 제목 : 〈서도西都〉, 『동문선東文選』 권19.
2 제목 : 〈취한 뒤에醉後〉, 『동문선東文選』 권19.
3 제목 : 〈님을 보내며送人〉, 『동문선東文選』 권19.
4 제목 : 〈단월역團月驛〉, 『동문선東文選』 권19.
5 제목 : 〈장원정長源亭〉, 『동문선東文選』 권12.
6 제목 : 〈변산 소래사에서 짓다題邊山蘇來寺〉, 『동문선東文選』 권12.

鄭知常詩格清新艶逸, 如出水芙蓉天然去飾, 而清香遠聞, 眞絶調也. <西都>詩曰, "紫陌春風細雨過, 輕塵不動柳絲斜. 綠窓朱戶笙歌咽, 盡是梨園弟子家." <醉後>詩曰, "桃花紅雨鳥喃喃, 繞屋靑山間翠嵐. 一頂烏紗慵不整, 醉眠花塢夢江南." <大同江[1]>詩曰, "雨歇長堤草色多, 送君南浦動悲歌. 大同江水何時盡, 別淚年年添綠波." <團月驛>詩曰, "飮闌欹枕畫屛低, 夢覺前村第一鷄. 却憶夜深雲雨散, 碧空孤月小樓西." <長源亭>詩曰, "岧嶢雙闕枕江濱, 淸夜都無一點塵. 風送客帆雲片片, 露凝宮瓦玉鱗鱗. 綠楊閉戶八九屋, 明月捲簾三四[2]人. 縹緲蓬萊在何許[3], 夢闌黃鳥囀靑春." <邊山蘇來寺[4]>詩曰, "古逕寂寞縈松根, 天近斗牛聊

可捫. 浮雲流水客到寺, 紅葉蒼苔僧閉門. 秋風微凉吹落日, 山月漸白啼淸猿. 奇哉厖眉一老衲, 長年不夢人間[5]喧." 皆淸麗, 可咏世傳.

[1] 大同江 : 送人 (『東文選』 卷19)
[2] 四 : 兩 (『東文選』 卷12)
[3] 許 : 處 (『東文選』 卷12)
[4] 邊山蘇來寺 : 題邊山蘇來寺 (『東文選』 卷12)
[5] 間 : 閒 (『東文選』 卷12)

朝鮮詩學考 5

정지상과 김부식이 함께 산사에서 노닐 때 정지상이 "산사의 불경 소리 끝나자마자 하늘빛이 유리처럼 맑기만 하다네."라는 시 구절을 지으니, 김부식이 좋아하여 달라고 하였으나 주지 않자 곧 시기하여 정지상을 죽였다. 훗날 김부식이 "버들은 천 가지 푸르고 복사꽃은 만 송이 붉구나."라는 시 구절을 지으니 정지상의 귀신이 갑자기 공중에서 김부식의 뺨을 때리며 "천 가지인지 만 송이인지 누가 세어보았느냐? '가지마다[絲絲] 송이마다[點點]'로 고쳐야 한다."라고 하자 김부식이 몹시 미워하였다.

훗날 김부식이 어떤 절에 가서 우연히 측간에 갔는데 정지상의 귀신이 쫓아와 뒤에서 음낭을 움켜쥐며 "그대 얼굴은 어찌하여 붉은가"라고 하자 김부식이 "언덕 너머 단풍이 얼굴에 비추어 붉다네"라고 하며, 음낭을 놓으라고 소리 지르니 정지상의 귀신이 음낭을 더욱 꽉 쥐어서, 김부식이 결국 측간에서 죽었다. 이는 비록 시골 사람의 이야기[1]이지만 재주를 시기하고 명예를 좋아하는 사람의 경계가 될 만한 것이다.

---

1 시골 사람의 이야기 : 원문의 제동齊東은 중국 제나라 동부 지방으로 시골을 의미한다. 야설野說은 시골 사람들이 하는 이야기를 말한다.

鄭知常與金富軾同遊山寺, 知常有"琳宮梵語罷, 天色淨琉璃." 之句, 富軾喜之乞而不與, 乃猜而殺之. 後富軾有"楊柳千絲綠, 桃花萬點紅."句, 鄭鬼忽自空中, 批其頰曰 "千絲滿點有誰數之耶. 改以'絲絲點點'可也." 富軾甚惡之. 後富軾往一寺偶登厠, 鄭鬼從後握囊曰, "君顔何赤.", 富軾曰, "隔岸丹楓照顔紅." 因叱釋囊, 鄭鬼握囊愈緊, 富軾竟死厠中. 此雖齊東野說, 然可以爲猜才好名者之戒.

6

평장사平章事 고조기高兆基[1]의 〈산장에 내리는 밤 비山莊夜雨〉 시에

지난 밤 송당에 비내렸는지	昨夜松堂雨
시내 소리 베개 저쪽에서 들리더니	溪聲一枕西
아침 들어 뜰의 나무를 보니	平明看庭樹
잔 새 아직도 둥지 떠나지 못했네	宿禽未離棲[2]

라고 하였으니, 이른 아침의 경물을 그림같이 그린 것이다. 〈멀리 보내다寄遠〉 시에

비단에 글자 새겨 옥문관에 부쳐서는	錦字裁成寄玉關
님에게 몸조심하시고 진지 잘 드시라 하고	勸君珍重好加飧
봉후가 되는 것 남자의 일이니	封侯自是男兒事
누란 베기 전엔 돌아오지 마시라 했네	不斬樓蘭未擬還[3]

라고 하였으니, 이 시는 남편을 수자리 보낸 아내가 남편에게 보내는 말을 본떴으나 규방에서 사사로이 가까이하는 마음이 전혀 없고 몸과 마음을 바쳐 나라에 보답하기를 권하였으니 가장 요점을 얻은 것이다.

1 고조기高兆基 : ?~1157. 본관은 제주濟州, 호는 계림鷄林이다. 우복야右僕射이며 고유高維의 아들이다. 고려 중기의 문신으로 벼슬이 중서시랑 평장사에 이르렀다. 의롭지 못한 것을 보면 참지 못하였고 경사經史에 널리 통하였으며 오언시에 능숙하였다고 한다. 시 7편이 『동문선東文選』에 전한다. 원문에는 기조基兆라고 되어 있으나 조기兆基로 바로잡아 번역하였다.

2 제목 : 〈산장에 내리는 밤 비山莊雨夜〉, 『동문선東文選』 권19.

3 제목 : 〈멀리 보내다寄遠〉, 『동문선東文選』 권19.

高平章基兆<山莊夜雨>詩曰, “昨夜松堂雨, 溪聲一枕西. 平明看庭樹, 宿禽[1]未離棲.” 寫平旦景物如畫. <寄遠>詩曰, “錦字裁成寄玉關, 勸君珍重好加飡. 封侯自是男兒事, 不斬樓蘭未擬還.” 此詩擬征婦寄夫之言, 而絶無閨房私昵之情, 勸其盡瘁報國, 最爲得體.

[1] 禽 : 鳥 (『東文選』 卷19)

7

서하西河 임춘林椿은 두 번 과거를 보았으나 급제하지 못하였고, 무신란에 온 집안이 화를 입었으나 몸을 빼내어 겨우 그 곤액을 면하였으니, 근심하고 한탄하는 뜻이 늘 그 시에 나타난다. 〈꾀꼬리 소리를 듣고聞鶯〉 시에

농가에 오디 익고 보리 익으려 하는데	田家椹熟麥將稠
푸른 나무에는 꾀꼬리 소리 막 들리니	綠樹初聞黃栗留
낙양의 풍류객을 아는 듯이	似識洛陽花下客
은근히 지저귀며 그치지를 않네	慇懃百囀未能休[1]

라고 하였고, 〈벗의 시에 차운하며次友人韻〉 시에

십 년 기구하여 얼굴에 먼지 가득한 것	十載崎嶇面撲埃
애들처럼 시기하는 조물주 만나서이지	長遭造物小兒猜
나루 물어도 길 멀어 뗏목 가기 어렵고	問津路遠槎難到
약 달여도 공 더뎌 솥 열지 못하네	燒藥功遲鼎不開
과거 급제 나은의 한을 삭이지 못했고	科第未消羅隱恨
이소엔 굴원 슬픔만 부질없이 담아냈지	離騷空寄屈平哀
맹호연은 자기 알아주는 이 없다 했지만	襄陽自是無知己
밝은 임금 어찌 재주 없다고 버리셨나	明主何曾棄不才[2]

라고 하였으니, 체념하여 어찌하지 못하는 뜻을 볼 수 있다.

---

1 제목 : 〈늦봄 꾀꼬리 소리를 들으며暮春聞鶯〉, 『동문선東文選』 권19.
2 제목 : 〈벗의 시에 차운하며次友人韻〉, 『동문선東文選』 권13.

林西河椿, 再擧不第, 武人之亂, 闔門遭禍, 脫身僅免其阨窮, 愁嘆之意, 每見於詩. <聞鶯[1]>詩曰, "田家椹熟麥將稠, 綠樹初聞黃栗留. 似識洛陽花下客, 慇懃百囀未能休." <次友人韻>曰, "十載崎嶇面撲埃, 長遭造物小兒猜. 問津路遠槎難到, 燒藥功遲鼎不開. 科第未消羅隱恨, 離騷空寄屈平哀. 襄陽自是無知己, 明主何曾棄不才." 其落魄無聊之意, 可見.

[1] 聞鶯 : 暮春聞鶯 (『東文選』 卷19)

8

이인로李仁老의 호는 쌍명재雙明齋이다. 〈천심원 벽에 짓다題天尋院壁〉 시에

객 기다려도 객은 오지 않고　　待客客未到
스님 찾아도 스님도 없는데　　尋僧僧亦無
숲 저 너머 새만 남아　　惟餘林外鳥
다정하게 술병들 권하네　　款款勸提壺[1]

라고 하였고, 〈산에 살며山居〉 시에

봄 가도 꽃 아직 남아있고　　春去花猶在
하늘 맑은데 골짝 절로 어둑해　　天晴谷自陰
두견은 대낮에도 울어대니　　杜鵑啼白晝
사는 곳 깊다는 것 그제서야 깨닫네　　始覺卜居深[2]

라고 하였으며, 〈정월대보름의 등불元夕燈籠〉 시에

바람 잔잔해 불똥 떨어지지 않지만　　風細不教金燼落
밤 깊어지자 점점 심지 나오는 것을　　更長漸見玉蟲生
알겠구나 한 조각 붉은 마음 있어　　須知一片丹心在
해와 달처럼 밝은 임금 돕고자 함을　　欲助重瞳日月明[3]

라고 하였고, 〈은대에서 숙직하며夜直銀臺〉 시에

공작 병풍 깊은 곳에 촛불 희미한데	孔雀屛深燭影微
원앙 함께 자지 어찌 따로 나는가	鴛鴦雙宿豈分飛
가련하구나 초췌한 청루의 여인은	自憐憔悴靑樓女
오래도록 남 위해 혼례복을 지으니	長爲他人作嫁衣[4]

라고 하였으며, 〈장 학사의 아직 피지 않은 모란에 차운하다次張學士未開牧丹〉 시에

봄 추위 작은 동산의 꽃을 물리니	春寒勒却小園花
춤추는 벌 나비 그리워한들 어쩌겠나	舞蝶遊蜂欲戀何
삼협 저물도록 초나라 비 안 내리고	楚雨未飄三峽暮
오호의 물결 속 서시 막혀있네	吳娃尙阻五湖波
붉은 입술 다물고 새벽 단장 게으르며	苦遮丹口晨粧嬾
붉은 방 꽉 잠그고 단잠에 빠져서	深鎖紅房睡味多
고운 모습 품고도 불러도 안나오는 것	自是含嫱呼不出
어찌 야윈 모습 부끄러워서 그러겠는가	豈緣銷瘦却羞他[5]

라고 하였으니, 이인로[雙明]의 시어와 시의를 갈고 닦는 것이 지극히 정치하고 운치가 몹시 깊고 멀어서 매우 느긋하고 고와 볼만한 것이 있다.

이전에 사신으로 연경에 가서 정월보름에 객관의 문에 춘첩을 써 붙였는데, 얼마 지나지 않아 이름이 중국에 널리 퍼졌으니 후에 중국의 학사들이 고려의 사신을 만나면 늘 앞선 시를 외면서 "요즘은 어떤 시를 짓는가?" 하고 물었다. 그 시에

푸른 눈썹 같은 길가 버들 곱게 늘어섰고　　翠眉嬌展街頭柳
고개 위 매화 흰 눈 속에도 향기 전하니　　白雪香飄嶺上梅
천리 먼 고향 동산 잘 변했을 줄 아는건　　千里家園知好在
봄바람이 먼저 해동에서 불어와서지　　春風先自海東來

라고 하였으니, 시어가 몹시 맑고 고와 읊을 만하다.

---

1 제목 : 〈천수승원 벽에 쓰다書天壽僧院壁〉, 『동문선東文選』 권19.
2 제목 : 〈산에 살며山居〉, 『동문선東文選』 권19.
3 제목 : 〈등석燈夕〉, 『동문선東文選』 권20.
4 제목 : 〈내정에서 비지를 쓰고 느낌이 있어內庭寫批有感〉, 『동문선東文選』 권20.
5 제목 : 〈장 학사의 아직 피지 않은 모란에 차운하다次張學士未開牧丹〉, 『동문선東文選』 권13.

李仁老, 號雙明齋. <題天尋院壁[1]>詩云, "待客客未到, 尋僧僧亦無. 惟餘林外鳥, 款款勸提壺." <山居>詩曰, "春去花猶在, 天晴谷自陰. 杜鵑啼白晝, 始覺卜居深." <元夕燈籠[2]>詩曰, "風細不敎金燼落, 更長漸見[3]玉蟲生. 須知一片丹心在, 欲助重瞳日月明." <夜直銀臺[4]>詩曰, "孔雀屛深燭影微, 鴛鴦雙宿[5]豈分飛. 自憐憔悴靑樓女, 長爲他人作嫁衣." <次張學士未開牧丹>詩曰, "春寒勒却小園花, 舞蝶遊蜂欲戀何. 楚雨未飄三峽暮, 吳娃尙阻五湖波. 苦遮丹口晨粧嬾, 深鎖紅房睡味多. 自是含嬌呼不出, 豈緣銷瘦却羞他." 雙明錘字鍊意, 極其精緻, 而韻極幽遠, 閒雅深, 有可觀. 嘗奉使赴燕, 元日題春帖于門館, 未幾名遍中國, 後中國

學士遇高麗使价, 則輒誦前詩, 問曰, "今爲何言云." 其詩曰, "翠眉嬌展街頭柳, 白雪香飄嶺上梅. 千里家園知好在, 春風先自海東來." 詞極清婉, 可詠.

1 題天尋院壁 : 書天壽僧院壁 (『東文選』 卷19)

2 元夕燈籠 : 燈夕 (『東文選』 卷20)

3 見 : 覺 (『東文選』 卷20)

4 夜直銀臺 : 內庭寫批有感 (『東文選』 卷20)

5 雙宿 : 睡美 (『東文選』 卷20)

朝鮮詩學考

9

문순공文順公 이규보李奎報의 호는 백운거사白雲居士이니 벼슬이 태보평장사太保平章事에 이르렀다. 문장이 화려하고 자유분방하여 한 시대를 압도하였다. 복양濮陽 오세재吳世才가 숲 속 정자에 술을 두고 한때의 이름난 문인들을 모았으니 이규보도 참여하였다. 오세재가 302운 시를 지어 화답을 요구하자 이규보가 붓을 들어 운자를 따라서 시를 지었는데, 운은 더욱 강하고 생각은 더욱 굳세서 넓으며 자유분방해서 비록 바람 가득 받은 돛대나 병마라도 그 빠름을 쉬이 따라하기 어려웠으니 온 좌중이 탄복하였다.

그의 〈북산에서의 잡영北山雜詠〉 시에

산사람 산을 나오지 않아　　山人不浪出
묵은 길 푸른 이끼로 덮혔네　　古徑蒼苔沒
두려워서겠지 세상 사람들이　　應恐紅塵人
나의 녹라월[1]을 훔쳐볼까봐　　欺我綠蘿月[2]

라고 하였고, 〈우물 안 달을 읊다詠井中月〉 시에

산 속 스님 맑은 달빛이 너무 좋아서　　山僧貪月色
물과 함께 병 속에 같이 길었는데　　并汲一瓶中
절에 가면 그때 바로 알게 되겠지　　到寺方應覺
병 기울이면 달빛도 함께 없다는 것을　　瓶傾月亦空[3]

라고 하였으며, 〈저물녘에 바라보다晩望〉 시에

이백 두보 시 읊고 가버린 뒤로　李杜嘲啾後
천지가 적막 속에 잠겼으니　乾坤寂寞中
강산은 절로 한가롭고　江山自閑暇
한 조각 달은 저 먼 하늘에 걸려만 있다네　片月掛長空[4]

라고 하였고, 〈달밤에 강가에서 객선을 바라보며江上月夜望客舟〉 시에

벼슬아치 한가롭게 피리 비껴 불면서　官人閑捻笛橫吹
돛단배는 바람 타고 날 듯이 가는데　蒲席凌風去似飛
하늘 위 둥근 달 온 천하가 함께하는데　天上月輪天下共
나 혼자 한 배에 싣고 돌아온다 여기겠지　自疑私載一船歸[5]

라고 하였으며, 〈여름날夏日〉 시에

홑적삼 작은 자리 바람 난간에 누웠다가　輕衫小簟臥風欞
꾀꼬리 두어마디에 꾸던 꿈 깨고 보니　夢斷啼鶯三兩聲
빽빽한 잎에 가린 꽃 봄 뒤에도 남아 있고　密葉翳花春後在
엷은 구름 사이 햇살 빗속에도 밝구나　薄雲漏日雨中明[6]

라고 하였고, 〈물고기를 읊다詠魚〉 시에

어릿어릿 물고기 잠겼다 떠오르니　圉圉紅鱗沒復浮
사람들은 마음대로 잘 논다 하겠지만　人言得意任遨遊
따져보면 한가할 틈 하나 없으니　細思片隙無閑暇

어부 돌아가자마자 해오라기 다시 노리니　　　漁父方歸鷺更謀[7]

라고 하였으며, 〈하령사下寧寺〉 시에

우연히 호숫가 절에 이르니　　　偶到湖邊寺
맑은 바람에 술기운 흩어지고　　　淸風散酒醺
들은 황폐하여 불붙기 쉽고　　　野荒偏引燒
강은 어둑하여 구름 자주 끼는데　　　江暗易生雲
푸른 산은 모래톱에 끊어지고　　　碧嶺侵沙斷
거센 물줄기 언덕 끼고 나누어지네　　　奔流夾岸分
외로운 배 어느 곳에 머물고 있나　　　孤舟何處泊
어부의 피리소리 저물녘에 들려오니　　　漁笛晩來聞[8]

라고 하였고, 〈초당에서 자미의 시에 화운하다草堂和子美韻〉 시에

흥이 일면 거문고 연주하다가　　　寓興撫桐孫
아무 생각없이 대나무를 마주하니　　　虛心對竹君
숲 깊어 까마귀는 새끼를 찾고　　　林深鴉嘯子
뜰 고요해 새는 무리를 부르며　　　園靜鳥呼羣
바위에 앉아 해 지도록 시를 읊고　　　坐石吟移日
창 열고 구름 보내고 누워서　　　開窓臥送雲
시끄러운 세상 바로 옆에 있어도　　　塵喧卽咫尺
문 닫으니 아무 소리 들리지 않네　　　閉戶不曾聞[9]

라고 하였으며, 〈구품사九品寺〉 시에

산 험해 말은 자주 미끄러지고　山險馬頻蹶
길은 멀어 사람 벌써 피곤한데　路長人已疲
놀란 다람쥐 때로 풀 속에 들고　驚鼯時入草
잘 새는 벌써 가지에 깃들었으니　宿鳥已安枝
텅 빈 절이라 가을 일찍 들고　虛閣秋生早
높은 봉우리엔 달 더디 뜨는데　危峰月上遲
스님은 한가로워 아무 일 없으니　僧閒無一事
때로 차만 달이고 있네　除却點茶時[10]

라고 하였고, 〈덕연원에서 묵다宿德淵院〉 시에

해지고 석 잔 술에 취하여서　落日三杯醉
맑은 바람에 베개 베고 잠 자는데　淸風一枕眠
대 속 빈 것은 나그네 성품과 같고　竹虛同客性
솔 늙은 것 스님 나이와 똑같네　松老等僧年
들판의 강은 이끼 낀 바위를 흔들고　野水搖蒼石
밭두둑은 푸른 산을 두르고 있네　村畦繞翠嶺
저녁 들어 산빛이 더욱 좋아져　晩來山更好
시상이 샘처럼 솟구치네　詩思湧如泉[11]

라고 하였으며, 〈견탄犬灘〉 시에

이른 새벽 용포를 떠나서는　淸曉發龍浦
해질 무렵 견탄에 배를 대니　黃昏泊犬灘
꾀 많은 구름은 지는 해를 가리고　黠雲欺落日
험한 바위는 미친 듯한 물살 버티고 서 있네　狠石捍狂瀾
물가 마을이라 가을이 앞서 서늘해지고　水國秋先冷

뱃집이라 밤들자 더욱 추운데	船亭夜更寒
강산이 참으로 그림보다 나으니	江山眞勝畫
그림 그려 볼 필요 없네	莫作畫圖看[12]

라고 하였고, 〈오덕전에게 부치다寄吳德全〉 시에

바닷가 산 찾아 동쪽으로 간 길 아득한데	海山東去路悠悠
하늘가 한 번 가서는 안 돌아오니	一落天涯故倦遊
누런 벼는 날로 익어 닭 오리 기쁘겠지만	黃稻日肥鷄鶩喜
푸른 오동 가을에 시드니 봉황은 시름겹네	碧梧秋老鳳凰愁
안개 낀 물가에서 놀던 범려의 배처럼 돌아오지 않으니	烟波不返遊吳棹
눈 내리는 달밤에 섬계 찾아가는 배 띄워볼 생각하네	雪月期浮訪剡舟
태평성대라 당연히 끝까지 버려지지 않을 것이니	聖代未應終見棄
다 늙도록 맑은 물가에서 낚시하겠단 말은 말게	莫辭垂白釣淸流[13]

라고 하였으며, 〈부령포扶寧浦〉 시에

흐르는 물소리 속 아침저녁 지나가니	流水聲中暮復朝
바닷가 마을 무너진 울타리 쓸쓸해 참 힘든데	海村籬落苦蕭條
호수 맑아 한가운데 선명히 달빛 떠 있고	湖淸巧印當心月
포구 넓어 입구의 조수 빨아들이네	浦闊貪呑入口潮
묵은 바위는 물결 씻겨 평평한 것이 숫돌 같고	古石浪舂平作礪
부서진 배는 이끼에 덮여 누운 채 다리가 되었네	壞船苔沒臥成橋
강산의 온갖 풍경 시로 읊어 형용하기 어려우니	江山萬狀吟難狀
화공을 불러 붓으로 그려내야겠네	須倩丹靑畫筆抽[14]

라고 하였고, 〈감로사甘露寺〉 시에

화려한 단청 날듯한 높은 누대　金碧樓臺似翥翬
푸른 산과 물이 겹겹이 에워싸고　青山環繞水重圍
서릿발 해를 맞아 가을이슬 맺히고　霜華照日沾秋露
바다기운 하늘에 닿아 저녁안개 흩어지네　海氣干天散夕霏
기러기는 우연히 문자를 만들어 날고　鴻雁偶成文字去
백로는 스스로 그림이 되어 날아가네　鷺鶿自作畫圖飛
산들바람도 일지 않은 거울 같은 강에　微風不起江如鏡
길가 행인은 그림자 짝해 돌아가네　路上行人對影歸[15]

라고 하였으며, 〈문기장門機障〉 시에

아홉 겹 대궐문에 벽제소리 울리니　九門淸蹕走驚雷
궁궐 안 화려한 잔치 밤을 잡아 열렸네　蕊闥華筵卜夜開
촛불 그림자 속에 임금님 일산 펼쳐지고　龍燭影中排羽葆
봉황 피리 소리 속에 금술잔 전하네　鳳簫聲裏送金盃
만세 삼창에 신선산이 솟는 듯하고　三呼萬歲神山湧
천 년에 한 번 익는다는 바다 과일 올라오네　一熟千年海菓來
은혜 내려 사신에게 잔치 함께하길 허락하시니　恩許侍臣同宴樂
궁궐에 꽃 가득 꽂고 취해 부축받아 돌아가네　宮花滿揷扶醉歸[16]

라고 하였다.

여러 시들이 모두 공교롭고 뛰어나 놀라운 것이어서 전해 외울만한 것인데, 농암農巖 김창협金昌協이 일찍이 "이규보는 시로 우리나라에서 이름을 떨친 지 오래였다. 여러 선배들도 모두 따르고자 하였으나 미칠 수 없었으니, 대개 그 재주와 힘이 민첩하며 쌓아 둔 것이 많고 넓어 한때에 미칠 수 없는 것이었다. 또 스스로 시어를 만들어 예전 사람들을 답습하지 않은 것을 공교롭다고 여겼으니 시인의 재주가 있었다고 할 만하다. 그러나 그의 학식이 비루하고 기상이 용렬하여 격조가 낮고 소리가 뒤섞이며 시어가 자잘하고 시의가 천박하였으며 한마디 말도 맑고 깨끗하며 고상하고 광활한 생각을 말하지 않았으니 그가 잘난 척하는 것으로 스스로 자부하여서 남들이 말한 것을 쓰지 않은 것은 엄우嚴羽가 말한 열등한 시마詩魔가 그의 폐부에 들어간 것이다. 열거한 시의 가장 좋지 못한 몇 구절은 시골의 학동이 배우는 『백련초百聯抄』[17]의 말에 불과할 뿐이다."[18]라고 하였다. 아래에 덧붙여서 독자들의 참고에 대비한다.

---

1 녹라월綠蘿月 : 푸른 담쟁이 사이로 비추는 달빛을 말한다.

2 제목 : 〈북산에서의 잡제北山雜題〉 9수 중 아홉 번째 수, 『동국이상국전집東國李相國全集』 권5.

3 제목 : 〈산에서 밤을 보내며 우물 속의 달을 읊다山夕詠井中月〉 2수 중 두 번째 수, 『동국이상국후집東國李相國後集』 권1.

4 제목 : 〈해 질 무렵에 바라보며晩望〉, 『동국이상국전집東國李相國全集』 권1.

5 제목 : 〈달밤에 강가에서 객선을 바라보며江上月夜 望客舟〉, 『동국이상국후집東國李相國後集』 권1.

6 제목 : 〈여름날의 즉사夏日卽事〉 2수 중 두 번째 수, 『동국이상국전집東國李相國全集』 권2.

7 제목 : 〈노니는 물고기游魚〉, 『동국이상국전집東國李相國前集』 권13.

8 제목 : 〈하령사에서 취하여 노닐며醉遊下寧寺〉, 『동국이상국집東國李相國集』 권6.

9 제목 : 〈또 새로 세든 초가집 시에 차운하다又次新賃草屋詩韻〉 5수 중 두 번째 수, 『동국이상국집東國李相國集』 권10.

10 제목 : 〈구품사에서 노닐다가 날이 저물어遊九品寺迫晩〉, 『동국이상국집東國李相國集』 권14.

11 제목 : 〈덕연원에서 묵으며 화운하다和宿德淵院〉 2수 중 첫 번째 수, 『동국이상국집東國李相國集』 권7.

12 제목 : 〈8월 7일 새벽에 용담사를 출발하여 이튿날 용포에 배를 띄워 낙동강을 지나 견탄에 대었다. 이때 밤은 깊고 달은 밝은데 빠른 물결은 돌에 부닥치고 푸른 산은 물결에 잠겼으며, 물은 극히 맑아서 굽어보면 뛰는 고기와 달아나는 게를 셀 수 있을 정도였다. 배에 기대어 길게 휘파람 부니 피부와 머리카락이 상쾌하여 쇄연히 봉래와

영주의 감상이 있어 나도 모르는 사이에 오랜 병이 갑자기 나은 듯하였다. 강가에 용원사가 있는데 절의 중이 듣고서 강가에 마중 나와 굳이 절에 들어가기를 청하였다. 내가 사양하고 중을 맞아 배 위에 이르러 서로 몇 마디 얘기를 나누고 이어 두 수를 짓다八月七日黎明 發龍潭寺 明日泛舟龍浦 過洛東江泊犬灘 時夜深月明 迅湍激石 靑山蘸波 水極淸澈 跳魚走蟹 俯可數也 倚船長嘯 肌髮淸快 洒然有蓬瀛之想 不覺沈痾頓釋 江上有龍源寺 寺僧聞之 出迎於江上 固請入寺 予辭之 邀僧至船上 相對略話 因題二首〉 2수 중 두 번째 수, 『동국이상국집東國李相國集』 권6.

13 제목 : 〈오덕전이 동쪽으로 놀이를 나가 돌아오지 않기에 시로 써서 부쳐 주다吳德全東遊不來 以詩寄之〉, 『동국이상국집東國李相國集』 권1.

14 제목 : 〈포구의 작은 마을에서 쓰다題浦口小村〉, 『동국이상국집東國李相國集』 권10.

15 제목 : 〈감로사甘露寺〉, 『동국이상국집東國李相國集』 권11.

16 제목 : 〈기사년 등석에 한림원에서 지어 올리다. 문기장자시己巳年燈夕翰林奏呈 文機障子詩〉 2수 중 첫 번째 수 , 『동국이상국집東國李相國集』 권1.

17 시골의……백련초 : 『백련초百聯抄』는 아이들이 익히는 한시 입문서이다. 여기에서는 이규보의 시가 그만큼 수준이 낮다는 것을 의미한다.

18 이 내용은 『농암집』에 수록되어 있다. 김창협金昌協, 『농암집農巖集』, 「잡지雜識」, 권34.

李文順奎報, 號白雲居士, 官至太保平章事. 文章富麗橫放壓倒一世. 濮陽吳世才, 置酒林亭會一時名流, 文順亦與會. 吳以所著三百二韻詩索和, 文順援筆步韻, 韻愈强而思愈健, 浩汗奔放, 雖風檣陣馬, 未易擬其速, 滿座驚服. 其<北山雜詠[1]>詩曰, "山人不浪出[2], 古逕蒼[3]苔沒. 應恐紅塵人, 欺我綠蘿月." <詠井中月[4]>曰, "山僧貪月色, 幷汲一甁中. 到寺方應覺, 甁傾月亦空." <晩望>曰, "李杜啁啾後, 乾坤寂寞中. 江山自閑暇, 片月掛長空." <江上月夜望客舟>詩曰, "官人閒捻笛橫吹, 蒲席凌風去似飛. 天上月輪天下共, 自疑私載一船歸." <夏日>詩曰, "輕衫小簟臥風欞, 夢斷啼鶯三兩聲. 密葉翳花春後在, 薄雲漏日雨中明." <詠魚>曰, "圉圉紅鱗沒復浮, 人言得意任遨[5]遊. 細思片隙無閒暇, 漁父

纔[6]歸鷺又[7]謀." <下寧寺[8]>詩曰, "偶到湖邊寺, 清風散酒醺. 野荒偏引燒, 江暗易生雲. 碧嶺侵沙斷, 奔流夾岸分. 孤舟何處泊, 漁笛晚來聞." <草堂和子美韻[9]>曰, "寓興撫桐孫, 虛心對竹君. 林深鵄嘯[10]子, 園靜鳥呼羣. 坐石吟移日, 開窓臥送雲. 塵喧卽咫尺, 閉戶不曾聞." <九品寺[11]>曰, "山險馬頻[12]蹶, 路長人已疲[13]. 鷺鷥時入草, 宿鳥已安枝. 虛閣秋生[14]早, 危峰月上遲. 僧閒無一事, 除却點茶時." <宿德淵院[15]>曰, "落日三杯醉, 清風一枕眠. 竹虛同客性, 松老等僧年. 野水搖蒼石, 村畦繞翠巓. 晩來山更好, 詩思湧如泉." <犬灘[16]>曰, "清曉發[17]龍浦, 黃昏泊犬灘. 黠雲欺落日, 狠石捍狂瀾. 水國秋先冷, 船亭夜更寒. 江山眞勝畫, 莫作畫圖[18]看." <寄吳德全[19]>曰, "海山東去路悠悠, 一落天涯故[20]倦遊. 黃稻日肥鷄鶩喜, 碧梧秋老鳳凰愁. 烟波不返遊吳棹, 雪月期浮訪剡舟. 聖代未應終見棄, 莫辭[21]垂白釣清流." <扶寧浦[22]>詩曰, "流水聲中暮復朝, 海村籬落苦蕭條. 湖清巧印當心月, 浦闊貪吞入口潮. 古石浪舂平作礪, 壞船苔沒卧成橋. 江山萬狀[23]吟難狀, 須倩丹青畫筆抽[24]." <甘露寺>詩曰, "金碧樓臺似翥翬, 青山環繞水重圍. 霜華照[25]日沾[26]秋露, 海氣干天[27]散夕霏. 鴻雁偶成文字去, 鷺鷥[28]自作畫圖飛. 微風不起江如鏡, 路上行人對影歸." <門機障[29]>詩曰, "九門清蹕走驚雷, 蕊闥華筵卜夜開. 龍燭影中排羽葆, 鳳簫聲裏送金盃. 三呼萬歲神山湧, 一熟千年海菓來. 恩許侍臣同[30]宴樂, 宮[31]花滿插扶醉歸[32]." 諸詩皆工妙驚絶, 可堪傳誦, 金農岩嘗云, "李奎報詩擅名東方久矣. 前輩諸公, 亦皆推爲不可及, 蓋其材力捷敏, 蓄積富博, 一時莫及. 又能自造言語, 不踏襲前人以爲工, 亦可謂有詩人之才矣. 然其學識卑陋, 氣像庸下, 格卑而調雜, 語瑣而意煩, 無一語道得清明洒落高古宏闊意思, 其所沾沾自喜, 以爲不經人道語者, 羽卿所謂下劣詩魔, 入其肺腑者也. 乃列擧其詩之最不佳者數句, 以爲不過村學童百聯鈔句語耳." 附識于下, 以備讀者之參考.

1 北山雜詠 : 北山雜題 (『東國李相國集』 卷5)
2 浪出 : 出山 (『東國李相國集』 卷5)
3 逕蒼 : 徑荒 (『東國李相國集』 卷5)
4 詠井中月 : 山夕詠井中月 (東國李相國後集』 卷1)
5 任 : 好 (『東國李相國集』 卷13)
6 纔 : 方 (『東國李相國集』 卷13)
7 又 : 更 (『東國李相國集』 卷13)
8 下寧寺 : 醉遊下寧寺 (『東國李相國集』 卷6)
9 草堂和子美韻 : 又次新賃草屋詩韻 (『東國李相國集』 卷10)
10 嘯 : 哺 (『東國李相國集』 卷10)
11 九品寺 : 遊九品寺迫晩 (『東國李相國集』 卷14)
12 頻 : 猶 (『東國李相國集』 卷14)
13 已 : 易 (『東國李相國集』 卷14)
14 生 : 來 (『東國李相國集』 卷14)
15 宿德淵院 : 和宿德淵院 (『東國李相國集』 卷7)
16 犬灘 : 八月七日黎明發龍潭寺明日泛舟龍浦過洛東江泊犬灘時夜深月明迅湍激石青山蘸波水極清澈跳魚走蟹俯可數也倚船長嘯肌髮清快洒然有蓬瀛之想不覺沈痾頓釋江上有龍源寺寺僧聞之出迎於江上固請入寺予辭之邀僧至船上相對略話因題二首 (『東國李相國集』 卷6)
17 發 : 泛 (『東國李相國集』 卷6)
18 圖 : 屏 (『東國李相國集』 卷6)
19 寄吳德全 : 吳德全東遊不來以詩寄之 (『東國李相國集』 卷1)
20 故 : 久 (『東國李相國集』 卷1)
21 辭 : 思 (『東國李相國集』 卷1)

22 扶寧浦 : 題浦口小村(『東國李相國集』 卷10)

23 狀 : 景(『東國李相國集』 卷10)

24 抽 : 描(『東國李相國集』 卷10)

25 照 : 炤(『東國李相國集』 卷11)

26 沾 : 添(『東國李相國集』 卷11)

27 天 : 雲(『東國李相國集』 卷11)

28 鷲 : 鷺(『東國李相國集』 卷11)

28 門機障 : 己巳年燈夕翰林奏呈(『東國李相國集』 卷13)

30 同 : 司(『東國李相國集』 卷13)

31 宮 : 宣(『東國李相國集』 卷13)

32 扶醉歸 : 醉扶迴(『東國李相國集』 卷13)

朝鮮詩學考

10

원외員外 김극기金克己[1]의 호는 동봉東峰이고 고종 때의 사람으로 관직이 한림이었는데, 그 문체의 격식이 빼어나고 웅장하여 절로 일가를 이루었다. 〈취시가醉詩歌〉 시에

낚시하면 반드시 바다 위 여섯 자라[2] 잇달아 낚고 　釣必連海上之六鼇
활 쏘면 반드시 해 속 아홉 까마귀[3] 떨어뜨리니 　射必落日中之九烏
여섯 자라 움직여 어룡이 진동하며 떨고 　六鼇動兮魚龍震盪
아홉 까마귀 나와 초목이 마르고 타네 　九烏出兮草木焦枯
사내아이는 스스로 뛰어난 절개 세우길 원하니 　男兒要自立奇節
쇠잔한 새와 가냘픈 물고기 잡기를 어찌 만족하랴 　弱羽纖鱗安足誅
붉은 갓끈[4]의 운손[5]이 비로소 땅에 떨어져 　紫纓雲孫始墮地
스스로 장하고 뛰어나 큰 계획 베푼다 이르니 　自謂壯大陳雄圖
돌 다듬어 동남 땅 이지러짐 고치려 하고 　鍊石欲補東南缺
돌 깎아 서북 땅 어긋남 통하게 하려는데 　鑿石將通西北迂
슬프구나, 큰 계획 쉬이 알리지 못하니 　嗟哉計大未易報
반평생에 영락하여 썩어빠진 선비되었네 　半世飄零爲腐儒
풍이는 농서 오름[6]을 따르지 못하였고 　不隨馮異西登隴
공명은 노수 건넘[7]을 뒤쫓지 못하였으니 　不逐孔明南渡瀘
남루한 집 아래서 시를 논하고 부를 말하며 　論詩說賦被屋下
짧은 베로 처자식 감싸 안았는데 　却抱短布包妻孥
때때로 일어나는 울분을 바로잡지 못해 　時時壯憤掩不得

칼 뽑아 땅을 치고 부질없이 길게 탄식하네 拔劍斫地空長吁
언제쯤 바람 타고 거대한 물결 깨뜨려 何時乘風破巨浪
앉아 온 세상 당우[8] 같게 할까 坐令四海如唐虞
그대는 보지 못했는가 君不見
능연각[9] 위에 얼굴 그림에 凌烟閣上圖形容
그 반은 서생이요 반은 무부라네 半是書生半武夫[10]

라고 하였으니, 그 강직한 자[11]의 호걸스럽고 굳센 뜻이 볼만하다.

〈어옹漁翁〉 시에

하늘은 아직 어옹에게 너그럽지 않아 天翁尙不貰漁翁
일부러 강호에 순풍 적게 보내는 구나 故遣江湖少順風
인간 세상 험난하다 그대는 웃지 말고 人世嶮巇君莫笑
자신이 급류 속에 있음을 돌이켜보라 自家還在急流中[12]

라고 하였으니, 세상의 명예와 이익에 급급해하는 자가 깨우쳐 돌아볼 만하다.

〈미륵사 주지 노장에게 주다贈彌勒寺住老〉 시에

수풀 가 구불구불한 길 그윽하고 아득하여 林端窈眇路逶迤
땅 궁벽하니 어찌 평범한 사람 알게 하겠는가 境僻寧敎俗士知
오직 흰 옷 입은 소나무 위의 학만이 惟有雪衣松上鶴
공이 처음 와서 절 짓는 걸 보았네 見公初到結廬時[13]

라고 하였고, 〈오얏꽃李花〉 시에

싸늘한 바람 찬비에 마른 뿌리 보이는데　凄風冷雨顯枯根
한 그루 광화[14] 홀로 봄을 내보이네　一樹狂花獨放春
기이한 향기 취굴주[15]에서 풍겨오니　無乃異香來聚窟
한나라 궁중에서 이부인[16] 다시 보네　漢宮重見李夫人[17]

라고 하였으며, 〈전가사시田家四時〉의 봄 시에

풀로 만든 발에 물고기 뛰놀고　草箔游魚躍
버들 둑에 철새 날아드네　楊堤候鳥翔
농사지은 언덕에 창포잎 나고　耕皐菖葉秀
새참 먹는 이랑의 고사리 싹 향기 좋네　饁畝蕨芽香
비 부르는 비둘기[18] 지붕 위로 날고　喚雨鳩飛屋
진흙 머금은 제비 들보로 들어가네　含泥燕入樑
해질녘 띠집 안에서　晩來茅舍下
베개 높이 베니[19] 복희씨[20] 시절인 듯　高臥等羲皇

라고 하였고, 여름 시에

버드나무 들판 그늘 우거지고　柳郊陰正密
뽕나무 이파리 드문드문 싹 돋았네　桑塢葉初稀
꿩은 새끼 먹이느라 야위고　雉爲哺雛瘦
누에는 고치 되려고 살찌네　蠶臨成繭肥
훈풍에 보리밭 물결치고　薰風驚麥浪
찬 비 내려 낚시터 어둡구나　涷雨暗苔磯
적막하니 말 타고 다니는 이 없고　寂寞無軒騎
시냇가 마을 사립문 낮부터 닫혀 있네　溪頭晝掩扉

라고 하였으며, 가을 시에

힘쓰며 고생하던 농가는　搰搰田家苦
가을 오니 한가함 잠시 얻었네　秋來得暫閒
단풍잎 떨어진 언덕 가을서리 내렸고　雁霜楓葉塢
비 맞은 국화꽃에 귀뚜라미 우네　蛩音菊花灣
목동은 피리 불며 안개 뚫고 떠나고　牧笛穿雲去
나무꾼은 노래하며 달빛 두르고 돌아오네　樵歌帶月還
일찍이 거둔 것 사양치 마소　莫辭收拾早
빈 산에 가득히 배와 밤 찰 것이네　梨栗滿空山

라고 하였고, 겨울 시에

일이 해마다 늘 이어지니　歲事長相續
한 해 간의 고단함 풀지 못하네　終年未釋勞
판자로 된 처마 눈에 눌려 걱정스럽고　板簷愁雪壓
사립문도 바람불어 쓰러졌네　荊户厭風號
서리 내린 새벽에는 언덕 올라 나무 베고　霜曉伐岩斧
달밤에는 지붕에 올릴 새끼 꼬아야지　月宵乘屋綯
봄일 시작되기를 기다리며　佇看春事起
언덕 올라가 쉬며 휘파람 불어볼까　舒嘯更登皐[21]

라고 하였는데, 여러 편의 시문은 농가의 노고를 자세히 드러내었다.

〈고원역高原驛〉 시에

평생 덧없는 인생 쉰 가까이 되니　百歲浮生逼五旬

기구한 세상길 통하는 나루 적어졌네	崎嶇世路少通津
삼 년을 고향 떠나 무슨 일 이루었나	三年去國成何事
멀리서 집으로 돌아오니 이 몸 뿐이네	萬里歸來只此身
들새는 정이 있어 나그네 향해 울고	林鳥有情啼向客
들꽃은 말없이 나를 붙잡으며 웃네	野花無語笑留人
시마[22]가 곳곳에서 재촉하여 괴로운데	詩魔催處來相惱
근심할 필요 없이 이미 매우 괴롭다네	不待窮愁已苦辛[23]

라고 하였다.

---

1 김극기金克己 : 66쪽 주8 참조.

2 여섯 자라 : 원문의 육오六鰲는 동해東海에서 선산仙山을 머리에 이고 있다는 자라 여섯 마리를 말한다. 『열자列子』, 「탕문湯問」.

3 해……까마귀 : 요堯 임금 시대에 열 개의 해가 생겨나니 초목이 타고 마르자 요 임금이 활을 잘 쏘는 예羿를 시켜서 아홉 해를 쏘아 떨어뜨렸는데, 해 속에 세발까마귀[三足烏]가 들어 있었다고 한다. 『회남자淮南子』, 「본경훈本經訓」.

4 붉은 갓끈 : 원문의 자영紫纓은 자수정으로 만든 갓끈으로 고관高官을 의미한다.

5 운손雲孫 : 구름과 같이 멀어진 자손子孫이라는 뜻으로 팔대八代의 자손子孫을 일컫는 말이다.

6 풍이는 농서 오름 : 한漢나라 명장 풍이馮異가 농서隴西의 외효隗囂를 치러 갔던 일을 말한다. 풍이는 광무제光武帝의 곁에서 수많은 전공戰功을 세웠다고 전해진다. 『후한서後漢書』 권47, 「풍이열전馮異列傳」.

7 공명은 노수 건넘 : 촉한蜀漢의 승상 제갈량諸葛亮이 노수瀘水를 건너 남만南蠻의 반란을 평정했던 일을 말한다. 『삼국지三國志』 권35, 「촉서蜀書5 제갈량전諸葛亮傳」.

8 당우唐虞: 당요唐堯와 우순虞舜 시대, 즉 요순堯舜 시대를 가리키며 태평성대를 이르는 말이다.

9 능연각凌烟閣 : 당唐나라 때 공신들의 화상畫像을 보관하던 곳이다. 643년에 공신들을 표창하기 위해 능연각凌煙閣을 짓고는 장손무기長孫無忌 · 두여회杜如晦 · 위징魏徵 · 방현령房玄齡 등 훈신勳臣 24명의 초상화를 그려서 여기에 걸어 놓게 하였다고 한다. 이후로 공신들의 화상을 보관해 두는 곳의 대명사로 쓰이게 되었다. 『신당서新唐書』 권2, 「태

종황제본기太宗皇帝本紀」.

10 제목 : 〈취시가醉時歌〉, 『동문선東文選』 권6.

11 강직한 자 : 원문의 항장骯髒은 고결한 지조를 지키며 강직하게 맞서는 사람을 말한다. 후한後漢 조일趙壹(122~196)의 시 〈부정한 것을 싫어하여疾邪〉에 "아첨하는 자는 북당 위에 있고, 강직한 자는 문가에 기대어 있네[伊優北堂上, 骯髒倚門邊]."라는 구절이 있다. 『후한서後漢書』 권80하, 「조일열전趙壹列傳」.

12 제목 : 〈어옹漁翁〉, 『동문선東文選』 권19.

13 제목 : 〈미륵암 주지 노장에게 주다贈彌勒住老〉, 『동문선東文選』 권19.

14 광화狂花 : 시절을 어기고 멋대로 피는 꽃을 말한다.

15 취굴주[聚窟] : 전설상 서해에 있다는 신선이 사는 십주十洲의 하나이다. 취굴주에는 반혼수返魂樹라는 나무가 있는데, 이 나무뿌리에서 채취한 향의 냄새를 맡으면 죽은 사람도 다시 살아난다는 전설이 있다. 『해내십주기海內十洲記』.

16 이부인李夫人 : ?~?. 한漢나라 악공樂工 이연년李延年의 누이이다. 그녀는 천하절색으로 한 무제漢武帝의 총애를 독차지하였으나 일찍 죽었다. 이에 무제는 이부인의 화상을 그려 감천궁甘泉宮에 붙여 놓고 항상 그리워했다. 그런데 무제가 이부인을 몹시 그리워한 나머지, 방사方士 이소군李少君으로 하여금 반혼향返魂香을 만들게 하여 이부인의 넋을 잠시나마 다시 만나보았다고 한다. 『한서漢書』 권97, 「외척전外戚傳」.

17 제목 : 〈오얏꽃李花〉, 『동문선東文選』 권19.

18 비 부르는 비둘기 : 원문의 환우구喚雨鳩는 비둘기를 말하는데, 비둘기가 울면 비가 온다는 속설 때문이다. '비가 오면 비둘기가 기뻐한다[雨晴鵓鳩喜].'는 옛말이 있기도 하다.

19 베개 높이 베니 : 원문의 고와高臥는 높은 데에 누워있음을 말한다. 벼슬을 하직하고 한가히 지낸다는 의미이다.

20 복희씨[羲皇] : 원문의 희황羲皇은 중국 고대 전설상의 제왕인 삼황三皇 중 하나인 복희씨를 가리키는데, 팔괘八卦를 처음으로 만들고 그물을 발명하여 사람들에게 고기잡이의 방법을 가르쳤다고 한다.

21 제목 : 〈전가사시田家四時〉, 『동문선東文選』 권9.

22 시마詩魔 : 시 짓기를 매우 좋아하는 성격 또는 괴벽한 시상을 말한다. 시를 짓는 열정과 흥취가 넘치는 사람을 가리키기도 한다.

23 제목 : 〈고원역高原驛〉, 『동문선東文選』 권13.

金員外克己, 號東峰, 高宗時人, 官翰林, 其詞格豪壯, 自成一家. <醉詩歌>曰, "釣必連海上之六鰲, 射必落日中之九烏. 六鰲動兮魚龍震盪, 九烏出兮草木焦枯. 男兒要自立奇節, 弱羽纖鱗安足誅. 紫纓雲孫始墮地, 自謂壯大陳雄圖. 鍊石欲補東南缺, 鑿石將通西北迂. 嗟哉計大未易報, 半世飄零爲腐儒. 不隨馮異西登壠[1], 不逐孔明南渡瀘. 論詩說賦被[2]屋下, 却抱[3]短布包[4]妻孥. 時時壯憤掩不得, 拔劍斫地空長吁. 何時乘風破巨浪, 坐令四海如唐虞. 君不見凌烟閣上圖形容, 半是書生半武夫." 其骯髒豪健之意可見. <漁翁>詩, "天翁尚不貫漁翁, 故遣江湖少順風. 人世嶮巇君莫笑, 自家還在急流中." 世之逐逐名利者, 可以警省. <贈彌勒寺住老[5]>, "林端窈眇[6]路逶迤, 境僻寧教俗士知. 惟有雪衣松上鶴, 見公初到結廬時." <李花>, "凄風冷雨顯[7]枯根, 一樹狂花獨放春. 無乃[8]異香來聚窟, 漢宮重見李夫人." <田家四時>春詩曰, "草箔游魚躍, 楊堤候鳥翔. 耕皐菖葉秀, 饁畝蕨芽香. 喚雨鳩飛屋, 含泥燕入樑. 晚來茅舍下, 高臥等羲皇." 夏詩 "柳郊陰正密, 桑塢[9]葉初稀. 雉爲哺雛瘦, 蠶臨成繭肥. 薰風驚麥浪[10], 凍雨暗苔磯. 寂寞無軒騎, 溪頭晝掩扉." 秋詩曰, "搰搰田家苦, 秋來得暫閒. 雁霜楓葉塢, 蛩音[11]菊花灣. 牧笛穿雲[12]去, 樵歌帶月還. 莫辭收拾早, 梨栗滿空山." 冬詩曰, "歲事長相續, 終年未釋勞. 板簷愁雪壓, 荊户厭風號. 霜曉伐岩斧, 月宵乘屋綯. 佇看春事起, 舒嘯便登皐." 諸篇曲盡田家勞苦之狀. <高原驛>詩曰, "百歲浮生逼五旬, 崎嶇[13]世路少通津. 三年去國成何事, 萬里歸來[14]只此身. 林鳥有情啼向客, 野花無語笑留人. 詩魔催[15]處來相惱, 不待窮愁已苦辛."

1 壠 : 隴 (『東文選』 卷6)
2 被 : 破 (『東文選』 卷6)
3 抱 : 把 (『東文選』 卷6)
4 包 : 抱 (『東文選』 卷6)
5 贈彌勒寺住老 : 贈彌勒住老 (『東文選』 卷19)
6 眇 : 渺 (『東文選』 卷19)
7 顯 : 濕 (『東文選』 卷19)
8 乃 : 奈 (『東文選』 卷19)
9 塢 : 壟 (『東文選』 卷9)
10 浪 : 隴 (『東文選』 卷9)
11 音 : 雨 (『東文選』 卷9)
12 雲 : 煙 (『東文選』 卷9)
13 崎嶇 : 奇區 (『東文選』 卷13)
14 來 : 家 (『東文選』 卷13)
15 催 : 觸 (『東文選』 卷13)

11

진화陳澕[1]의 호는 매호梅湖이고 신종神宗 때에 급제하여 여러 차례 관직을 옮겼다가 우사간右司諫이 되어 지공주사知公州事로 나갔다가 죽었다. 시의 격조가 부드럽고 아름다우며 빼어나고 해맑아 이규보李奎報와 이름을 나란히 하였다.

그의 〈늦은 봄春晩〉 시에

비 내린 뒤 이끼 무성하고	雨餘庭院簇莓苔
인적 없는 사립문은 낮에도 닫아두니	人靜雙扉晝不開
푸른 섬돌에는 떨어진 꽃 한 치나 쌓여	碧砌落花深一寸
봄바람에 날려갔다 다시 날려오네	東風吹去又吹來[2]

라고 하였고, 〈버들을 읊다咏柳〉 시에

봉성 서쪽 두둑에 만갈래 금빛 가지들	鳳城西畔萬條金
봄 시름 끌어와 어둔 그늘을 만들고	句引春愁作暝陰
끝없는 거센 바람 쉬지 않고 불어오니	無限狂風吹不斷
안개 속에 비 맞아 가을 깊어가네	惹煙和雨到秋深[3]

라고 하였으며, 〈봄의 흥을 읊다春興〉 시에

작은 매화 떨어지고 버들 어지러이 늘어져 小梅零落柳僛垂
맑은 바람 속 한가한 발걸음마다 더디네 閑踏淸風步步遲
생선가게 문 닫아 사람 말소리 없고 漁店閉門人語細
온 강의 봄비는 가닥가닥 푸르구나 一江春雨碧絲絲[4]

라고 하였고, 〈상춘정의 옥예화賞春亭玉蘂花〉 시에

복숭아꽃 오얏꽃 고운 모습 다툼에도 게을러 懶隨桃李鬪嬌嬈
본래의 고움 한적한 근심 조용히 묻어두고 素艶閑愁鎖寂寥
괵국부인[5]이 눈썹 화장 싫어했던 것 같고 虢國夫人嫌粉黛
한고대의 선녀가 옥구슬 찬 듯하네[6] 漢皐仙子佩瓊瑤
담장에 비낀 성긴 그림자 바람 앞에 굽어있고 半墻踈影風前亞
코를 스치는 맑은 향 비온 뒤 날려오는데 掠鼻淸香雨後飄
열두 굽이 옥난간에 봄 다 가려하니 十二玉欄春欲暮
교인이 짠 비단 위에 빨리 수놓아야겠네 急須摹取上鮫綃[7]

라고 하였으며, 〈경도에서京都〉 시에

아침에 내리던 가랑비 부슬부슬 그치고 小雨朝來捲細毛
강물에 씻긴 아침해 물결 붉게 물들이는데 浴江初日暈紅濤
땅 가득한 집들 물고기 비늘처럼 섞여있고 千門撲地魚鱗錯
하늘 찌를 듯한 쌍궐 독수리 날개처럼 높네 雙闕攙天鷲翼高
오원처럼 겹옷의 여인들 맑은 날 풀싸움하고 吳苑裌衣晴鬪草
한궁처럼 신선 옷 입고 취해 복숭아 나누니 漢宮仙袂醉分桃
부끄럽구나 매번 금규의 모심 참여하여 多慚每忝金閨侍
맑은 향기에 기대어 자포를 받드니 與倚淸香奉赭袍[8]

라고 하였고, 〈월계사의 저녁 풍경月溪寺晚照〉 시에

작은 누대 푸르고 험한 산 높게 기대있어도　小樓高倚碧孱顔
비온 뒤 올라본 풍경 한적하니　雨後登臨物色閑
돛단배 푸른 안개 띠고 멀리 포구 돌아가고　帆帶綠煙歸遠浦
물결은 누런 갈대 사이 앞 물굽이로 들어오네　潮穿黃葦到前灣
물은 하늘 위 참모습의 달을 나누고　水分天上眞身月
구름은 강가 본래 모습의 산에서 새나가네　雲漏江邊本色山
나그넷길 어떤 사람이 나처럼 한가할까　客路幾人閑似我
새벽에 읊으며 갔다 저물녘 까마귀와 되오네　曉來吟到晚鴉還[9]

라고 하였으니, 여러 편이 모두 맑고 고와 읊을 만하다.

---

1 진화陳澕 : 66쪽 주9 참조.
2 제목 : 〈늦봄에 산사에서 짓다春晚題山寺〉, 『매호유고梅湖遺稿』.
3 제목 : 〈버들柳〉, 『매호유고梅湖遺稿』.
4 제목 : 〈들을 거닐며野步〉, 『매호유고梅湖遺稿』.
5 괵국부인虢國夫人 : ?~756 추정. 당나라 포주蒲州 영락永樂 사람으로, 양귀비楊貴妃의 손위 언니이다. 화장을 하지 않고 맨얼굴로 아름다움을 자랑하며 황제를 만났다고 한다.
6 한고대의……듯하네 : 『문선文選』 권4에, 주周나라 때 정교보鄭交甫가 초楚나라 한고漢皐의 누대 아래에서 강비江妃 두 사람을 만났는데, 그들이 차고 있는 계란만 한 크기의 구슬을 달라고 요청하자, 강비가 구슬을 풀어 주고 떠났다. 그런데 얼마 가지 않아서 다시 확인해 보니 구슬도 사라지고 신녀神女도 온데간데없더라는 이야기가 전한다.
7 제목 : 〈상춘정의 옥예화賞春亭玉蘂花〉, 『매호유고梅湖遺稿』.
8 제목 : 〈송도松都〉, 『매호유고梅湖遺稿』.
9 제목 : 〈월계사의 저녁경치月桂寺晚眺〉, 『매호유고梅湖遺稿』.

陳華, 號梅湖, 神宗時登第, 累遷右司諫出知公州卒. 詩格婉麗秀朗, 與李奎報齊名. 其<春晚[1]>詩曰, "雨餘庭院簇莓苔, 人靜雙扉晝不開. 碧砌落花深一寸, 東風吹去又吹來." <咏柳[2]>, "鳳城西畔萬條金, 句引春愁作暝陰. 無恨狂風吹不斷, 惹烟和雨到秋深." <春興[3]>詩曰, "小梅零落柳慠垂, 閑踏清風[4]步步遲. 漁店閉門人語細, 一江春雨碧絲絲." <賞春亭玉蘂花>詩曰, "懶隨桃李鬪嬌嬈, 素艷閑愁鎖寂寥. 虢國夫人嫌粉黛, 漢皐仙子佩瓊瑤. 半墻踈影風前亞, 掠鼻清香雨後飄. 十二玉欄春欲暮, 急須摹取上鮫綃." <京都[5]>詩曰, "小雨朝來捲[6]細毛, 浴江初日暈紅濤. 千門撲地魚鱗錯, 雙闕攙天鷲翼高. 吳苑袂衣晴鬪草, 漢宮仙袂醉分桃. 多漸每忝金閨侍, 與倚清香奉赭袍." <月溪寺晚照[7]>詩曰, "小樓高倚碧孱顏, 雨後登臨物色閑. 帆帶綠烟歸遠浦, 潮穿黃葦到前灣. 水分天上眞身月, 雲漏江邊本色山. 客路幾人閑似我, 曉來吟到晚鴉還." 諸篇皆清麗可詠.

[1] 春晚 : 春晚題山寺 (『梅湖遺稿』)

[2] 咏柳 : 柳 (『梅湖遺稿』)

[3] 春興 : 野步 (『梅湖遺稿』)

[4] 清風 : 青嵐 (『梅湖遺稿』)

[5] 京都 : 松都 (『梅湖遺稿』)

[6] 捲 : 卷 (『梅湖遺稿』)

[7] 月溪寺晚照 : 月桂寺晚眺 (『梅湖遺稿』)

12

노여魯璵[1]의 〈숙수사 누각에서宿水寺樓〉 시에

가벼운 행장 짧은 모자로 그윽한 곳 찾으니	輕裝短帽一尋幽
난원은 십 년 전 놀던 그대로네	蘭院依然十載遊
옥 값은 언제쯤 시와 함께 높아질까	璧價幾年詩共重
절 이름은 천년동안 물과 함께 흘렀네	寺名千古水同流
찬 산빛을 밀치며 스님은 문을 닫고	寒推岳色僧扃戶
시린 시내 소리 밟으며 나그네 누각 올라	冷踏溪聲客上樓
길게 휘파람 불며 배회하다 해 저물어	長嘯徘徊日云暮
난간 기대 고개 돌리니 고향 생각 일어나네	倚欄回首起鄕愁[2]

라고 하였다.

---

1 노여魯璵 : ?~?. 고려 후기의 시인으로 보이나 자세한 행적은 확인할 수 없다.
2 제목 : 〈순흥의 숙수사 누각에서順興宿水寺樓〉, 『동문선東文選』 권14.

魯璵<宿水寺樓[1]>詩曰, "輕裝短帽一尋幽, 蘭院依然十載遊. 壁[2]價幾年詩共重, 寺名千古水同流. 寒推岳色僧扃戶, 冷踏溪聲客上樓. 長嘯徘徊日云暮, 倚欄回首起鄕愁."

[1] 宿水寺樓 : 順興宿水寺樓 (『東文選』 卷14)

[2] 璧 : 壁 (『東文選』 卷14)

13

박항朴恒[1]의 〈북경가는 길에北京路上〉 시에

똑같은 빛 황무지 닿는 곳마다 똑같고　一色平蕪觸處同
사시사철 언제나 미친 듯한 바람 불어　四時無日不狂風
낮은 산엔 대낮에도 비를 뿌리고　淺山白日能飛雨
옛 변방 먼지 날리다 갑자기 무지개 뜨네　古塞黃沙忽放紅
땅 사천 리 떨어져 하늘과 함께 멀리 있고　地隔四千天共遠
돈대 양쪽 한쪽 닳아있어 길 언제쯤 끝나려나　堠磨雙隻路何窮
한나라 진실로 아름답다지만 우리 땅 아니니　漢家信美非吾土
되가는 꿈 때때로 해동에 떨어지네　歸夢時時隂海東[2]

라고 하였다.

1 박항朴恒 : 1227~1281. 초명은 박동보朴東甫, 자는 혁지革之이다. 어려서부터 총명했으며 고종高宗 때 과거에 급제하였다. 1277년에 밀직 부사密直副使가 되었으며, 그 해 성절사聖節使로 원나라에 다녀왔다. 모든 처사가 공명정대하였고, 성품이 관대하며 문장에도 뛰어났다.

2 제목 : 〈북경가는 길에北京路上〉, 『동문선東文選』 권14.

朴恒<北京路上>詩曰, "一色平蕪觸處同, 四時無日不狂風. 淺山白日能飛雨, 古塞黃沙忽放紅[1]. 地隔四千天共遠, 堠磨雙隻路何窮. 漢家信美非吾土, 歸夢時時蔭[2]海東."

[1] 紅 : 虹 (『東文選』 卷14)

[2] 蔭 : 落 (『東文選』 卷14)

14

홍간洪侃[1]의 〈이른 아침 말 위에서早朝馬上〉 시에

붉고 푸른 산빛 하늘 비끼고 계곡물 흐르니	紫翠橫空澗水流
천 리 풍경 푸른 물가 같고	風煙千里似滄洲
돌다리 서쪽 두둑 어사대 가는 길에	石橋西畔南臺路
홀 괴고 산 보니 또 한 번 가을이구나	拄笏看山又一秋[2]

라고 하였다.

---

1 홍간洪侃 : ?~1304. 본관은 풍산豐山, 자는 자운子雲 · 운부雲夫, 호는 홍애洪崖이다. 1266년에 급제하였으며, 벼슬이 비서윤祕書尹을 거쳐 도첨의사인都僉議舍人 지제고知製誥에 이르렀다. 시문에 능하였고 시체가 맑고 고운 것으로 이름이 높았는데, 허균許筠은 『성수시화』에서 그의 시를 두고 "아름다우면서도 맑고 곱다."라고 평하였다. 저서에 『홍애집洪崖集』, 『홍애유고洪崖遺稾』가 있다.

2 제목 : 〈이른 아침 말 위에서早朝馬上〉, 『홍애유고洪崖遺稾』.

洪侃<早朝馬上>詩曰, "紫翠橫空澗水流, 風烟千里似滄洲. 石橋西畔南臺路, 拄[1]笏看山又一秋."

[1] 拄 : 柱 (『洪崖遺稿』)

朝鮮詩學考

15

정윤의鄭允宜[1]의 〈강성현사에서 짓다書江城縣舍〉 시에

이른 새벽 말달려 외딴 성에 들고 보니　　凌晨走馬入孤城
인적없는 울타리엔 살구만 맺혀있네　　籬落無人杏子成
뻐꾸기는 나랏일 급한 줄 모르고　　布穀不知王事急
옆 숲에서 온종일 봄 농사를 권한다네　　傍林終日勸春耕[2]

라고 하였다.

1 정윤의鄭允宜 : ?~1307. 본관은 초계草溪이다. 1268년 과거에 합격한 뒤 1300년 동지공거가 되어 과거를 주관하였고, 1302년에는 밀직 제학으로 서북면 도순문사를 지냈으며, 벼슬이 봉익대부奉翊大夫에 이르렀다.
2 제목 : 〈강성현사에서 짓다書江城縣舍〉, 『동문선東文選』 권20.

鄭允宜<書江城縣舍>詩曰, "凌晨走馬入孤城, 籬落無人杏子成. 布穀不知王事急, 傍林終日勸春耕."

16

김구金坵[1]의 〈떨어지는 배꽃落梨花〉 시에

너울너울 춤추듯 날려 갔다 돌아와선	飛舞翩翩去却回
거꾸로 불려가 외려 가지 올라 피려 하는데	倒吹還欲上枝開
어쩌다 한 잎 거미줄에 걸리면	無端一片粘絲網
거미가 나비인 줄 잡으러 오는 것 보겠네	時見蜘蛛捕蝶來[2]

라고 하였다.

---

1 김구金坵 : 1211~1278. 본관은 부령扶寧, 자는 차산次山, 호는 지포止浦, 시호는 문정文貞이다. 어려서부터 시문詩文에 능하였다. 고종 때 문과에 급제하였고, 원종 때 예부시랑이 되어 원나라에 대한 문서를 맡아보았다. 서장관書狀官으로 원나라에 다녀온 후 『북정록北征錄』을 지었다. 저서에 『지포집止浦集』이 있다.

2 제목 : 〈떨어지는 배꽃落梨花〉, 『동문선東文選』 권20.

金坵<落梨花>詩曰, "飛舞翩翩去却回, 倒吹還欲上枝開. 無端一片粘絲網, 時見蜘蛛捕蝶來."

제4절 시학의 정음시대 詩學正音時代

1

고려高麗의 광종光宗·예종睿宗·인종仁宗·명종明宗 때에 여러 사람들이 다투어 시로 울려댔으니 융성했다고 할 수 있다. 그러나 그들이 지은 시를 구해 보면 정음이 되는 성율에 합하는 것은 많이 볼 수가 없고 간혹 있다 하더라도 우연히 합할 뿐이다. 익재益齋 이제현李齊賢[1]에 이르러 웅위하고 호건한 자질을 가지고 연저燕邸[2]에 머무는 충선왕을 따라 오집虞集[3], 조맹부趙孟頫[4] 등과 교유가 좋았다. 또한 서촉西蜀으로 가 명승지와 유적을 많이 다녀서 안목이 더욱 드넓어졌으니 시학이 비로소 바른 소리를 얻어 우리나라 오천 년의 제일의 대가가 되었다. 이어 가정稼亭 이곡李穀[5]과 목은牧隱 이색李穡[6] 부자가 원나라에서 크게 이름을 떨쳤고, 이후로 포은圃隱 정몽주鄭夢周[7]와 도은陶隱 이숭인李崇仁[8] 등 여러 공이 모두 우아하고 굳세며 탁월하여 우리나라의 습속 가운데 천박한 습속에서 벗어나 시학의 바른 문을 열었으니 그 공이 어찌 위대하지 않겠는가. 이 다음에 이어 제가의 시들을 기록한다.

1 이제현李齊賢 : 1278～1367. 본관은 경주慶州, 자는 중사仲思, 호는 익재益齋 · 역옹櫟翁이다. 고려 충선왕忠宣王을 보필하여 원元나라를 드나들며 외교적으로 큰 공로를 세웠다. 저서로는 『익재난고益齋亂藁』, 『역옹패설櫟翁稗說』 등이 있다.

2 연저燕邸 : 원나라 간섭기에 고려의 임금들이 원나라 서울인 연경燕京에 가 있었으므로, 거기에다 집을 정하고 살았는데 그 집을 연저燕邸라고 하였다.

3 오집虞集 : 1272～1348. 원나라의 저명한 학자이자 시인이다. 본관은 우집虞集, 자는 백생伯生, 호는 도원道園, 시호는 문정文靖이다. 소암선생邵庵先生이라 일컬어졌다. 대도로 유학교수大都路儒學教授 · 국자조교國子助教 · 박사博士를 지냈고, 문종文宗 때 규장각시서학사奎章閣侍書學士가 되었다. 양재楊載 · 범곽范梈 · 게혜사揭傒斯와 함께 원시사대가元詩四大家로 일컬어진다.

4 조맹부趙孟頫 : 1254～1322. 원나라의 화가이자 서법가書法家다. 본관은 호주湖州, 자는 자앙子昂, 호는 송설松雪 · 송설도인松雪道人이다. 시문詩文과 서화書畫에 능했는데, 특히 행서行書와 해서楷書에 조예가 깊어 후대에 조선에도 많은 영향을 끼쳤다.

5 이곡李穀 : 1298～1351. 본관은 한산韓山, 자는 중보仲父, 시호는 문효文孝이다. 이제현 등과 함께 민지閔漬가 편찬한 『편년강목編年綱目』을 증수하고, 충렬 · 충선 · 충숙왕의 실록을 편수하였다. 저서로 『가정집稼亭集』이 있다.

6 이색李穡 : 1328～1396. 본관은 한산, 자는 영숙穎叔, 시호는 문정文靖이다. 1341년 성균시에 합격하여 대제학, 판삼사사判三司事 등을 역임하였다. 조선조에서는 벼슬하지 않아 포은 정몽주, 야은冶隱 길재吉再와 함께 삼은三隱으로 일컬어진다. 저서로 『목은시고牧隱詩藁』, 『목은문고牧隱文藁』가 있다.

7 정몽주鄭夢周 : 1337～1392. 본관은 연일延日, 자는 달가達可, 호는 포은이다. 1360년에 과거에 급제하고, 여러 관직을 거쳐 삼사 좌사三司左使에 올랐으며, 유학을 크게 진흥하여 성리학의 기초를 세웠다. 끝까지 고려 왕조를 받들며 절의를 지키다가 이방원이 보낸 조영규에게 선죽교에서 죽임을 당했다. 저서로 『포은집圃隱集』이 있다.

8 이숭인李崇仁 : 1347～1392. 본관은 성주星州, 자는 자안子安, 호는 도은, 시호는 문충文忠이다. 1362년 문과에 급제하여 성균관 사성, 예문관 제학 등을 역임하였다. 저서로 『도은집陶隱集』이 있다.

勝國光·睿·仁·明時, 諸子競以詩鳴, 可謂盛矣. 然求其書, 合於聲律之正音, 則不可多得, 而間或有之, 亦偶合爾. 至李益齋齊賢, 以雄偉豪健之資, 從忠宣王于燕邸, 虞集與趙孟頫等遊善. 又奉使西蜀, 過盛名勝古蹟, 眼目益以宏博, 詩學始得其正聲, 爲我東五千年之第一大家. 繼之以稼亭·牧隱父子, 大鳴于元朝, 自後鄭圃隱·李陶隱諸公, 皆雅健卓犖, 脫東俗膚淺之習, 而開詩學之正門, 其功豈不偉大也哉. 玆錄諸家詩于下.

2

익재益齋 이제현李齊賢의 〈보덕굴普德窟[1]〉 시에

서늘한 바람 바위 굽이에서 불어오고　陰風生岩谷
시냇물은 깊어 더 푸르네　溪水深更綠
지팡이 짚고 층진 절벽 꼭대기를 올려다보니　倚杖望層巓
날듯한 처마 구름 어린 나무를 탔네　飛簷架雲木[2]

라고 하였고, 〈산속에서 눈 내리는 밤에山中雪夜〉 시에

종이 이불에선 한기 감돌고 불등도 침침한데　紙皮生寒佛燈暗
사미는 한밤 내내 종도 치지 않는구나　沙彌一夜不鳴鍾
아마도 성내겠지 자던 손 문 일찍 열고　應嗔宿客開門早
뜰 앞 눈 덮인 솔을 보잔다고　要見庭前雪壓松[3]

라고 하였으며, 〈표모의 무덤漂母墳〉 시에

부인인데도 오히려 영웅을 잘 알아봐서　婦人猶解識英雄
한 번 보자 은근하게 곤궁함 위로했었는데　一見慇懃慰困窮
뛰어난 장수를 스스로 버려 적국 자본 삼았으니　自棄爪牙資敵國
항왕은 쓸데없이 눈동자가 네 개였구나[4]　項王無賴目重瞳[5]

라고 하였고, 〈범려范蠡〉 시에

공을 따진다면 어찌 강한 오나라를 격파한 것이겠냐만은　論功豈是破强吳
가장 큰 공은 조각배를 오호[6]에 띄운 것이지　最在扁舟泛五湖
서시를 태우고 갈 줄을 몰랐더라면　不解載將西子去
월나라 궁궐에도 다시 고소대[7] 하나 섰을 테니　越宮還有一姑蘇[8]

라고 하였으며, 〈탁군涿郡[9]〉 시에

비옥한 토지 언제나 태항산[10]에 닿아 있어서　美壤每每接大行
동진을 오른팔로 북연을 목구멍으로 삼는 요충지였는데　東秦右臂北燕吭
유랑은 도리어 잠총국[11]을 좋아하여　劉郎却愛蠶叢國
고향엔 쓸모없는 뽕나무만 자랐네[12]　故里虛生羽葆桑[13]

라고 하였고, 〈업성業城[14]〉 시에

한나라 때 그 달은 여전하게 승로반을 비추는데　漢月依依照露盤
금인만 저 홀로 하염없이 눈물 흘리니　金人獨自涕闌干
잘 알겠구나 업하의 순문약[15]이　須知鄴下荀文若
요동 간 관유안[16]에게 영원히 부끄러울 것을　永愧遼東管幼安[17]

라고 하였으며, 〈소상강[18]에 비 내리는 밤瀟湘夜雨〉 시에

단풍 들고 갈꽃 피어 강 마을엔 가을인데　楓葉蘆花水國秋
온 강 가득 비바람이 조각배에 뿌려대고　一江風雨灑扁舟
나그네[19] 한밤 꿈을 놀래켜 깨우는 것은　驚回楚客三更夢

상비[20]의 만고 시름을 나누어주려는 게지 分與湘妃萬古愁[21]

라고 하였고, 〈북쪽으로 가는 길에北上〉 시에

집 떠나는 심정은[22] 끝이 어디겠는가 去魯情何極
중국 가는[23] 착잡함 끝이 없네 遊秦興未闌
강굉의 따뜻한 이불[24] 늘 떠올렸었고 每懷姜被煖
범수의 찬 도포[25]를 누군들 생각해줄까 誰念范袍寒
술잔 대하고는 자주 검 두들기다가[26] 對酒頻彈劍
등불 끄고 잠깐 안장 베고 잠드는데 吹燈乍枕鞍
흰 구름 볼수록 점점 멀어지니 白雲看漸遠
어찌 평안하다는 소식을 전하겠는가 安得報平安[27]

라고 하였으며, 〈경사에서 옛 초상화를 얻어京師得舊寫眞〉 시에

내 옛날 초상화를 남길 때 我昔留形影
새카만 양쪽 귀밑머리 청춘이었지 青青兩鬢春
떠돌아다닌 지 몇 해던가 流傳幾歲月
만나 보니 정신은 그대로구나 邂逅尚精神
이 물건은 다른 물건 아니고 此物非他物
이전의 몸은 정녕 지금 몸인데 前身定後身
손자녀석들 도통 알지 못하고 兒孫渾不識
이 사람 누구냐고 서로서로 묻는구나 相問是何人[28]

라고 하였고, 〈초산焦山[29]〉 시에

배노인 부옥산[30]에 터 열었으나 裴老開浮玉

포부는 일초[31]에게 양보하였으니 胸襟讓一焦
바다는 오나라 땅 삼킬 듯하고 海呑吳地盡
산은 초나라 하늘 저 멀리까지 버틴 듯하며 山控楚天遙
창틈에는 햇살처럼 신기루 어른거리고 蜃氣窓間日
섬돌 아래 물결 따라 갈매기 소리 들려 오네 鷗聲砌下潮
되가려다 도로 지팡이 기대 서있자니 欲歸還倚杖
솔숲 대숲 저녁 무렵 소슬하구나 松竹晩蕭蕭[32]

라고 하였으며, 〈배를 타고 아미산[33]으로 향하며放舟向峨眉山〉 시에

금강 물결 위에 흰 구름 뜬 가을인데 錦江江上白雲秋
이별노래[34] 불러 주고 주루에서 내려오니 唱徹驪駒下酒樓
한 폭 붉은 깃발 바람에 펄럭펄럭 一片紅旗風閃閃
몇 소리 부드러운 노 강물은 넘실넘실 數聲柔櫓水悠悠
비에 젖은 찬 송아지 생선가게로 돌아가고 雨催寒犢歸漁店
물결 타니 잰 갈매기 나그네 배 가까이로 날려 보내네 波送輕鷗近客舟
그 누가 서생 중에 불우한 이 많다 했나 孰謂書生多不偶
늘 왕사 덕에 맑은 놀이 실컷 하는데 每因王事飽淸遊[35]

라고 하였고, 〈길 위에서路上〉 시에

말 타고 가며 촉도난[36] 읊조리다 馬上行吟蜀道難
오늘 아침 이제야 다시 진관[37]에 드는구나 今朝始復入秦關
푸른 구름 해 저물녘 어부수[38] 가리고 碧雲暮隔魚鳧水
붉은 숲 가을 맞아 조서산[39]에 이어졌네 紅樹秋連鳥鼠山
문자는 주체 못 할 천고 한을 더하는데 文字剩添千古恨
명리로 그 누가 일신의 한가함 바꾸겠나 利名誰博一身閒

몹시도 그리워라 안화로에서　令人最憶安和路
대지팡이 짚신에 멋대로 오갔던 것　竹杖芒鞋自往還[40]

라고 하였으며, 〈학사 조자앙에게 부치다寄呈趙子昂學士〉 시에

꿈 깬 우정[41]엔 새벽 등만 가물가물　夢罷郵亭耿曉燈
안장 얹고 말 타려니 추위에 떨려오네　欲乘鞍馬覺凌兢
주사[42] 연단[43] 터 자욱히 구름 껴있고　雲迷柱史燒丹竈
문왕 비 피하던 언덕[44]엔 수북히 눈 쌓였네　雪壓文王避雨陵
세상일 해나가며 멍울진 속 누가 알며　觸事誰知胸磈磊
시 읊어도 헝클어진 머리 뿐이네　吟詩只得髮鬅鬙
먼지 낀 두건 뿔 꺾이고 갖옷마저 기웠으니　塵巾折角裘穿縫
용문 향해 이응[45] 보기도 부끄럽네　羞向龍門見李膺[46]

라고 하였고, 〈눈 그친 다경루多景樓雪後〉 시에

누대 높아 하늘 가득 눈 정말 좋았는데　樓高正喜雪漫空
갠 뒤 기이한 경관 더 새롭구나　晴後奇觀更不同
만 리 뻗은 하늘 은세계 둘러쌌고　萬里天圍銀色界
육조 산들 수정궁 에워쌌네　六朝山擁水晶宮
푸른 바다 눈부신 햇살 취한 눈에 어른대고　光搖醉眼滄溟日
초목에 부는 맑은 바람 시인 장에 스며드네　清透詩腸草木風
우습구나 구차히 무슨 일 이뤘는가　却笑區區何事業
십 년 동안 길거리에서 땀 그냥 뿌렸으니　十年揮汗九街中[47]

라고 하였으며, 〈다경루에서 권일재를 모시고 함께 짓다多景樓陪權一齋同賦〉 시에

양자강 나루 어귀 옛날 윤주[48]에서 楊子津頭古潤州
몇 번 기쁨에 몇 번 근심했나 幾番歡樂幾番憂
간신 국정농락 물고기 먹이 탐하는 듯 佞臣謀國魚貪餌
교활한 관리 백성핑계 새 모이 모으는 듯 黠吏憂民鳥養羞
풍경소리 울리는 밤 조수는 포구에 들고 風鐸夜喧潮入浦
도롱이 입고 선 저녁 비 누대에 들이치네 烟簑暝立雨侵樓
중류의 뱃노래 내 일 아니니[49] 中流擊楫非吾事
하늘가 범려[50] 배 한가히 바라보네 閒望天涯范蠡舟[51]

라고 하였고, 〈임안 해회사에 머물며宿臨安海會寺〉 시에

절 안의 누대 멀리 우뚝 솟았는데 梵宮臺殿遠嵯峨
모래톱에 배 옮기고 밤 되어서야 둘러보니 沙步移舟夜始過
산골 달 회랑 비춰 신발소리 따라오고 峽月轉廊隨響屐
시내 바람 방문에 들어 주렴 울리네 溪風入戶動鳴珂
산은 소자로 인해 이름난 지 오래됐고 山因蘇子知名久
나무는 전왕[52] 때부터 겪은 일 많았었지 樹自錢王閱事多
언덕 위에 봄 와도 꽃만 쓸쓸한 채[53] 陌上春歸花寂寂
골짜기 새 촌노래에 화답 소리만 들리네 惟聞谷鳥和村歌[54]

라고 하였으며, 〈감회感懷〉 시에

초가 주막 팔베개에 밤 한참 깊었는데 枕肱茅店夜三更
머리 들어 금대 보니 길 얼마나 남았나 矯首金臺路幾程
괴롭게 지킨 절개 탄협객[55]과 같고 苦節頗同彈鋏客
한창 나이 기유생 벌써 지났네[56] 芳年已過棄繻生
곤궁 영달 운명이니 늙은 부모 불쌍하고 窮通有命悲親老

신하 노릇 재주 없어 임금에게 부끄럽네　　緩急非才愧主明
내 평생 행동 누구에게 물어볼까　　畢竟行藏誰與問
창 가득 서릿달만 정 있는 듯 비치네　　滿窓霜月獨鍾情[57]

라고 하였다.

---

1 보덕굴普德窟 : 금강산金剛山 만폭동萬瀑洞에 있는 사찰이다.
2 제목 : 〈금강산 절구 두 수 보덕굴金剛山二絶普德窟〉, 『익재난고益齋亂藁』 권3.
3 제목 : 〈산속에서 눈 내리는 밤에山中雪夜〉, 『익재난고益齋亂藁』 권3.
4 항왕은……개였구나 : 중국 전설에 의하면 순舜 임금, 진 문공晉文公, 항우項羽가 모두 한 눈에 눈동자가 각각 두 개씩이었다고 한다. 제왕의 모습을 비유한 말인데 이 시에서는 항우가 제왕의 자질을 갖고도 제대로 발휘하지 못했던 것을 비판한 것이다.
5 제목 : 〈회음의 표모의 무덤淮陰漂母墳〉, 『익재난고益齋亂藁』 권1.
6 오호五湖 : 오호五湖는 중국 오월吳越 지역의 다섯 호수로 구구具區 · 요포洮浦 · 팽려彭蠡 · 청초青艸 · 동정洞庭 등인데 혹은 태호太湖의 별칭이라고도 한다.
7 고소대[姑蘇] : 강소성江蘇省 오현吳縣의 서쪽 고소산姑蘇山에 있는 누대樓臺로 월왕 부차夫差가 서시西施를 위하여 지은 누대이다.
8 제목 : 〈범려范蠡〉, 『익재난고益齋亂藁』 권3.
9 탁군涿郡 : 중국 하북성河北省에 있는 지명으로 촉한蜀漢의 소열황제昭烈皇帝 유비劉備가 탄생한 곳이다.
10 태항산[大行] : 중국 산서山西와 하북河北 및 산동山東을 가르는 산맥이다.
11 잠총국蠶叢國 : 유사 이전에 촉蜀 지방에 잠총국蠶叢國이 있었다 한다. 여기에서는 태곳적부터 있었던 오랜 고을이라는 의미이다.
12 고향엔……자랐네 : 원문의 우보羽葆는 깃으로 만든 일산을 가리키는데, 촉한의 황제 유비가 어렸을 때 중종中宗의 아이들과 뽕나무 아래서 놀 때에 농담으로 "내가 반드시 이 뽕나무처럼 생긴 우보개거羽葆蓋車를 타게 될 것이다."라고 하였다고 한다. 『삼국지三國志』 권32, 「유비전劉備傳」.
13 제목 : 〈탁군涿郡〉, 『익재난고益齋亂藁』 권2.
14 업성業城 : 중국 삼국 시대 위魏의 도읍지였던 곳으로 지금의 하남성河南省 임장현臨漳縣의 서쪽에 있었다.

15 순문약荀文若 : 순욱荀彧(163~212)으로, 문약은 그의 자이다. 동한 말엽에 조조曹操의 모사가 되어 많은 공을 세웠으나, 조조가 위공魏公에 봉해지는 것을 반대하다 미움을 받아 독약을 마시고 자살하였다.

16 관유안管幼安 : 중국 삼국 시대 위魏나라 사람인 관녕管寧을 말한다. 유안幼安은 그의 자字이다. 일찍이 화흠華歆과 공부하고 있었는데, 고관대작의 수레가 지나가자 화흠이 책을 덮고 바라보는 것을 보고, 세상의 부귀영화에 뜻을 주었다고 하여 같이 쓰던 방석을 갈라 절교했다는 '관녕할석管寧割席'의 이야기가 유명하다.

17 제목 : 〈업성鄴城〉, 『익재난고益齋亂藁』 권2.

18 소상강[瀟湘] : 소상강은 중국 남쪽 동정호洞庭湖로 흘러 들어가는 강 이름이다. 전설에 의하면 순舜 임금이 남쪽 지방을 순행하다가 승하하자, 두 비인 아황娥皇과 여영女英이 소상강을 건너가지 못해 슬피 울어 눈물을 흘렸는데, 이 눈물이 대나무에 떨어져 반점이 생겼다고 한다. 그리하여 그 대나무를 상비죽湘妃竹이라 한다.

19 나그네[楚客] : 본디 남에게 비방을 받아 유배되어 타향에서 떠돌았던 초楚나라의 굴원屈原을 가리키는데, 전하여 객지에서 나그네로 전전하는 사람을 지칭한다.

20 상비湘妃 : 상수湘水에 몸을 던져 죽은 순舜 임금의 두 부인인 아황과 여영을 가리킨다. 그들이 흘린 눈물이 대나무에 얼룩져서 반죽斑竹이 되었다고 한다.

21 제목 : 〈소상강에 비 내리는 밤瀟湘夜雨〉, 『익재난고益齋亂藁』 권3.

22 집 떠나는 심정은 : 『맹자』에 "공자께서 노魯나라를 떠날 때는 '더디고 더디구나, 내 걸음이여'라고 하셨으니, 이는 부모의 나라를 떠나는 도리이다[去魯, 曰遲遲, 吾行也, 去父母國之道也.]."라는 내용을 볼 수 있다. 『맹자孟子』, 「만장萬章 하下」.

23 중국 가는 : 옛날 진秦나라의 서울이 장안長安이었기 때문에 '유진遊秦', '입진入秦'이란 말을 쓰게 되었다. 원나라의 수도는 북경이지만 이를 그대로 써서 중국에 가는 것을 '유진'이라 하였다.

24 강굉의 따듯한 이불 : 원문의 강피姜被는 '강굉공피姜肱共被'의 준말로, 후한後漢의 강굉姜肱이 두 아우와 함께 이불을 덮고 자면서 우애로웠다는 고사가 있다. 『후한서後漢書』 권53, 「강굉열전姜肱列傳」.

25 범수의 찬 도포 : 범수范睢는 위나라 수가須賈의 식객이었으나 진秦나라로 망명하여 재상이 되었다. 수가가 진나라에 사신으로 오자 범수는 일부러 허름한 행색으로 맞이하였는데, 수가는 그를 가련히 여겨 솜옷을 입혀 주었다. 『사기史記』 권79, 「범수열전范睢列傳」.

26 자주 검 두들기다가 : 제齊나라 사람 풍환馮驩이 맹상군孟嘗君의 식객이 되어 뜻을 얻지 못하자 기둥에 기대 칼을 두드리며 노래하였다고 한다. 『사기史記』 권75, 「맹상군열전孟嘗君列傳」.

27 제목 : 〈북쪽으로 가는 길에北上〉, 『익재난고益齋亂藁』 권1.

28 제목 : 〈연우 기미년에 내가 충선왕을 따라 강남 보타굴에 향을 내렸다. 임금께서 고항 오수산을 불러 나의 초상을 그리게 하였고 북촌 탕선생이 거기에 찬을 지었는데 북쪽으로 돌아와서 누군가에게 빌려주어 보여주고는 행방을 잃어버렸다. 그 뒤 32년이 지나 내가 나라의 표문을 받들고 경사에 갔을 적에 다시 초상을 얻어 보고는 노장이 달라진 모습에 놀라고 이합에 정해진 때가 있음에 감동하여 사십자를 써서 기록한다.延祐己未 予從於忠宣王 降香江南之寶陁窟 王召古杭吳壽山 令寫陋容 而北村湯先生爲之贊 北歸爲人借觀 因失其所在 其後三十二年 余奉國表如京師 復得之 驚老壯之異貌 感離合之有時 題四十字爲識〉, 『익재난고益齋亂藁』 권1.

29 초산焦山 : 강소성江蘇省 단도현丹徒縣 동쪽에 있는 산으로 일명 부옥산浮玉山이라고도 한다.

30 부옥산浮玉山 : 신선이 사는 전설상의 산 이름이다.

31 일초一焦 : 삼국三國 시대 때의 고사高士 초선焦先은 천하가 생긴 이래 1인자라 하여 '일초一焦'라 불렸다.

32 제목 : 〈초산焦山〉, 『익재난고益齋亂藁』 권1.

33 아미산峨眉山 : 사천성四川省 아미현峨眉縣 서남쪽에 있는 산으로, 산의 모양이 눈썹과 비슷하게 생겼으므로 이렇게 부른다. 중국 불교 사대 명산 가운데 하나이다.

34 이별노래[驪駒] : 원문의 여구驪駒는 『시경』의 일시逸詩의 편명으로, 손님이 떠나려고 할 때 부르는 노래이다. 그래서 보통 이별가의 뜻으로 쓰인다.

35 제목 : 〈8월 17일 배를 타고 아미산으로 향하며八月十七日 放舟向峨眉山〉, 『익재난고益齋亂藁』 권1.

36 촉도난蜀道難 : 이백李白이 지은 시의 제목으로, 촉으로 가는 길이 험난함을 소재로 하여 지은 것이다.

37 진관秦關: 중국 서북지구 황하黃河 상류에 있는 감숙성의 관문을 말한다.

38 어부수魚鳧水 : 감숙성에 있는 강이름이다.

39 조서산鳥鼠山 : 감숙성에 있는 산이름이다.

40 제목 : 〈길 위에서路上〉, 『익재난고益齋亂藁』 권1.

41 우정郵亭 : 옛날 역마驛馬를 갈아타던 역참驛站을 말한다. 출장 나온 관원이나 문서를 전달하는 하급 관리 및 여행자가 묵을 수 있도록 길가에 설치한 여관이다.

42 주사柱史 : 주하사柱下史의 약칭으로 이 벼슬을 한 도교道教의 원조元祖 노자老子를 가리킨다.

43 연단燒丹 : 원문의 소단燒丹은 도교에서 말하는 장생불사약長生不死藥인 단약丹藥을 구운 것을 말한다.

44 문왕……언덕 : 『좌전左傳』 희공僖公 33년에, "효함崤函에 두 언덕이 있으니 남쪽은 하걸夏桀의 조상인 하후고夏侯皐의 무덤이고, 북쪽은 문왕이 풍우風雨를 피하던 곳이다."라

는 이야기가 전한다.

45 이응李膺 : 후한 환제桓帝 때 사람으로 자字는 원례元禮이다. 성행性行이 고상하고 풍골이 준수하여 태학太學 중에서, "천하의 모범 인물은 이원례"라는 말이 있었고, 선비로서 그에게 접대를 받으면 "용문에 올랐다[登龍門]."고 말했다. 조자앙趙子昂이 당시 원조의 명사였고 작자가 그를 좇아 놀았으므로, 조자앙을 이응에 빗댄 것이다.

46 제목 : 〈이릉에서 일찍 떠나며二陵早發〉, 『익재난고益齋亂藁』 권1.

47 제목 : 〈눈 그친 다경루多景樓雪後〉, 『익재난고益齋亂藁』 권1.

48 윤주潤州 : 지금의 중국 강소성江蘇省 진강현鎭江縣이다.

49 중류의……아니니 : 전쟁 때문에 강을 건너는 것이 아니라는 뜻이다. 동진東晉의 조적祖逖이 중원中原의 회복을 자신의 사명으로 삼아 군대를 이끌고 장강長江을 건너갈 때, 비분강개한 심정으로 뱃전을 두드리며 "중원을 평정하지 못한다면 이 강을 다시 건너지 않겠다."라며 맹세했다고 한다. 『진서晉書』 권62, 「조적전祖逖傳」.

50 범려范蠡 : 춘추시대 월越나라 대부로 월왕越王 구천句踐을 도와 오吳나라를 멸망시킨 후 고소대姑蘇臺에 있던 미인 서시를 데리고 오호에 은거했다고 한다. 『사기史記』 권41, 「월왕구천세가越王句踐世家」.

51 제목 : 〈다경루에서 권일재를 모시고 옛사람의 운에 따라 함께 짓다多景樓 陪權一齋用古人韻同賦〉, 『익재난고益齋亂藁』 권1.

52 전왕錢王 : 오대五代 때의 오월吳越국을 말한다. 오월국 왕의 성씨가 전씨錢氏였기 때문에 이렇게 말한 것이다.

53 언덕……채 : 원문의 맥상陌上은 언덕 위라는 뜻이다. 소식蘇軾의 「맥상화시인陌上花詩引」에 "오월왕吳越王의 비妃가 봄이 되면 반드시 임안으로 돌아가자, 왕은 비에게 편지하기를 '맥상에 꽃이 피니 천천히 돌아가라.' 하였는데, 오현吳縣 사람들이 이 말로 노래를 지으니, 이 악곡을 맥상화陌上花라 하고 매우 완전宛轉하여 서글프다." 하였다는 이야기가 전해진다.

54 제목 : 〈임안 해회사에 머물며宿臨安海會寺〉, 『익재난고益齋亂藁』 권1.

55 탄협객彈鋏客 : 칼자루를 치는 객, 즉 제나라 맹상군의 문객인 풍환을 가리킨다. 풍환이 맹상군이 자기를 후하게 대접하지 않은 데에 불평을 품고 칼자루를 치면서 노래하기를 "돌아가자, 밥을 먹으려도 고기가 없구나. 돌아가자, 밖엘 나가려도 수레가 없구나."라고 한 데서 온 말로 현달하지 못한 것을 비유한다. 『사기史記』 권75, 「맹상군전孟嘗君傳」.

56 한창……지났네 : 원문의 기유생棄繻生은 통행증명서를 버렸던 소년이라는 말로 자신은 이미 늙었다는 뜻이다. 한漢나라의 종군終軍이 약관의 나이에 관문關門에 들어서자 관리關吏가 종군에게 통행증인 유繻를 주자 종군이 "대장부가 서쪽에 나왔다가 출세하지 못하고 그냥 돌아갈 수 없다." 하고는 그 유를 버리고 갔다. 훗날 종군이 사행使行

자격으로 다시 이 관문으로 나가게 되자 관리가 말하기를, "이 사자使者가 바로 옛날에 유를 버리고 간 그 선비이다."라고 하였다고 한다. 『한서漢書』 권64, 「종군전終軍傳」.

57 제목 : 〈감회感懷〉 4수 중 두 번째 수. 『익재난고益齋亂藁』 권2.

李益齋<普德窟[1]>詩曰, "陰風生岩谷[2], 溪水深更綠. 倚杖望層巓, 飛簷架[3]雲木." <山中雪夜>詩曰, "紙皮生寒佛燈暗, 沙彌一夜不鳴鍾. 應嗔宿客開門早, 要見[4]庭[5]前雪壓松." <漂母墳[6]>詩曰, "婦人猶解識英雄, 一見慇懃慰困窮. 自棄瓜[7]牙資敵國, 項王無賴目重瞳." <范蠡>詩曰, "論功豈是[8]破强吳, 最在扁舟泛五湖. 不解載將西子去, 越宮還有一姑蘇." <涿郡>詩曰, "美壤每每接太行, 東秦右臂北燕吭. 劉郎却愛蠶叢國, 故里虛生羽葆桑." <業城>詩曰, "漢月依依照露盤, 金人獨自涕闌干. 須知鄴下荀文若, 永愧遼東管幼安." <瀟湘夜雨>詩曰, "楓葉蘆花水國秋, 一江風雨灑扁舟. 驚回楚客三更夢, 分與湘妃萬古愁." <北上>詩曰, "去魯情何極, 遊秦興未闌. 每懷姜被煖, 誰念范袍寒. 對酒頻彈劍, 吹燈乍枕鞍. 白雲看漸遠, 安得報平安." <京師得舊寫眞[9]>詩曰, "我昔留形影, 青青兩鬢春. 流傳幾歲月, 邂逅尚精神. 此物非他物, 前身定後身. 兒孫渾不識, 相問是何人." <焦山>詩曰, "裴老開浮玉, 胸襟讓一焦. 海呑吳地盡, 山控楚天遙. 蜃氣窓間日, 鷗聲砌下潮. 欲歸還倚杖, 松竹晩蕭蕭." <放舟向峨眉山[10]>詩曰, "錦江江上白雲秋, 唱徹驪駒下酒樓. 一片紅旗風閃閃, 數聲柔櫓水悠悠. 雨催寒犢歸漁店, 波送輕鷗近客舟. 孰謂書生多不偶, 每因王事飽淸遊." <路上>詩曰, "馬上行吟蜀道難, 今朝始復入秦關. 碧雲暮隔魚鳧水, 紅樹秋連鳥鼠山. 文字剩添千古恨, 利名誰博一身

閒. 令人最憶安和路, 竹杖芒鞋自往還." <寄呈趙子昂學士[11]>詩曰, "夢罷[12]郵亭取[13]曉燈, 欲乘鞍馬覺凌兢. 雲迷柱史燒丹竈, 雪壓文王避雨陵. 觸事誰知胸磈磊, 吟詩只得髮鬅鬙. 塵巾折角裘穿縫, 羞向龍門見李膺." <多景樓雪後>詩曰, "樓高正喜雪漫空, 晴後奇觀更不同. 萬里天圍銀色界, 六朝山擁水晶[14]宮. 光搖醉[15]眼滄溟日, 清透詩腸草木風. 却笑區區何事業, 十年揮汗九街中." <多景樓陪權一齋同賦[16]>詩曰, "楊子津頭[17]古潤州, 幾番歡樂幾番憂[18]. 佞臣謀國魚貪餌, 黠吏憂民鳥養羞. 風鐸夜喧潮入浦, 烟簑暝立雨侵樓. 中流擊楫非吾事, 閒望天涯范蠡舟." <宿臨安海會寺>詩曰, "梵宮臺殿遠嵯峨, 沙步移舟夜始過. 峽月轉廊隨響屧, 溪風入戶動鳴珂. 山因蘇子知名久, 樹自錢王閱事多. 陌上春歸花寂寂, 唯聞谷鳥和村歌." <感懷>詩曰, "枕肱茅店夜三更, 矯首金臺路幾程. 苦節頗同彈鋏客, 芳年已過棄繻生. 窮通有命悲親老, 緩急非才愧主明. 畢竟行藏誰與問, 滿窓霜月獨鍾情."

[1] 普德窟 : 金剛山二絕普德窟 (『益齋亂稿』 卷3)

[2] 谷 : 曲 (『益齋亂稿』 卷3)

[3] 架 : 駕 (『益齋亂藁』 卷3)

[4] 見 : 看 (『益齋亂藁』 卷3)

[5] 庭 : 庵 (『益齋亂藁』 卷3)

[6] 漂母墳 : 淮陰漂母墳 (『益齋亂稿』 卷1)

[7] 瓜 : 문집에도 瓜로 되어 있으나 문맥에 맞게 爪로 교감하여 번역하였다.

[8] 是 : 啻 (『益齋亂藁』 卷3)

[9] 京師得舊寫眞 : 延祐己未予從於忠宣王降香江南之寶陁窟王召古杭吳壽山令寫陋容而北村湯先生爲之贊北歸爲人借觀因失其所在其後三十二年余奉國表如京師復得之驚老壯之異貌感離合之有時題四十字爲識 (『益齋亂稿』 卷1)

⑩ 放舟向峨眉山 : 八月十七日放舟向峨眉山(『益齋亂稿』 卷1)
⑪ 寄呈趙子昂學士 : 二陵早發(『益齋亂稿』 卷1)
⑫ 罷 : 破(『益齋亂稿』 卷1)
⑬ 取 : 耿(『益齋亂稿』 卷1)
⑭ 晶 : 精(『益齋亂稿』 卷1)
⑮ 醉 : 翠(『益齋亂稿』 卷1)
⑯ 多景樓陪權一齋同賦 : 多景樓陪權一齋用古人韻同賦(『益齋亂稿』 卷1)
⑰ 頭 : 南(『益齋亂稿』 卷1)
⑱ 憂 : 愁(『益齋亂稿』 卷1)

3

가정稼亭 이곡李穀[1]은 충숙왕忠肅王[2] 때의 시인으로 원元나라 제과에 급제하였고, 이후 국사검열관國史院檢閱에 제수되었으며 문장이 세상에 날려 본조에서 한산군韓山君을 선사받았다.

그의 〈길 가다가 비를 피하며途中避雨〉 시에

거리 마주한 너른 저택 회화나무[3] 녹음 드리웠으니 甲第當街蔭綠槐
높은 문[4]도 분명 자손 위해 열었을 텐데 高門應爲子孫開
근래 주인 바뀌었는지 수레와 말도 없고 年來易主無車馬
비 피하러 행인만 찾아오는구나 惟有行人避雨來[5]

라고 하였고, 〈이릉대李陵臺[6]〉 시에

나라에 바쳤으니 내 몸 어디에 누었겠느냐 許國身何有
공 이루려 해도 천명이 따르지 않으니 功成命不侔
한나라 황제가 비록 무 좋아했더라도 漢皇雖好武
비장은 제후에 봉해지지 못했네[7] 飛將未封侯
악전고투에 지원군 없다는 것 잘 알고 있지만 苦戰知無賴
살아서 항복하는 것은 그래도 부끄러운 일이니 生降亦可羞
이릉대 석양 물들 때 高臺銜落日
당신 위해 짐짓 주저하노라 爲爾故遲留[8]

라고 하였으며, 〈눈 내리는 밤 술을 조금 마시며雪夜小酌〉 시에

섣달이 다 되어서야 겨우 눈 내리니	臘近纔呈瑞
겨울 따뜻함이 조화를 잃지 않았고[9]	冬溫不失和
발소리 들리니 누가 일어난 듯하며	履聲人起早
새 발자국 보니 참 많이 앉았다 갔고	篆跡鳥留多
꿈꾸던 일 서랍만 남아있고	舊業餘書榻
낚시터 돌아갈 기약은 허사가 됐네	歸期誤釣簑
화로 둘러싼 이들 모두 나그네인데	擁爐俱是客
술 사올 돈 부족하니 어떻게 하나	奈欠酒錢何[10]

라고 하였고, 〈제비鷰〉 시에

처마 앞에서 마주하고 이야기나누며	簷前相對語
나그네 생활 동안 친구처럼 의지하였는데	客裏故相依
신세 염량에 가까워지니[11]	身世炎涼近
세상에 도와주는 사람이 없고	乾坤羽翼微
둥지 만들어놓고는 도리어 떠나버리며	巢成還棄去
새끼도 자라나 각자 나뉘어 날아가네	雛長各分飛
너를 보니 더욱 서러워지는 것은	見爾增悲慨
올해에도 못 돌아가서이지	今年又未歸[12]

라고 하였으며, 〈칠석에 술을 조금 마시며七夕小酌〉 시에

평생의 자취 뜬구름 같았는데	平生蹤跡等浮雲
만 리 밖에서 만난 것은 진실로 믿음 있어서지	萬里相逢信有由
하늘 위의 풍류는 견우 직녀 만나는 그날 밤이 가장 좋고	天上風流牛女夕

인간 세상 화려함은 임금님 계신 곳이며 人間佳麗帝王州
즐거운 담소에 술은 바다 같고 笑談款款樽如海
깊고 깊은 장막 밖엔 비가 가을 보내네 簾幙深深雨送秋
걸교[13]와 폭의[14]는 내 일 아니니 乞巧暴衣非我事
또 시구에 기대 괜한 한 풀어보네 且憑詩句遣閑愁[15]

라고 하였고, 〈설날 아침의 눈正朝雪〉 시에

제야부터 내린 눈 설날 아침까지 이어졌지만 雪從除夜到正朝
불어오는 봄바람에 다 녹아버렸네 旋入春風不禁消
쌍궐[16]의 의장 부채는 나눠지지 않았는데 扇影未分雙闕仗
오문 다리 발소리는 모여드네 靴聲早集午門橋
비록 하례하는 신하들 의복은 서리에 절더라도 從敎賀列朝衣濕
궁녀의 나풀대는 소매는 보기 좋다네 好傍昭容舞袖飄
새해엔 상서로운 기운 많은 줄을 벌써 알아 便是新年多瑞氣
축수하며 백성들 태평노래 바치려 하네 願隨椒酒進民謠[17]

라고 하였으며, 〈정월 초하루 숭천문 아래에서元正崇天門下〉 시에

설날 아침 대명궁[18] 활짝 열리니 正朝大闢大明宮
온 나라의 신하들 여기에 모여드는데 萬國衣冠此會同
용맹한 병사들 관문을 지켜 안팎이 엄숙하고 虎豹守關嚴內外
신하들은 나뉘어서 동서가 엄숙하네 鴛鸞分序肅西東
헌수하는 술잔에는 넘실넘실 봄빛이 떠 있고 壽觴灩灩浮春色
황제의 의장에는 살랑살랑 새벽바람 불어오네 仙仗摐摐立曉風
관복 입고 홀 쥔 채 예전에 일찍이 반열에 끼었으니 袍笏昔曾陪俊彦
궁문을 바라보며 생각함 끝이 없네 天門矯首思無窮[19]

라고 하였고, 〈얼어붙은 한강을 건너며冰渡漢江〉 시에

모래 언덕 여관 정말 쓸쓸하고 적막해	沙頭逆旅正蕭條
빈 처마 언저리에서 북두성 자루만 바라보았네	幾傍虛簷望斗杓
한밤중엔 거센 바람 허름한 집에 불어오고	半夜疾風吹破屋
한 줄기 강 흐르는 물은 얼어붙어 다리가 되었네	一江流水凍成橋
잠깐 동안 문득 보니 사람마음 작음이 심함을 알겠는데	須臾便見大心小
한 길 얼음에서 훌륭한 말 제멋대로 내달리네	尋丈休誇馬足驕
위험한 길 건너고서 돌아보니 절로 웃음 지어지니	過了畏途還自笑
돌아가 고기 잡고 땔나무 하며 늙는 것이 낫겠네	不如歸去老漁樵[20]

라고 하였고, 〈예성강 바람에 막히다禮成江阻風〉 시에

산에 살자니 범 표범 두렵고	山居畏虎豹
물길 가자니 이무기 꺼려지니	水行厭蛟蜃
인생에 안식처 거의 없고	人生少安處
가까운 곳에서[21] 어려움이 생기지만	肘下生白刃
험난하고 쉬운 곳을 따라갈 때	不如從險易
천명이라 또 스스로 믿고 따르는 것만 못하네	天命且自信
진실로 빨리 가는 것 원하지만	速行固所願
천천히 가는 것 또 무엇이 아쉬우라	遲留亦何吝
세월이 강물처럼 흘러가니	日月江河流
백년이 참으로 한순간이네	百年眞一瞬
시를 지어 뱃노래를 부르다 보면	作詩相棹歌
내일은 바람 절로 순해지겠지	明當風自順[22]

라고 하였다.

1 이곡李穀 : 118쪽 주5 참조.

2 충숙왕忠肅王 : 1294~1339. 고려의 제27대 왕이다. 자는 의효宜孝, 시호는 의효懿孝, 원나라의 시호는 충숙忠肅으로 아버지 충선왕忠宣王(1275~1325)을 따라 원나라에 갔다가 1313년에 왕위를 받고 돌아와 즉위하였다.

3 회화나무 : 원문의 괴槐는 삼괴三槐 즉 세 그루 회화나무를 가리키는 말로 삼공三公을 상징한다. 주나라에서 삼공三公이 천자를 알현할 때 궁중의 회화나무 세 그루를 정면으로 마주하고 섰던 데서 나온 말이다. 또 송宋나라 때 음덕을 쌓은 일로 명성이 있었던 왕우王祐가 자기 집 마당에 회화나무 세 그루를 심어 놓고는 자기의 자손 중에 반드시 삼공이 나올 것이라고 예언했는데, 뒤에 과연 그의 둘째 아들 왕단王旦이 18년 동안이나 재상의 지위를 누렸던 고사에서 온 말이다. 『송사宋史』 권282, 「왕단열전王旦列傳」.

4 높은 문[高門] : 원문의 고문高門은 지체가 높고 부귀한 집안을 말한다. 『한서漢書』 「우정국전于定國傳」에 한漢나라 우공于公이 "내가 옥사獄事를 잘하여 음덕을 많이 쌓아 자손 중에 고관이 많이 나올 것이니 문을 크게 개조해서 사마駟馬의 수레가 드나들 수 있도록 하라."라고 하였는데, 그의 아들 우정국于定國이 승상이 되어 가문의 영광이 대대로 전하였다고 한다. 『한서漢書』 권71, 「우정국전于定國傳」.

5 제목 : 〈길 가다가 비를 피하다가 감정이 일어途中避雨有感〉, 『가정집稼亭集』 권16.

6 이릉대李陵臺 : 한漢 무제武帝 때의 명장이었던 이릉李陵의 묘墓이다.

7 한나라……못했네 : 원문의 한황漢皇은 한무제, 비장飛將은 흉노가 비장군飛將軍이라고 부르며 두려워했던 명장 이광李廣을 말한다. 한무제는 정복전쟁을 통해 국토를 확장하였고, 이광은 흉노와의 전투에서 높은 전공을 세웠는데, 정작 그는 높은 관작에 봉해지지 못했다. 이릉은 이광의 손자이다. 『사기史記』 권109, 「이장군열전李將軍列傳」.

8 제목 : 〈이릉대李陵臺〉, 『가정집稼亭集』 권18.

9 겨울……않았고 : 눈이 내려서 겨울에 온화한 기운을 잃지 않도록 덮어 준다는 말이다. 소식蘇軾의 〈눈 내리는 밤 백선암에서 홀로 묵으며雪夜獨宿柏仙菴〉에 "눈이 겨울 온기 조금 덮어 주었으니 그런대로 탈은 없겠지만, 가을 가뭄 해소하지 못했으니 밭갈이를 어찌하나[稍壓冬溫聊得健, 未濡秋旱若爲耕]."라고 한 데에서 온 말이다. 『소동파시집蘇東坡詩集』 권14.

10 제목 : 〈눈 내리는 밤 술을 조금 마시며雪夜小酌〉, 『가정집稼亭集』 권18.

11 나의……가까워지니 : 원문의 염량炎凉은 염량세태炎凉世態를 가리키는 말로 뜨거웠다가 금세 차가워지는 세태, 즉 권세權勢가 있으면 아첨하고 몰락하면 냉대하는 인심을 비유적으로 이르는 말이다.

12 제목 : 〈제비燕〉, 『가정집稼亭集』 권17.

13 걸교乞巧 : 당唐나라 유종원柳宗元이 타고난 졸렬함을 기쁘게 받아들이겠다는 내용의 〈걸교문乞巧文〉을 지은 것처럼 졸렬함을 받아들임을 뜻한다.

14 폭의暴衣 : 칠석에 옷을 뜰에 내어 햇볕에 쬐어 말리는 풍속인데 여기에서는 풍부한 학식을 의미한다. 학륭이 어려서부터 읽지 않은 책이 없을 정도로 박학하였는데, 칠석날 부잣집에서 옷을 햇볕에 말리는 것을 보고는 땡볕에 나가 하늘을 향해 배를 드러낸 채 누워있자 어떤 사람이 그 까닭을 물으니 "나는 뱃속의 책을 말리고 있다."라고 한 데서 온 말이다. 『세설신어世說新語』, 「배조排調」.

15 제목 : 〈칠석에 술을 조금 마시며七夕小酌〉, 『가정집稼亭集』 권16.

16 쌍궐雙闕 : 쌍궐은 궁궐 앞 양쪽에 높이 세운 누관樓觀으로, 도성의 대궐을 뜻한다.

17 제목 : 〈설날 아침의 눈正旦雪〉, 『가정집稼亭集』 권17.

18 대명궁大明宮 : 중국 당나라 때 장안長安의 용수산龍首山에 있던 궁전이다.

19 제목 : 〈계미년 원일에 숭천문 아래에서癸未元日 崇天門下〉, 『가정집稼亭集』 권16.

20 제목 : 〈무진년 겨울 얼어붙은 한강을 건너며戊辰冬氷渡漢江〉, 『가정집稼亭集』, 권15.

21 가까운 곳에서 : 원문 액肘은 주액肘腋으로 팔꿈치나 겨드랑이처럼 몸 가까운 곳에서 생각지 못한 일이 발생하는 것을 말한다.

22 제목 : 〈천력 기사년 6월에 예성강에서 배를 타고 남쪽으로 한산에 가다가 강어귀에서 바람에 막혀天曆己巳六月 舟發禮成江南往韓山 江口阻風〉 5수 중 세 번째 수, 『가정집稼亭集』 권14.

李稼亭穀, 忠肅王詩, 中元朝製科, 卽授國史檢閱, 文章鳴于世, 本朝贈韓山君. 其<途中避雨[1]>詩曰, "甲第當街蔭綠槐, 高門應爲子孫開. 年來易主無車馬, 惟[2]有行人避雨來." <李陵臺>詩曰, "許國身何有, 功成[3]命不侔. 漢皇雖好武, 飛將未封侯. 苦戰知無賴, 生降亦可羞. 高臺銜落日, 爲爾故遲留." <雪夜小酌>詩曰, "臘近纔呈瑞, 冬溫不失和. 履聲人起早, 篆跡鳥留多. 舊業餘書榻, 歸期誤釣簑. 擁爐俱是客, 奈欠[4]酒錢何." <鷰>詩曰, "簷前相對語, 客裏故相依. 身世炎凉近[5], 乾坤羽翼微. 巢成還棄去, 雛長各分飛. 見爾增悲慨, 今年又未歸." <七夕小酌>詩曰, "平生蹤[6]跡等

浮雲[7], 萬里相逢信有由. 天上風流牛女夕, 人間佳麗帝王州. 笑談款款樽[8]如海, 簾幙[9]深深雨送秋. 乞巧曝衣非我事, 且憑詩句遣閑愁.” <正朝雪[10]>詩曰, “雪從除夜到正朝, 旋入春風不禁消. 扇影未分雙闕仗, 靴聲早集午[11]門橋. 從敎賀列朝衣溫[12], 好傍昭容舞袖飄. 便是新年多瑞氣, 願隨椒酒進民謠.” <元正崇天門下[13]>詩曰, “正朝大闢大明宮, 萬國衣冠此會同. 虎豹守關[14]嚴內外, 鴛鷺[15]分序肅西東. 壽觴灩灩浮春色, 仙仗摐摐立曉風. 袍笏昔曾陪俊彦, 天門矯[16]首思無[17]窮.” <冰渡漢江[18]>詩曰, “沙頭逆旅正蕭條, 幾傍虛簷望斗杓. 半夜疾風吹破屋, 一江流水凍成橋. 須臾便見大[19]心小, 尋丈休誇馬足驕. 過了畏途還自笑, 不如歸去老漁樵.” <禮成江阻風[20]>詩曰, “山居畏虎豹, 水行厭蛟蜃. 人生少安處, 肘下生白刃. 不如從險易, 天命且自信. 速行固所願, 遲留亦何吝. 日月江河流, 百年眞一瞬. 作詩相棹歌, 明當風自順.”

[1] 途中避雨 : 途中避雨有感 (『稼亭集』 卷16)

[2] 惟 : 唯 (『稼亭集』 卷16)

[3] 功成 : 成功 (『稼亭集』 卷18)

[4] 欠 : 乏 (『稼亭集』 卷18)

[5] 近 : 迫 (『稼亭集』 卷17)

[6] 蹤 : 足 (『稼亭集』 卷16)

[7] 浮雲 : 雲浮 (『稼亭集』 卷16)

[8] 樽 : 尊 (『稼亭集』 卷16)

[9] 幙 : 幕 (『稼亭集』 卷16)

[10] 正朝雪 : 正旦雪 (『稼亭集』 卷17)

[11] 午 : 五 (『稼亭集』 卷17)

[12] 溫 : 濕 (『稼亭集』 卷17)

[13] 元正崇天門下 : 癸未元日崇天門下 (『稼亭集』 卷16)

⑭ 關 : 闇 (『稼亭集』 卷16)

⑮ 鴛鸞 : 鵉鴦 (『稼亭集』 卷16)

⑯ 矯 : 翹 (『稼亭集』 卷16)

⑰ 無 : 難 (『稼亭集』 卷16)

⑱ 冰渡漢江 : 戊辰冬氷渡漢江 (『稼亭集』 卷15)

⑲ 大 : 人 (『稼亭集』 卷15)

⑳ 禮成江阻風 : 天曆己巳六月舟發禮成江南往韓山江口阻風 (『稼亭集』 卷14)

朝鮮詩學考

4

목은牧隱 이색李穡[1]은 이곡李穀의 아들로, 그 아버지를 따라 원元에서 급제하여 한림학사 지제고에 제수받았고 공민왕恭愍王 때에 문하시중門下侍中을 지냈으며, 조선에서는 한산백韓山伯에 봉해졌고 시호는 문정文靖이다. 도학과 문장으로 한때 존경받았다.

그의 〈동정호[2]의 저녁 노을洞庭晩靄〉 시에

한 점 군산[3]은 저녁 노을에 붉게 물들고	一點君山夕照紅
오초를 다 삼킬 듯 기세 끝이 없는데	闊呑吳楚勢無窮
거센 바람 저녁달을 불어올리니	長風吹上黃昏月
가물거리는 깁등 속의 은촛대 같구나	銀燈紗籠暗淡中[4]

라고 하였고, 〈동정[5]에게 부치다寄東亭〉 시에

봄 깊은 거리 다니는 사람 없어도	春深門巷少經過
복사꽃 오얏꽃 또 무수히 피고 지는데	桃李花開落又多
지난해 정자 위에 앉았을 때 떠올려보니	記得去年亭上坐
주렴 한편의 성긴 비에 술잔 넘쳤었지	一簾疏雨酒生波[6]

라고 하였으며, 〈부벽루浮碧樓〉 시에

어제 영명사에 들렀다가　　昨過永明寺
잠시 부벽루에 오르니　　暫登浮碧樓
텅 빈 성엔 한 조각 달만 떠 있고　　城空月一片
묵은 바위엔 천년 구름만 떠 있네　　石老雲千秋
기린마는 떠나가서 돌아오지 않으니　　麟馬去不返
천손은 어느 곳을 노니는가[7]　　天孫何處遊
바람 부는 계단에 기대 길게 휘파람 부니　　長嘯倚風磴
산은 푸르고 강물 절로 흐르고 있네　　山青江自流[8]

라고 하였고, 〈아침 일찍 길을 떠나며早行〉 시에

이른 새벽 갈 길을 물어보지만　　凌晨問前路
새벽빛 아직 환하지 않아　　曉色未全分
달빛 띠고 말머리에서 졸고 있노라니　　帶月馬頭夢
숲 너머 말소리 들릴 듯하네　　隔林人語聞
나직한 숲엔 들안개 자욱하고　　樹平連野霧
잔잔한 바람에 시내 구름 피어오르니　　風細起溪雲
이미 삼하현[9]을 지나왔지만　　已過三河縣
충심은 오직 임금에게만 있구나　　丹心只在君[10]

라고 하였으며, 〈천수절에 대명전에서 뵙다天壽節觀大明殿〉 시에

활짝 열린 대명전 새벽빛 시원하고　　大闢明堂曉色寒
깃발들은 옥난간 높이 나부끼는데　　旌旗高拂玉欄干
구름 걷힌 보좌에선 천자 말씀 들려오고　　雲開寶座聞天語
봄 가득한 금 술잔에 천자의 수복을 올리네　　春滿金巵奉聖歡
온 천하가 한 집안이니 요임금의 시대 같고　　六合一家堯日月

세 번 만세 부르니 한나라의 백성 같네　　三呼萬歲漢衣冠
내가 지금 어디에 있는지 모르겠으니　　不知身世今何在
푸른 하늘 자줏빛 난새 타고 있는 듯하네　　疑是青冥控紫鸞[11]

라고 하였고, 〈큰 도읍에서 함께 지내며 시를 짓다大都與同舍同賦〉 시에

훌륭한 내 친구는 돌아가려는가　　斐然吾黨欲歸歟
가려는 곳 수레 떠날 때 알려주길　　趨向須明發軔初
옷 해져도 어머니 바느질 자국 남아있고　　衣綻尚餘慈母線
책 많아서 고인의 책 다 보기 어렵네　　帙多難盡古人書
봄 들어도 나그네 침상 이불엔 이가 있지만　　春來客榻氈猶虱
바람이 보내온 고향 배에는 먹을 생선이 있겠지　　風送鄉船食有魚
말발굽에서 일어나는 먼지 향해 절하지 않으니[12]　　不向馬蹄塵作拜
고상한 흥취의 즐거움이 한거[13]보다 좋구나　　高情幸喜勝閒居[14]

라고 하였으며, 〈남신점에서南新店〉 시에

문장으로는 공명을 세우고도 남는데　　文章可是立功名
우습구나 유관 쓴 바짝 마른 사람이여　　自笑儒冠大瘦生
양웅[15]은 책을 지어 부질없이 자부했고　　楊子著書空自負
마경[16]이 기둥에 쓴 맹세 끝내 무엇을 이루었나　　馬卿題柱竟何成
세상 인정은 봄 산 빛깔과 같지 않고　　人情不似春山色
나그네는 꿈꾸다 밤 빗소리에 크게 놀라네　　客夢偏驚夜雨聲
장성을 지날 때 풍경 참 좋겠지만　　過了長城風日好
어느 누가 바닷길 가는 나를 그려주나　　何人畫我海邊行[17]

라고 하였고, 〈즉흥으로 읊다卽事〉 시에

숨어 사는 시골 흥취 늙을수록 더욱 맑아	幽居野興老彌淸
눈 앞에서 일어나는 새로운 시 얻기 딱 좋네	恰得新詩眼底生
바람 그쳤는데도 남은 꽃 오히려 절로 떨어지고	風定餘花猶自落
구름 갰는데 가랑비 아직도 다 개지 않았네	雲移少雨未全晴
담장 위 나비는 다른 가지 찾아가고	墻頭粉蝶別枝去
집 모퉁이의 비둘기는 깊은 숲에서 우네	屋角錦鳩深樹鳴
제물 소요는 내 일 아니어선지	齊物逍遙非我事
온 세상의 형색이 몹시 분명하구나	鏡中形色甚分明[18]

라고 하였으며, 〈정관을 읊다貞觀吟〉 시에

진양공자[19]가 호객과 사귀어	晉陽公子結豪客
풍운의 장회가 온 세상에 가득하여	風雲壯懷滿八極
우뚝 한 번 일어나 천과[20]를 휘두르니	嶙然一起揮天戈
수 양제의 버들 빛 잃었네	隋堤楊柳無顔色
이미 은주를 뒤따라 무공을 세웠으니	已踵殷周成武功
마땅히 우하를 좇으며 문덕을 펼쳐야 했으나	宜追虞夏敷文德
이룬 것을 지키는 것 안정이 중요하여	持盈守成貴安靖
큰 공 좋아하고 기뻐하여 자꾸 다른 길로 향하네	好大喜功多反側
기자[21]의 삼한은 신하 삼지 않은 땅이니	三韓箕子不臣地
내버려 두는 것이 옳은 것 같았는데	置之度外疑亦得
어찌하여 귀한 군사 움직여	胡爲至動金玉武
재갈 물려 직접 거느리고 동토까지 왔었느냐	啣枚自將臨東土
사나운 군사들 요동의 달밤에 행군하고	貔貅夜擁鶴野月
깃발은 새벽 계림의 비에 젖었네	旋旗曉濕雞林雨
이를 생각하며 주머니 속 한 가지 물건처럼 여겼는데	謂是囊中一物耳
검은 눈 흰 깃[22]에 잃을 줄 누가 알았으리	那知玄花落白羽

정공이 이미 죽어 언로가 막혔으니	鄭公已死言路澁
우스워라 풍비를 넘겼다 세운 것이[23]	可笑豐碑蹶復立
고개 돌려 정관 연호 세 번 부르짖으니	回頭三叫貞觀年
저 멀리 하늘에서 바람소리 서글프게 불어오네	天末悲風吹颯颯[24]

라고 하였다.

---

1 이색李穡 : 118쪽 주6 참조

2 동정호洞庭湖 : 중국 남방에 있는 큰 호수이다.

3 군산君山 : 동정호洞庭湖 가운데에 있는 산이다.

4 제목 : 〈동정호의 저녁 노을洞庭晚靄〉, 『목은시고牧隱詩藁』 권10.

5 동정東亭 : 염흥방廉興邦(?~1388)으로, 고려 후기의 문신이다. 자는 중창仲昌 호는 동정東亭이다.

6 제목 : 〈동정에게 부치다寄東亭〉 3수 중 첫 번째 수. 『목은시고牧隱詩藁』 권21.

7 기린마는……노니는가 : 천손天孫은 고구려 동명왕東明王을 가리키는데 전설에 의하면 동명왕이 부벽루 아래의 기린굴麒麟窟에서 기린마麒麟馬를 길러 이 말을 타고 조천석朝天石으로 나가 하늘에 올라갔다고 한다. 『신증동국여지승람新增東國輿地勝覽』 권51, 「평양부平壤府」.

8 제목 : 〈부벽루浮碧樓〉, 『목은시고牧隱詩藁』 권2.

9 삼하현三河縣 : 북경의 동쪽에 위치한 고을로 계주薊州와 통주通州사이에 있다. 삼하현三河縣과 통주通州를 거치면 북경이다.

10 제목 : 〈아침 일찍 길을 떠나다早行〉, 『목은시고牧隱詩藁』 권2.

11 제목 : 〈천수절에 신 색이 본국에서 표문을 올리러 온 배신과 함께 대명전에 들어가 뵈다天壽節日 臣穡從本國進表陪臣 入覲大明殿〉, 『목은시고牧隱詩藁』 권2.

12 말발굽에서……않으니 : 비굴한 태도로 명리를 추구하지 않음을 말한다. 진晉나라 반악潘岳이 권세가인 가밀賈謐에게 잘 보이고자 외출할 때를 기다려 수레의 먼지가 일어날 때 허리를 굽히고 절을 하였다[望塵而拜]는 고사에서 온 말이다. 『진서晉書』 권55, 「반악열전潘岳列傳」.

13 한거閒居 : 진나라 반악의 〈한거부閑居賦〉를 말하는 것이다.

14 제목 : 〈스스로 읊다自詠〉 2수 중 첫 번째 수. 『목은시고牧隱詩藁』 권2.

15 양웅[楊子] : 전한前漢 말기의 학자이며 문인으로, 자는 자운子雲이다. 박학다식하고 뛰어난 문장가였으나 양웅이 『주역周易』의 체제를 따라하여 『태현경太玄經』을 짓고, 『논어論語』를 모방하여 『법언法言』을 지어 후대에 많은 비판을 받았다.

16 마경馬卿 : 한漢나라의 사마상여司馬相如(B.C.179~B.C.117)를 말한다. 그가 일찍이 촉군을 떠나 장안長安으로 가는 길에 승선교昇仙橋에 이르러 다리의 기둥에 "네 마리 말이 끄는 붉은 수레를 타지 않고서 다시 이 다리를 건너지 않겠다[不乘駟馬高車, 不復過此橋.]." 라고 써 공명을 이루겠다는 굳건한 의지를 밝혔다는 고사가 전해진다. 『사기史記』 권117, 「사마상여열전司馬相如列傳」.

17 제목 : 〈남신점南新店〉, 『목은시고牧隱詩藁』 권2.

18 제목 : 〈즉흥으로 읊다卽事〉, 『목은시고牧隱詩藁』 권21.

19 진양공자晉陽公子 : 당唐 태종 이세민李世民을 가리킨다. 진양은 고을의 이름인데 당고조 이연李淵이 진양공晉陽公이므로 그의 아들 태종을 진양공자라 한 것이다.

20 천과天戈 : 천자의 창이라는 뜻으로 제왕의 군대를 의미한다. 당나라 한유韓愈의 〈석고가石鼓歌〉에서 "주나라가 쇠락하니 천하가 들끓었거늘, 선왕이 분기하여 천자의 창을 휘둘렀네[周綱陵遲四海沸, 宣王憤起揮天戈.]."라고 하였다.

21 기자箕子 : 상商나라의 군주인 문정文丁의 아들로 주왕紂王의 숙부이다. 주왕의 폭정에 대해 간언하였는데 듣지 않자 미친 척을 하여 유폐되었다.

22 검은 눈 흰 깃 : 원문의 현화玄花는 검은 눈동자를 의미하고, 백우白羽는 백우전白羽箭으로 흰 새의 깃으로 만든 화살을 말한다. 이는 당 태종이 백만 대군을 거느리고 고구려에 쳐들어왔다가 안시성安市城에서 패하여 돌아갔는데, 당시 안시성주였던 양만춘楊萬春이 쏜 화살이 태종의 눈에 맞았다는 기록과 관련된 것으로 보인다.

23 정공이……것이 : 정공鄭公은 당 태종의 신하로 위징魏徵을 가리킨다. 그는 간언을 올리는 것으로 유명하였는데 그가 죽은 뒤 직간한 초고를 보고 자신의 허물을 드러내었다고 격노하여 비석을 넘어뜨리라 명하였다가 후에 고구려에 패하고 난 후 자신의 과오를 뉘우치고 다시 세웠다고 한다. 『신당서新唐書』 권96, 「위징열전魏徵列傳」

24 제목 : 〈정관을 읊다. 유림관에서 짓다貞觀吟 楡林關作〉, 『목은시고牧隱詩藁』 권21.

李牧隱穡, 穀之子, 隨其父, 登第元朝, 援翰林知制誥, 恭愍門下侍中, 李朝封韓山伯, 謚文靖. 道學文章爲一時泰斗. 其<洞庭晩靄>詩曰, "一點君山夕照紅, 闊呑吳楚勢無窮. 長風吹上黃昏

月, 銀燈紗籠暗淡中." <寄東亭>詩曰, "春深門巷少經過, 桃李花開落又多. 記得去年亭上坐, 一簾疏雨酒生波." <浮碧樓>詩曰, "昨過永明寺, 暫登浮碧樓. 城空月一片, 石老雲千秋. 麟馬去不返, 天孫何處遊. 長嘯倚風磴, 山青江自[1]流." <早行>詩曰, "凌晨問前路, 曉色未全分. 帶月馬頭夢, 隔林人語聞. 樹平連野霧, 風細起溪雲. 已過三河懸, 丹心只在君." <天壽節觀大明殿[2]>詩曰, "大闕明堂曉色寒, 旌旗高拂玉欄[3]干. 雲開寶座聞天語, 春滿金巵奉聖歡. 六合一家堯日月, 三呼萬歲漢衣冠. 不知身世今何[4]在, 疑[5]是青冥控紫鸞." <大都與同舍同賦[6]>詩曰, "斐然吾黨欲歸歟, 趨向須明發軔初. 衣綻尙餘慈母線, 帙多難盡古人書. 春來客榻氈猶虱, 風送鄉船食有魚. 不向馬蹄塵作拜, 高情幸喜勝閑居." <南新店>詩曰, "文章可是立功名, 自笑儒冠大瘦生. 楊子著書空自負, 馬卿題柱竟何成. 人情不似春山色, 客夢偏驚夜雨聲. 過了長城風日好, 何人畫我海邊行." <卽事>詩曰, "幽居野興老彌淸, 恰得新詩眠底生. 風定餘花猶自落, 雲移少雨未全晴. 墻頭粉蝶別枝去, 屋角錦鳩深樹鳴. 齊物逍遙非我事, 鏡中形色甚分明." <貞觀吟[7]>詩曰, "晉陽公子結豪客, 風雲壯懷滿八極. 爀然一起揮天戈, 隋堤楊柳無顔色. 已踵殷周成武功, 宜追虞夏敷文德. 持盈守成貴安靖, 好大喜功多反側. 三韓箕子不臣地, 置之度外疑亦得. 胡爲至動金玉武, 啣枚自將臨東土. 貔貅夜擁鶴野月, 旌旗曉濕雞林雨. 謂是囊中一物耳, 那知玄花落白羽. 鄭公已死言路澁, 可笑豐碑蹶復立. 四[8]頭三叫貞觀年, 天末悲風吹颯颯."

[1] 自 : 水 (『牧隱詩藁』 卷2)

[2] 天壽節觀大明殿 : 天壽節日臣穡本國表文陪臣大明殿入觀 (『牧隱詩藁』 卷2)

3 欄 : 闌 (『牧隱詩藁』 卷2)

4 何 : 安 (『牧隱詩藁』 卷2)

5 疑 : 恐 (『牧隱詩藁』 卷2)

6 大都與同舍同賦 : 自詠 (『牧隱詩藁』 卷2)

7 貞觀吟 : 貞觀吟楡林關作 (『牧隱詩藁』 卷2)

8 四 : 回 (『牧隱詩藁』 卷2)

5

포은圃隱 정몽주鄭夢周[1]는 자가 달가達可로 그의 학문은 우리나라 이학理學의 시조가 되었다. 성품이 강개하고 충의를 지켜 한 몸으로 국가의 안위를 감당하였다. 공민왕 때에 문하시중門下侍中이 되었고 왕조가 바뀔 즈음에 끝내 죽었다. 조선에서 영의정에 추증되었고 시호는 문충文忠이며 문묘에 배향되었다. 그의 시도 굳세고 뛰어나 꾸미기나[2] 하는 사람들이 힘써서 미칠 수 있는 것이 아니다.

그의 〈정부원征婦怨〉 시에

한 번 헤어지고 몇 년 동안 소식조차 없으니	一別多年消息稀
변방에서 산지 죽었는지 뉘 알겠습니까	塞垣存沒有誰知
오늘 아침 처음 부치는 겨울옷 가져가는 아이는	今朝始寄寒衣去
울며 전송하고 되올 때 뱃속에 있던 아이랍니다	泣送歸時在腹兒[3]

라고 하였고, 〈복주[4]에서 앵두[5]를 먹으며復州食櫻桃〉 시에

오월 든 요동엔 더운 기운 옅은데도	五月遼東暑氣微
앵두는 막 익어 가지 휘어 나직하네	櫻桃初熟壓枝低
나그넷길에서 새 앵두 맛보며 외려 애끊기는 건	嘗新客路還腸斷
임금 사당 올리실 때까지 도착하지 못할까서지	不及吾君薦廟時[6]

라고 하였으며, 〈일본으로 사신을 가서奉使日本〉 시에

섬나라에 봄빛 일렁이는데 水國春光動
하늘가 나그네는 아직 돌아가지 못했네 天涯客未行
풀은 천리 이어져 푸르고 草連千里綠
달은 두 고장을 함께 비추겠지 月共兩鄕明
유세하느라 황금 다 써버리고 遊說黃金盡
돌아갈 생각에 흰머리만 자라지만 思歸白髮生
남아가 사방에 뜻을 둔 것은 男兒四方志
공명 때문만은 아니라네 不獨爲功名[7]

또

평생을 남과 북으로 다녔지만 平生南與北
마음에 둔 일 갈수록 어긋나기만 하니 心事轉蹉跎
고향은 서쪽 바다 언덕인데 故國西海岸
외론 배는 하늘 한 쪽 물가에 있네 孤舟天一涯
매화 핀 창에는 봄빛이 이르고 梅窓春色早
판자집에는 빗소리 요란하니 板屋雨聲多
홀로 앉아 긴 날을 보내면서 獨坐消長日
집 그리는 괴로움을 어찌 견디나 那堪苦憶家[8]

또

담비 갖옷 다 헤지도록 뜻 아직 못 폈으니 弊盡貂裘志未伸
한 치 혀 소진에 비하기 부끄럽네[9] 羞將寸舌比蘇秦
장건의 뗏목[10] 위로 하늘은 바다와 이어지고 張騫槎上天連海
서복의 사당[11] 앞에 풀은 절로 봄이네 徐福祠前草自春
계절에 울컥한 눈이라 쉽게 눈물 흐르고 眼爲感時垂泣易

나라에 바친 몸이라 자주 멀리 떠나있으니	身因許國遠遊頻
고향에 손수 심은 새 버드나무는	故園手種新楊柳
분명 봄바람 맞으며 주인 기다리겠지	應向東風待主人[12]

라고 하였고, 〈정주에서 중구일에定州重九日〉 시에

정주에서 중구일 높은 곳에 올라 보니	定州重九登高處
예전처럼 국화는 환하게 눈에 들고	依舊黃花照眼明
갯벌은 남쪽으로 선덕진과 이어지며	浦溆南連宣德鎭
산봉우리 북쪽으로 여진성에 기대있네	峰巒北倚女眞城
백 년간 싸우던 나라의 흥망사에	百年戰國興亡事
만리 떠나온 나그네 강개한 마음이 드네	萬里征夫慷慨情
술자리 끝나고 원수가 말에 오를 때	酒罷元戎扶上馬
낮은 산에 비낀 해만 곱게 비쳐드네	淺山斜日照紅粧[13]

라고 하였으며, 〈명원루明遠樓〉 시에

푸른 시내 바위 절벽이 마을을 안고 도는 곳에	清谿石壁控州廻
새 누각 다시 세우자 눈이 활짝 열리니	更起新樓眼豁開
남쪽 두둑의 황금 물결에 풍년 든 것 알겠고	南畞黃雲知歲熟
서쪽 산의 시원한 기운에 아침이 옴을 깨닫네	西山爽氣覺朝來
풍류 있는 태수는 이천 석 벼슬아치니	風流太守二千石
다시 만난 옛 친구와 삼백 잔을 마시겠지	邂逅故人三百盃
당장이라도 깊은 밤에 옥피리를 불면서	直欲夜深吹玉笛
높이 뜬 밝은 달 아래 함께 다니고 싶구나	高攀明月共徘徊[14]

라고 하였고, 〈전주 망경루에 올라登全州望京樓〉 시에

천 길 산꼭대기에 돌길 비껴있는데　　千仞岡頭石徑橫
올라보니 내게 마음을 견디지 못하게 하네　　登臨使我不勝情
푸른 산 희미한 곳이 부여국이고　　青山隱約扶餘國
시든 잎 어지러운 곳이 백제성이네　　黃葉繽紛白帝城
구월의 가을 바람 나그네 시름겹게 하고　　九月高風愁客子
십 년간의 호기 서생을 그르치게 하네　　十年豪氣誤書生
하늘 끝에 해 지고 뜬구름만 자욱하니　　天涯日沒浮雲合
고개 들어 바라봐도 서울 바라볼 수 없구나　　翹首無由望玉京[15]

라고 하였으며, 〈예부 주사 호련에게 드리다贈禮部主事胡璉〉 시에

남자는 평생토록 먼 곳 유람 좋아하니　　男子平生愛遠遊
타향에서 오래 머무름을 어찌 탄식하겠냐만　　異鄕胡乃歎淹留
진번의 책상 다시 내려줄 사람 없고　　無人更掃陳蕃榻
왕찬의 누대 홀로 오르는 나그네만 있어　　有客獨登王粲樓
달 밝은 밤 온 동네에 다듬이 소리 울리겠고　　萬戶砧聲明月夜
흰갈매기 날아드는 물가 낚싯대 드리운 배 떠올리네　　一竿帆影白鷗洲
때로 성 남쪽 시장에서 술을 마시니　　時來飮酒城南市
호기만은 그래도 구주를 채울 수 있다네　　豪氣猶能塞九州[16]

라고 하였고, 〈강남의 버들江南柳〉 시에

강남의 버들이여 강남의 버들이여　　江南柳江南柳
봄바람에 황금 가지 한들거리니　　春風裊裊黃金絲
강남의 버들 빛은 해마다 좋기는 하다만　　江南柳色年年好
강남의 나그네 언제나 돌아갈까　　江南行客歸何時
푸른 바다 아득하게 만길 파도 일고　　滄海茫茫萬丈波

고향 산은 저 멀리 하늘 끝에 있다네　家山遠在天之涯
하늘 끝 사람 밤낮으로 되가는 배 바라보며　天涯之人日夜望歸舟
지는 꽃 마주 앉아 부질없이 길게 탄식하네　坐對落花空長嘆
부질없는 긴 탄식에 서로 그리워할 것이란 괴로움이야 알겠지만　空長嘆但識相思苦
이 사이 세상살이 어려움 어떻게 알았겠나　肯識此間行路難
살면서 멀리 다니는 나그네 되지 말라　人生莫作遠遊客
젊은 시절 양 살쩍이 눈처럼 희어졌으니　少年兩鬢如雪白[17]

라고 하였다.

---

1 정몽주鄭夢周 : 118쪽 주7 참조

2 꾸미기나 : 원문의 조전雕篆은 조충전각雕蟲篆刻의 준말로 벌레 모양이나 전서篆書를 조각하듯이 정교한 미사여구로 문장을 꾸미는 것으로 작은 재주를 말한다.

3 제목 : 〈정부원征婦怨〉 2수 중 첫 번째 수, 『포은집圃隱集』 권1.

4 복주復州 : 요동의 남쪽에 있던 지명이다.

5 앵두[櫻桃] : 단오端午를 전후하여 가장 먼저 익는 열매로, 고려 때부터 귀한 제물로 여겼으며 약물로 쓰였다.

6 제목 : 〈복주에서 앵두를 먹으며復州食櫻桃〉, 『포은집圃隱集』 권1.

7 제목 : 〈홍무 정사년에 일본으로 사신을 가며 짓다洪武丁巳 奉使日本作〉 12수 중 세 번째 수, 『포은집圃隱集』 권1.

8 제목 : 〈홍무 정사년에 일본으로 사신을 가며 짓다洪武丁巳 奉使日本作〉 12수 중 네 번째 수, 『포은집圃隱集』 권1.

9 담비……부끄럽네 : 원문의 초구貂裘는 담비 갖옷을 말하는데, 전국시대의 유세객 소진蘇秦이 입었던 옷이다. 소진이 진 혜왕秦惠王에게 열 차례나 글을 올렸지만 설득하지 못하고 담비 갖옷이 다 해지고 황금이 다 떨어져 집으로 되돌아온 고사를 인용하여 뜻을 펼쳐보지도 못한 자신이 소진에게 부끄럽다고 밝힌 것이다.

10 장건의 뗏목 : 원문의 장건사張騫槎는 장건이 황하의 근원을 찾아 황하를 거슬러 올라갈 때 탔던 뗏목으로 여기서는 사신이 타고 가는 배를 말한다. 『박물지博物志』.

11 서복의 사당 : 원문은 서복사徐福祠는 진나라 때 불로초를 구하러 간 서복의 사당인데, 여기서는 일본을 말한다. 『사기史記』 권6 「진시황본기秦始皇本紀」에, 진나라 시황始皇이

서복에게 동해의 삼신산三神山에 가서 불로초不老草를 캐오라고 하면서 동남동녀童男童女 삼천 명을 데리고 가게 하였는데, 서복이 일본에 도착하여 그곳에 살면서 돌아오지 않아 일본의 시조가 되었다고 한다.

12 제목 : 〈홍무 정사년에 일본으로 사신을 가며 짓다洪武丁巳 奉使日本作〉 12수 중 여섯 번째 수, 『포은집圃隱集』 권1.

13 제목 : 〈정주에서 중구일에 한상께서 명하여 짓다定州重九 韓相命賦〉, 『포은집圃隱集』 권2.

14 제목 : 〈중구일에 익양 태수 이용의 명원루에서 쓰다重九日 題益陽守李容明遠樓〉, 『포은집圃隱集』 권2.

15 제목 : 〈전주 망경대에 올라登全州望京臺〉, 『포은집圃隱集』 권2.

16 제목 : 〈태창에서 9월에 예부주사 호련에게 드리다大倉九月 贈工部主事胡璉〉, 『포은집圃隱集』 권1.

17 제목 : 〈강남의 버들江南柳〉, 『포은집圃隱集』 권1.

鄭圃隱夢周, 字達可, 其學問爲東方理學之祖. 性慷慨, 伏忠義, 一身任國家之安危. 恭愍時, 爲門下侍中, 及鼎革之際, 竟以身殉. 李朝贈領議政, 謚文忠, 配享文廟. 其詩律亦矯健卓犖, 非雕篆者, 所可跂及也. 其<征婦怨>詩曰, "一別多年消息稀, 塞垣存沒[1]有誰知. 今朝始寄寒衣去, 泣送歸時在腹兒." <復州食櫻桃>詩曰, "五月遼東暑氣微, 櫻桃初熟壓枝低. 嘗新客路還腸斷, 不及吾君薦廟時." <奉使日本[2]>詩曰, "水國春光動, 天涯客未行. 草連千里綠, 月共兩鄉明. 遊說黃金盡, 思歸白髮生. 男兒四方志, 不獨爲功名." 又 "平生南與北, 心事轉蹉跎. 故國西海[3]岸, 孤舟天一涯. 梅窓春色早, 板屋雨聲多. 獨坐消長日, 那堪苦憶家." 又 "弊盡貂裘志未伸, 羞將寸舌比蘇秦. 張騫槎[4]上天連海, 徐福祠前草自春. 眼爲感時垂泣易, 身因許國遠遊頻. 故園手種新楊柳, 應向東風待主人." <定州重九日[5]>詩曰, "定州重九登高處, 依舊黃花

照眼明. 浦溆南連宣德鎭, 峰巒北倚女眞城. 百年戰國興亡事, 萬里征夫慷慨情. 酒罷元戎扶上馬, 淺山斜日照紅粧[6]." <明遠樓[7]>詩曰, "淸谿石壁控州廻, 更起新樓眼豁開. 南畝黃雲知歲熟, 西山爽氣覺朝來. 風流太守二千石, 邂逅故人三百盃. 直欲夜深吹玉笛, 高攀明月共徘徊." <登全州望京樓[8]>詩曰, "千仞岡頭石徑橫, 登臨使我不勝情. 靑山隱約扶餘國, 黃葉繽紛白帝[9]城. 九月高風愁客子, 十[10]年豪氣誤書生. 天涯日沒浮雲合, 翹首[11]無由望玉京." <贈禮部主事胡璉[12]>詩曰, "男子平生愛遠遊, 異鄕胡乃歎[13]淹留. 無人更掃[14]陳蕃榻, 有客獨登王粲樓. 萬戶砧聲明月夜, 一竿[15]帆影白鷗洲[16]. 時來飮酒城南[17]市, 豪氣猶能塞九州." <江南柳>詩曰, "江南柳江南柳, 春風裊裊黃金絲. 江南柳色年年好, 江南行客歸何時. 滄海茫茫萬丈波, 家山遠在天之涯. 天涯之人日夜望歸舟, 坐對落花空長嘆. 空長歎但識相思苦, 肯識此間行路難. 人生莫作遠遊客, 少年兩鬢如雪白."

[1] 沒 : 歿 (『圃隱集』 卷1)

[2] 奉使日本 : 洪武丁巳奉使日本作 (『圃隱集』 卷1)

[3] 西海 : 海西 (『圃隱集』 卷1)

[4] 槎 : 査 (『圃隱集』 卷1)

[5] 定州重九日 : 定州重九韓相命賦 (『圃隱集』 卷2)

[5] 粧 : 旌 (『圃隱集』 卷2)

[7] 明遠樓 : 重九日題益陽守李容明遠樓 (『圃隱集』 卷2)

[8] 登全州望京樓 : 登全州望景臺 (『圃隱集』 卷2)

[9] 帝 : 濟 (『圃隱集』 卷2)

[10] 十 : 百 (『圃隱集』 卷2)

[11] 翹首 : 惆悵 (『圃隱集』 卷2)

[12] 贈禮部主事胡璉 : 大倉九月贈工部主事胡璉 (『圃隱集』 卷1)

⑬ 歎 : 疑 (『圃隱集』 卷1)

⑭ 更掃 : 爲下 (『圃隱集』 卷1)

⑮ 竿 : 江 (『圃隱集』 卷1)

⑯ 鷗洲 : 蘋秋 (『圃隱集』 卷1)

⑰ 南 : 東 (『圃隱集』 卷1)

6

도은陶隱 이숭인李崇仁[1]의 자는 자안子安으로 목은牧隱 이색李穡의 문인이었고, 시격詩格은 청려淸麗하고 준일俊逸하여 목은에게 몹시 인정을 받았다. 관직은 밀직 부사密直副使에 이르렀으며 정몽주[圃隱]와 뜻을 같이 하여 삭직된 뒤 유배지에서 맞아 죽었다.

그의 〈시골 살며村居〉 시에

단풍잎은 마을길을 밝히고	赤葉明村逕
맑은 샘은 돌뿌리를 씻지만	淸泉漱石根
땅 외져 찾아오는 수레와 말 없으니	地偏車馬少
산기운만 절로 황혼에 물드네	山氣自黃昏[2]

라고 하였고, 〈승사에서 짓다題僧舍〉 시에

산 앞뒤로 샛길 나뉘어 있고	山南山北細路分
송화가루 비를 맞아 떨어져 어지러우며	松花含雨落繽紛
도인은 우물물 길어 움막집으로 돌아갔는지	道人汲井歸茅舍
한 줄기 푸른 연기 흰 구름을 물들이네	一帶靑烟染白雲[3]

라고 하였으며, 〈표모분漂母墳〉 시에

왕손에게 한 그릇 밥을 준 이야기에 사람들 몹시 감동했으나　一飯王孫感慨多
젓갈 될 줄 몰랐으니 끝내 어찌하겠는가　不知菹醢竟如何
외로운 봉분에 천년의 정령 남아있다면　孤墳千載精靈在
한 고조의 대풍가[4]를 비웃겠지　笑殺高皇猛士歌[5]

라고 하였고, 〈삼봉을 그리워하며憶三峯〉 시에

정생을 못 본 지 오래되었는데　不見鄭生久
가을바람 또다시 스산해졌으니　秋風又颯然
새 시는 몹시 읊을 만하지만　新篇最堪誦
미친 모습은 다시 누가 가엾게 여겨줄까　狂態更誰憐
천지 사이에 우리들을 용납하여　天地容吾輩
강호에 수년 간 누워있었지만　江湖卧數年
그리움 아득하니 어찌 한스럽게 여기겠나　相思渺何限
하늘가 외기러기만 눈에 가득 들어오네　極目斷鴻邊[6]

라고 하였으며, 〈송월헌에서 쓰다題松月軒〉 시에

홀로 겹진 산속으로 가　獨向層峰裏
맑은 승방을 새로 여니　新開丈室淸
성근 솔에 학 머문 채 늙어가고　踈松留鶴老
고운 달은 사람 곁에서 밝으며　好月近人明
은하수는 깊은 가을날 또렷해지고　河漢高秋影
바람서리는 한밤중에 소리 내겠지만　風霜半夜聲
선사는 마음에 집착 떨쳐냈으니　師心遣有相
좌선하며 무생을 즐기네　燕坐樂無生[7]

라고 하였고, 〈성남으로 호종하며扈從城南〉 시에

가을걷이 이른 교외에 郊甸秋成早
임금의 귀한 발길 임하셨으니 君王玉趾臨
물고기 구경하려던 옛일[8]은 비루했고 觀魚前事陋
사냥하려는 임금의 지모 심오하지만 講武睿謀深
호각 불자 푸른 강 요동치고 鼓角滄江動
깃발 펄럭이자 밝은 해 어둑해지니 旌旗白日陰
글 짓는 신하들 무수히 뒤따라서 詞臣多侍從
우잠[9] 바치는 일을 보리라 會見獻虞箴[10]

라고 하였으며, 〈둔촌[11]을 곡하다哭遁村〉 시에

손가락 꼽아봐도 누가 날 알아주려는지 屈指誰知我
상심하여 하늘에 묻고자 하지만 傷心欲問天
척약재[12] 일찍이 죽었고 若齋曾萬里
둔촌마저도 죽었으니 遁老又重泉
강개한 말은 사람들 놀라게 했고 慷慨驚人語
청신한 시는 세상에서 뛰어났었지만 清新絕俗篇
지금 이미 다 세상에 없게 됐으니 卽今俱已矣
어찌 눈물 흘리지 않을 수 있겠는가 烏得不潸然[13]

라고 하였고, 〈설날 봉천전[14]의 아침 조회에서元日奉天殿早朝〉 시에

찬란한 촛대는 붉은 담장을 비추고 煌煌蠟燭照彤墻
궁의 물시계 소리는 새벽을 재촉하니 宮漏聲催動曙光
화려한 의장대는 뜰 위아래 나뉘어 늘어서 있고 彩仗分開庭上下

황제는 전의 중앙에서 팔짱 끼고 계시니　赭袍高拱殿中央
천하에서 이른 공물은 오랑캐 땅까지 통하고　梯航玉帛通蠻貊
예악과 의관은 한당을 닮아있네　禮樂衣冠邁漢唐
조회 끝나고 다시 잔치 베풀어주시니　朝罷更叨沾錫宴
봄바람 따듯하게 불어와 초주잔[15]에 넘실대네　東風吹暖泛椒觴[16]

라고 하였으며, 〈오호도嗚呼島[17]〉 시에

오호도 동해 속에 있으니　嗚呼島在東溟中
파도 속에 아득히 한 점으로 푸르구나　滄波渺然一點碧
무엇이 나에게 두 줄기 눈물 흐르게 하나　夫何使我雙涕零
이 전횡[18]의 객들을 애처롭게 여길 뿐이지　祇爲哀此田橫客
전횡의 기개는 가을 하늘에 뻗쳤으니　田橫氣槩橫素秋
그를 따른 장사는 실로 오백 명이나 되었었지　壯士歸心實五百
함양의 한 고조[19]는 참으로 하늘이 낸 사람이어서　咸陽隆準眞天人
손으로 은하수[20]를 기울여서 진나라의 학정을 씻었는데　手注天潢洗秦虐
전횡은 어찌하여 귀의하지 않고　橫何爲哉不歸來
원망서린 피로 스스로 연화검[21]을 물들였나　寃血自汚蓮花鍔
객들은 소식 들었다한들 어떻게 하겠는가　客雖聞之將奈何
나는 새도 아득하게 의지할 곳 없어졌네　飛鳥依依無處托
차라리 저승으로 가 함께 뒤따를지언정　寧從地下共追隨
실낱같은 목숨을 아낄 것 뭐 있겠나　軀命如絲安足惜
외로운 섬에 기대 함께 목 베니　同將一刎寄孤嶼
산도 포구도 슬퍼하고 해도 빛을 잃었었네　山哀浦思日色薄
아아 천 년 만 년이 지나도록　嗚呼千秋與萬古
이 한 맺힌 마음[22] 누가 알아주랴　此心苑結誰能識
우레소리 되어 씻어내지 못한다면　不爲轟霆有所洩

정녕 긴 무지개 되어 하늘을 붉게 쏘리라	定作長虹射天赤
그대는 보지 못했는가	君不見
고금의 수많은 경박한 놈들이	古今多少輕薄兒
아침에는 동포였다 저녁이면 원수가 되는 것을	朝爲同胞暮仇敵[23]

라고 하였으니 이 시는 강개하고 비장하여 읽으면 사람으로 하여 기가 솟구치고 피가 끓어오르게 한다.

도은이 예전에 삼봉 정도전과 함께 목은 이색을 스승으로 섬겨서 재주와 명망이 서로 엇비슷하였다. 그러나 목은이 늘 이들을 품평할 때마다 늘 이숭인을 앞세우고 정도전을 뒤로 하여 한 번은 도은에 대해 "이 사람처럼 뛰어난 문장은 중국에서 찾더라도 많이 얻을 수가 없을 것이다."라고 칭찬하였다. 하루는 목은이 도은의 〈오호도嗚呼島〉 시를 보고 극구칭찬하며 "이 시는 왕위王偉[24]와 저광희儲光羲[25], 맹교孟郊[26]의 문집 속에 두더라도 조금도 손색이 없다."라고 하였다. 정삼봉이 속으로 도은을 시기하여 며칠 뒤에 자신도 〈오호도〉 시를 지어 목은을 뵙고 말하기를 "우연히 이 시를 옛사람의 문집에서 발견하였습니다."라고 하자 목은이 말하기를 "이 시는 참으로 훌륭한 작품이다. 그러나 너희들도 충분히 지을 수 있을 정도인데 도은의 〈오호도〉 시는 쉽게 지을 수 있는 것이 아니다."라고 하였다. 정삼봉이 이때부터 불평이 쌓여 훗날 권신이 되었을 때 자신의 사인을 도은의 배소의 출재出宰로 내보내어 때려죽였으니 시가 화가 되는 것이 이 정도까지 이르는가.

---

1 이숭인李崇仁 : 118쪽 주8 참조

2 제목 : 『도은집』 권3에 이 시가 수록되어 있으나 제목 없이 시만 남아있다.

3 제목 : 〈승사에서 짓다題僧舍〉, 『도은집陶隱集』 권3.

4 대풍가[猛士歌] : 한 고조漢高祖가 천자天子가 된 뒤에 고향인 풍현豐縣을 지나다가 부로父老들과 술을 마시면서 노래를 부르기를 "큰바람이 일어남이여 구름이 흩날리도다. 위엄이 사해를 덮음이여 고향에 돌아왔도다. 어쩌면 맹사를 얻어 사방을 지킬까[大風起兮雲飛揚, 威加海內兮歸故鄕, 安得猛士兮守四方.]."라고 하였다. 『사기史記』 권8, 「고조본기高祖本紀」. 이 시에서는 〈대풍가〉의 네 번째 구의 시어인 맹사猛士를 따온 것이다.

5 제목 : 〈회음을 지나다 표모의 일에 느끼는 바가 있어過淮陰 有感漂母事〉, 『도은집陶隱集』 권3.

6 제목 : 〈삼봉을 그리워하며憶三峯〉, 『도은집陶隱集』 권2.

7 제목 : 〈옥전선사의 송월헌에서 짓다題玉田禪師松月軒〉, 『도은집陶隱集』 권2.

8 물고기 구경하려던 옛일 : 『춘추春秋』 은공隱公 5년조에, "봄에 은공이 당棠이란 곳에서 고기잡이하는 것을 구경했다[春公矢魚于棠.]."는 것을 말한다.

9 우잠虞箴 : 임금의 사냥을 맡은 우인虞人이 임금에게 올린 경계의 말을 말하는데, 주 무왕周武王 때 태사太史인 신갑辛甲이 백관에게 각자 임금을 경계하는 말을 지어 올리라고 명하니, 우인이 임금은 사냥을 삼가야 한다는 내용의 잠언을 지어 올렸다고 한다. 『춘추좌씨전春秋左氏傳』 양공襄公 4년.

10 제목 : 〈성남으로 호종하며扈從城南〉, 『도은집陶隱集』 권2.

11 둔촌遁村 : 둔촌遁村은 이집李集(1327~1387)의 호이다. 이집의 자는 호연浩然이며 이색 · 정몽주 · 이숭인과 교유하였다.

12 척약재[惕若齋] : 척약재 김구용(1338~1384)을 가리킨다.

13 제목 : 〈둔촌을 곡하다哭遁村〉, 『도은집陶隱集』 권2.

14 봉천전奉天殿 : 북경 자금성紫禁城의 태화전太和殿을 가리킨다.

15 초주잔[椒觴] : 산초[椒]를 담가 빚은 술인 초주椒酒가 담긴 술잔을 말하는데, 정월 초하루에 축하주로 쓰인다.

16 제목 : 〈설날 봉천전의 아침 조회에서元日奉天殿早朝〉, 『도은집陶隱集』 권2.

17 오호도嗚呼島 : 『사기史記』 권94 「전횡열전田橫列傳」에, 제왕齊王 전횡田橫이 빈객 5백 명을 데리고 동해의 섬 속에 들어가 있었다. 한 고조漢高祖가 사람을 보내 전횡을 돌아오게 하면서 말하기를 "오면 왕후王侯로 봉할 것이요, 오지 않으면 군사를 보내어 죽이리라."라고 하자, 전횡이 낙양洛陽으로 가다가 30리를 남겨두고 말하기를 "내가 한왕漢王과 같이 왕이라고 칭하다가 이제 와서 한왕의 신하가 될 수 없다."라고 하였다. 그가 목을 찔러 자살하자 섬 속에 남아있던 빈객 5백 명이 그 소식을 듣고 모두 일시에 자살하여 그 섬을 오호도라고 불렀다.

18 전횡田橫 : 진秦나라 말기의 제왕齊王이다. 본래 제齊나라 귀족 출신으로 진승陳勝이 봉기한 후에 진나라에서 독립하여 제왕이 되었다. 한나라 고조高祖 유방劉邦이 중국을 통일하자 한나라 신하가 되기 싫어서 해도海島로 도피했다. 뒤에 유방의 부름을 받고 상

경하다가 낙양洛陽 수양산首陽山 주변에서 자결했다.

19 한 고조[隆準] : 원문의 융준隆準은 콧대가 우뚝한 것인데 한 고조 유방의 별칭이면서 제왕의 상을 지칭하기도 한다.

20 은하수[天潢] : 원문의 천황天潢은 하늘의 은하수로 황족이나 왕족을 의미한다. 왕족은 물에 비유하면 은하수의 유파流波라는 뜻이다.

21 연화검[蓮花鍔] : 옛날 명검名劍의 이름이다. 북주北周 유신庾信의 〈주거기대장군하루공신도비周車騎大將軍賀婁公神道碑〉에 이르기를 "각단이 손에 들렸으매 반드시 제로의 침입이 없었을 것이며, 연화검이 허리에 꽂혔으니 교룡의 기운을 얻었으리라[角端在手, 必無齊魯之侵, 蓮花插腰, 甚得蛟龍之氣.]."라고 하였다.

22 한 맺힌 마음 : 원문의 심결心結은 걱정이 쌓여 가슴속에 잔뜩 응어리진 것을 말한다. 『시경詩經』「조풍曹風 시구鳲鳩」에 "그 위의가 한결같으니, 마음이 맺혀 있는 듯하도다[其儀一兮, 心如結兮.]."라고 하였다.

23 제목 : 〈오호도嗚呼島〉, 『도은집陶隱集』 권1.

24 왕위王偉 : ?~552. 진류陳留 사람으로 후경이 반란을 일으키자 그의 표문과 격문을 도맡아 지어 찬탈을 도왔다가 후경이 패망하자 복주伏誅되었다.

25 저광희儲光羲 : 706~760추정. 당나라의 시인이다. 본관은 윤주潤州 연릉延陵 이다. 당 현종 때 낮은 관직에 올랐다가 종남산에서 은거하였다. 후에 다시 출사하여 천보天寶 15년에 감찰어사에 올랐으며 안사의 난 중에는 위직僞職을 억지로 맡았다가 난이 평정된 뒤에 이 죄로 폄직되었다. 그의 시풍은 질박하며 한적한 전원생활을 묘사하는 데에 치중되어 있다.

26 맹교孟郊 : 751~814. 당나라의 시인이다. 자는 동야東野, 사시私諡는 정요선생貞曜先生이다. 백성의 고통, 사회의 불평등, 관리의 악행 등을 읊은 시가 많다.

李陶隱崇仁, 字子安, 牧隱門人. 詩格清麗俊逸, 大爲牧隱稱許. 官至密直副使, 以圃隱黨削職杖流卒. 其<村居>詩曰 "赤葉明村逕, 清泉漱石根. 地偏車馬少, 山氣自黃昏." <題僧舍>詩曰, "山南山北[1]細路分, 松花含雨落繽紛. 道人汲井歸茅舍, 一帶青烟染白雲." <漂母墳[2]>詩曰, "一飯王孫感慨多, 不知菹醢竟如何. 孤墳千載精靈在, 笑殺高皇猛[3]士歌." <憶三峯>詩曰, "不見鄭生久,

秋風又颯然. 新篇最堪誦, 狂態更誰憐. 天地容吾輩, 江湖臥數年. 相思渺何限, 極目斷鴻邊.” <題松月軒[4]>詩曰, “獨向層[5]峰裏, 新開丈室清. 踈松留鶴老, 好月近人明. 河漢高秋影, 風霜半夜聲. 師心遣有相, 燕坐樂無生.” <扈從城南>詩曰, “郊甸秋成早, 君王玉趾臨. 觀魚前事陋, 講武睿謀深. 皷角滄[6]江動, 旌旗白日陰. 詞臣多侍從, 會見獻虞箴.” <哭遁村>詩曰, “屈指誰知我, 傷心欲問天. 若齋曾萬里, 遁老又重泉. 慷慨驚人語, 清新絶俗篇. 卽今俱已矣, 烏得不潸然.” <元日奉天殿早朝>詩曰, “煌煌蠟燭[7]照彤墻, 宮漏聲催動曙光. 彩仗分開庭上下, 赭袍高拱殿中央. 梯航玉帛通蠻貊, 禮樂衣冠邁漢唐. 朝罷更叨沾錫宴, 東風吹暖泛椒觴.” <嗚呼島[8]>詩曰, “嗚呼島在東溟中, 滄波渺然一點碧. 夫何使我雙涕零, 祇爲哀此田横客. 田横氣槩横素秋, 壯[9]士歸心實五百. 咸陽隆準眞天人, 手注天潢洗秦虐. 横何爲哉不歸來, 寃[10]血自污蓮花鍔. 客雖聞之將[11]奈何, 飛鳥依依無處托. 寧從地下共追隨, 軀命如絲安足惜. 同將一刎寄孤嶼, 山哀浦思日色薄. 嗚呼千秋與萬古, 此心苑結誰能識. 不爲轟霆有所洩, 定作長虹射天赤. 君不見古今多少輕薄兒, 朝爲同胞[12]暮仇敵.” 此詩慷慨悲壯, 讀之令人氣湧血躍. 陶隱嘗與鄭三峯道傳, 同師李牧隱, 才名相埒. 然牧老每當題評先李而後鄭, 嘗稱陶隱曰, “此子文章求之中國, 不可多得.” 一日牧老見陶隱<嗚呼島>詩, 極口稱賞曰, “此詩置之王偉 · 儲 · 孟集中, 少無遜色.” 三峰心猜之, 後數日亦作<嗚呼島>詩, 謁牧老曰, “偶得此詩於古人集中.” 牧老曰, “此眞佳品. 然君輩亦裕爲之, 至於陶隱詩, 不易得也.” 三峰自此積不平, 後爲柄臣, 令其私人, 出宰陶隱所配邑杖殺之, 詩之爲禍, 一至於此耶.

1 山南山北 : 山北山南 (『陶隱集』 卷3)
2 漂母墳 : 過淮陰有感漂母事 (『陶隱集』 卷3)
3 猛 : 壯 (『陶隱集』 卷3)
4 題松月軒 : 題玉田禪師松月軒 (『陶隱集』 卷2)
5 層 : 曾 (『陶隱集』 卷2)
6 滄 : 蒼 (『陶隱集』 卷2)
7 燭 : 炬 (『陶隱集』 卷2)
8 嗚呼島 : 鳴呼島 (『陶隱集』 卷1)
9 壯 : 義 (『陶隱集』 卷1)
10 寃 : 怨 (『陶隱集』 卷1)
11 將 : 爭 (『陶隱集』 卷1)
12 胞 : 袍 (『陶隱集』 卷1)

제5절 시의 극성시대 詩之極盛時代

1

조선이 천명을 받아서 모든 제도가 막 만들어지고 전란이 겨우 그쳤으나 문교文敎를 세울 겨를이 없었다. 세종조에 이르러서 전장典章이 처음 갖춰졌지만 그러나 문학에 있어서는 오히려 흥기 되지 못하였다. 그러므로 조선 초기에 시문이 전할만한 것이 실제로 거의 없으니 권근權近 · 강회백姜淮伯 · 서거정徐居正 몇 사람만 그 적막함을 깨뜨릴 뿐이었다. 성종 · 명종 · 선조 · 인조 때에 이르러 시학이 크게 떨쳤으니, 점필재佔畢齋 김종직金宗直이 처음 성당盛唐의 성운을 창도하여 시학계의 태두가 되었고, 이를 박은朴誾 · 이행李荇 · 김정金淨 · 정사룡鄭士龍 · 이호민李好閔 · 이달李達 · 허부인許夫人 · 권필權韠 · 김상헌金尙憲 여러 사람이 이어서 모두 풍성하고 웅장하며 높고 화려함의 풍취를 위주로 하여서 국가의 성대함을 크게 떨쳐냈으니 옛날에 비교해보면 당唐나라의 현종玄宗 · 숙종肅宗 · 대종代宗 · 덕종德宗의 문학[1]과 같아서 절정에 이르렀다. 이로부터 살펴보았을 때, 문학의 성쇠盛衰는 시운의 융체隆替와 함께 짝지어간다는 것을 알 수 있으니 아래에 여러 사람의 시를 기록해둔다.

1 당唐나라의……문학 : 성당盛唐 시기를 713~765년으로 보는데 현종부터 덕종까지의 시기를 따지면 712~779년이 된다. 즉 성종 때부터 인조 때까지의 한시가 성당 시기처럼 융성했음을 의미하는 것으로 보인다.

李朝之受命, 百度草剏, 干戈纔枚, 未遑文敎. 至世宗朝典章始備, 然其於文學猶有所未興. 故國初詩文可傳者實少, 獨有權近·姜淮伯·徐居正數公, 破其寂廖而已. 至成明宣仁之間, 詩學遂大振, 金佔畢齋宗直始倡盛唐聲韻, 爲詩學界之泰斗, 繼之以朴誾·李荇·金淨·鄭士龍·李好閔·李達·許夫人·權韠·金尙憲諸公, 皆主豊雄高華之趣, 以大鳴國家之盛, 方之古, 則猶唐之玄肅代德間文學, 達其極頂也. 由是觀之, 文學之盛衰, 與時運之隆替相伴行, 可知已, 謹錄諸家詩于下.

2

양촌陽村 권근權近[1]의 〈금강산金剛山〉 시에

눈 같이 우뚝우뚝 선 천만 봉우리	雪立亭亭千萬峰
바다 구름 펼치자 옥부용 나타나네	海雲開出玉芙蓉
넘실거리는 신비한 빛 창해 닮은 듯	神光蕩漾滄溟近
구불거리는 기운 조화 모은 듯	淑氣蜿蜒造化鍾
오뚝 솟은 산언덕은 조도[2] 임하고	突兀崗巒臨鳥道
맑고 그윽한 골짝 신선 자취 감추네	淸幽洞壑秘仙蹤
동쪽에서 돌아와 절정에 오르려 하고	東還便欲淩高頂
홍몽[3] 굽어보며 가슴 한 번 씻으려네	俯視鴻濛一盪胷[4]

라고 하였다.

---

1 권근權近 : 1352~1409. 본관은 안동安東, 자는 가원可遠 · 사숙思叔, 호는 양촌陽村 · 소오자小烏子이다. 고려 말 · 조선 초의 문인으로 이색李穡과 정몽주鄭夢周에게 배웠다. 성리학에 조예가 깊고 문장에도 뛰어났으며, 왕명으로 하륜 등과 함께 『동국사략』을 편찬하였다. 저서에 『양촌집』, 『입학도설入學圖說』, 『오경천견록五經淺見錄』 등이 있다.

2 조도鳥道 : 새나 넘을 수 있을 만큼 좁고 험한 산길을 말한다. 당나라 이백李白의 〈촉도난蜀道難〉에서 "서쪽으로는 태백산을 당하여 조도가 있으니, 아미산 꼭대기를 가로지를 수 있다네[西當太白有鳥道, 可以橫絶峨眉巓]."라고 하였다.

3 홍몽鴻濛 : 우주가 형성되기 이전부터 존재한 자연의 원기 혹은 혼돈 상태를 말한다. 『장자莊子』 「재유在宥」에서 "운장雲將이 마침 홍몽鴻蒙을 만났다."라고 하였다.

4 제목 : 〈금강산金剛山〉, 『양촌집陽村集』 권1.

權陽村近<金剛山>詩曰, "雪立亭亭千萬峰, 海雲開出玉芙蓉. 神光蕩漾滄溟近, 淑氣蜿蜒造化鍾. 突兀崗巒臨鳥道, 淸幽洞壑秘仙蹤. 東還[1]便欲凌高頂, 俯視鴻濛一盪胷."

[1] 還 : 遊 (『陽村集』 卷1)

3

통정通亭 강회백姜淮伯[1]의 〈증명사證明師〉 시에

매미 날개 사람 마음 때에 따라 변하고　人情蟬翼隨時變
세상 일 소털 같아 날따라 새롭네　世事牛毛逐日新
생각해보니 스님 선탑가에서　想得吾師禪榻上
동해 넘실대는 푸른 바다 바라보고 있겠지　坐看東海碧潾潾[2]

라고 하였고, 〈봄날 형과 아우에게 부치다春日寄昆季〉 시에

여관 창 낙숫물마저 듣기 힘든데　旅牕簷雨苦難聽
더욱이 노래자 옷 입을 부모 곁 떠나있으니　況復萊衣隔鯉庭
마음은 저문 구름과 되가는 것 안 멈추고　心與暮雲歸不住
근심은 봄 술 따라 취한 채 깨지 않네　愁隨春酒醉無醒
강산에서 오늘도 머리 희려하니　江山此日頭將白
골육들 어느 때나 반갑게 다시 만날까　骨肉何時眼更青
벼슬길 험난함 일찍이 겪어보니　宦路險夷曾歷試
이 몸 천지간 한낱 부평초라네　是身天地一浮萍[3]

라고 하였으며, 〈새벽에 봉천전에서 조회하며早朝奉天殿〉 시에

궁 안 시내 버들 늘어지고　御溝楊柳正依依

전각 위엔 달 떠있고 옥소리 새어나네	月上觚稜玉漏遲
옥소리 울리며 문무백관 모여들고	環佩丁當鵷鷺集
우림군[4] 창 들고 범처럼 달려오네	羽林磨戛虎賁馳
용머리 난간[5] 갑자기 어둡고 향연기 퍼져	螭頭忽暗香烟動
봉니선 천천히 펼쳐지고 의장대 자리잡네	鳳尾徐開綵仗移
홍운[6]에 이마 맞대고 황제 엄숙히 바라보니	稽首紅雲瞻肅穆
아침 햇빛 만년지[7] 먼저 비추네	日光先照萬年枝[8]

라고 하였다.

---

1 강회백姜淮伯 : 1357~1402. 본관은 진주晉州, 자는 백부伯父, 호는 통정通亭이다. 고려 말 · 조선 초의 문인으로 강희맹姜希孟의 조부이다. 저서로는 『통정집通亭集』이 있는데 강희맹이 편집한 『진산세고晉山世稿』에 수록되어 있다.

2 제목 : 〈등명사에게 부치다寄燈明師〉, 『진산세고晉山世藁』 권1.

3 제목 : 〈봄날 형과 아우에게 부치다春日寄昆季〉 2수 중 첫 번째 수, 『진산세고晉山世藁』 권1.

4 우림군羽林磨 : 황제를 호위하는 군사를 말한다.

5 용머리 난간 : 원문의 이두螭頭는 대궐 계단의 돌로 새긴 용의 머리이다. 여기서는 봉천전 앞 돌계단에 용이 조각된 것을 의미한다.

6 홍운紅雲 : 황제의 궁성宮城을 가리킨다. 선인仙人이 사는 곳에는 늘 붉은 구름이 드리워져 있다는 전설에서 유래한 것이다.

7 만년지萬年枝 : 축수祝壽하는 의미로, 흔히 제왕의 만수무강이나 나라의 태평성대를 기원하는 의미로 쓴다. 이 시에서는 봉천전이나 궁궐 혹은 황제를 말한다.

8 제목 : 〈봉천전에서 아침 일찍 조회하며奉天殿早朝〉, 『진산세고晉山世藁』 권1.

姜通亭淮伯<證明師[1]>詩曰, "人情蟬翼隨時變, 世事牛毛逐日新. 想得吾師禪榻上, 坐看東海碧潾潾[2]." <春日寄昆季>詩曰, "旅窓簷雨苦難聽, 況復萊衣隔鯉庭. 心與暮雲歸不住, 愁隨春酒醉無醒. 江山此日頭將白, 骨肉何時眼更青. 宦路險夷曾歷試, 是身天地一浮萍." <早朝奉天殿[3]>詩曰, "御溝楊柳正[4]依依, 月上觚稜玉漏遲. 環佩丁當鵷鷺集, 羽林磨戞虎賁馳. 螭頭忽暗香烟動, 鳳尾徐開彩[5]仗移. 稽首紅雲瞻肅穆, 日光先照萬年枝."

[1] 證明師 : 奇燈明師 (『晉山世藁』 卷1)

[2] 潾潾 : 鱗鱗 (『晉山世藁』 卷1)

[3] 早朝奉天殿 : 奉天殿早朝 (『晉山世藁』 卷1)

[4] 正 : 政 (『晉山世藁』 卷1)

[5] 彩 : 綵 (『晉山世藁』 卷1)

4

사가四佳 서거정徐居正[1]의 〈자다가 깨어나서睡起〉 시에

발 그림자 살랑살랑 흔들리고　簾影依依轉
연꽃 향기 끊임없이 풍겨오는데　荷香續續來
꿈 깬 외론 베갯머리 가로　夢回孤枕上
오동잎에 들이치는 빗소리만 요란하네　桐葉雨聲催[2]

라고 하였고, 〈봄날春日〉 시에

금빛은 버들에 들고 옥빛은 매화를 떠났는데　金入垂楊玉謝梅
작은 못 봄물은 이끼보다 푸르니　小池春水碧於苔
봄의 근심과 흥취 뭐가 더 깊은가　春愁春興誰深淺
제비는 오지 않고 꽃도 아직 안 피었으니　燕子未來花未開[3]

라고 하였으며, 〈늦가을晩秋〉 시에

고운 국화 올해는 예년보다 더뎌서　佳菊今年開較遲
온 가을 맑은 흥취 동쪽 울타리에 변변찮은데도　一秋淸興謾東籬
가을바람 대단히 무정해선지 거세게 불어와　西風大是無情思
국화에는 들지 않고 귀밑머리에만 들었네　不入黃花入鬢絲[4]

라고 하였고, 〈가을바람秋風〉 시에

띠집은 대숲 길과 이어지고	茅齋連竹逕
가을 해는 아주 곱게 빛나며	秋日艷晴暉
열매는 익어 가지 늘어지게 매달려있고	果熟擎枝重
오이는 끝물이라 덩굴에 드물게 달려있으며	瓜寒著蔓稀
노니는 벌은 정처 없이 날아다니고	遊蜂飛不定
한가로운 오리들은 기대어 조니	閑鴨睡相依
몸과 마음 고요해진 줄 잘 알아	頗識身心靜
한가히 지내는 삶 바뀌지 않기를 바라네	棲遲願不違[5]

라고 하였으며, 〈삼전도三田渡[6]〉 시에

야윈 말 타고 삼전도로 가는데	羸馬三田渡
가을바람 불어 모자 기울이며	西風吹帽斜
맑은 강은 가는 기러기 담고	澄江涵去雁
지는 해는 되가는 까마귀 보내며	落日送還鴉
묵은 나무엔 단풍잎 선명하고	古樹明黃葉
외딴 마을 모래벌 너머로 보이니	孤村見白沙
푸른 산 다하는 곳 어디쯤에	青山將盡處
우리집 있을 듯하네	遙認是吾家[7]

라고 하였고, 〈여름날 즉흥으로 짓다夏日卽事〉 시에

잠깐 갠 장막 위로 해는 쨍쨍하지만	小晴簾幕日暉暉
짧은 모자 홑적삼이라 더위 기운 덜하고	短帽輕衫暑氣微
껍질 벗은 죽순은 비 맞아 쑤욱 자라나며	解籜有心仍雨長

지는 꽃은 힘없이 바람 타고 흩날리네	落花無力受風飛
지필묵에 감춘 성명 오래 되었으니	久拚翰墨藏名姓
벼슬길이 이끈 시비 이미 싫다네	已厭簪纓惹是非
보압[8] 향 다 타갈 때 잠에서 막 깨보니	寶鴨香殘初睡覺
손님은 오지 않고 제비만 자주 들락거리네	客曾來少燕頻歸[9]

라고 하였다.

---

1 서거정徐居正 : 1420~1488. 조선 전기의 문신으로 본관은 달성達成, 자는 강중剛中 · 자원子元, 호는 사가정四佳亭 · 정정정亭亭亭, 시호는 문충文忠 이다. 문장에 일가를 이루고, 특히 시詩에 능하였다. 45년간 여섯 왕을 섬겼으며, 23년간 문형을 관장하였다. 『동국여지승람東國輿地勝覽』, 『동문선東文選』, 『경국대전經國大典』, 『동국통감東國通鑑』 등의 찬술을 담당하였으며, 저서로 『사가집四佳集』이 전한다.

2 제목 : 〈자다가 깨어나서垂起〉, 『대동시선大東詩選』 권2. 『동양시학원류東洋詩學源流』와 『대동시선大東詩選』에는 서거정의 시로 실려 있으나 『사가집四佳集』에는 실려 있지 않다.

3 제목 : 〈봄날春日〉, 『사가시집四佳詩集』 권31.

4 제목 : 〈국화가 피지 않아 서글픈 마음에 짓다菊花不開 悵然有作〉, 『사가시집四佳詩集』 권50.

5 제목 : 〈가을바람秋風〉, 『대동시선大東詩選』 권2. 『동양시학원류』와 『대동시선大東詩選』에는 서거정의 시로 수록되어 있으나 『사가집四佳集』에는 수록되어 있지 않다. 허균의 『성수시화惺叟詩話』에는 "노니는 벌은 정처 없이 날아다니고, 한가로운 오리들은 기대어 조네[遊蜂飛不定, 閒鴨睡相依]." 이 두 구절이 언급되어 있다.

6 삼전도三田渡 : 조선시대에 서울과 남한산성을 이어 주던 나루이다.

7 제목 : 〈삼전도 가는 길에三田渡道中〉, 『사가시집 보유四佳詩集補遺』 권6.

8 보압寶鴨 : 오리처럼 생긴 향로 또는 화로를 말한다.

9 제목 : 〈여름날 즉흥으로 짓다夏日卽事〉, 『사가시집四佳詩集』 권31.

徐四佳居正<睡起>詩, "簾影依依轉, 荷香續續來. 夢回孤枕上, 桐葉雨聲催." <春日>詩曰, "金入垂楊玉謝梅, 小池春[1]水碧於苔. 春愁春興誰深淺, 燕子未[2]來花未開." <晩秋[3]>詩曰, "佳菊今年開較遲, 一秋淸[4]興謾東籬. 西風大是無情思, 不入黃花入鬢絲." <秋風>詩曰, "茅齋連竹逕, 秋日艶晴暉. 果熟擎枝重, 瓜寒著蔓稀. 遊蜂飛不定, 閑鴨睡相依. 頗識身心靜, 棲遲願不違." <三田渡[5]>詩曰, "羸馬三田渡, 西風吹帽斜. 澄江涵去雁, 落日送還鴉. 古樹明黃葉, 孤村見白沙. 靑山將盡處, 遙認是吾家." <夏日卽事>詩曰, "小晴簾幕日暉暉, 短帽輕衫暑氣微. 解籜有心仍[6]雨長, 落花無力受風飛. 久抛翰墨藏名姓, 已厭簪纓惹是非. 寶鴨香殘初睡覺, 客曾來少燕頻歸."

[1] 春 : 新 (『四佳詩集』 卷31)

[2] 未 : 不 (『四佳詩集』 卷31)

[3] 晩秋 : 菊花不開悵然有作 (『四佳詩集』 卷50)

[4] 淸 : 情 (『四佳詩集』 卷50)

[5] 三田渡 : 三田渡途中 (『四佳詩集補遺』 卷1)

[6] 仍 : 因 (『四佳詩集』 卷31)

5

점필재佔畢齋 김종직金宗直[1]은 선산善山 사람이다. 문장이 한 시대에 으뜸이었고 시율의 기격에 힘이 있으며 깊고 맑아 우리나라 사람의 용렬하고 경솔하며 얕고 보잘것없는 습관을 한판에 씻어내서 곧장 성당의 성운을 좇았으니 신자하申紫霞[2]가 이른바

모든 구멍에 바람 일어나니 철봉 날개 치는 듯해	萬竅風生鐵鳳翔
기세는 우주를 찌르고 격조는 깊으며	氣撐宇宙格沈蒼
부처 하늘에 신라 때의 꽃비 내리니	佛天花雨羅時盖
다시 보면 성큼성큼 성당에 들어가겠네	又見駸駸入盛唐[3]

라고 한 것이 이것이다. 벼슬은 형조 판서에 이르렀고 시호는 문간文簡이다. 연산군燕山君대에 화가 무덤에까지 이르렀다.

그의 〈제천정濟川亭[4]〉 시에

꽃에 불어오고 버들 헤치는 반강 바람에	吹花劈柳半江風
저물녘 기러기 등지고 돛 그림자 흔들리는데	檣影搖搖背暮鴻
한 조각 고향 생각에 부질없이 기둥에 기대서보니	一片鄉心空倚柱
흰 구름만 술 실은 배를 날아 지나는구나	白雲飛渡酒船中[5]

라고 하였고, 〈보천탄[6]에서 즉흥으로 짓다寶泉灘卽事〉 시에

도화랑[7] 높이 몇 자나 될는지 桃花浪高幾尺許
은빛 바위는 꼭대기까지 잠겨 어디 있는지 모르겠고 銀石沒頂不知處
쌍쌍이 나는 가마우지 전에 놀던 물가 잃고는 兩兩鸕鶿失舊磯
물고기 물고 부들 속으로 들어가네 銜魚却入菰蒲去[8]

라고 하였으며, 〈서울에 들어가며入京〉 시에

어쩔 수 없이 처자식 위해 强爲妻孥計
고향의 봄을 허무하게 던져버렸는데 虛抛故國春
내일 아침엔 불도 금해야 하니[9] 明朝將禁火
멀리 가는 나그네 눈물에 수건 적시겠지 遠客欲沾巾
꽃구경은 볼 때마다 늦어지고 花事看看晩
농사일은 가는 곳마다 새로운데 農功處處新
호해의 눈 가지고 羞將湖海眼
되려 거리의 티끌에 흐려지니 부끄럽구나 還眯市街塵[10]

라고 하였고, 〈낙동역洛東驛〉 시에

진리[11]는 농리[12]가 아니요 津吏非瀧吏
관리는 곧 고을 사람이라 官人卽邑人
세 번의 상소로 임금님 하직하고 三章辭聖主
오마[13]로 인자하신 어머니 위로하려니 五馬慰慈親
흰 새는 배 맞이하는 것 같고 白鳥如迎棹
푸른 산은 손님을 보내는 것 익숙하네 靑山慣送賓
맑은 강은 얽매임 없으니 澄江無點綴
이것으로 내 몸의 규율로 삼으려 하네 持以律吾身[14]

라고 하였으며, 〈선사사仙槎寺[15]〉 시에

우연히 선사사에 이르니 偶到仙槎寺
바위는 휑하고 소나무 계수나무 가을 들었는데 巖空松桂秋
학은 신라 때의 불탑 위에서 날고 鶴飜羅代蓋
용은 부처 하늘의 여의주를 차며 龍蹴佛天毬
가랑비에 스님은 납의를 깁고 細雨僧縫衲
찬 강에서 나그네는 노를 젓네 寒江客棹舟
고운[16]이 책 묶던 풀 孤雲書帶草
하늘하늘 못 가에 가득하구나 獵獵滿池頭[17]

라고 하였고, 〈청심루에 쓰여진 시에 차운하다次淸心樓韻〉 시에

띠집의 가시 울타리 끝에 배를 매니 維舟茅舍棘籬端
물고기와 새는 이전처럼 내 얼굴 알고 魚鳥依然識我顔
병 앓았으나 지팡이와 신 갖출만하니 病後猶能撰杖屨
귀양 와서야 이제 겨우 강산을 즐기는구나 謫來纔得賞江山
십 년간의 세상일을 괴롭게 읊는 속에 두고 十年世事苦吟裏
팔월의 가을빛은 어지러운 숲 사이에 어려 八月秋容亂樹間
누각에 기대 잠깐 임금 계신 곳을 바라보니 一霎倚樓仍北望
사공은 배 타라 재촉하며 가만히 두지 않네 篙師催載不敎閒[18]

라고 하였으며, 〈보은사[19]에서 머물며 주지스님에게 주다泊報恩寺贈主持〉 시에

보은사 아래에서 해 뉘엿해져 報恩寺下日曛黃

닻줄 매고 스님 찾아 달빛 받고 가니	繫纜尋僧踏月光
동우[20]는 이미 새로운 법계를 이루었는데	棟宇已成新法界
강호는 오히려 옛날의 시생각 흔들어놓네	江湖猶攪舊詩腸
절에서 종 울리니 여강[21]의 용이 춤추는 듯하고	上方鐘動驪龍舞
온갖 구멍에서 바람 부니 철 봉황이 날갯짓하는 듯하네	萬竅風生鐵鳳翔
진중하신 민공[22]도 인사를 차리려	珍重旻公亦人事
때마침 채소 가지고 안부를 묻네	時將茱把問舟航[23]

라고 하였고, 〈복룡[24]으로 가는 길에伏龍途中〉 시에

대나무 가마 삐걱거리며 갠 내 건너는데	簡輿伊軋過晴川
저 멀리 비탈 언덕으로 앞에 가는 사람 보이네	遙見前驅過阪田
마을 개 사람 향해 짖으니 울타리에 구멍난 듯하고	邑犬吠人籬有竇
들무당은 귀신을 맞으려는지 종이로 돈을 만들고	野巫迎鬼紙爲錢
조각구름은 찬 해를 교묘하게 삼켰다 뱉고	短雲寒日工呑吐
산봉우리 평평한 언덕은 멀리까지 잇닿았는데	山巘平岡遠接連
남쪽으로 금성까지 삼십 리 길이니	南去錦城三十里
가마 멘 하인의 어깨 붉어질까 근심스럽구나	却愁赬盡擔夫肩[25]

라고 하였으며, 〈숙직하며 읊다直廬偶吟〉 시에

장실과 봉산[26]에서 그 옛날 토론했었는데	藏室蓬山昔討論
삼십 년 지난 뒤 다시 임금 은혜를 입었지만	十三年後更叨恩
눈 흐려지니 금련촉[27]이 몹시 두렵고	眼花正怯金蓮燭
입 꽉 막혀 있으니 백수준[28] 견디기 어렵구나	口梗難堪白獸樽
서리맞은 오동나무는 흔들리며 작은 소리 내고	霜後梧桐猶窣窣
밝은 달 아래 까치는 절로 펄럭이네	月明鳷鵲自飜飜

고향의 소나무 국화 분명 황폐해져 사라졌을 테니	故園松菊應蕪沒
나[29]는 이제 꿈으로 족한다오	孄母而今足夢魂[30]

라고 하였고, 〈한식일 촌가에서寒食村家〉 시에

한식날 즈음 농사일 많은데	禁火之辰春事多
꽃이나 점검하러 농가에 와 있으니	芳菲點檢在農家
비둘기는 산앵두나무에서 구구대며 울고	鳩鳴穀穀棣棠葉
나비는 순무꽃을 나풀나풀 날아대며	蝶飛款款蕪菁花
언덕 위에서는 검은 소가 나무 지고 돌아오고	帶樵犛上烏犍返
울 가에서는 처녀들이 나물 뜯으며 노래하네	挑菜籬邊丫髻歌
밭이 있어도 떠나지 않고 오두미에 연연하니	有田不去戀五斗
도연명[31]이 나를 비웃더라도 내 어찌할까	元亮笑人將奈何[32]

라고 하였으며, 〈금강산에 올라 일출을 보며登金剛山看日出〉 시에

금강산은 높기가 하늘을 찌를 듯하고	金剛之山高揷天
흰 바위 우뚝 솟은 모습 가을 뼈 드러낸 듯하네	白石亭亭露秋骨
박상[33]의 긴 그림자 슬며시 끌어들여	博桑遠影暗句引
일관봉[34] 높이 솟은 것처럼 우뚝하구나	日觀高標共峭崒
내 옛날에 장관을 찾아 정상 올라서	我昔討奇凌絕頂
손으로 구름 헤치고 석실 두드렸을 때	手闢雲關敲石室
눈 밑의 푸른 바다는 술잔처럼 작고	滄溟眼底小如盃
온 세상에서 바람 불어와 정신이 없었었지	八極風來神橫逸
함께 놀던 노스님은 벽에 기대 졸다가	同遊老僧倚壁睡
한밤중에 객을 깨워 해돋이 보러 가자 하네	夜半蹴客候初日
북방의 새벽이슬 술처럼 맑고	北方沆瀣澄似酒

하늘 저 너머 닭 소리 어렴풋이 들리는 듯 天外鷄鳴聞彷彿
이때 해 뜨는 곳 반은 밝고 반은 어두우니 是時暘谷半明暗
누운 소인지 수레덮개인지 다투어 띄엄띄엄 보이네 臥牛車蓋爭點綴
샛별 언뜻 보이다가 빛 갑자기 사라지는데 長庚睒睒欲收芒
태양이 갑자기 파도에서 나와 火輪忽輾波濤出
붉은 광채 수십 길을 뛰어오르고 紅光騰起數十丈
만 리 멀리의 어룡굴을 뒤흔드네 萬里驚盪魚龍窟
인간 세상 코고는 소리 아직도 우레 같은데 人寰鼻息尙雷鳴
문득 산꼭대기에서 내 머리털 말리네 輒向峯頭晞我髮
평생의 장엄한 경치 이만하면 족하니 平生偉觀此已足
태산의 구경이 어찌 이 같겠는가 岱宗之遊豈相埒
엄자산[35]의 해몰이 구경 갈 필요 없으니 不須崦嵫看入處
과보[36]의 목마름 지금 와서 우습기만 하구나 至今冷笑夸父渴[37]

라고 하였다.

---

1 김종직金宗直 : 1431~1492. 본관은 선산善山, 자는 계온季昷·효관孝盥, 호는 점필재佔畢齋, 시호는 문충文忠이다. 조선 전기의 문신으로 성리학에 밝았던 부친에게서 학문을 익혔으며, 문장과 경술經術에 뛰어나 영남학파嶺南學派의 종조宗祖가 되었다. 조선초 성리학을 이룬 대학자로 평가받는다. 저서에 『점필재집佔畢齋集』이 있다.

2 신자하申紫霞 : 신위申緯(1769~1845)이다. 본관은 평산平山, 자는 한수漢叟, 호는 경수당警修堂 · 자하紫霞이다. 조선 후기의 문신이자 서화가다. 어렸을 적부터 재동才童이라고 소문이 났으며, 자라면서는 시 · 서 · 화에도 특출한 재능을 보였다. 저서로 『경수당전고警修堂全藁』가 있다.

3 제목 : 〈동인논시東人論詩〉, 『경수당전고警修堂全藁』 책17.

4 제천정濟川亭 : 한강변에 위치했던 왕실 소유의 정자로, 주변의 아름다운 경치로 유명하였다.

5 제목 : 〈제천정에서 중추부사 송처관의 운에 차운한 홍겸선의 시에 화답하다和洪兼善濟

川亭次宋中樞處寬韻〉, 『점필재집』 권1.

6 보천탄寶泉灘 : 낙동강 인근 나루의 지명이다.

7 도화랑桃花浪 : 복사꽃이 필 무렵에 비가 와서 불어난 강물을 말한다.

8 제목 : 〈보천탄에서 즉흥으로 짓다寶泉灘卽事〉 2수 중 두 번째 수, 『점필재집』 권19.

9 불도 금해야 하니 : 화식火食을 하지 않는 한식寒食을 말한다.

10 제목 : 〈2월 30일에 서울에 들어가며二月三十日 將入京〉, 『점필재집佔畢齋集』 권1.

11 진리津吏 : 나루터의 선박과 교량을 주관하는 아전을 말한다.

12 농리瀧吏 : 배가 다니기 어려운 험악한 곳에 특별히 두어 배의 운행을 경계시키도록 했던 아전을 이르는데, 한유가 조주 자사潮州刺史로 부임해 갈 적에 급류가 흐르는 창락롱昌樂瀧에 도착하여 자신의 신세를 한탄하고, 이곳 관리와 문답한 내용의 〈농리시瀧吏詩〉를 지었다. 『한창려집韓昌黎集』 권6, 「농리瀧吏」.

13 오마五馬 : 한漢나라 때 태수太守가 다섯 필의 말이 끄는 수레를 타고 부임하였던 데에서 유래하여 지방 수령을 뜻한다.

14 제목 : 〈낙동진洛東津〉, 『점필재집佔畢齋集』 권12.

15 선사사仙槎寺 : 최치원이 가야산 해인사로 들어가기 전 머물렀다고 전해지는 선사재仙槎齋의 근처에 세워진 사찰이다. 임진왜란에 불타 폐허가 되었고 지금은 이강서원伊江書院이 세워져 있다.

16 고운孤雲 : 최치원의 자로 최치원이 선사사에 머물렀다고 전해지기 때문에 여기서 언급한 것이다.

17 제목 : 〈선사사仙槎寺〉, 『속동문선續東文選』 권6. 『점필재집』에는 수록되어 있지 않다.

18 제목 : 〈병이 나은 뒤 선산을 가기 위해 배를 타고 여주에 들러 도보로 청심루에 올라갔다가 주인과는 만나지 않고 곧장 배 안으로 돌아와서 총총히 가정의 시운을 차하다病後 將赴善山 舟過驪州 步屧登淸心樓 不與主人遇 徑還舟中 忽忽次稼亭韻〉 『점필재집佔畢齋集』 권12.

19 보은사泊報恩 : 여주에 있는 신륵사神勒寺를 말한다. 신라 진평왕眞平王 때 원효元曉가 창건하였다고 하나 확실한 근거는 없다.

20 동우棟宇 : 집의 마룻대와 추녀 끝을 말하는데 여기에서는 보은사를 의미한다.

21 여강[驪] : 경기도 여주군을 관통하는 남한강이다.

22 민공旻公 : 중을 가리킨 말이다. 당나라 두보의 〈허씨의 편에 강녕의 민상인께 삼가 부치다因許八奉寄江寧旻上人〉에 "민공을 만나지 못한 지 삼십 년(不見旻公三十年)"이라고 한 데에서 온 말이다.

23 제목 : 〈밤에 보은사 아래에 배를 대 놓고 주지 우사에게 주다. 절의 옛 이름은 신륵으로 벽사라고도 하는데, 예종 때에 절을 고쳐 지어서 매우 크고 화려하게 하고서 지금의 편액을 하사하였다夜泊報恩寺下 贈住持牛師 寺舊名神勒 或云甓寺 睿宗朝 改創 極宏麗 賜今額〉,

『점필재집佔畢齋集』 권12.

24 복룡伏龍 : 광주광역시 광산 지역의 옛 지명으로 배룡현盃龍縣으로도 불렸다.

25 제목 : 〈복룡으로 가는 길에伏龍途中〉, 『점필재집佔畢齋集』 권21.

26 장실과 봉산 : 장서藏書를 보관하는 방을 가리킨다. 후한後漢 때 장서를 보관했던 동관東觀을 가리켜 노씨장실老氏藏室 · 도가봉래산道家蓬萊山이라 불렀던 데서 온 말이다.

27 금련촉金蓮燭 : 황제가 쓰는 연꽃 모양의 초를 말한다. 당唐나라의 영호도令狐綯와 송宋나라의 소식蘇軾이 임금과의 야대夜對에서 물러날 때 임금이 특별히 금련촉을 주어 보냈다 하여 신하에 대한 임금의 은혜를 의미하기도 한다.

28 백수준白獸樽 : 본래 백호준白虎樽이나 당나라 태조太祖의 이름을 피휘하여 호虎를 수獸로 바꾸어 백수준이라 한 것이다. 백호처럼 기탄없이 바른말을 하라는 뜻으로 백호준이라 이름하였다고 한다. 위 무제魏武帝가 뚜껑에 백호가 새겨진 술통을 놓아두고 직언을 하는 자가 있으면 그 술을 마시게 했다고 한다. 『진서晉書』 권21, 「예지 하禮志下」.

29 나[孃母] : 원문의 내모孃母는 젊은 사람 가운데 나이 많은 사람을 칭하는데 김종직 자신을 말한다. 하승천이 저작좌랑이 되어 국사를 찬수할 때에 그는 나이가 늙은 데 반해, 다른 여러 좌랑은 모두 명가의 젊은이들이었으므로, 영주 순백자가 그를 조롱하여 항상 '내모孃母'라고 불렀던 데서 온 말이다. 『송서宋書』 권64, 「하승천열전何承天列傳」.

30 제목 : 〈윤8월 19일에 숙직하며 그 자리에서 읊다閏八月十九日直廬 偶吟〉, 『점필재집佔畢齋集』 권16.

31 도연명[元亮] : 원량元亮은 도연명陶淵明의 자字이다. 도연명이 팽택현彭澤縣의 현령을 지낼 때 봉급으로 쌀 닷 말을 받았는데, 닷 말 쌀에 얽매이기 싫다고 하여 「귀거래사歸去來辭」를 짓고 고향으로 돌아갔다.

32 제목 : 〈한식일 촌가에서寒食村家〉, 『점필재집佔畢齋集』 권19.

33 박상博桑 : 동쪽 바다의 해 돋는 곳에 있다는 신목神木 혹은 그 신목이 있는 곳을 말한다.

34 일관봉[日觀] : 중국 태산泰山의 세 봉우리 중 동쪽에 있는 봉우리 이름이다.

35 엄자산[崦嵫] : 감숙성甘肅省 천수현天水縣에 있는 산으로, 해가 지는 산이라고 한다.

36 과보夸父 : 중국의 전설에 나오는 거인으로, 태양을 쫓아가다가 목이 마르자 하수河水와 위수渭水의 물을 마시고 그것도 부족하여 북쪽으로 대택大澤에 가서 들이켰는데, 급기야는 갈증이 나서 뜻을 이루지 못하고 죽었다고 한다. 『산해경山海經』, 「해외북경海外北經」.

37 제목 : 〈금강산에 올라 해 뜨는 것을 구경하다登金剛看日出〉, 『점필재집佔畢齋集』 권2.

金佔畢齋宗直, 善山人. 文章冠一時, 至於詩律氣格, 遒勁沈蒼, 一洗東人庸率膚淺之習, 直追盛唐聲韻, 申紫霞所謂, "萬竅風生鐵鳳翔, 氣[1]撑宇宙格沈蒼. 佛天花雨羅時盖, 又見駸駸入盛唐." 者是也. 官至刑曹判書, 謚文簡. 燕山亂政, 禍及泉壤. 其<濟川亭[2]>詩曰, "吹花劈[3]柳半江風, 檣影搖搖背暮鴻. 一片鄕心空倚柱, 白雲飛渡[4]酒船中." <寶泉灘卽事>詩曰, "桃花浪高幾尺許, 銀[5]石沒頂不知處. 兩兩鸕鶿失舊磯, 銜魚却[6]入菰蒲去." <入京[7]>詩曰, "强爲妻孥計, 虛抛故國春. 明朝將禁火, 遠客欲沾巾. 花事看看晩, 農功處處新. 羞將湖海眼, 還眯市街塵." <洛東驛[8]>詩曰, "津吏非瀧吏, 官人卽邑人. 三章辭聖主, 五馬慰慈親. 白鳥如迎棹, 靑山慣送賓. 澄江無點綴, 持以律吾身." <仙槎寺>詩曰, "偶到仙槎寺, 巖空松桂秋. 鶴翻羅代蓋, 龍蹴佛天毬. 細雨僧縫衲, 寒江客棹舟. 孤雲書帶草, 獵獵滿池頭." <次淸心樓韻[9]>曰, "維舟茅舍棘籬端, 魚鳥依然[10]識我顔. 病後猶能撰杖屨, 謫來纔得賞江山. 十年世事苦[11]吟裏, 八月秋容亂樹間. 一霎倚樓[12]仍北望, 篙師催載不敎閒." <泊報恩寺贈主持[13]>詩曰, "報恩寺下日曛黃, 繫纜尋僧踏月光. 棟宇已成新法界, 江湖猶攪舊詩腸. 上方鐘動驪龍舞, 萬竅風生鐵鳳翔. 珍重旻公亦人事, 時將菜把問舟航." <伏龍途中>詩曰, "簡[14]輿伊[15]軋過[16]晴川, 遙見前驅過阪[17]田. 邑犬吠人籬有竇, 野巫迎鬼紙爲錢. 短[18]雲寒日工呑吐, 山[19]巘平岡遠接連. 南去錦城三十里, 却愁頳盡擔夫肩." <直廬偶吟>詩曰, "藏室蓬山昔討論, 十三年後更叨恩. 眼花正怯金蓮燭, 口梗難堪[20]白獸[21]樽. 霜後[22]梧桐猶窣窣, 月明鳷鵲自飜飜. 故園松菊應蕪沒, 孏母而今足夢魂." <寒食村家>詩曰, "禁火之辰春事多, 芳菲點檢在農家. 鳩鳴穀穀棣棠葉, 蝶飛款款蕪菁花. 帶樵權上烏犍返, 挑菜籬邊丫[23]髻歌. 有田不去[24]戀五斗, 元亮笑人將奈何." <登金剛山看日出[25]> 詩曰, "金剛之山高插天, 白石亭亭露秋骨. 博[26]桑遠影暗句引, 日觀高[27]標共峭崒. 我昔討奇凌絶頂, 手闢雲關敲石室. 滄溟眼底小如盃, 八極風來神橫逸. 同遊老僧倚壁睡, 夜半蹴客候初日. 北方沆瀣澄似酒, 天外鷄鳴聞彷彿. 是時暘谷半明暗, 臥牛車蓋爭點綴. 長庚睒睒欲收芒, 火輪忽輾波濤出. 紅光騰起數十丈, 萬里驚盪魚龍窟. 人寰鼻息尚雷鳴, 輒向峯頭晞我髮. 平生偉觀此已足, 岱宗之遊豈相埒. 不須崦嵫看入處, 至今冷笑夸父渴."

[1] 氣 : 孤 (『警修堂全藁』 冊17)

[2] 濟川亭 : 和洪兼善濟川亭次宋中樞處寬韻 (『佔畢齋集』 卷1)

[3] 劈 : 擘 (『佔畢齋集』 卷1)

[4] 渡 : 度 (『佔畢齋集』 卷1)

[5] 銀 : 狠 (『佔畢齋集』 卷19)

[6] 却 : 飛 (『佔畢齋集』 卷19)

[7] 入京 : 二月三十日將入京 (『佔畢齋集』 卷1)

[8] 洛東驛 : 洛東津 (『佔畢齋集』 卷12)

[9] 次淸心樓韻 : 病後將赴善山舟過驪州步屧登淸心樓不與主人遇徑還舟中忽忽次稼亭韵 (『佔畢齋集』 卷12)

[10] 依然 : 何曾 (『佔畢齋集』 卷12)

[11] 苦 : 孤 (『佔畢齋集』 卷12)

[12] 樓 : 闌 (『佔畢齋集』 卷12)

[13] 泊報恩寺贈主持 : 夜泊報恩寺下贈住持牛師寺舊名神勒或云甓寺睿宗朝改創極宏麗賜今額 (『佔畢齋集』 卷12)

[14] 簡 : 笋 (『佔畢齋集』 卷21)

[15] 伊 : 咿 (『佔畢齋集』 卷21)

[16] 過 : 渡 (『佔畢齋集』 卷21)

17 阪 : 坂 (『佔畢齋集』 卷21)
18 短 : 斷 (『佔畢齋集』 卷21)
19 山 : 小 (『佔畢齋集』 卷21)
20 堪 : 斟 (『佔畢齋集』 卷16)
21 獸 : 虎 (『佔畢齋集』 卷16)
22 後 : 暖 (『佔畢齋集』 卷16)
23 丫 : 釵 (『佔畢齋集』 卷16)
24 去 : 歸 (『佔畢齋集』 卷16)
25 登金剛山看日出 : 登金剛看日出 (『佔畢齋集』 卷2)
26 搏 : 博 (『佔畢齋集』 卷2)
27 高 : 孤 (『佔畢齋集』 卷2)

朝鮮詩學考

6

읍취헌朴挹翠軒 박은朴誾[1]의 자는 중열仲說로, 고령高靈 사람이다. 15세에 문장에 능하였고 18세에 과거에 급제하였으며, 27세에 연산군燕山君의 난정亂政을 만나 화를 당해 죽었다. 그의 시는 강서시파江西詩派[2]의 기격을 본받아 힘들이지 않고 자연스럽게 이루어졌다. 용재容齋 이행李荇[3]은 일찍이 "읍취헌의 시는 사람들의 의표를 뛰어넘어 자연히 시 한 편을 이루어내니, 꾸미지 않더라도 천고에 드문 소리일 것이다."라고 하였고, 농암農巖 김창협金昌協[4]은 "읍취헌이 비록 황정견黃庭堅[5]과 진사도陳師道[6]를 배웠으나 타고난 재주가 뛰어나 얽매인 것이 없었다. 그러므로 시어가 맑고 자연스러웠으며, 격조가 자연스럽고 편안하여 흥이 오르는 데에 이르러서는 천진난만하고 기운이 넘쳐서 사람의 힘으로 닿을 수 없을 것 같았는데, 이것은 아마도 황정견과 진사도가 터득해 가진 것이 아닐 것이다."라고 하였으니, 두 사람이 깊이 칭찬하고 인정함이 이와 같았다.

그의 〈빗속에서 택지를 그리며雨中懷擇之〉 시에

찬 비는 국화에 어울리지 않게 내리고	寒雨不宜菊
작은 술통만 내 옆에 있는데	小樽知近人
문을 닫고 있자니 단풍잎이 져서	閉門紅葉落
시구절을 얻고 보니 흰머리가 새롭네	得句白頭新
정든 벗 기쁘게 떠올려 볼수록	驩憶情親友
적막한 때에 근심 더해지는데	愁添寂寞辰

언제나 반가운 얼굴 마주하고　何當靑眼對
한바탕 웃으며 천진한 모습을 볼까　一笑見天眞[7]

라고 하였고, 〈새벽에 바라보며曉望〉 시에

새벽에 바라보니 별은 바다에 드리웠고　曉望星垂海
누대 높아 추위가 사람에게 드는데　樓高寒襲人
하늘과 땅은 이 몸 밖에서 크고　乾坤身外大
북소리 나팔소리 앉은 자리로 자주 들리네　鼓角坐來頻
산에서는 산 기운 같은 것 보이고　遠峀看如霧
새소리에 봄이 벌써 왔음을 깨달으니　喧禽覺已春
숙취는 분명 저절로 풀리겠지만　宿酲應自解
시흥은 부질없이 이어지네　詩興謾相因[8]

라고 하였으며, 〈만리뢰[9]萬里瀨〉 시에

취해서 바위 사이의 눈을 씹고　醉嚼岩間雪
미친 듯 머리 위 두건도 던져버린 채　狂遺頭上巾
시간을 분명 게을리 보내고 있지만　時應投懶散
공간은 절로 맑고 참되어서　境自着淸眞
시내는 굽어 바위에선 물소리 나고　澗曲音生石
소나무 높아 그림자는 자리로 드리워　松高影落茵
짧은 시로 좋은 경치 훔치니　小詩偸勝景
그대 부인은 아마도 나에게 불평을 하겠지　君婦豈余嗔[10]

라고 하였고, 〈삼전도[11]에서 묵으려宿三田渡〉 시에

우암[12]에서 처음 술 마시고	寓庵初被酒
살곶이[13]에서 저물녘에 바람을 쐬니	箭串晩來風
소나기 때로 떨어지고	白雨時時墮
국화는 곳곳마다 똑같지만	黃花處處同
시편은 행장의 반이나 되니	詩篇半行李
가을빛은 도롱이 입은 늙은이에게 가득하네	秋色一簑翁
홀로 어촌에서 묵으려는데	獨向漁村宿
잔잔한 강물에 달빛조차 안보이네	平江月影空[14]

라고 하였으며, 〈택지의 시에 화답하다和擇之〉 시에

깊은 가을 낙엽 져 잎은 문에 쌓이고	深秋木落葉侵關
창으로는 한 쪽 산이 다 보이는데	戶牖全輸一面山
술 있다지만 함께할 사람 누구이며	縱有盃樽誰共對
비바람 근심스러운 것은 추위 재촉해서지	已愁風雨欲催寒
하늘이 분명 나에게 궁상을 주어선지	天應於我賦窮相
국화조차도 내게 좋은 모습 안 보여줘도	菊亦與人無好顔
근심을 버리는게 진실로 달사이니	撥棄憂懷眞達士
병든 눈 부질없이 늘 눈물 흘리게 하지 말라	莫敎病眼謾長潸[15]

라고 하였고, 〈복령사[16]福靈寺〉 시에

절은 되려 신라 때부터 있었던 것이고	伽藍却是新羅舊
천 개의 불상은 모두 서축에서 왔는데	千佛皆從西竺來
예로부터 신인도 대외를 못 찾았지만[17]	終古神人迷大隗
지금의 복된 땅은 천태산[18]을 닮았구나	至今福地似天台
찌푸린 날씨는 비 되려는지 새 지저귀고	春陰欲雨鳥相語

묵은 나무 정이 없어 바람만 절로 서글프네　老樹無情風自哀
세상만사는 한바탕 웃음거리도 안되니　萬事不堪供一笑
푸른 산도 세월 지나면 절로 뜬 먼지라네　青山閱世自浮埃[19]

라고 하였으며, 〈택지에게 주다贈擇之〉 시에

우환은 오직 나의 일과 관계되니　憂患衹應關己事
마음을 오히려 누구에게 달래겠는가　襟懷尚欲爲誰寬
흰머리에는 쓸쓸하게 가을 기운이 들고　鬢毛颯颯生秋氣
비바람은 처량하게 저물녘의 한기를 만드니　風雨悽悽作晚寒
모든 일 흠뻑 취하는 것 사양할 수 있겠나　萬事可能辭爛醉
십 년 동안 미관 맡았던 것 끝내 후회하다　十年端悔做微官
문득 호산의 꿈 깨고 보니　蘧然罷却湖山夢
여전히 먼지만 절로 갓에 가득하네　依舊塵埃自滿冠[20]

라고 하였고, 〈영보정永保亭〉 시에

저녁 조수 드는 곳에서 잠시 베개에 기댔다가　晚潮來處暫欹枕
눈을 뜨니 갑자기 물 드는 곳 보이는데　擡眼忽看洲渚生
아침저녁은 분명 호흡하는 일일 것이고　朝暮應須事呼吸
하늘과 땅도 끝내 이지러졌다 채워지겠지　乾坤終亦有虧盈
남쪽 사람 배 타는 것 말 타듯이 하고　南人浮海如行馬
바닷가에선 봄 되어야 조금 갠 듯　澤國逢春更少晴
날마다 누대에 기대어 종일 내려가지 않으니　日日倚樓渾不下
괴이하게 우는 갈매기 소리 때로 들려오네　恠聲時聽白鷗鳴[21]

또

땅은 펄럭펄럭 날려는 새 같고 地如拍拍將飛翼
누대는 흔들흔들 매이지 않은 배 같은데 樓似搖搖不繫篷
북쪽 보니 구름 낀 산은 어디서 다하려는가 北望雲山欲何極
남쪽에서 와 두른 산세는 여기가 제일인데 南來襟帶此爲雄
바다 기운은 안개 되어 이내 비로 내리고 海氛升霧仍成雨
파도의 기세 하늘 닿아 절로 바람 일으키니 浪勢翻天自起風
어둠 속에 새 우는 소리 들리는 듯하여 瞑裡如聞鳥相叫
앉아서 경계와 함께 텅 빈 것을 깨닫네 坐間渾覺境俱空[22]

라고 하였으며, 〈고체시를 지어 용재에게 주다古體詩投容齋〉 시의 첫 번째에

조화는 그 작용을 멈춘 적이 없어 造化無停機
한 번은 기수였다가 다시 한 번은 우수이어서 一奇還一偶
공 이루면 만물에게 주고 功成付萬物
하늘도 스스로 소유하지 않으니 天亦不自有
장부는 훈업을 하찮게 여기지만 丈夫少勳業
때가 되면 그런대로 손을 쓴다네 時來聊下手
훌륭하구나 장자방이여 卓哉張子房
다시 적송자와 벗했으니[23] 更與赤松友[24]

라고 하였고, 그 두 번째에

인생사에서 행장은 行裝百年事
고집할 것도 기필할 것도 없으니[25] 無固亦無必
올 때는 뜬구름 나듯이 하고 來如浮雲出
갈 때는 뜬구름 사라지듯 하니 去若浮雲滅
버리고 쓰는 것은 원래 남의 일이어서 用舍故在人

본래 내가 신경쓸 것 아니지만　　本非吾所恤
선사의 도가 이와 같아서　　先師道如此
누항의 안연[26]만이 짝했었지　　陋巷與之匹[27]

라고 하였으며, 그 세 번째에

삼경 달빛 아래 술 깨고 보니　　酒醒月三更
꿈속 오호의 배 사라져버려　　夢失五湖舟
내 마음 즉시 즐겁지 않은데　　襟懷忽不樂
솔바람 소리마저 쓸쓸하네　　松韻亦颼颼
등불 가져다 방 안을 비추자　　携燈照四壁
옛 책 책상 위에 있어　　古書在床頭
읽고 나니 고상한 맛이 있어　　讀罷有雋味
온갖 시름 사라지게 하네　　可以遣百憂[28]

라고 하였다.

---

1 박은朴誾 : 1479~1504. 본관은 고령高嶺, 자는 중열仲說, 호는 읍취헌挹翠軒이다. 1495년 17세로 진사가 되었고, 이듬해 문과에 급제하였다. 1498년에 유자광柳子光 · 성준成俊 · 이극균李克均의 죄상을 연산군에게 직고했다가 그들의 모함으로 투옥되고 파직당했다. 1504년 갑자사화 때에 동래로 유배되었다가 다시 의금부에 투옥되어 사형을 당했다. 해동강서파海東江西派의 대표적 시인이며, 문집으로 『읍취헌유고挹翠軒遺稿』가 있다.

2 강서시파江西詩派 : 송宋나라 때 형성된 시가 유파로, 북송 후기 시단에 큰 영향을 끼친 황정견黃庭堅을 중심으로 형성된 유파이다. 이들은 환골탈태換骨奪胎, 점철성금點鐵成金, 이속위아以俗爲雅 등의 이론을 내세우며, 형식적인 면에서 요체拗體를 즐겨 쓰고, 작법에서 용사用事와 점화點化를 즐겨하며, 시풍은 기이함과 난삽함을 특징으로 한다. 이들은 시에서 기발함과 참신함을 추구하여 상당한 성과를 거두었지만, 난삽하고 생경하여

시의 흥취를 느낄 수 없게 하며, 당대 현실의 반영이 부족하다는 점 등에서 비판을 받았다.

3 이행李荇 : 1478~1534. 본관은 덕수德水, 자는 택지擇之, 호는 용재容齋 · 창택어수滄澤漁叟 · 청학도인靑鶴道人, 시호는 문헌文獻이다. 1495년 증광문과 병과에 급제하여 예문관 검열 · 성균관 전적을 역임하고 『성종실록』 편찬에 참여하였다. 박은朴誾과 함께 해동강서파海東江西派로 불렸으며, 당풍唐風에서 벗어나 참신하고 기궤奇詭한 표현을 강조하는 시풍을 일으켰다. 문집으로 『용재집容齋集』이 있다.

4 김창협金昌協 : 1651~1708. 본관은 안동安東, 자는 중화仲和, 호는 농암農巖 · 삼주三洲이다. 1669년 진사시에 합격하고, 1682년 증광문과에 전시장원으로 급제하였다. 부친 김수항이 기사환국으로 사사되자 벼슬을 버리고 학문에 전념하였다. 문장과 성리학으로 이름이 높았으며 시에도 조예가 깊었다. 문집으로 『농암집農巖集』이 있다.

5 황정견黃庭堅 : 1045~1105. 본관은 분녕分寧, 자는 노직魯直, 호는 산곡山谷 · 부옹涪翁이다. 어려서부터 경사백가經史百家, 노장老莊, 불학佛學에 관심을 두었고 소설 등을 읽고 시를 짓기도 했다. 강서 사람이었기 때문에 그를 중심으로 한 시파를 강서시파江西詩派라고 하였다. 문집으로 『산곡집山谷集』이 있다.

6 진사도陳師道 : 1053~1101. 본관은 팽성彭城, 자는 이상履常 · 무기無己, 호는 후산거사後山居士이다. 황정견의 시풍을 배우려고 하였으며 뒤에 힘써 두보의 시풍을 배웠다. 강서시파의 대표적인 문인으로, 문집에 『후산선생집後山先生集』이 있다.

7 제목 : 〈빗속에서 택지를 그리며雨中有懷擇之〉, 『읍취헌유고挹翠軒遺稿』 권3.

8 제목 : 〈새벽에 바라보며曉望〉, 『읍취헌유고挹翠軒遺稿』 권3.

9 만리뢰萬里瀨 : 지정止亭 남곤南袞의 집 뒷동산에 대은암이라는 바위가 있었는데, 그 밑을 흐르는 여울의 이름이다.

10 제목 : 〈만리뢰萬里瀨〉 2수 중 두 번째 수, 『읍취헌유고挹翠軒遺稿』 권3.

11 삼전도三田渡 : 경기도 광주군 중대면 송파리에 있던 나루로 서울과 남한산성을 이어주던 교통로였다.

12 우암寓庵 : 홍언충洪彦忠(1473~1506)이다. 본관은 부계缶溪, 자는 직경直卿, 호는 우암寓菴이다. 1495년 사마시에 합격하고, 그 해에 증광문과 을과로 급제하였다. 천성이 신중하면서 솔직하고 재기가 있어 어릴 때에 이미 학문에 깊이 통달하였다. 문장에 능했을 뿐만 아니라 글씨에도 뛰어났으며, 특히 예서隸書를 잘 썼다. 그는 문장으로 정희량鄭希良 · 이행 · 박은 등과 함께 당대의 사걸四傑이라 불렸다. 문경의 근암서원近巖書院에 제향되었다. 저서로는 『자만사自挽辭』가 있다. 여기에서는 홍언충의 집을 가리키는 듯하다.

13 살곶이[箭串] : 원문의 전관箭串은 조선시대 세종 때에 짓기 시작하여 성종 때에 완공된 다리로, 현재 서울 성동구 행당동과 성수동의 경계에 있다.

14 제목 : 〈삼전도에서 묵으며宿三田渡〉, 『읍취헌유고挹翠軒遺稿』 권3.

15 제목 : 〈다시 택지의 시에 화답하다再和擇之〉, 『읍취헌유고挹翠軒遺稿』 권3.

16 복령사福靈寺 : 경기도 개성시 송악산에 있던 절이다. 창건연대는 알 수 없으나 고려시대 숙종 때부터, 특히 고종 이후에 왕실의 보호를 받으면서 발전하였다. 폐간연대 역시 알 수 없으나 『신증동국여지승람新增東國輿地勝覽』에도 이 절이 기록되어 있어 조선중기까지는 존립하였을 것으로 추측된다.

17 신인도……찾았지만 : 대외는 산신령의 이름인데 『장자莊子』 「서무귀徐無鬼」에, "황제黃帝가 방명方明 · 창우昌寓 · 장약張若 · 습붕謵朋 · 곤혼昆閽 · 활계滑稽와 함께 구자산具茨山으로 대외大隗를 만나러 가다가 양성襄城의 들판에 이르러 일곱 성인이 모두 길을 잃었다. 마침 말먹이는 동자를 만나 구자산과 대외의 소재를 알았다고 한다[黃帝由方明張若謵朋昆閽滑稽等扈從, 欲赴具茨山, 見大隗神, 行至襄城原野, 七聖迷失, 無從問路, 適遇牧馬童子, 問塗焉, 牧馬童子對答如流, 黃帝贊許道, 異哉小童, 非徒知具茨之山, 又知大隗之所存.]."라고 하였다.

18 천태산天台山 : 신선이 사는 곳이라 한다. 한漢나라 명제明帝 때 사람인 유신劉晨이 완조阮肇와 함께 천태산에서 약을 캐다가 길을 잃고 선계의 여인들을 만나 반년을 머물다가 집으로 돌아오니 이미 수백 년 세월이 흘러 자기 7대손이 살고 있어 다시 천태산으로 갔다 한다. 『태평어람太平御覽』 권41.

19 제목 : 〈복령사福靈寺〉, 『읍취헌유고挹翠軒遺稿』 권3.

20 제목 : 〈나는 한두 해 전부터 흰머리가 나기 시작했다. 자주 흰 머리가 보이자 아내가 족집게로 뽑아서 나에게 보여주었는데 웃음거리로 삼고 우연일 뿐이라 여겼다. 우환을 겪고부터는 종종 흰머리가 보였고 눈이 흐려지는 것도 예전보다 더 심해졌으니 아, 세상에 살날이 얼마나 오래될 것이라고 사화는 또 술을 줄일 것을 경계하는가. 비바람이 사람에게 들어 홀로 앉아 길게 탄식하던 차에 정이 나와 시가 되니 읊기를 마침에 남은 삶에 감정이 일어 글로 써서 그대에게 보이니 그대는 어떻게 생각하는가. 5월 28일 은이 택지선생에게 재배하다僕一二年來 頭有白毛始生之髮 屢見素莖 室婦嘗鑷以視我 付之戲笑 蓋偶然耳 自經憂患 種種見之 眼昏復甚於曩日 嗟乎 在世者能幾何久 而士華且箴以節飮乎 風雨襲人 獨坐長歎之餘 情發爲詩 吟罷有感於殘生 故書以示君 君其謂何 五月廿有八日 誾再拜擇之先生〉, 『읍취헌유고挹翠軒遺稿』 권3.

21 제목 : 〈진영 뒤의 정자營後亭子〉 5수 중 두 번째 수, 『읍취헌유고挹翠軒遺稿』 권3.

22 제목 : 〈진영 뒤의 정자營後亭子〉 5수 중 네 번째 수, 『읍취헌유고挹翠軒遺稿』 권3.

23 적송자와 벗했으니 : 장량張良은 한나라의 개국공신으로 한고조를 도와 천하를 평정한 뒤 유후留侯에 봉해진 뒤에 속세의 미련을 버리고 신선술을 닦으며 말하기를 "지금 세 치의 혀를 가지고 임금의 스승이 되었을 뿐만 아니라, 만호에 봉해지고 열후의 지위에 올랐으니, 이는 포의가 누릴 수 있는 최대의 영광으로 나에게는 이미 충분하다고 하겠다. 그러니 이제는 인간 세상의 일을 버리고 적송자를 따라 노닐고 싶다[今以三寸舌, 爲帝

者師, 封萬戶, 位列侯, 此布衣之極, 於良足矣. 願棄人間事, 欲從赤松子遊耳.]."라고 하였다. 『사기史記』 권55, 「유후세가留侯世家」.

24 제목 : 〈어제 만리뢰에서 술을 마시며 고금의 일을 마음껏 이야기하고 취한 몸을 부축받아 집에 돌아왔다. 한밤에 술이 깼는데 기억이 생생하여 고체시 7수를 읊고 등불을 밝혀 시를 적어서 이튿날 용재에게 보내어 전날 시 7편을 보내 준 것에 답하다.昨飮萬里瀨 劇談古今事 扶醉而還 夜半酒醒 懷抱耿耿 吟成古體詩七首 呼燈書之 明日投容齋 以答前日七篇之惠.〉, 7수 중 첫 번째 수, 『읍취헌유고挹翠軒遺稿』 권1.

25 고집할……없으니 : 고집하는 것과 기필하는 것이 없이 자유롭다는 말이다. 『논어論語』 「자한子罕」에 "공자는 네 가지 일에서 완전히 자유로웠다. 그에게는 사적인 뜻과 기필하는 것과 집착하는 것과 이기적인 마음이 없었다[子絶四, 毋意毋必毋固毋我.]."라는 말이 나온다.

26 누항의 안연 : 공자가 제자 안연顔淵을 칭찬하여 "어질다, 안회여. 한 그릇의 밥과 한 표주박의 마실 것으로 누항陋巷에서 사는 것을 다른 사람들은 견뎌내지 못하는데, 안회는 그 즐거움을 바꾸지 않으니, 어질다, 안회여." 하였다. 『논어論語』, 「옹야雍也」.

27 제목 : 〈어제 만리뢰에서 술을 마시며 고금의 일을 마음껏 이야기하고 취한 몸을 부축받아 집에 돌아왔다. 한밤에 술이 깼는데 기억이 생생하여 고체시 7수를 읊고 등불을 밝혀 시를 적어서 이튿날 용재에게 보내어 전날 시 7편을 보내 준 것에 답하다.昨飮萬里瀨 劇談古今事 扶醉而還 夜半酒醒 懷抱耿耿 吟成古體詩七首 呼燈書之 明日投容齋 以答前日七篇之惠〉, 7수 중 네 번째 수, 『읍취헌유고挹翠軒遺稿』 권1.

28 제목 :〈어제 만리뢰에서 술을 마시며 고금의 일을 마음껏 이야기하고 취한 몸을 부축받아 집에 돌아왔다. 한밤에 술이 깼는데 기억이 생생하여 고체시 7수를 읊고 등불을 밝혀 시를 적어서 이튿날 용재에게 보내어 전날 시 7편을 보내 준 것에 답하다.昨飮萬里瀨 劇談古今事 扶醉而還 夜半酒醒 懷抱耿耿 吟成古體詩七首 呼燈書之 明日投容齋 以答前日七篇之惠〉, 7수 중 일곱 번째 수, 『읍취헌유고挹翠軒遺稿』 권1.

朴揖翠軒誾, 字仲說, 高靈人. 十五能文章, 十八登第, 二十七歲値燕山亂政, 被禍死. 其詩本祖江西氣格, 渾然天成. 李容齋荇嘗曰, "揖翠詩, 出人意表, 自然成章, 不假雕飾, 殆千古希音." 金農巖昌協曰, "邑翠雖學黃陳, 而天才絶高, 不爲所縛. 故辭致清

渾, 格力縱逸, 至其興會所到, 天眞爛漫, 氣機洋溢, 似不免人力, 此則恐非黃陳所得囿也.” 二公之深相推許如此. 其<雨中懷擇之[1]>詩曰, “寒雨不宜菊, 小樽知近人. 閉門紅葉落, 得句白頭新. 驪[2]憶情親友, 愁添寂寞辰[3]. 何當青眼對[4], 一笑見天眞[5].” <曉望>詩曰, “曉望星垂海, 樓高寒襲人. 乾坤身外大, 鼓角坐來頻. 遠峀看如霧, 喧禽覺已春. 宿酲應自解, 詩興謾相因.” <萬里瀨>詩曰, “醉嚼岩間雪, 狂遺頭上巾. 時應投懶散, 境自着淸眞. 澗曲音生石, 松高影落茵. 小詩偸勝景, 君婦豈余嗔.” <宿三田渡>詩曰, “寓庵初被酒, 箭串晩來[6]風. 白雨時時墮, 黃花處處同. 詩篇半行李, 秋色一簑翁. 獨向漁村宿, 平江月影空.” <和擇之[7]>詩曰, “深秋木落葉侵關, 戶牖全輸一面山. 縱有盃樽誰共對, 已愁風雨欲催寒. 天應於我賦窮相, 菊亦與人無好顔. 撥棄憂懷眞達士, 莫敎病眼謾長潸.” <福靈寺>詩曰, “伽藍却是新羅舊, 千佛皆從西竺來. 終古神人迷大隗, 至今福地似天台. 春陰欲雨鳥相語, 老樹無情風自哀. 萬事不堪供一笑, 青山閱世自[8]浮埃.” <贈擇之[9]>詩曰, “憂患秖應關己事, 襟[10]懷尙欲爲誰寬. 鬢毛颯颯生秋氣, 風雨悽悽作晩寒. 萬事可能辭爛醉, 十年端悔做微官. 蘧然罷却湖山夢, 依舊塵埃自滿冠.” <永保亭[11]>詩曰, “晩潮來處暫欹枕, 擡眼忽看洲渚生. 朝暮應須[12]事呼吸, 乾坤終亦有虧盈. 南人浮海如行馬, 澤國逢春更少晴. 日日倚樓渾不下, 恠聲時聽白鷗鳴.” 又 “地如拍拍將飛翼, 樓似搖搖不繫篷. 北望雲山欲何極, 南來襟帶此爲雄. 海氛升[13]霧仍成雨, 浪勢翻天自起風. 暝裡如聞鳥相叫, 坐間渾覺境俱空.” <古體詩投容齋[14]>詩其一曰, “造化無停機, 一奇還一偶. 功成付萬物, 天亦不自有. 丈夫少勳業, 時來聊下手. 卓哉張子房,更與赤松友." 其二曰, "行裝百年事, 無固亦無必. 來如浮雲出, 去若浮雲滅[15]. 用舍故在人, 本非吾所恤. 先師道如此, 陋巷與之匹." 其三曰, "酒醒月三更, 夢失五湖舟. 襟懷忽不樂, 松韻亦颼颼. 携燈照四壁, 古書在床頭. 讀罷有雋味, 可以遣百憂."

[1] 雨中懷擇之 : 雨中有懷擇之 (『挹翠軒遺稿』 卷3)

[2] 驩 : 歡 (『挹翠軒遺稿』 卷3)

[3] 辰 : 晨 (『挹翠軒遺稿』 卷3)

[4] 青眼對 : 對青眼 (『挹翠軒遺稿』 卷3)

[5] 天眞 : 陽春 (『挹翠軒遺稿』 卷3)

[6] 來 : 承 (『挹翠軒遺稿』 卷3)

[7] 和擇之 : 再和擇之 (『挹翠軒遺稿』 卷3)

[8] 自 : 只 (『挹翠軒遺稿』 卷3)

[9] 贈擇之 : 僕一二年來頭有白毛始生之髮屢見素莖室婦嘗鑷以視我付之戲笑蓋偶然耳自經憂患種種見之眼昏復甚於曩日嗟乎在世者能幾何久而士華且箴以節飲乎風雨襲人獨坐長歎之餘情發爲詩吟罷有感於殘生故書以示君君其謂何五月廿有八日誾再拜擇之先生 (『挹翠軒遺稿』 卷3)

[10] 襟 : 心 (『挹翠軒遺稿』 卷3)

[11] 永保亭 : 營後亭子 (『挹翠軒遺稿』 卷3)

[12] 須 : 誰 (『挹翠軒遺稿』 卷3)

[13] 升 : 作 (『挹翠軒遺稿』 卷3)

[14] 古體詩投容齋 : 昨飮萬里瀨劇談古今事扶醉而還夜半酒醒懷抱耿耿吟成古體詩七首呼燈書之明日投容齋以答前日七篇之惠 (『挹翠軒遺稿』 卷1)

[15] 滅 : 沒 (『挹翠軒遺稿』 卷1)

7

용재容齋 이행李荇은 자가 택지擇之이고 덕수德水사람이다. 연산군 때에 18세의 나이로 급제하여 문형을 맡았으며 좌의정을 역임하였고 시호는 문정文定이다. 읍취헌 박은과 우의가 깊어서 도리로써 서로를 높였다. 그의 시는 조화롭고 무르익어 입신의 경지에 이르러 허균許筠이 조선의 제일로 칭송하였으니 비록 그의 평가가 너무 지나친 듯하지만 요컨대 뛰어난 문인이라는 것은 잘못되지 않을 것이다.

그의 〈그림을 두고 짓다題畫〉 시에

주룩주룩 상강에 비 내려　　淅瀝湘江雨
흐릿한 반죽 숲에　　依俙斑竹林
이 사이 그려내기 어려운 것은　　此間難寫得
그날 두 비[1]의 마음이라네　　當日二妃心[2]

라고 하였고, 〈숙직실 벽에 쓰다書直舍壁〉 시에

늙자 병은 어김없이 찾아오고　　衰年奔走病如期
봄 흥취 얼마 없어 시 안 지어지네　　春興無多不到詩
잠 깨어 다 진 꽃에 문득 놀라는데　　睡起忽驚花事晩
한 줄기 가랑비에 장미꽃마저 떨어지네　　一番微雨落薔薇[3]

라고 하였으며, 〈합천에서 두견새 울음소리를 듣고陜川聞子規〉 시에

합천의 봄빛 밤 들자 쓸쓸하여　　江陽春色夜悽悽
잠 깨자 무단히 나그네 마음 헤매니　　睡罷無端客意迷
온갖 일 돌아가는 것만 못한데　　萬事不如歸去好
숲 너머로 두견이 울음소리 자주 들리네　　隔林頻聽子規啼[4]

라고 하였고, 〈박은의 제화병풍시 뒤에 쓰다書朴誾題畫屛詩後〉 시에

묵은 종이에는 질펀한 먹자국 있지만　　古紙淋漓寶墨痕
푸른 산 어디도 초혼할 곳 없으니　　青山無處可招魂
쓸쓸한 인생에 머리털마저 온통 희어져　　百年寂寞頭渾白
비바람 부는 텅 빈 집에서 홀로 문을 닫고 있네　　風雨空齋獨掩門[5]

라고 하였으며, 〈서릿달霜月〉 시에

저물녘 가랑비가 먼 하늘을 씻더니　　晩來微雨洗長天
밤 들자 거센 바람은 짙은 안개를 걷었는데　　入夜高風捲暝煙
잠 깨자 새벽 종소리에 한기 뼛속까지 스미니　　夢覺曉鍾寒徹骨
소아와 청녀[6] 고운 자태 다투는구나　　素娥青女鬪嬋娟[7]

라고 하였고, 〈천마록[8] 뒤에 쓰다題天磨錄後〉 시에

책 속의 천마산이　　卷裏天磨色
아른아른 여전히 눈을 띄우지만　　依依尚眼開
그 사람들은 이제 이미 가버렸으니　　斯人今已矣

옛 도는 날로 아득해지겠지	古道日悠哉
가랑비 내리는 영통사	細雨靈通寺
석양 지는 만월대	斜陽滿月臺
죽어도 살아도 일찍이 헤어졌으니	死生曾契闊
다 늙어 홀로 배회하네	白頭獨徘徊[9]

라고 하였으며, 〈홀로 술을 마시다 욱해서獨酌有感〉 시에

탁주 늘 가득 마셔	薄酒時多酌
굳센 창자에도 하루에 아홉 번 술기운 도니[10]	剛腸日九廻
도는 지금 세상에 버림받았지만	道爲當世棄
자취는 혹 후인이 불쌍히나 여길는지	跡或後人哀
되갈 마음은 고운 풀에서 일어나고	歸興生芳草
봄 시름은 지는 매화에 부치는데	春愁付落梅
한평생 강호 살길 원했으니	百年湖海願
머리털 세어서는[11] 안 되고말고	莫受二毛催[12]

라고 하였고, 〈초가을新秋〉 시에

저물 어스름 초가을빛이	薄晩新秋色
객지 오랜 나그네 마음이라	殊方久客情
매미 소리는 높은 나무에서 조용하고	蟬聲高樹靜
반딧불은 먼 숲에서 환한데	螢火遠林明
문자로 삼생[13]을 그르쳤으니	文字三生誤
공명은 한바탕 웃음보다 가볍네	功名一笑輕
은거하겠다던[14] 그때의 약속	鹿門他日約
처자를 어느 때 맞아 올까	妻子幾時迎[15]

라고 하였으며, 〈풍수風樹〉 시에

바람 든 나무에는 시든 잎 많고	風樹多危葉
가을 산엔 석양 금방 드는데	秋山易夕陽
기러기 떼 은하수를 비껴 날고	雁行斜度漢
귀뚜라미 소리 침상에서 싸늘한데	蛩韻冷依床
병은 해를 넘겨 계속되고	病欲侵年至
시름은 밤새 길기만 한데	愁是抵夜長
세상에 지음 없으니	知音空海內
누구와 한 번이라도 이야기해볼까	誰與一商量[16]

라고 하였고, 〈울적함이 일어有懷〉 시에

백 년 아직 반도 안 지났는데	百歲未云半
알던 벗은 몇이나 남아 있는가	相知餘幾人
문장 다만 내게 누가 될 뿐이니	文章祇自累
천지 어찌 어질 수 있겠는가	天地豈能仁
어둑한 산천은 조용하기만 하고	寂寂山川暝
봄빛 어린 풀나무도 아득할 뿐이니	茫茫草樹春
평생 호해의 뜻 품었으나	平生湖海志
늙어가며 머뭇거리고만 있네	老去只逡巡[17]

라고 하였으며, 〈감회가 일어感懷〉 시에

다사다난 속에 갇힌 일개 병든 사내	多難纍然一病夫
인간 세상 어디서도 갈 길 궁하니	人間隨地盡窮途
눈에 드는 청산에서 저물녘 띠풀 베고	青山在眼誅茅晚

마음 상해 밝은 달에 외로이 붓 잡을 뿐	明月傷心把筆孤
끝없는 짧은 꿈에 개미굴을 보고	短夢無端看穴蟻
덧없는 인생 돛대 위 까마귀 같았지만	浮生不定似檣烏
이제 와서 노년의 흥 넘치게 얻었으니	祗今贏得衰遲趣
아이들 흰 수염 당겨도 내버려두네	聽取兒童將白鬚[18]

라고 하였고, 〈지정의 운에 차운하다次止亭韻〉 시에

석양이 희미하게 먼 산에 내리니	西日微微下遠巒
날다 지친 새들 각기 되갈 줄 알고	倦飛禽鳥各知還
노란 꾀꼬리 울음 없으니 분명 늙었을 게며	黃鸎無語分明老
붉은 꽃잎 마음 상하게 반쯤 시들었지만	紅藥傷心一半殘
지팡이 병든 몸 도울 수 있으니	藜杖解能扶病骨
술잔으로나마 시름 어린 마음을 씻고	酒杯聊爲洗愁肝
동쪽 언덕서 휘파람 불며 맑은 달빛 맞으니	東皐舒嘯邀淸影
남은 생 과분한 기쁨 뜻밖에 얻었네	偷得餘生分外歡[19]

라고 하였으며, 〈감회가 일어感懷〉 시에

백발은 눈이 아닌데	白髮非白雪
동풍 분다고 어찌 없어지겠는가	豈爲東風滅
봄 시름 봄풀 같아서	春愁若春草
밤낮없이 길 가득 자라네	日夜生滿道
동해는 되오는 물결 없고	東海無返波
지는 해 다시 띄우기 어려우니	西日難再早
천지의 운행 이같을 뿐이니	大運只如此
어찌 노쇠하지 않을 수 있겠는가	安得不衰老

인생이란 본래 담박하지만　生也本澹泊
외물이 번뇌 만드니　外物作煩惱
어찌하여 오늘 사람들은　奈何今之人
그 보물을 스스로 보물로 여기지 않는가　不自寶其寶
변변찮은 음식이 금액[20]이고　簞食是金液
누추한 거리 곧 봉래산이니　陋巷乃蓬島
초연히 만 년의 세월 안에서　超然萬世內
팽조의 요절 내려보네　下視彭鏗夭[21]

라고 하였고, 〈대나무 그림을 두고 쓰다題畫竹〉 시에

석생의 재주 귀신 같아서　石生筆有神
손 가는 대로 대나무 생기네　信手寫生竹
늠름한 천 이랑의 자취가　凜凜千畝姿
이따라 한 가지에 고스란히 깃드니　寄此一枝足
시인은 군자를 기려　風人美君子
기수 동산의 푸른 대로 비유했지[22]　取譬淇園菉
세한에 이르도록 마주하고 있으니　對之至歲寒
밥에 고기 반찬 없어도 되겠네[23]　可使食無肉[24]

라고 하였다.

---

1 두 비 : 소상강 일대에서는 자줏빛 반점이 있는 대나무가 자라는데, 요堯임금의 두 딸 아황娥皇과 여영女英이 순舜임금의 왕비가 되어 순 임금 사후에 상강에서 슬피 울다가 물에 빠져 죽었는데, 이때 흘린 눈물이 대나무에 얼룩져서 반죽斑竹이 되었다는 전설이 있다. 『박물지博物志』 권8.

2 제목 : 〈그림을 두고 짓다題畫〉, 『용재집容齋集』 권1.

3 제목 : 〈4월 26일 동궁의 이어소에서 숙직하며 벽에 쓰다四月二十六日 書于東宮移御所直舍壁〉, 『용재집容齋集』 권1.

4 제목 : 〈합천에서 두견새의 울음소리를 듣고陜川聞子規〉, 『용재집容齋集』 권7.

5 제목 : 〈중열의 제화병풍시 뒤에 쓰다書仲說題畫屛詩後〉, 『용재집容齋集』 권1.

6 소아와 청녀 : 소아는 서왕모가 남편에게 준 불사약을 훔쳐 먹고 달 속으로 도망가 달의 선녀가 되었다는 항아姮娥로 전하여 달을 가리키고, 청녀는 눈서리를 관장하는 여신의 이름으로 곧 겨울에 눈서리가 내리는 것을 의미한다.

7 제목 : 〈서릿달 시에 차운하다次霜月韻〉, 『용재집容齋集』 권8.

8 천마록天磨錄 : 박은 · 남곤 · 이행 세 사람이 개성의 천마산을 유람하면서 시를 짓고 그 시들을 모아 엮은 편명이다. 『용재집』 권4에 수록되어 있으며 총 19제 26수의 시가 전한다.

9 제목 : 〈천마록의 뒤에 쓰다題天磨錄後〉, 『용재집容齋集』 권2. 본문은 〈제천마후록題天磨後錄〉이라고 하여 '錄'과 '後'가 뒤바뀌어 있는데 이는 필사 상의 오류로 보인다.

10 굳센……도니 : 마음속에 시름이나 슬픔이 맺혀서 풀리지 않음을 뜻한다. 한漢나라 사마천司馬遷의 〈보임소경서報任少卿書〉에 "이런 까닭에 시름이 창자에서 하루에 아홉 번 돈다[是以腸一日而九廻]."라고 하였다.

11 머리털 세어서는 : 원문의 이모二毛는 흰머리를 말한다. 진晉나라 반악潘岳의 〈추흥부秋興賦〉 서문에 "내가 서른두 살에 흰머리가 나기 시작했다[余春秋三十有二, 始見二毛]."라고 하였다. 『예문유취藝文類聚』 권3.

12 제목 : 〈홀로 술을 마시다 욱해서獨酌有感〉, 『용재집容齋集』 권5.

13 삼생三生 : 불교 용어로 전생 · 현생 · 내생을 말한다. 불교에서는 삼생이 깨닫고 보면 한바탕 꿈일 뿐이라고 한다.

14 은거하겠다던 : 원문의 녹문鹿門은 중국 호북성湖北省 양양현襄陽縣에 있는 산으로, 후한後漢의 방덕공龐德公이 유표劉表의 초빙을 거절하고 가족들과 함께 은거하였다는 산이다. 『후한서後漢書』 권83, 「방공열전龐公列傳」.

15 제목 : 〈초가을新秋〉, 『용재집容齋集』 권6.

16 제목 : 〈풍수風樹〉, 『용재집容齋集』 권2.

17 제목 : 〈울적함이 일어有懷〉, 『용재집容齋集』 권5.

18 제목 : 〈감회가 일어 익재의 운자를 쓰다感懷用益齋韻〉, 『용재집容齋集』 권3.

19 제목 : 〈지정이 다시 보낸 운자에 삼가 차운하다謹次止亭再示韻〉 3수 중 세 번째 수, 『용재집容齋集』 권3.

20 금액金液 : 전설상의 선약으로, 반 냥을 먹으면 장수를 누리고 한 냥을 먹으면 신선이 되어 하늘로 올라간다고 한다.

21 제목 : 〈감회가 일어感懷〉, 『용재집容齋集』 권3.

22 기수……비유했지 : 『시경詩經』 「위풍衛風 기욱淇澳」에, “저 기수淇水의 모퉁이를 보니, 푸른 대나무가 무성하도다. 문채나는 군자여, 절차탁마하는 듯 하도다[瞻彼淇澳, 菉竹猗猗. 有匪君子, 如切如磋, 如琢如磨.].”라고 한 것을 인용하였다.

23 밥에……되겠네 : 소식蘇軾의 〈녹균헌綠筠軒〉에서 “밥에 고기가 없을 수는 있지만, 집에 대나무가 없어선 안 되지[可使食無肉, 不可居無竹.].”라고 한 구절을 인용하였다.

24 제목 : 〈대나무 그림을 두고 쓰다. 윤 부정을 위해 짓다題畫竹 爲尹副正作〉, 『용재집容齋集』 권3.

李容齋荇, 字擇之, 德水人. 燕山時十八登第, 典文衡官左相. 諡文定. 與揖翠友善, 以其道相尙. 其詩平和純熟入神境, 許筠稱爲國朝第一, 雖其推許太過, 然要不失詞家上乘. 其<題畫>詩曰, “淅瀝湘江雨, 依俙斑竹林. 此間難寫得, 當日二妃心.” <書直舍壁[1]>詩曰, “衰年奔走病如期, 春興無多不到詩. 睡起忽驚花事晩[2], 一番微雨落薔薇.” <陜川聞子規>詩曰, “江陽春色夜悽悽, 睡罷無端客意迷. 萬事不如歸去好, 隔林頻聽子規啼.” <書朴誾題畫屛詩後[3]>曰, “古紙淋漓寶墨痕, 靑山無處可招魂. 百年寂寞頭渾白, 風雨空齋獨掩門.” <霜月[4]>詩曰, “晩來微雨洗長天, 入夜高風捲暝煙. 夢覺曉鍾寒徹骨, 素娥靑女鬪嬋娟.” <題天磨後錄[5]>詩曰, “卷裏天磨色, 依依尙眼開. 斯人今已矣, 古道日悠哉. 細雨靈通寺, 斜陽滿月臺. 死生曾契闊, 白頭[6]獨徘徊.” <獨酌有感>詩曰, “薄酒時多酌, 剛腸日九廻. 道爲當世棄, 跡或後人哀. 歸興生芳草, 春愁付落梅. 百年湖海願, 莫受二毛催.” <新秋>詩曰, “薄晩新秋色, 殊方久客情. 蟬聲高樹靜, 螢火遠林明. 文字三生誤, 功名一笑輕. 鹿門他日約, 妻子幾時迎.” <風樹>詩曰, “風樹多危葉, 秋山易夕陽. 雁行斜度漢, 蛩韻冷依床. 病欲侵年至, 愁是抵

夜長. 知音空海內, 誰與一商量." <有懷>詩曰, "百年云未[7]半, 相知餘幾人. 文章祇[8]自累, 天地豈能仁. 寂寂山川暝, 茫茫草樹春. 平生湖海志, 老去只[9]逡巡." <感懷[10]>詩曰, "多難累然一病夫, 人間隨處[11]盡窮途. 青山在眼誅茅晩, 明月傷心把筆孤. 短夢無端尋蟻穴[12], 浮生不定似檣烏. 祇[13]今贏得衰遲趣, 聽取兒童將白鬚." <次止亭韻[14]>曰, "西日依依[15]下遠巒, 倦飛禽鳥各知還. 黃鸝無語分明老, 紅藥傷心一半殘. 藜杖解能扶病骨, 酒盃聊爲洗愁肝. 東皐舒嘯邀清影, 偸得餘生分外歡." <感懷>詩曰, "白髮非白雪, 豈爲春[16]風滅. 春愁若春草, 日夜生滿道. 東海無返波, 西日難再早. 大運只如此, 安得不衰老. 生也本澹泊, 外物作煩惱. 奈何今之人, 不自寶其寶. 簞食是金液, 陋巷乃蓬島. 超然萬世事[17], 下視彭鏗夭." <題畫竹[18]>詩曰, "石生筆有神, 信手寫生竹. 凜凜千畝姿, 寄此一枝足. 風人美君子, 取譬淇園菉. 對之至歲寒, 可使食無肉.

[1] 書直舍壁 : 四月二十六日書于東宮移御所直舍壁 (『容齋集』 卷1)
[2] 晩 : 了 (『容齋集』 卷1)
[3] 書朴誾題畫屏詩後 : 書仲說題畫屏詩後 (『容齋集』 卷1)
[4] 霜月 : 次霜月韻 (『容齋集』 卷8)
[5] 題天磨後錄 : 題天磨錄後 (『容齋集』 卷2)
[6] 白頭 : 衰白 (『容齋集』 卷2)
[7] 云未 : 未云 (『容齋集』 卷5)
[8] 祇 : 秖 (『容齋集』 卷5)
[9] 只 : 但 (『容齋集』 卷5)
[10] 感懷 : 感懷用益齋韻 (『容齋集』 卷3)
[11] 處 : 地 (『容齋集』 卷3)
[12] 尋蟻穴 : 看穴蟻 (『容齋集』 卷3)

13 祇 : 只 (『容齋集』 卷3)

14 次止亭韻 : 謹次止亭再示韻 (『容齋集』 卷3)

15 依依 : 微微 (『容齋集』 卷3)

16 春 : 東 (『容齋集』 卷3)

17 事 : 內 (『容齋集』 卷3)

18 題畫竹 : 題畫竹爲尹副正作 (『容齋集』 卷3)

8

충암冲庵 김정金淨의 자는 원충元冲이고 경주慶州 사람이다. 중종中宗 정묘년에 과거에서 장원을 했고 호당에 뽑혔으며 벼슬은 형조 판서까지 이르렀다. 기묘년에 남곤南袞에게 무고를 당해 정암靜庵 조광조趙光祖와 함께 화를 입고 쫓겨나 해도에서 죽었다. 시호는 문간文簡이다. 시격이 청상표일清爽飄逸하여 최경창崔慶昌 · 백광훈白光勳 · 이달李達 삼당三唐의 문경門逕을 열었으니, 또한 동방의 몇몇 대가들인 것이다.

그의 〈아름다운 달佳月〉 시에

좋은 달빛이 겹겹 구름에 가려져 있어	佳月重雲掩
아득한 천지에 어둔 빛 때문에 시름겨운데	迢迢暝色愁
맑고 밝은 빛 기다릴 수 없어서	清光不可待
깊은 밤 강가 누대에 기대고 있네	深夜倚江樓[1]

라고 하였고, 〈즉흥적으로 읊다即事〉 시에

지는 해는 황야에 비치고	落日臨荒野
까마귀는 해질녁 마을에 내려앉았는데	寒鴉下晚村
빈 숲엔 불 땐 연기 싸늘히 식어있고	空林煙火冷
초가집엔 사립문 닫혀 있네	白屋掩柴門[2]

라고 하였으며, 〈강남江南〉 시에

강남 땅 못다 꾼 꿈 낮에도 어른거리고	江南殘夢晝厭厭
근심은 좋은 날 따라 날마다 더해지네	愁逐年芳日日添
꾀꼬리 제비 온 때에 봄 또 저무는데	鶯燕來時春又暮
살구꽃 이슬비에 겹발을 내리네	杏花微雨下重簾[3]

라고 하였고, 〈저물녘 길을 가며晩行〉 시에

흐린 기운 석양에 머물러	輕薄微陰逗夕陽
가을 모습 담담하게 푸른 하늘 펼쳤다가	秋容淡淡碧天長
가을 바람 속 가랑비 쓸쓸히 지나가서	西風小雨蕭蕭過
시냇가 다리와 한바탕 서늘함 함께하네	併作溪橋一陣凉[4]

라고 하였으며, 〈금강루錦江樓〉 시에

가을 바람 낙엽 지는 금강 가을	西風木落錦江秋
안개 낀 마름 물가 눈에 드니 시름겨운데	煙霧蘋洲一望愁
저물녘 술 깨고 사람들 멀리 떠나야 해서	日暮酒醒人去遠
강 누대 가득한 이별 생각에 못 견디겠네	不堪離思滿江樓[5]

라고 하였고, 〈길가의 소나무를 두고 짓다題路傍松〉 시에

바닷바람 스쳐가니 슬픈 소리 커지고	海風吹去悲聲壯
산 달 높이 뜨니 야윈 그림자 성긴데	山月高來瘦影疎
곧은 뿌리 샘 아래 황천까지 닿으니	賴有直根泉下到

눈서리 겪어도 품격 아직 사라지지 않네 雪霜標格未全除[6]

가지는 꺾인 채고 잎은 다 헝클어져 枝條摧落葉鬖髿
도끼질에 남은 몸을 모래에 눕히려니 斤釜餘身欲臥沙
동량 되어 세상 쓰일 희망도 끊어지고 望斷棟樑人世用
뻣뻣한 몸만 신선 뗏목에나 쓸 만하겠네 査牙堪作海仙槎[7]

라고 하였으며【이 두 수는 유배가던 길에서 와송을 보고 감회를 부친 것이니 읽으면 나도 모르게 가만히 옷깃을 적시게 된다.】, 〈산비山雨〉 시에

산비는 쓸쓸하게 초가집에 내리고 蕭蕭山雨下茅庵
가을 깊은 황량한 성 석양빛 무르익는데 秋老荒城晩色酣
고향의 산천에 혼만 절로 가서 故國山川魂自往
몸이 바다 남쪽에 있는 것을 잊겠지 不知身在海天南[8]

라고 하였고, 〈남쪽 청풍 한벽루天南淸風寒碧樓〉 시에

휘둘러 본 산천은 웅장하고 盤僻山川壯
하늘과 땅이 여기에 와서 그윽하니 乾坤玆境幽
바람은 만고의 굴에서 나오고 風生萬古穴
강은 새벽의 누대를 흔들 듯하니 江撼五更樓
속 빈 베개는 맑은 여름에 적당하겠고 虛枕宜淸夏
시 짓는 혼은 구월 가을이 시원하겠으니 詩魂爽九秋
어떻게 하면 내 몸의 허울 벗어던지고 何因脫身累
푸른 물결 기대어 높이 누우려나 高臥寄滄洲[9]

라고 하였으며, 〈명주로 부치다寄溟洲〉 시에

한 해의 끝에 지친 나그네는	歲暮倦遊客
관하는 첩첩산에 막혀있으니	關河山萬重
한 조각 구름만 가는 말을 따르고	孤雲隨去馬
낙엽은 발자취를 지우네	落葉沒行蹤
고개 너머에는 힘들었던 일 남아있고	嶺外餘荒業
강가에는 고기 낚는 늙은이 홀로 있을 테니	沙邊一釣翁
밝은 보름달 보며 그리워하겠지만	相思明月滿
바다 동쪽에서 꿈만 꾸겠지	夢盡海天東[10]

라고 하였고, 〈변방에서絕國〉 시에

변방이라 안부 묻는 사람 없고	絕國無相問
외론 봄 가시 두른 집에 있으니	孤身棘室圍
꿈에서나 관새가 가까운 듯하고	夢如關塞近
아이 종을 형제처럼 의지했지만	僮作兄弟依
근심과 병은 귀밑머리에 교묘히 들고	憂病工侵鬢
바람서리에도 겨울옷 아직 준비 못했으니	風霜未授衣
그리는 마음은 밝은 달 같아서	思心若明月
하늘 끝에서 멀리로 빛을 보내네	天末寄遙輝[11]

라고 하였으며, 〈바다積水〉 시에

바닷물은 하늘 끝에 닿은 듯하고	積水浮天極
어둑한 물결은 하늘인 듯 출렁이니	溟茫漾太虛
땅 외로워 세상 너머에 있는 듯하고	地孤疑世外
사람은 멀어 진나라 유민을 찾는 듯하네	人遠得秦餘
배는 오나라 초나라와 통할 만하고	舟楫通吳楚

어룡이 지역 반을 차지했으니　魚龍半邑墟
뗏목 타고 성인 탄식 깊이 느껴　乘桴潛聖歎
끝내 야만 오랑캐 땅에서는 살지 못하겠네　終不陋蠻居[12]

라고 하였고, 〈총석정叢石亭[13]〉에,

푸른 바다 한 쪽의 깎아지른 붉은 언덕에　絕嶠丹崖滄海陬
멀고 아득한 외로운 모습은 봉래이니　孤標夐邈卽蓬丘
단단한 뿌린 그윽한 물결 험한 곳에 꽂혀있고　硬根卽揷幽波險
깎아지른 모습 잘 드는 도끼로 다듬은 듯하며　削面疑經巧斧修
하늘 높은 자라 기둥은 네 조각만 남았고[14]　鼇柱天高殘四片
현산에 묵은 양호의 비석은 천추에 아득하며[15]　羊碑峴古杳千秋
학 타던 사람은 떠나고 이미 텅 비었으니　鶴背人去已寥廓
눈 끝 닿는 푸른 구름에 부질없이 절로 근심하네　目斷碧雲空自愁[16]

라고 하였으며, 그 두 번째 수에

천고 높은 언덕의 총석정 빼어나서　千古高臯叢石勝
올라보니 가을 회포 쓸쓸하기만　登臨搖落九秋懷
북두성의 빛 흩어 푸른 바다에 떨구고　斗魁鏟彩隨滄海
월궁에서 도끼 빌려 붉은 언덕 깎았으며　月宮借斧削丹崖
큰 바다는 가파른 산을 떠 보내는 듯하고　巨溟欲泛危巒去
억센 바위는 거센 물결 오래 부딪쳐 밀어내니　頑骨長衝激浪排
봉래섬의 피리소리 부질없이 기다리며　蓬島笙簫空淡佇
지는 해에 머리 긁으며 하늘 가에 붙어사네　夕陽搔首寄天涯[17]

라고 하였고, 그 세 번째 수에

구름 갠 맑은 가을 푸른 빛은 겹쌓이고	雲滅秋晴淡碧層
맑은 새벽 일어나 떠오르는 태양 보니	淸晨起望大陽昇
빛은 바다를 삼켰다 토해내고	光涵海宇初呑吐
광채는 하늘로 쏘아 갑자기 솟구치네	彩射天衢忽湧騰
깊은 굴의 늙은 용은 화염인가 놀라고	幽窟老龍驚火焰
깊은 숲의 음귀는 기댈 곳을 잃겠지	深林陰鬼失依憑
세상의 어둠 이제 환해지리니	塵寰昏黑從今廓
엄자산[18] 향해 노끈을 잡아 매어 두고 싶네	欲向崦嵫爲繫繩[19]

라고 하였으며, 〈감회感懷〉에

손님 돌아간 뒤 술이 막 깨고	客散酒初醒
초가집에 혼자 앉았자니	茅軒坐幽獨
환한 달은 눈부신 빛을 뿌리고	華月流素光
층진 성은 저 멀리 희미하게 보이며	層城藹遐矚
구름 잠긴 먼 하늘엔 이슬 내리고	雲湛遙空露
잎 성긴 처마 나무 앙상하며	葉疎虛簷木
황량한 숲엔 바람 쓸쓸하고	蕭蕭荒竹林
찬 바람에 옥떨기를 부수며	寒風碎叢玉
가을 벌레는 울음소리 그치니	候虫罷秋吟
풀은 푸르른 꽃다움을 다했네	蔓草歇芳綠
고요히 보니 자취는 이미 사라져	觀靜迹已瞑
시절을 한탄하니 생각 꼬리 물고 이어져	感時思還續
소리나마 혹시 전할 수 있을까 하여	遺聲倘可傳
한 쌍의 고니에게 부치네	寄之雙黃鵠[20]

라고 하였다.

1 제목 : 〈아름다운 달佳月〉, 『충암집冲庵集』 권3.
2 제목 : 〈감흥感興〉, 『충암집冲庵集』 권3.
3 제목 : 〈강남江南〉, 『충암집冲庵集』 권2.
4 제목 : 〈저물녘 길을 가며晩行〉, 『충암집冲庵集』 권2.
5 제목 : 〈금강루錦江樓〉, 『충암집冲庵集』 권2.
6 제목 : 〈길가의 소나무를 두고 짓다題路傍松〉 3수 중 두 번째 수, 『충암집冲庵集』 권3.
7 제목 : 〈길가의 소나무를 두고 짓다題路傍松〉 3수 중 첫 번째 수, 『충암집冲庵集』 권3.
8 제목 : 〈산비山雨〉, 『충암집冲庵集』 권3.
9 제목 : 〈청풍 한벽루清風寒碧樓〉, 『충암집冲庵集』 권1.
10 제목 : 〈임영으로 가는 최원로를 전송하며送崔生猿老往臨瀛〉 2수 중 첫 번째 수, 『충암집冲庵集』 권3.
11 제목 : 〈변방에서絶國〉, 『충암집冲庵集』 권3.
12 제목 : 〈바다積水〉, 『충암집冲庵集』 권3.
13 총석정叢石亭 : 강원도 통천군에 있는 누정으로, 총석단 꼭대기에 지은 정자이기 때문에 총석정이라는 이름이 붙었다.
14 하늘……남았고 : 『회남자淮南子』 「남명훈覽冥訓」에, "여와女媧가 오색五色의 돌을 정련해서 보천補天하고, 자라의 발을 잘라서 사극을 세웠다."라고 한 데서 온 말이다.
15 현산에……아득하며 : 진晉나라 때 양호가 일찍이 양양 태수襄陽太守로 있으면서 많은 선정을 베풀었으므로, 그가 죽은 뒤에 그 지방 백성들이 양호의 덕을 사모하여 현산에 비를 세워서 그의 덕을 기렸다.
16 제목 : 〈총석정을 두고 짓다題叢石亭〉 4수 중 첫 번째 수, 『충암집冲庵集』 권3.
17 제목 : 〈총석정을 두고 짓다題叢石亭〉 4수 중 두 번째 수, 『충암집冲庵集』 권3.
18 엄자산[崦嵫] : 185쪽 주35 참조
20 제목 : 〈감회感懷〉, 『충암집冲庵集』 권3.

金冲庵淨, 字元冲, 慶州人. 中宗丁卯魁科, 選湖堂, 官至刑曹判書. 己卯爲南衮所陷, 與趙靜庵光祖, 俱被禍竄死海島. 謚文簡. 詩格清爽飄逸, 以啓崔白李三唐門逕, 亦東國之有數大家也. 其

<佳月>詩曰, “佳月重雲掩, 迢迢暝色愁. 清光不可待, 深夜倚江樓.” <卽事[1]>詩曰, “落日臨荒野, 寒鴉下晩村. 空林烟火冷, 白屋掩柴[2]門.” <江南>詩曰, “江南殘落[3]晝厭厭, 愁逐年芳日日添. 雙燕來時春欲暮, 杏花微雨下重簾.” <晩行>詩曰, “輕薄微陰逗夕陽, 秋容淡淡[4]碧天長. 西風小雨蕭蕭過, 併作溪橋一陣凉.” <錦江樓>詩曰, “西風木落錦江秋, 烟霧蘋洲一望愁. 日暮酒醒人去遠, 不堪離思滿江樓.” <題路傍松>詩曰, “海風吹去悲聲壯[5], 山月高來瘦影踈. 賴有直根泉下到, 雪霜標格未全除.”, “枝條摧落葉鬖髿, 斤釜[6]餘身欲臥沙. 望斷棟樑人世用, 査牙堪作海仙槎.” 【此二首, 竄謫路中, 見臥松而寓感者也, 讀之不覺潛然霑衿.】 <山雨>詩曰, “蕭蕭山雨下茅庵, 秋老荒城晩色酣. 故國山川魂自往, 不知身在海天南.” <天南清風寒碧樓[7]>詩曰, “盤僻[8]山川壯, 乾坤玆境幽. 風生萬古穴, 江撼五更樓. 虛枕宜清夏, 詩魂爽九秋. 何因脫身累, 高臥寄滄洲.” <寄溟洲[9]>詩曰, “歲暮倦遊客, 關河山萬重. 孤雲隨去馬, 落葉沒行蹤. 嶺外餘荒業, 沙邊一釣翁. 相思明月滿, 夢盡海天東.” <絶國>詩曰, “絶國無相問, 孤身棘室圍. 夢如關塞近, 僮作兄弟[10]依. 憂病工侵鬢, 風霜未授衣. 思心若明月, 天末寄遙輝.” <積水>詩曰, “積水浮天極, 溟茫漾太虛. 地孤疑世外, 人遠得秦餘. 舟楫通吳楚, 魚龍半邑墟. 乘桴潛聖歎, 終不陋蠻居.” <叢石亭[11]>詩曰, “絶嶠丹崖滄海陬, 孤標敻邈卽蓬丘. 硬根卽[12]插幽波險, 削面疑經巧斧修. 鷩[13]柱天高殘四片, 羊碑峴古沓千秋. 鶴背人去已寥廓, 目斷碧空雲[14]自愁.” 其二曰, “千古高皐叢石勝, 登臨搖[15]落九秋懷. 斗魁鏟彩隨[16]滄海, 月宮借斧削丹崖. 巨溟欲泛危巒去, 頑骨長衡激浪排. 蓬島笙簫空淡佇, 夕陽搔首寄天涯.”

其三曰, "雲滅秋晴淡碧層, 淸晨起望大陽昇. 光涵海宇初呑吐, 彩射天衢忽湧騰. 幽窟老龍驚火焰, 深林陰鬼失依憑. 塵[17]寰昏黑從今廓, 欲向崦嵫爲縶繩." <感懷>詩曰, "客散酒初醒, 茅軒坐幽獨. 華月流素光, 層城藹遐矚. 雲湛遙空露, 葉疎虛簷木. 簫簫荒竹林, 寒風碎叢玉. 候虫罷秋吟, 蔓草歇芳綠. 觀靜迹已瞑[18], 感時思還續. 遺聲倘可傳[19], 寄之雙黃鵠."

[1] 卽事 : 感興 (『冲庵集』 卷3)
[2] 柴 : 荊 (『冲庵集』 卷3)
[3] 落 : 夢 (『冲庵集』 卷2)
[4] 淡淡 : 澹澹 (『冲庵集』 卷2)
[5] 壯 : 遠 (『冲庵集』 卷3)
[6] 釜 : 斧 (『冲庵集』 卷3)
[7] 天南淸風寒碧樓 : 淸風寒碧樓 (『冲庵集』 卷1)
[8] 僻 : 辟 (『冲庵集』 卷1)
[9] 寄溟洲 : 送崔生猿老往臨瀛 (『冲庵集』 卷3)
[10] 兄弟 : 弟兄 (『冲庵集』 卷3)
[11] 叢石亭 : 題叢石亭 (『冲庵集』 卷3)
[12] 卽 : 直 (『冲庵集』 卷3)
[13] 鰲 : 鼇 (『冲庵集』 卷3)
[14] 空雲 : 雲空 (『冲庵集』 卷1)
[15] 摇 : 廖 (『冲庵集』 卷3)
[16] 隨 : 墮 (『冲庵集』 卷1)
[17] 塵 : 人 (『冲庵集』 卷1)
[18] 瞑 : 冥 (『冲庵集』 卷3)
[19] 傳 : 因 (『冲庵集』 卷3)

9

호음湖陰 정사룡鄭士龍의 시격詩格은 호방하면서 굳세어 별도로 하나의 풍격을 갖추었으니 마치 용맹한 장수와 사나운 군사들이 맨몸으로 육박전을 벌여 닥치는 대로 적을 쓰러뜨린 것 같아 읽으면 사람들에게 기운이 솟고 정신을 상쾌하게 한다.

그의 〈풍악산에서 노닐며遊楓嶽〉 시에

일만이천 봉우리 훑어보고 돌아올 제　　萬二千峰領略歸
쓸쓸한 낙엽들이 나그네 옷에 졌었고　　蕭蕭黃葉打征衣
찬비 내리는 정양사에서 향불 피던 밤 돼서야　　正陽寒雨燒香夜
거원[1]처럼 사십 평생을 잘못 산 걸 알았네　　蘧瑗方知四十非[2]

라고 하였고, 그의 〈봄에 흥이 일어春興〉 시에

뜰 가득 꽃 피고 잎은 들쭉날쭉한데　　花滿園林葉未齊
꾀꼬리 울음소리에 잠을 깬 것 같아　　恰回殘夢有鶯啼
흰 수염에 봄바람 스치는 건 상관없지만　　蝦鬚不礙東風過
엷은 그늘이 이마에 드는 것을 어찌하겠나　　無柰輕陰壓客低[3]

라고 하였으며, 〈기강[4]岐江〉 시에

물길 엇갈려 흐르는 곳에 이르니　　灘到交流處

배는 어지러운 숲 사이로 움직이고　船移亂樹間
세찬 바람 안개에 불어와 뒤섞이며　急風吹霧駁
성근 비 거룻배에 내려 젖어드네　疎雨打篷斑
나랏일은 늙음을 재촉하고　行役能催老
공명도 한가로움 독차지하지 못하지만　功名不博閒
끝내 유개부[5]에게 부끄러운 것은　終慚庾開府
사부로 강남을 흔든 것이지[6]　詞賦動江關[7]

라고 하였고, 〈황산전장荒山戰場〉 시에

옛날에 몰린 왜구 이곳에서 다 죽였을 때　昔年窮寇此殲亡
혈전 벌였던 신검에 자줏빛 둘러있으며　鏖戰神鋒繞紫芒
한나라 깃발 꽂았던 흔적 돌 틈에 남아있고　漢幟竪痕餘石縫
얼룩진 옷 피에 젖어 노을빛 물든 듯 했었지　斑衣漬血染霞光
살기 띤 듯한 가을바람에 산 숲은 오싹하고　商聲帶殺林巒肅
음기 가득한 도깨비불에 성루 황폐한데　鬼燐憑陰堞壘荒
우리나라가 어육신세 면한 건 태조의 힘 때문이니　東土免魚皆禹力
소신이 붓을 쥐어 감히 칭찬할 수 있겠는가　小臣拈筆敢揄揚[8]

라고 하였으며, 〈밤에 후대에 앉아後臺夜坐〉 시에

안개 낀 모래톱 넓디넓어 바라보니 끝이 없고　煙沙浩浩望無邊
천길 누대는 깊디깊은 못을 마주하고 있는데　千仞臺臨不測淵
바람 언뜻 불어 산 나무 모두 울어대고　山木俱鳴風乍起
달만 홀로 걸린 속에 강물 소리 갑자기 거세지네　江聲忽厲月孤懸
불운한 한평생 누구에게 의지하겠나　平生牢落知誰藉
머뭇거리며 늙어가 다만 스스로 가련할 뿐　投老迍邅秖自憐

관복 입고도 몸을 놓아 가버린　擬着宮袍放身去
고래 타고 간 사람 자취 먼 하늘에 물어보네　騎鯨人跡問高天[9]

라고 하였고, 〈양근에서 즉석으로 짓다楊根卽事〉 시에

산을 둘러 성곽 되니 쟁반 속 비슷한데　擁山爲郭似盤中
어스름 막 내려앉아 골짜기는 어두워지는데　暝色初沈洞壑陰
산꼭대기 별은 흔들리며 조각달과 다투고　峰頂星搖爭缺月
나무 위 새는 날아 깊은 떨기에 숨네　樹巔禽動竄深叢
비 뿌리나 싶더니 맑은 여울소리 아스라이 들리고　晴灘遠聽翻疑雨
바람 절로 이는 듯하더니 병든 잎 힘없이 지네　病葉微零自起風
이 밤 시 읊는 침대값 나누어 내겠지만　此夜共分吟榻料
내일 아침되면 화려한 말[10] 타고 붉은 먼지 날리겠지　明朝珂馬軟塵紅[11]

라고 하였으며, 〈회포를 기록하다記懷〉 시에

명협초 네 번 지고 달도 꽉 차도록　四落堦蓂魄又盈
쓸쓸히 찾아오는 사람 없어 사립문 닫았네　悄無車馬鬧柴荊
시서의 옛 공부 내려놓으면 다시 하기 어렵고　詩書舊業抛難起
농사일 새로운 공은 계획대로 되지 않았는데　場圃新功策未成
비 기운 노을 눌러 산은 갑자기 어두워지고　雨氣壓霞山忽暝
냇물은 달빛 받아 밤에 더욱 빛나네　川華受月夜猶明
생각이라는 것이 다시는 마음을 괴롭히지 못하니　思量不復勞心事
내 신세는 농사와 낚시에 꼭 맞구나　身世端宜付釣耕[12]

라고 하였고, 그 외에

말이 마른 콩깍지 씹는 소리 꿈결에 듣고	馬齕枯萁和夢聽
쥐가 남은 곡식 훔치는 걸 등잔 너머로 보네	鼠偷殘粟背燈看[13]

바람맞은 병든 잎은 새벽 빗소리 들리고	病葉受風疑曉雨
들에 내린 성긴 별빛은 고깃불과 섞이네	疎星垂野混漁燈[14]

와 같은 시구는 모두 맑고 새로우며 기이하고 놀라우니 사람들이 묘사하기 어려운 경지를 말한 것이다.

---

1 거원蘧瑗: 춘추시대 위衛나라 대부로 "나이 50세에 49년 동안의 언행이 잘못되었다는 것을 알았다."라고 하였다. 『회남자淮南子』, 「원도훈原道訓」.

2 제목 : 이 시는 정사룡의 문집인 『호음잡고』에 수록되어 있지 않고 윤휴尹鑴의 『백호전서白湖全書』 권34, 「잡저雜著 풍악록楓岳錄」에 제목은 없이 정사룡의 시로 수록되어 있다.

3 제목 : 〈봄에 흥이 일어 절구 3수를 지어 이당후에게 부치다春興三絶 寄李堂後〉 3수 중 세 번째 수, 『호음잡고湖陰雜稿』 권4.

4 기강岐江 : 남강이 낙동강에 합류하는 곳으로 '강이 갈라진다'는 의미로 기음강岐音江이라고 불린다.

5 유개부庾開府 : 유신庾信(513~581)을 말한다. 중국 남북조시대 북주北周의 시인으로 서능徐陵과 함께 화려한 궁체시宮體詩를 즐겨 지었으나 서위西魏에 사신으로 갔다가 억류당한 뒤 청신한 시풍으로 바뀌었다. 관직이 개부의동삼사開府儀同三司에 이르러 유개부로 불렸다.

6 사부로……것이지 : 두보의 시 〈영회고적詠懷古跡〉에 "유신은 평생 몹시 쓸쓸했는데 늘그막에 시부가 강남을 흔들었네[庾信生平最蕭瑟, 暮年詩賦動江關]."라는 구절이 있다.

7 제목 : 〈기강岐江〉, 『호음잡고湖陰雜稿』 권1.

8 제목 : 〈황산전장荒山戰場〉, 『호음잡고湖陰雜稿』 권1.

9 제목 : 〈밤에 후대에 앉아後臺夜坐〉 2수 중 두 번째 수, 『호음잡고湖陰雜稿』 권3.

10 화려한 말[珂馬] : 화려하게 장식한 거마를 뜻하는 것으로 조정의 특별한 명을 받은 사신의 행차를 의미한다.

11 제목 : 〈양근에서 밤에 앉아 즉석에서 지어 동료에게 보이다楊根夜坐 卽事示同事〉, 『호음

잡고湖陰雜稿』 권4.
12 제목 : 〈회포를 적다紀懷〉, 『호음잡고湖陰雜稿』 권5.
13 제목 : 〈연산의 여관에서連山逆旅〉의 3~4구, 『호음잡고湖陰雜稿』 권2.
14 제목 : 〈8월 1일 중은당에서 묵다八月初吉 宿中隱堂〉 5~6구, 『호음잡고湖陰雜稿』 권5.

鄭湖陰士龍詩格, 豪壯勁健, 別具一體, 如猛將猂卒, 袒而搏戰, 所向披靡, 讀之令人, 氣聳神爽. 其<遊楓嶽>詩曰, "萬二千峰領略歸, 蕭蕭黃葉打征衣. 正陽寒雨燒香夜, 蘧瑗方知四十非." 其<春興[1]>詩曰, "花滿園林葉未齊, 恰回殘夢有鶯啼. 蝦鬚不礙東風過, 無柰輕陰壓客[2]低." <岐江>詩曰, "灘到交流處, 船移亂樹間. 急風吹霧駁, 疎雨打篷斑. 行役能催老, 功名不博閒. 終慚庾開府, 詞[3]賦動江關." <荒山戰場>詩曰, "昔年窮寇此殲亡, 鏖戰神鋒繞紫芒. 漢幟豎痕餘[4]石縫, 斑衣漬血染霞光. 商聲帶殺林巒肅, 鬼燐憑陰堞壘荒. 東土免魚皆禹力, 小臣拈筆[5]敢揄揚." <後臺夜坐>詩曰, "煙沙浩浩望無邊, 千仞臺臨不測淵. 山木俱鳴風乍起, 江聲忽厲月孤懸. 平生牢落知誰藉, 投老迍邅秪自憐. 擬着宮袍放身[6]去, 騎鯨人跡[7]問高天." <楊根卽事[8]>詩曰, "擁山爲郭似盤中, 暝色初沈洞壑陰[9]. 峰頂星搖爭缺月, 樹巔禽動竄深叢. 晴灘遠聽翻疑雨, 病葉微零自起風. 此夜共分吟榻料, 明朝珂馬軟塵紅." <記懷>詩曰, "四落堦蓂魄又盈, 悄無車馬鬧[10]柴荊. 詩書舊業抛難起, 場圃新功策未成. 雨氣壓霞山忽暝, 川華受月夜猶明. 思量不復勞心事, 身世端宜付釣耕." 他如, "馬齕枯萁和夢聽, 鼠偸殘粟背燈看.", "病葉受風疑曉雨, 疎星垂野混漁燈"之句, 皆清新奇警, 道人難寫之境.

[1] 春興 : 春興三絕寄李堂後 (『湖陰雜稿』 卷4)

[2] 客 : 額 (『湖陰雜稿』 卷4)

[3] 詞 : 詩 (『湖陰雜稿』 卷1)

[4] 餘 : 留 (『湖陰雜稿』 卷1)

[5] 拈筆 : 暮日 (『湖陰雜稿』 卷1)

[6] 身 : 舟 (『湖陰雜稿』 卷3)

[7] 跡 : 遠 (『湖陰雜稿』 卷3)

[8] 楊根卽事 : 楊根夜坐卽事示同事 (『湖陰雜稿』 卷4)

[9] 陰 : 空 (『湖陰雜稿』 卷4)

[10] 鬧 : 閉 (『湖陰雜稿』 卷5)

10

사암思庵 박순朴淳은 7언 절구에 뛰어나 시상詩想을 일으킴이 심원하였고 사물을 형상함이 공교롭고 오묘하여 때때로 남들은 짓지 못하는 부분이 많이 있었다.

그의 〈조처사[1]의 산중 거처를 찾아訪曹處士山居〉 시에

산 집에서 취해 자다 깨고 나니 야릇하여	醉睡山家覺後疑
골짜기 안개 끼어 달도 저버린 시간	白雲平壑月沈時
유유히 홀로 빽빽한 숲 밖으로 나온 때	翛然獨出脩林外
돌길 지팡이 소리를 잘 새만 알겠지	石逕筇聲宿鳥知[2]

라고 하였고, 〈호당에서 비가 온 뒤 즉흥으로 짓다湖堂雨後卽事〉 시에

어지러운 강줄기 들판 지나 강[3]에 들고	亂流經野入江沱
빗물 방울 아직 난간 너머 가지에 있는데	滴瀝猶殘檻外柯
울타리에 도롱이 걸고 처마에 그물 말리는	籬掛簑衣簷晒網
눈에 드는 어촌에 석양 짙게 물드네	望中漁屋夕陽多[4]

라고 하였으며, 〈여산에서 행사상인과 헤어지며礪山別行思上人〉 시에

사신가는 길에 어찌 수레를 머물려 두겠냐만은	王程那得駐征騑
시름 없는 청산은 몇 번이나 석양 졌나	愁外靑山幾夕暉

금마군 옛성 이별하는 곳에서　　金馬古城相送處
자동화[5] 지는 속에 비는 부슬부슬　　刺桐花落雨霏霏[6]

라고 하였고, 〈남쪽으로 돌아가시는 퇴계 선생을 전송하며送退溪先生南還〉 시에

고향 생각 이어진 고리처럼 끝없이 이어져　　鄕心不斷若連環
오늘 아침 한 필 말로 한양 관문 나서셨으니　　一騎今朝出漢關
추위에 붙들린 매화 봄 되도 아직 안 피었을 것은　　寒勒嶺梅春未放
꽃 머물려 노신선께서 되오시길 기다려서겠지　　留花應待老仙還[7]

라고 하였으며, 〈총병 양조[8]의 사당에서 짓다題楊總兵照廟〉 시에

강철 갑옷 황금 칼도 이미 먼지 되었고　　鐵衣金鍛已塵沙
사당 가린 나무 위엔 저녁 가마귀만 우니　　廟閉松杉噪夕鴉
슬프구나 한나라도 비장군[9] 죽고 나선　　怊悵漢家飛將死
오랑캐 피리소리 백랑하[10]를 자주 넘었으니　　胡噪頻渡白狼河[11]

라고 하였고, 〈청풍 한벽루[12]에서淸風寒碧樓〉 시에

나그네 마음 쓸쓸하여 시름 절로 일어　　客心孤迥自生愁
강물 소리 앉아 듣느라 누대를 떠나지 않지만　　坐聽江聲不下樓
내일 다시 관도에 올라 가버리면　　明日又登官道去
흰 구름 붉은 나무는 누굴 위해 가을 들까　　白雲紅樹爲誰秋[13]

라고 하였으며, 〈견상인께 드리다贈堅上人〉 시에

오래도록 은혜 입어 이 마음 부려놓고도	久沐恩波役此心
새벽 닭 울음소리에 조복을 입지만	曉鷄聲裏戴朝簪
강남의 들집 이제 다 황폐해졌을 텐데	江南野屋今蕪沒
도리어 산승께 대나무 숲 지켜달라 부탁하네	却倩山僧護竹林[14]

라고 하였다.

---

1 조처사曹處士 : 조준룡曹俊龍으로 자는 운백雲伯이다. 자세한 행적은 알 수 없다.
2 제목 : 〈조운백을 방문하여訪曹雲伯〉, 『사암선생문집思菴先生文集』 권2.
3 강[江沱] : 원문의 강타江沱는 장강長江과 타강沱江을 일컫는 말로 큰 강을 가리킨다.
4 제목 : 〈호당에서 입으로 불러 짓다湖堂口號〉, 『사암선생문집思菴先生文集』 권1.
5 자동화刺桐花 : 자동刺桐은 일명 해동海桐으로, 음나무라고도 한다.
6 제목 : 〈여산군에서 행사상인과 이별하며礪山郡別行思上人〉, 『사암선생문집思菴先生文集』 권1.
7 제목 : 〈고향으로 돌아가시는 퇴계선생을 전송하며送退溪先生還鄕〉, 『사암선생문집思菴先生文集』 권1.
8 양조楊照 : 1524~1563. 명明나라 사람으로, 자는 명원明遠이다. 가정嘉靖 연간에 여러 번 무공을 세워서 요동 총병관遼東總兵官이 되었는데, 충성스럽고 용감하였으며 오랑캐와 싸우다가 죽었다. 『명사明史』 권60, 「양조열전楊照列傳」.
9 비장군[飛將] : 한나라 때 흉노로부터 비장군飛將軍이라는 칭송을 들었던 이광李廣을 가리킨다.
10 백랑하白狼河 : 대릉하大凌河로 만주滿洲 요령성遼寧省에 있는 강 이름이다.
11 제목 : 〈양조의 사당에서 짓다題楊照廟〉, 『사암선생문집思菴先生文集』 권1.
12 한벽루寒碧樓 : 현재의 충청북도 제천시堤川市 청풍면淸風面에 있는 누각이다.
13 제목 : 〈청풍 한벽루에서淸風寒碧樓〉, 『사암선생문집思菴先生文集』 권1.
14 제목 : 〈견상인께 드리다贈堅上人〉, 『사암선생문집思菴先生文集』 권1.

朴思庵淳, 長於七絶, 興想之深遠, 象物之工妙, 往往有他人做不得處. 其<訪曹處士山居[1]>詩曰, "醉睡山[2]家覺後疑, 白雲平壑月沈時. 翛然獨出脩林外, 石逕笻聲宿鳥知." <湖堂雨後卽事[3]>詩曰, "亂流經野入江沱, 滴瀝猶殘[4]檻外柯. 籬掛簑衣簷晒網, 望中漁屋夕陽多." <礪山別行思上人[5]>詩曰, "王程那得駐征騑, 愁外青山幾夕暉. 金馬古城相送處, 刺桐花落雨霏霏." <送退溪先生南還>詩曰, "鄕心不[6]斷若連環, 一騎今朝出漢關. 寒勒嶺梅春未放, 留花應待老仙還." <題楊總兵照廟[7]>詩曰, "鐵衣金釼[8]已塵沙, 廟閉松杉噪夕鴉. 怊悵[9]漢家飛將死, 胡笳頻渡[10]白狼河." <清風寒碧樓>詩曰, "客心孤逈自生愁, 坐聽江聲不下樓. 明日又登官道[11]去, 白雲紅樹爲誰秋." <贈堅上人>詩曰, "久沐恩波役此心, 曉鷄聲裏戴朝簪. 江南野屋今蕪沒, 却倩山僧護竹林."

[1] 訪曹處士山居 : 訪曹雲伯 (『思菴先生文集』 卷2)

[2] 山 : 仙 (『思菴先生文集』 卷2)

[3] 湖堂雨後卽事 : 湖堂口號 (『思菴先生文集』 卷1)

[4] 殘 : 存 (『思菴先生文集』 卷1)

[5] 礪山別行思上人 : 礪山郡別行思上人 (『思菴先生文集』 卷1)

[6] 不 : 未 (『思菴先生文集』 卷1)

[7] 題楊總兵照廟 : 題楊照廟 (『思菴先生文集』 卷1)

[8] 釼 : 劍 (『思菴先生文集』 卷1)

[9] 怊悵 : 惆悵 (『思菴先生文集』 卷1)

[10] 渡 : 度 (『思菴先生文集』 卷1)

[11] 道 : 路 (『思菴先生文集』 卷1)

11

간이簡易 최립崔岦은 목릉성세 때에 문장으로 독보적이었을 뿐만 아니라 시율도 힘차고 씩씩하며 운치가 있어서 황정견黃庭堅[1]과 진사도陳師道[2]의 구법을 터득하였다. 석주石洲 권필權韠이 이전에 간이에게 묻기를 "요즘 문장의 거두로는 당연히 어르신을 들어야겠지만 시에 있어서는 누구를 들 수 있겠습니까? 제가 비길 수 있을 듯합니다."라고 하였다. 간이가 묵묵하게 한참 시간을 보낸 뒤 "잘 모르겠지만 내 죽고 나면 나중에 누군가가 다시 떨칠 수 있겠는가?"라고 하자 석주가 부끄러워하는 낯빛을 띠었으니 그가 자부함이 이와 같았다.

그의 〈삼일포[3]三日浦〉 시에

서른여섯 갠 봉우리 소라마냥 오밀조밀　　晴峰六六歛螺蛾
쌍쌍이 흰 새들[4] 잔잔한 물결을 희롱하는데　　白馬雙雙弄鏡波
신선 사흘 노닐고서 외려 다시 오잖으니　　三日仙遊猶不再
십주[5]의 아름다운 곳 많은 줄 이제 알겠네　　十洲佳處始知多[6]

라고 하였고, 〈낙산사[7]에서 일출을 보며洛山寺觀日出〉 시에

달빛도 진 아스라한 동쪽 하늘　　玉宇迢迢落月東
만경창파 갑자기 붉게 번뜩이니　　滄波萬頃忽翻紅
온갖 괴물 꿈틀꿈틀 모두 불을 머금고　　蜿蜿百怪皆啣火

금빛 태양 황도로 뿜어 보내네　送出金輪黃道中[8]

라고 하였으며, 〈죽서루[9]竹西樓〉 시에

머문 나그네 지키기도 시름겨워　滯客愁相守
옷 걷고서 곧장 경계 넘어왔으니　褰衣直潰圍
용이 안고 잠들었는지 누대엔 빛 가득하고　樓光龍抱睡
학이 줄지어 날아간 골짜기 그윽한데　洞翠鶴拿飛
가로로 흐르다 끊어진 한 줄기 강　一水橫臨斷
그저 다가와선 등진 봉우리들　諸峰徒倚非
나눠 남겨둘 경치 없는 것은　分留物色少
모두 하의[10] 다음이어서지　摠爲後荷衣[11]

라고 하였고, 〈문수암[12] 스님의 시권에 차운하다次文殊庵僧卷〉에

문수암 가는 길 이미 십 년이라 흐릿한데　文殊路已十年迷
꿈에선 외려 북쪽 성곽 서쪽을 찾아가니　有夢猶尋北郭西
지팡이 짚으면 온 골짜기에 구름은 왔다 갔다　萬壑倚杖雲遠近
문만 열면 뭇 산봉우리에 달은 떴다 졌다　千峰開戶月高低
경쇠소리 잦아들 땐 석굴에 새벽 물소리　磬殘石竇晨泉滴
촛불 돋울 때면 솔바람에 밤 사슴 울음소리　燈剪松風夜鹿啼
이것을 스님과 언제나 다시 만날까　此況共僧那再得
관청길은 칠월 장마 진흙탕만 질퍽하네　官衙七月困泥蹄[13]

라고 하였으며, 〈하대이의 묘에 술을 올리며酹河大而墓〉 시에

쩡쩡 나무 베는 소리에도 산새들 슬피 우니　伐木丁丁山鳥悲
홀로 칼 걸어두러 왔지만 어떤 가지에 둘까[14]　獨來懸釼向何枝
재주와 명성으로도 구제 못한 당세 비방이나　才名不救當世謗
우정만은 외려 분명 지하에서 알겠지　交道還應入地知
바다에서 이별하고 돌아와 이런 이별해　瀛海別回爲此別
역정에서의 시 지은 뒤 다시 시 못 지었지　驛亭詩後更無詩
한평생 술이 있으면 꼭 매번 취했었으니　平生得酒須皆醉
영전에 한 잔 술 올리니 받아주시게　倘省雲床奠一巵[15]

라고 하였고, 〈삼짇날 요양성[16]에 올라三月三日登遼陽城〉 시에

성 위의 높은 누대 기세 날아갈 듯하니　城上高樓勢若騫
가파른 계단 밟을 때마다 늘 깜짝 놀라는데　危梯一踏一驚魂
산 하나 없는 곳에서 먼 하늘은 절로 다하고　遙空自盡無山地
숲 마을 있는 곳엔 옅은 안개만 자욱하며　淡靄多生有樹村
북극성 아래 장안으로 나그네 길을 알지만　北極長安知客路
봄바람 부는 삼짇날이라 고향 동산 그리우니　東風上巳憶鄉園
만 가지 괜한 시름을 어떻게 풀어볼까　閒愁萬緒那禁得
지는 해에 술 한 통 비울까 싶네　料理斜陽酒一樽[17]

라고 하였으며, 〈망경루望京樓〉 시에

맑은 가을 높은 누대 올라 시력 시험해 보려니　清秋目力試樓雄
지난 밤 변방 비도 이제 막 개고　昨夜纔收塞雨濛
팔각 형세는 멀리 들 너머로 날 듯하고　八角勢飛遙野外
오층 그림자 그늘은 허공중에 엉겼으며　五層陰結半空中
까막까치 한 줄로 찬 해에 부딪힐 듯하고　烏鴉一道衝寒日

다듬이 소리 온 마을 저물녘 바람 속 울리는데　　砧杵千家響晩風
이쪽으로는 고향 생각 저쪽으로는 갈 길 걱정　　東憶故園西念路
지금 떠올려보니 그 정이 똑같구나　　此時臨眺摠情同[18]

라고 하였고, 〈권대아 필에게 부치다寄權大雅韠〉 시에

서강에선 못보다가 서관에서 만났었으니　　西江不見西關遇
평생 정말로 하루를 알기도 어렵구나　　一世良難一日知
고사전에나 합하는 것 찾을 수 있는 기개요　　氣槩合求高士傳
고인의 시보다 더욱 뛰어난 문장이라　　文章尤過古人詩
백의라도 역마 탐에 해되지 않으니　　白衣未解還乘馹
책을 휘장 아래에서만 읽을 수 있겠나[19]　　黃卷安能只下帷
듣자니 지존께서 시고를 들이라 하셨다 하니　　見說至尊徵稿入
몸이 봉황지에 이른 것보다 훨씬 낫구나　　全勝身到鳳凰池[20]

라고 하였으며, 〈연흥부원군 댁 연회에 참여해서延興宅會宴〉 시에

더위 피하는 풍류가 북해를 압도해[21]　　避暑風流傾北海
진흙탕 뚫고 수레와 말들 남산에 모이니　　衝泥車馬簇南山
관리 중의 으뜸인 국구 신분도 잊으시고　　身忘國舅衣冠右
잔치 자리에 집안 사람들 모두 모았으니　　具取家人鼎俎間
계피주 잔으로 파초잎은 약할까 걱정되고　　桂醞盞驚蕉葉脆
얼음 담긴 소반으로 수정 단단할까 걱정되네　　冰需盤訝水晶頑
황송한 초청 다만 시 잘 짓는 것 아껴서일 텐데　　佳招秖爲憐能賦
흰머리인데다가 비단 돌려주는 꿈[22]까지 꿨으니 어쩌겠나　　白首其何夢錦還[23]

라고 하였다.

1 황정견黃庭堅 : 195쪽 주5 참조.

2 진사도陳師道 : 195쪽 주6 참조.

3 삼일포三日浦 : 강원도 고성군에 있는 호수이다. 관동팔경의 하나인데, 신라 때에 영랑永郞, 술랑述郞, 남석랑南石郞, 안상랑安祥郞 등 네 화랑이 이곳에 왔다가 사흘을 머물렀던 데서 유래된 명칭이다. 『신증동국여지승람新增東國輿地勝覽』 권45, 「강원도江原道 고성군高城郡」

4 흰 새들 : 『동양시학원류』에는 '馬'로 되어 있으나 문맥에 따라 '鳥'로 바로잡아 번역하였다.

5 십주十洲 : 바닷속에 선인仙人이 산다는 섬으로, 곧 조주祖洲, 영주瀛洲, 현주玄洲, 염주炎洲, 장주長洲, 원주元洲, 유주流洲, 생주生洲, 봉린주鳳麟洲, 취굴주聚窟洲를 말한다. 『해내십주기海內十洲記』.

6 제목 : 〈삼일포三日浦〉, 『간이집簡易集』 권8.

7 낙산사洛山寺 : 강원도 양양군 강현면 전진리에 있는 절로, 관동팔경의 하나로 꼽힌다.

8 제목 : 〈열이렛날 아침十七朝〉, 『간이집簡易集』 권8.

9 죽서루竹西樓 : 삼척도호부三陟都護府 읍성邑城 내에 있는 누각으로 통천의 총석정叢石亭, 고성의 삼일포三日浦, 간성의 청간정淸澗亭, 양양의 낙산사洛山寺, 강릉의 경포대鏡浦臺, 울진의 망양정望洋亭, 평해의 월송정越松亭과 함께 관동팔경 가운데 하나이다.

10 하의荷衣 : 임억령을 말한다. 『간이집』에 수록된 이 시에 "본래 석천 임억령의 시에 차운한 것인데 임억령에게 하의라는 호도 있다[本林石川韻, 林亦號荷衣.]."라고 주가 달려 있다.

11 제목 : 〈죽서루竹西樓〉, 『간이집簡易集』 권7.

12 문수암文殊庵 : 삼각산에 있는 절의 이름이다.

13 제목 : 〈문수사 스님의 시권에 차운하다次韻文殊僧卷〉, 『간이집簡易集』 권6.

14 칼……둘까 : 『사기史記』 권31 「오태백세가吳太伯世家」에, 옛날 춘추 시대 오吳나라의 계찰季札이 상국上國으로 사신 가는 길에 서군徐君을 방문하였는데, 서군이 계찰이 차고 있는 칼을 탐내자, 계찰은 지금은 사신 가는 중이므로 줄 수 없으나 돌아오는 길에는 주어야겠다고 마음먹었다. 돌아오는 길에 서徐에 들리니, 서군이 이미 죽었으므로 계찰은 그 칼을 서군의 무덤 앞의 나무에 걸어 놓고 돌아갔다는 고사故事에서 나온 말이다.

15 제목 : 〈하대이의 묘에 술을 올리며酹河大而墓〉, 『간이집簡易集』 권6.

16 요양성遼陽城 : 요령성遼寧省의 동북 지역이다.

17 제목 : 〈삼짇날 요양성의 망경루에 올라三月三日 登望京樓 遼陽城〉, 『간이집簡易集』 권6.

18 제목 : 〈망경루에서 차운하다望京樓次韻〉, 『간이집簡易集』 권6.

19 책을……있겠나 : 후한後漢의 마융馬融이 붉은 휘장을 드리워 앞을 가린 채 학생들을 가르쳤던 고사에서 가져온 말이다. 『후한서後漢書』 권 60 상, 「마융전馬融傳」.

20 제목 : 〈권대아에게 부치다寄權大雅〉, 『간이집簡易集』 권8.

21 북해를 압도해 : 북해北海는 한漢나라 때 건안칠자建安七子 가운데 한 사람으로 북해상北海相을 지낸 공융孔融을 가리킨다. 공융은 성품이 너그럽고 거리낌이 없었으며, 선비들을 좋아하고 후생들을 가르치기를 좋아하였는데, 항상 말하기를 "좌상에는 손님이 항상 가득하고 술통엔 술이 빌 때가 없으니, 나는 걱정할 것이 없다[坐上客恒滿 尊中酒不空 吾無憂矣]." 하였다.

22 비단 돌려주는 꿈 : 『남사南史』 권59 「강엄열전江淹列傳」에, 남조南朝 때의 문장가 강엄江淹이 만년에 꿈속에서 장경양張景陽이라는 사람에게 비단폭을 돌려준 뒤로부터 문장이 갑자기 퇴보하기 시작했다는 고사가 전한다.

23 제목 : 〈김영부 집의 연회에서金領府第宴會〉, 『간이집簡易集』 권8.

崔簡易岦, 非徒文章獨步於穆陵盛世際, 詩律亦矯健有致, 得黃陳句法. 權石洲韠, 嘗問於簡易曰, "當世文章巨手, 當推老丈而詩則推于何人. 盖自擬也." 簡易默然良久曰, "未知, 老夫死, 後誰復擅揚." 石洲有愧色, 其自負若此. 其<三日浦>詩曰, "晴峰六六斂螺蛾, 白馬[1]雙雙弄鏡波. 三日仙遊猶不再, 十洲佳處始知多." <洛山寺觀日出[2]>詩曰, "玉宇迢迢落月東, 滄波萬頃忽翻紅. 蜿蜿百怪皆啣[3]火, 送出金輪黃道中." <竹西樓>詩曰, "滯客愁相守, 褰衣直潰圍. 樓光龍抱睡, 洞翠鶴拿飛. 一水橫臨斷, 諸峰徒倚非. 分留物色少, 摠爲後荷衣." <次文殊庵僧卷[4]>云, "文殊路已十年迷, 有夢猶尋北郭西. 萬壑倚杖[5]雲遠近, 千峰開戶月高低. 磬殘石竇晨泉滴, 燈剪松風夜鹿啼. 此況共僧那再得, 官銜[6]七月困泥蹄." <酹河大而墓>云, "伐木丁丁山鳥悲, 獨來懸釵[7]向何枝. 才名不救當世謗, 交道還應入地知. 瀛海別回爲此別, 驛亭詩後更無詩.

平生得酒須皆醉, 倘省雲[8]床奠一巵." <三月三日登遼陽城[9]>詩曰, "城上高樓勢若騫, 危梯一踏一驚魂. 遙空自盡無山地, 淡靄多生有樹村. 北極長安知客路, 東風上已憶鄉園. 閒愁萬緒那禁得, 料理斜陽酒一樽." <望京樓[10]>詩曰, "清秋目力試樓雄, 昨夜纔收塞雨濛. 八角勢飛遙野外, 五層陰結半空中. 烏鴉一道銜寒日, 砧杵千家響晚風. 東憶故園西念路, 此時臨眺摠情同." <寄權大雅韠[11]>詩曰, "西江不見西關遇, 一世良難一日知. 氣槩[12]合求高士傳, 文章尤過[13]古人詩. 白衣未解[14]還乘馹, 黃卷安能只下帷. 見說至尊徵稿入, 全勝身到鳳凰池." <延興宅會宴[15]>詩曰, "避暑風流傾北海, 衝泥車馬簇南山. 身忘國舅衣冠右, 具取家人鼎俎間. 桂醞盞驚[16]蕉葉脆, 冰需[17]盤訝水晶頑. 佳[18]招秪[19]爲憐能賦, 白首其何[20]夢錦還."

[1] 馬 : 鳥 (『簡易集』 卷8)

[2] 洛山寺觀日出 : 十七朝 (『簡易集』 卷8)

[3] 啣 : 御 (『簡易集』 卷8)

[4] 次文殊庵僧卷 : 次韻文殊僧卷 (『簡易集』 卷6)

[5] 杖 : 笻 (『簡易集』 卷6)

[6] 衙 : 街 (『簡易集』 卷6)

[7] 釼 : 劍 (『簡易集』 卷6)

[8] 雲 : 靈 (『簡易集』 卷6)

[9] 三月三日登遼陽城 : 三月三日登望京樓遼陽城 (『簡易集』 卷6)

[10] 望京樓 : 望京樓次韻 (『簡易集』 卷6)

[11] 寄權大雅韠 : 寄權大雅 (『簡易集』 卷8)

[12] 槩 : 槪 (『簡易集』 卷8)

[13] 過 : 逼 (『簡易集』 卷8)

[14] 解 : 害 (『簡易集』 卷8)

15 延興宅會宴 : 金領府第宴會 (『簡易集』 卷8)

16 驚 : 愁 (『簡易集』 卷8)

17 需 : 羞 (『簡易集』 卷8)

18 佳 : 嘉 (『簡易集』 卷8)

19 秪 : 侶 (『簡易集』 卷8)

20 何 : 如 (『簡易集』 卷8)

12

손곡蓀谷 이달李達의 〈상사 스님의 시권에 차운하다湘寺僧卷次韻〉 시에

동호에서 노 저을 때 잠시 들러 가려니	東湖征棹暫經過
한들한들 버들가지 물가 언덕에 비꼈는데	楊柳依依水岸斜
병든 나그네의 외론 배엔 밝은 달빛만 비추고	病客孤舟明月在
노승의 깊은 사찰엔 떨어진 꽃만 수북하네	老僧深院落花多
봄 근심 아득하게 고운 풀로 이어지지만	春愁黯黯連芳草
고향 꿈 까마득히 바다 물결로 막혀 있어	鄕夢迢迢隔海波
관서 너머 갈 길을 홀로 앉아 따져보니	獨坐計程關西外
지는 해에 까마귀 울음 차마 못 듣겠네	不堪殘日聽啼鴉[1]

라고 하였다.

---

1 제목 : 〈연상인의 시축에 쓰다題衍上人軸〉, 『손곡시집蓀谷詩集』 권4.

李蓀谷達<湘寺僧卷次韻[1]>詩曰, "東湖征[2]棹暫經過, 楊柳依依[3]水岸斜. 病客孤舟明月在, 老僧深院落花多. 春愁[4]黯黯連芳草, 鄕夢[5]迢迢隔海波. 獨坐計程關西[6]外, 不堪殘[7]日聽啼鴉."

1 寺僧卷次韻 : 題衍上人軸(『蓀谷詩集』 卷4)
2 征 : 停(『蓀谷詩集』 卷4)
3 依依 : 悠悠(『蓀谷詩集』 卷4)
4 春愁 : 歸心(『蓀谷詩集』 卷4)
5 夢 : 路(『蓀谷詩集』 卷4)
6 關西 : 雲外(『蓀谷詩集』 卷4)
7 殘 : 西(『蓀谷詩集』 卷4)

13

오봉五峰 이호민李好閔의 〈용만 행재소에서 삼도의 병사들이 한성의 적을 쫓아 공격한다는 말을 듣고龍彎行在聞三道兵追攻漢城敵〉 시에

전쟁 중에 그 누가 노래자의 옷을 입을까　　干戈誰着老萊衣
인간 세상 온갖 일에 의욕 점점 사라지네　　萬事人間意漸微
지세는 난자도 끝에 이미 다다랐고　　地勢已從蘭子盡
행인은 한양으로 되가는 이를 못 보겠네　　行人不見漢陽歸
임금님 경황없이 압록강 마주보고　　天心錯莫臨江水
종묘는 처량하게 저녁해만 마주하겠지　　廟算凄凉對夕暉
남쪽 병사들 요즘 승세를 탔다고 들었으니　　聞道南兵近乘勝
어느 때나 크게 이겨[1] 왕도를 회복하려나　　幾時三捷復王畿[2]

라고 하였다.

---

1 크게 이겨 : 원문의 삼첩三捷은 큰 승리를 말한다. 주 선왕周宣王이 오랑캐를 평정한 공로를 노래한 『시경詩經』 「소아小雅 채미采薇」에, "어찌 감히 편안하게 거처하리오, 한 달에 세 번 승리하리라[豈敢定居, 一月三捷]."라고 하였다.

2 제목 : 〈용만의 행재소에서 하삼도에서 병사들이 한성으로 진격했다는 말을 듣고龍灣行在 聞下三道兵進攻漢城〉, 『오봉집五峯集』 권4.

李五峰好閔<龍鑾行在聞三道兵追攻漢城敵[1]>詩曰, "干戈誰着老萊衣, 萬事人間意漸微. 地勢已從蘭子盡, 行人不見漢陽歸. 天心錯莫[2]臨江水, 廟算[3]凄凉對夕暉. 聞道南兵近乘勝, 幾時三捷復王畿."

[1] 龍鑾行在聞三道兵追攻漢城敵 : 龍灣行在聞下三道兵進攻漢城 (『五峯集』 卷4)

[2] 莫 : 漠 (『五峯集』 卷4)

[3] 算 : 筭 (『五峯集』 卷4)

14

허부인의 이름은 경번景樊, 호는 난설헌蘭雪軒으로 초당草堂 허엽許曄의 딸인데 악록岳麓 허성許筬·하곡荷谷 허봉許篈·교암蛟巖 허균許筠이 모두 그의 형제이다. 부인은 타고난 자질이 몹시 뛰어나 책에 대해서는 섭렵하지 않은 게 없었고 저작들은 생각이 샘이 솟는 듯하여 신선같이 빼어나 절대로 세상의 시어가 아니었다. 명나라 사신 주지번이 부인의 시고를 얻어 아울러 쓰기를 "표연히 세속을 벗어났으니 빼어나면서도 화려하지 않고, 텅 빈 것 같으면서도 뼈대가 있어 그 본질을 생각해 보니 바로 쌍성雙成[1]과 비경飛瓊[2]의 무리이다. 우연히 바닷가 한구석에 유배되어 봉호蓬壺[3]와 요도瑤島[4]를 떠났지만 얼마 되지 않은 거리에 떨어져 있을 뿐이다.[5] 백옥루를 만들자마자 난서로 불러 올렸으니 쓰다 남은 글이 모두 주옥같은 같은 글이 되어 인간 세상에 떨어져 있으니 오랫동안 두고 깊이 감상할 만하다."라고 하였다. 이로 인해 중국에 퍼져 들어서 첨루본[6]이 성행하여 서울의 종이가 귀해졌다는 말이 있었다. 훗날 우동于侗의 죽지사竹枝詞[7]에 편입되었는데 그 전함이 더욱 넓어졌으니 참으로 절대의 여류시인이었다. 부인은 시랑 김성립金誠立에게 시집갔으나 자식이 없이 27세에 세상을 떠났고, 지은 시문을 임종 때 불태우도록 명하여 유고가 남아있는 것이 백에 한둘에 가까우니 매우 한스럽다. 〈최국보의 시체를 본뜨다效崔國輔體〉 시에

봄비 내려 저쪽 못 어둑하고	春雨暗西池

어슬 추위 비단 장막에 스며드는데　　輕寒襲羅幕
시름 어려 작은 병풍에 기대있자니　　愁倚小屛風
담장 어귀 살구꽃 떨어지네　　墻頭杏花落[8]

라고 하였고, 〈규원閨怨〉 시에

비단 허리띠 치마에 눈물 자국 쌓인 것은　　錦帶羅裙積淚痕
해마다 꽃 보며 왕손을 원망해서이니[9]　　一年芳草恨王孫
거문고로 강남곡 연주 마치자마자　　瑤琴彈罷江南曲
빗줄기 배꽃에 내려 대낮에도 문을 닫았네　　雨打梨花晝掩門

월루에는 가을 지고 옥 병풍 쓸쓸한데　　月樓秋盡玉屛空
서리 내린 갈대밭에 저물녘 기러기 앉지만　　霜打蘆洲下暮鴻
비파 한 곡 다 타도록 사람은 보이지 않고　　瑤瑟一彈人不見
들못 속으로 연꽃만 떨어지네　　藕花零落野塘中[10]

라고 하였으며, 〈궁사宮詞〉 시에

맑게 갠 가을 궁궐 밤은 이제 길어지는데　　淸齋秋殿夜初長
궁녀는 임금님 침상 가까이 이르지 못하니　　不放宮人近御床
때로 가위 들고 월땅의 비단 잘라　　時把翦刀裁越錦
촛불 앞에서 하릴없이 원앙새를 수놓네　　燭前閒繡紫鴛鴦[11]

라고 하였고, 〈가을의 한秋恨〉 시에

붉은 비단 저멀리 밤등 비춰 붉고　　絳紗遙隔夜燈紅

꿈에서 깨어보니 비단이불 한쪽 허전한데　　夢覺羅衾一半空
찬 서리에 새장 속 앵무새 울어대고　　霜冷玉籠鸚鵡語
섬돌 가득 오동잎만 가을바람에 떨어지네　　滿階梧葉落西風[12]

라고 하였으며, 〈밤에 앉아夜坐〉 시에

상자 속 비단을 꺼내 칼로 잘라　　金刀剪出篋中羅
겨울옷 마름질하며 손 호호 불다　　裁就寒衣手屢呵
옥비녀 뽑아 들고 등잔 옆에 다가가　　斜拔玉釵燈影畔
빨간 불꽃 헤치고 심지를 돋우네　　剔開紅焰救飛蛾[13]

라고 하였고, 〈갑산으로 귀양 가는 하곡 오라버니를 전송하며送荷谷謫甲山〉 시에

멀리 갑산으로 귀양 가는 나그네　　遠謫甲山客
함경도 가는 행색이 바쁘시니　　咸原行色忙
신하는 가의[14]와 같은데　　臣同賈太傅
임금은 어찌 초나라 회왕[15] 같은가　　主豈楚懷王
강물은 가을 든 언덕에 잔잔하고　　河水平秋岸
관새의 구름은 저녁노을 가리우니　　關雲斂夕陽
서릿바람에 기러기 울며 가는데　　霜風吹雁去
줄을 이루지 못하고 가운데가 끊겼네　　中斷不成行[16]

라고 하였으며, 〈둘째 오라버니의 고원 망고대 시에 차운하다次仲氏高原望高臺韻〉 시에

층층 누대 기둥 하나로 험한 산을 누르고　　層臺一柱壓嵯峨
서북쪽의 뜬구름 변방에 닿아 짙으며　　西北浮雲接塞多
철협에서 웅대한 계획 세웠던 용은 가버렸는데　　鐵峽霸圖龍已去
목릉에 가을 들어 기러기 이제 들르네　　穆陵秋色雁初過
산은 대륙을 휘감아 세 고을을 삼키고　　山回大陸呑三郡
강은 평원을 가로질러 구하[17]로 들어가네　　水割平原納九河
만 리에서 올라보니 날이 저물어가는데　　萬里登臨日將暮
취해 긴 칼에 기대어 홀로 슬픈 노래 부르네　　醉憑長劍獨悲歌[18]

라고 하였고, 〈우연히 느낌이 일어感遇〉 시에

어젯밤 꿈에 봉래산에 올라　　夜夢登蓬萊
대나무 지팡이[19] 짚고 다니니　　足躡葛陂龍
신선이 푸른 옥 지팡이[20] 짚고　　仙人綠玉杖
부용봉에서 나를 맞아주셨지　　邀我芙蓉峰
동해바다를 내려다보니　　下視東海水
맑고 고요한 술잔 같고　　澹然若一盃
꽃 아래 봉황의 피리 소리 울리며　　花下鳳吹笙
달빛은 황금 술동이를 비추었지　　月照黃金罍[21]

라고 하였으며, 〈아들의 죽음에 곡하며哭子〉 시에

작년에 사랑하는 딸을 잃었는데　　去年喪愛女
올해는 사랑하는 아들을 잃었으니　　今年喪愛子
슬프디슬픈 광릉 가에　　哀哀廣陵上
한 쌍의 무덤 서로 마주하고 서 있네　　雙墳相對起
백양나무에 쓸쓸한 바람 불고　　蕭蕭白楊風

소나무 오동나무엔 도깨비불 밝은데	鬼火明松楸
종이돈으로 너희 혼을 부르고	紙錢招汝魄
맑은 술로 너희 무덤에 제사 지내니	玄酒奠汝丘
응당 알겠구나 너희 형제의 혼이	應知弟兄魂
밤마다 서로 따라 노니는 것을	夜夜相追遊
배 속에 아이가 있다한들	縱有腹中孩
어찌 장성하기를 바랄 수 있으리	安可冀長成
황대사[22]를 부질없이 읊조리고	浪吟黃臺詞
피눈물 흘리며 슬픈 울음 삼키네	血泣悲呑聲[23]

라고 하였다.

---

1 쌍성雙成 : 신선 서왕모西王母의 시녀인 선녀 동쌍성董雙成을 말한다. 서왕모가 한 무제漢武帝의 궁중에서 연회를 베풀 때 운화雲和의 피리 음악을 연주하게 하였다고 한다.

2 비경飛瓊 : 신선 서왕모西王母의 시녀인 선녀 허비경許飛瓊을 말한다. 서왕모가 한 무제漢武帝와 연회를 함께 할 때, 허비경에게 진령震靈의 피리 음악을 연주하게 하였다고 한다. 『태평어람太平御覽』 권70, 「인용주引用註」.

3 봉호蓬壺 : 전설 속의 바닷속 선산仙山인 봉래산을 말한다.

4 요도瑤島 : 전설 속의 신선이 산다는 섬으로 선경仙境을 말한다.

5 얼마……뿐이다 : 원문의 의대수衣帶水는 '일의대수一衣帶水'의 준말로, 한 가닥 옷의 띠처럼 건너기 쉬운 강물처럼 얼마 되지 않은 거리라는 뜻이다. 수 문제隋文帝 양견楊堅이 "나는 백성의 부모이다. 어찌 한 가닥 옷의 띠처럼 건너기 쉬운 강물이 우리 앞을 막는다고 해서 백성을 구해주지 않아서야 되겠는가[我爲百姓父母, 豈可限一衣帶水不拯之乎.]?"라고 하였다. 그리고 남조南朝의 진陳을 공격하기 위해 장강을 건널 배를 대규모로 건조하도록 명령하였다는 고사가 전한다. 『남사南史』 권10, 「진후주본기陳後主本紀」.

6 첨루본[鋟鏤] : 글자와 그림을 판목에 새겨 찍어낸 목판본을 말한다

7 우동于侗의 죽지사竹枝詞 : 우동(1618~1704)은 우동尤侗이라고도 하며 명말청초의 문인이고, 죽지사는 그가 엮은 『외국죽지사外國竹枝詞』를 말하는데 이 책에 허난설헌의 시가 수록되어 있다.

8 제목 : 〈최국보의 시체를 본뜨다效崔國輔體〉, 『난설헌시집蘭雪軒詩集』.

9 해마다……원망해서이니 : 『초사楚辭』 〈초은사招隱士〉에 "왕손은 집 떠나서 돌아오지 않는데, 봄풀은 나서 무성하도다[王孫遊兮不歸, 春草生兮萋萋.]."라고 한 데서 온 말로, 전하여 흔히 이별의 한을 뜻한다.

10 제목 : 〈규원閨怨〉 2수 중 두 번째 수, 『난설헌시집蘭雪軒詩集』.

11 제목 : 〈궁사宮詞〉 20수 중 여덟 번째 수, 『난설헌시집蘭雪軒詩集』.

12 제목 : 〈가을의 한秋恨〉, 『난설헌시집蘭雪軒詩集』.

13 제목 : 〈밤에 앉아夜坐〉, 『난설헌시집蘭雪軒詩集』.

14 가의[賈太傅] : 원문의 가태부賈太傅는 한나라 문제 때 충신인 가의賈誼를 말한다. 문제의 총애를 받아 대중대부에 올랐으나 이를 시기한 중신들의 모함으로 장사왕과 양희왕의 태부로 쫓겨났다.

15 초나라 회왕 : 초나라 회왕은 간신들의 말을 듣고 충신인 굴원을 강남으로 귀양보냈다.

16 제목 : 〈갑산으로 귀양 가는 하곡 오라버니를 전송하며送荷谷謫甲山〉, 『난설헌시집蘭雪軒詩集』.

17 구하九河 : 황하黃河를 말한다. 우禹임금 때 황하가 아홉 갈래로 나뉘어 흘렀다고 한다.

18 제목 : 〈둘째 오라버니의 고원 망고대 시에 차운하다次仲氏高原望高臺韻〉 4수 중 첫 번째 수, 『난설헌시집蘭雪軒詩集』.

19 대나무 지팡이[葛陂龍] : 갈피葛陂는 하남성河南省 신채현新蔡縣에 있던 늪의 이름인데 여기서는 대나무 지팡이를 뜻한다. 후한後漢 때 시장에서 약을 팔던 한 노인이 시장을 파하면 갖고 있던 병 속으로 들어가곤 했다. 비장방費長房이 이를 알고는 노인을 따라 병 속에 들어가 보니, 내부가 화려하고 좋은 술과 맛있는 안주가 그득하였다. 노인과 함께 술을 실컷 마시다가 돌아올 때 노인이 대지팡이를 주면서 "이것만 타면 저절로 집에 갈 수 있다."라고 하였다. 비장방은 그 지팡이를 타고 순식간에 집에 도착하였고, 지팡이를 갈피 속에 던져 버렸는데 청룡靑龍이 되었다는 고사가 전한다. 『후한서後漢書』 권82, 「비장방열전費長房列傳」.

20 푸른 옥 지팡이 : 원문의 녹옥장綠玉杖은 신선이 들고 다닌다는 푸른 옥으로 만든 지팡이를 말한다. 이백의 시 〈여산의 노래. 허주 노시어에게 부치다廬山謠寄盧侍御虛舟〉에 "손에 푸른 옥 지팡이를 쥐고, 아침에 황학루를 작별했네[手持綠玉杖, 朝別黃鶴樓.]."라는 구절이 있다.

21 제목 : 〈우연히 느낌이 일어感遇〉 4수 중 네 번째 수, 『난설헌시집蘭雪軒詩集』.

22 황대사黃臺詞 : 〈황대과사黃臺瓜詞〉를 말한다. 〈황대과사〉는 당나라 측천무후의 권력욕에 죽임을 당한 고종의 태자들을 오이에 빗대어 지은 노래이다. 측천무후가 태자를 독살하고 둘째 아들인 현賢을 태자로 봉했는데, 현은 자신도 죽게 될까 걱정하여 〈황대과사〉를 지었다. 『당서唐書』, 「건녕왕전建寧王傳」.

23 제목 : 〈아들의 죽음에 곡하며哭子〉, 『난설헌시집蘭雪軒詩集』.

許夫人, 名景樊, 號蘭雪軒, 草堂曄之女, 岳麓 · 荷谷 · 峧巖皆其兄弟也. 夫人天姿絶倫, 於書無不涉獵, 凡有著作, 思若湧泉, 惺惺如仙, 絶非烟火口氣. 明使朱之蕃, 得夫人詩稿, 弁記云, "飄飄乎塵埃之外, 秀而不靡, 沖而有骨, 想其本質, 乃雙成飛瓊之流. 偶謫海邦, 去蓬壺瑤島, 不過隔衣帶水. 玉樓一成, 鸞書旋召, 斷行殘墨, 皆成珠玉, 落在人間, 永充[1]玄賞." 因此播入中國, 鋟鏤盛行, 有京都紙貴之語. 後編入於于侗竹枝詞, 其傳益廣, 眞絶代之女流詩家也. 夫人適侍郎金誠立, 無育二十七歿, 所著詩文, 臨終命荼毗之, 其遺稿存者, 近百之一二殊可恨也. <效崔國輔體>曰, "春雨暗西池, 輕寒襲羅幕. 愁倚小屛風, 墻頭杏花落." <閨怨> "錦葉[2]羅裙積淚痕, 一年芳草恨王孫. 瑤琴[3]彈罷[4]江南曲, 雨打梨花晝掩門.", "月樓秋盡玉屛空, 霜打蘆洲下暮鴻. 瑤瑟一彈人不見, 藕花零落野塘中." <宮詞>曰, "淸齋秋殿夜初長, 不放宮人近御床. 時把翦刀裁越錦, 燭前閒繡紫鴛鴦." <秋恨>曰, "絳紗遙隔夜燈紅, 夢覺羅衾一半空. 霜冷玉籠鸚鵡語, 滿階梧葉落西風." <夜坐>詩曰, "金刀剪出篋中羅, 裁就寒衣手屢呵. 斜拔玉釵燈影畔, 剔開紅焰救飛蛾." <送荷谷謫甲山>詩曰, "遠謫甲山客, 咸原行色忙. 臣同賈太傅, 主豈楚懷王. 河水平秋岸, 關雲斂夕陽. 霜風吹雁去, 中斷不成行." <次仲氏高原望高臺韻>, "層臺一柱壓嵯峨, 西北浮雲接塞多. 鐵峽霸圖龍已去, 穆陵秋色雁初過. 山回大陸呑三郡, 水割平原納九河. 萬里登臨日將暮, 醉憑長劍獨悲

歌." <感遇>詩曰, "夜夢登蓬萊, 足躡葛陂龍. 仙人綠玉杖, 邀我芙蓉峰. 下視東海水, 澹然若一盃. 花下鳳吹笙, 月照黃金罍." <哭子>詩曰, "去年喪愛女, 今年喪愛子. 哀哀廣陵上[5], 雙墳相對起. 蕭蕭白楊風, 鬼火明松楸. 紙錢招汝魄, 玄酒奠汝邱. 應知弟兄魂, 夜夜相追遊. 縱有腹中孩, 安可冀長成. 浪吟黃臺詞, 血泣悲呑聲."

[1] 充 : 光 (『蘭雪軒詩集』)

[2] 葉 : 帶 (『蘭雪軒詩集』)

[3] 琴 : 箏 (『蘭雪軒詩集』)

[4] 罷 : 盡 (『蘭雪軒詩集』)

[5] 上 : 土 (『蘭雪軒詩集』)

15

목릉성세穆陵盛世에 시학이 극점에 도달하여 모두 당인唐人들의 풍운風韻을 본떠서 읊조릴 수 있었는데 고죽孤竹 최경창崔慶昌[1], 옥봉玉峯 백광훈白光勳[2], 손곡蓀谷 이달李達[3]이 이에 가장 뛰어난 사람이었다. 난설헌이 이른바

요즘 최백의 무리들이	近者崔白輩
성당을 법도로 시를 익혀서	攻詩軌盛唐
적막했던 대아의 음률이	寥寥大雅音
이들 만나 다시 크게 울리네	得此復鏗鏘[4]

라고 한 것이 이것이다. 사람들이 삼당三唐이라 일컬은 것이 어찌 근거가 없이 지나치게 칭찬한 것이겠는가? 그러나 내가 본 바로써 그들의 5·7언 여러 율시들은 대체로 모의하고 표절한 혐의가 많다. 그러므로 단지 5·7언 절구 몇 수만이 좋을 뿐이어서 시를 배우는 사람들이 참고하도록 갖추어 둔다.

---

1 최경창崔慶昌 : 1539~1583. 본관은 해주海州, 자는 가운嘉運, 호는 고죽孤竹이다. 백광훈白光勳과 함께 양응정梁應鼎의 문하에서 유학하였다. 당시唐詩에 뛰어나 백광훈白光勳·이달李達과 함께 삼당시인三唐詩人으로 불렸다. 그의 시는 맑고 깨끗하며 담백하다는 평을 얻었다. 문장에도 뛰어 이이李珥·송익필宋翼弼 등과 함께 8문장으로 불렸고

서화에도 뛰어났다. 저서로 『고죽유고孤竹遺稿』가 있다.

2 백광훈白光勳 : 1537~1582. 본관은 해미海美, 자는 창경彰卿, 호는 옥봉玉峯이다. 박순朴淳의 문인으로 양응정 · 노수신盧守愼 등에게서 수학하였다. 1564년 진사가 되었으나 출사하지 않았다. 1572년 명나라 사신이 왔을 때 시와 글을 지어 주어 백광선생白光先生이라는 칭호를 얻었다. 최경창 · 이달과 함께 삼당시인으로 불렸다. 저서로 『옥봉집玉峯集』이 있다.

3 이달李達 : 1539~1612. 본관은 홍주洪州, 자는 익지益之, 호는 손곡蓀谷 · 동리東里 · 서담西潭이다. 정사룡鄭士龍과 박순朴淳에게 시를 배웠으며 최경창 · 백광훈과 함께 삼당시인으로 불렸다. 허균許筠과 허난설헌許蘭雪軒의 스승으로 허균에게 많은 영향을 끼친 것으로 알려져 있다. 오언절구에 뛰어났고 저서로 『손곡시집蓀谷詩集』이 있다.

4 〈견흥遣興〉 8수 중 다섯 번째 수의 1~4구, 『난설헌시집蘭雪軒詩集』.

穆陵盛際, 詩學達于極點, 全倣唐人風韻, 可以諷詠, 而崔孤竹慶昌, 白玉峯光勳, 李蓀谷達, 尤其翹翹者也. 蘭雪軒所謂, "近者崔白輩, 攻詩軌盛唐. 廖廖大雅音, 得此復鏗鏘."者是也. 人稱三唐, 豈無所據而過譽哉. 然以余所見其五七諸律, 多摸擬剽竊之嫌. 故只亟五七絶數首, 以備攻詩者之參考云.

16

최고죽崔孤竹의 〈패강시에 차운하다次浿江韻〉 시에

강 언덕 한가롭게 버들은 늘어섰고	水岸悠悠楊柳多
작은 배 저 멀리서 연밥 따는 노래[1] 부르는데	小船遙唱採菱歌
붉은 연꽃 다 지고서 가을바람 일어나면	紅衣落盡秋風起
해 진 물가 흰 물결만 일어나네라고 하네	日暮芳洲生白波[2]

라고 하였고, 〈변방의 심사邊思〉 시에

어릴적 집 떠나 소식조차 드물었고	幼少離家音信稀
가을 와도 외려 전시에 입었던 옷 그대론데	秋來猶着戰時衣
저 성머리 뿔나팔 서릿발 속 급히 불고	城頭畫角吹霜急
한 밤 내내 누런 버들잎 모두 날아갔네	一夜黃楡葉盡飛[3]

라고 하였으며, 〈양 총병을 애도하며哀楊總兵〉 시에

구름 속으로 해 사라져 횃불로 산 밝히니	日沒雲中火照山
선우[4]의 병사들 녹두관에 다가와서	單于兵近鹿頭關
장군 홀로 천 명을 거느리고 나아가	將軍獨領千人去
한밤에 노하 건너 싸우다 못 돌아왔네	夜渡蘆河戰未還[5]

라고 하였고, 〈대은암[6]에서大隱巖〉 시에

문 앞에 있던 수레와 말은 연기처럼 사라지고	門前車馬散如烟
상국의 영화는 백 년도 다 못 간 채	相國繁華未百年
마을 골목 속에 한식날은 지나가고	村巷寥寥寒食過
수유화만 옛 담 가에 꽃을 한껏 피웠구나	茱萸花發古墻邊[7]

라고 하였으며, 〈양주 목사 성 사군에게 부치다寄楊州成使君〉 시에

큰 다리[8] 눈 개자 새벽 추위 더 심해도	官橋雪霽曉寒多
아전들은 문 앞에서 아침 조회 기다리겠지만	小吏門前候早衙
사또 늘 늦게 나옴 괴이 여기지 마라	莫怪使君常晏出
취한 채 문을 열고 매화 감상해서이니	醉開東閣賞梅花[9]

라고 하였고, 〈성 스님에게 부치다寄性上人〉 시에

띠풀 암자 흰 구름 속 붙어 있는 채	茅菴寄在白雲間
장로 스님 서쪽 떠나 오래 안 돌아오니	丈老西遊久未還
누런 낙엽 날리며 성긴 비 지나간 뒤	黃葉飛時踈雨過
홀로 시린 경쇠 치다 가을 속에서 자겠네	獨敲寒磬宿秋山[10]

라고 하였다.

---

1 연밥 따는 노래 : 채릉가採菱歌 혹은 채련곡採蓮曲이라고 하며 주로 남녀가 서로 그리워하는 모습을 그리고 있다.

2 제목 : 〈패강의 큰 배 위에서 짓다浿江樓舡題詠〉, 『고죽유고孤竹遺稿』.

3 제목 : 〈변방의 심사邊思〉, 『고죽유고孤竹遺稿』.

4 선우單于 : 흉노의 임금을 가리키는 호칭이다.

5 제목 : 〈양조의 사당에 들러 느끼는 바가 있어過楊照廟有感〉, 『고죽유고孤竹遺稿』.

6 대은암大隱巖 : 남곤南袞의 집터에 그의 친구였던 박은이 붙여준 명칭으로 남곤이 시골이 아닌 도성에서 고상하게 숨은 듯 살라는 의미가 담겨있다. 이 터는 지금 서울 종로구 청운동에 남아있다.

7 제목 : 〈대은암에서大隱巖〉, 『고죽유고孤竹遺稿』.

8 큰 다리 : 원문의 관교官橋는 국가 관청에서 건설하고 관리하던 다리를 말하며 대개 '큰 다리'라고 불렀다.

9 제목 : 〈양주 목사 성의국에게 부치다寄楊州成使君〉, 『고죽유고孤竹遺稿』.

10 제목 : 〈성진 상좌 스님에게 부치다寄性眞上座僧〉, 『고죽유고孤竹遺稿』.

崔孤竹<次泿江韻[1]>曰, "水岸悠悠楊柳多, 小船遙唱採菱[2]歌. 紅衣落盡秋風起, 日暮芳洲生白波." <邊思>曰, "幼[3]少離家音信稀, 秋來猶着戰時衣. 城頭畫角吹霜急, 一夜黃楡葉盡飛." <哀楊總兵[4]>詩曰, "日沒[5]雲中火照山, 單于兵[6]近鹿頭關. 將軍獨領千人去, 夜渡蘆河戰未還." <大隱巖>詩曰, "門前車馬散如烟, 相國繁華未百年. 村[7]巷寥寥寒食過[8], 茱萸花發古墻邊." <寄楊州成使君>詩曰, "官橋雪霽曉寒多, 小吏門前候早衙. 莫怪使君常晏出, 醉開東閣賞梅花." <寄性上人[9]>詩曰, "茅菴寄在白雲間, 長[10]老西遊久未還. 黃葉飛時踈雨過, 獨敲寒磬宿秋山."

[1] 次泿江韻 : 泿江樓舡題詠(『孤竹遺稿』)

[2] 菱 : 蓮(『孤竹遺稿』)

[3] 幼 : 小(『孤竹遺稿』)

[4] 哀楊總兵 : 過楊照廟有感(『孤竹遺稿』)

[5] 沒 : 暮(『孤竹遺稿』)

[6] 兵 : 已(『孤竹遺稿』)

⑦ 村 : 深(『孤竹遺稿』)

⑧ 寒食過 : 過寒食(『孤竹遺稿』)

⑨ 寄性上人 : 寄性眞上座僧(『孤竹遺稿』)

⑩ 長 : 丈(『孤竹遺稿』)

17

백옥봉白玉峯의 〈스님의 시축에 짓다題僧軸〉 시에

지리산에 쌍계사[1]가 뛰어나고	智異雙溪勝
금강산엔 만폭동이 기이하다는데	金剛萬瀑奇
그 명산에 이내 몸은 못 가보면서	名山身未到
매양 스님 전송하는 시만 지었소	每賦送僧詩[2]

라고 하였고, 〈봄 뒤에春後〉 시에

봄 간다고 한들 병든 몸으로 어찌하겠느냐	春去無如客病何
문 나설 땐 얼마 없고 문 닫을 때는 많구나	出門時少閉門多
두견새도 공연히 봄 번화 애타는지	杜鵑空有繁華戀
푸른 산속 아직 안 진 꽃 앞에서 울고 있네	啼在青山未落花[3]

라고 하였으며, 〈소나무와 달松月〉 시에

예주편[4] 한 권을 손에 쥐고	手持一卷蕊珠篇
소나무 단에서 다 읽고 학과 함께 낮잠 자다	讀罷松壇伴鶴眠
한밤중 놀라 깨니 온몸 가득 그림자고	驚起中宵滿身影
찬 안개 다 날아가 버리고 달만 져가네	冷霞飛盡月流天[5]

라고 하였고, 〈청영정淸暎亭〉 시에

온 하늘에 눈 개고 밤 아득해질 때　一天晴雪夜迢迢
학 탄 신선 되오나 푸른 옥소 소리 들려오네　駕鶴人歸碧玉簫
꿈속처럼 시 읊으며 된추위 모른 채로　吟夢不知寒意重
매화 소식 또 찾아 남교에 와있네　也尋梅信到南橋[6]

라고 하였다.

---

1 쌍계사雙溪寺 : 원문의 쌍계雙溪는 현재의 전라남도 영암군 금정면 남송리 덕룡산德龍山에 있던 절이다. 854년에 백운白雲이 창건하였으며, 낭주朗州와 나주 사이의 국사봉國師峰과 덕룡산 사이에 있는 계곡에 있다고 하여 쌍계사라 하였다.
2 제목 : 〈사준 스님께 드리다贈思峻上人〉, 『옥봉시집玉峯詩集』 상.
3 제목 : 〈봄 뒤에春後〉, 『옥봉시집玉峯詩集』 상.
4 예주편蕊珠篇 : 도교道敎의 경전 이름이다.
5 제목 : 〈만포정 팔경. 세 갈래 물길에 소나무와 달빛望浦亭八景 三叉松月〉 8수 중 일곱 번째 수, 『옥봉시집玉峯詩集』 상.
6 제목 : 〈청영정사시사淸暎亭四時詞〉 4수 중 네 번째 수, 『옥봉시집玉峯詩集』 상.

白玉峯<題僧軸[1]>詩曰, "智異雙溪勝, 金剛萬瀑奇. 名山身未到, 每賦送僧詩." <春後>詩曰, "春去無如客病何, 出門時少閉門多. 杜鵑空有繁華戀, 啼在青山未落花." <松月>詩曰, "手持一卷蕊珠篇, 讀罷松壇伴鶴眠. 驚起中宵滿身影, 冷霞飛盡月流天." <清暎亭[2]>詩曰, "一天晴雪夜迢迢, 駕鶴人歸碧玉簫. 吟夢不知寒意重, 也尋梅信到南橋."

1 題僧軸 : 贈思峻上人 (『玉峯詩集』 上)

2 淸暎亭 : 淸暎亭四時詞 (『玉峯詩集』 上)

18

손곡蓀谷 이달李達의 〈되가는 배回舟〉 시에

잘 백로는 가을 백사장에 내려서 있고	宿鷺下秋沙
늦매미는 강가 나무에서 울어대는데	晩蟬鳴江樹
흰 마름 위 바람 타고 가는 배에서	驅舟白蘋風
꿈을 꾸며 서담 빗속에서 헤매겠구려	夢落西潭雨[1]

라고 하였고, 〈패강시에 차운하다次浿江韻〉 시에

연잎 들쭉날쭉 연밥 무성한데	蓮葉參差蓮子多
연꽃 사이로 연밥 따는 아가씨들 노래하며	蓮花相間女郎歌
여기 올 때 황당구에서 만나자고 약속해서	來時約伴橫塘口
애써서 배 옮겨 물 거슬러 올라가네	辛苦移舟逆上波[2]

라고 하였으며, 〈강릉에서 시를 쓰다江陵書事〉 시에

삼월 맞은 강릉엔 꽃 펴 가지 가득한데	三月江陵花滿枝
꽃 꺾어도 외려 가는 해 슬픔 떠오르고	折花還有去年悲
맘 상하니 동으로 흐르는 물에게 묻지 마라	傷心莫問東流水
밤낮으로 아득히 쉼 없이 흘러가니	日夜悠悠無歇時[3]

라고 하였고, 〈그림을 두고 짓다題畫〉 시에

서리 내린 남쪽 하늘 기러기 떼 지어 울고　霜落天南雁叫群
갈대꽃 바람 일자 눈처럼 날리는데　荻花風起雪紛紛
한 줄 지어 소상 언덕 날아 지나가다가　一行飛過瀟湘岸
반은 물가 내려앉고 반은 구름에 드네　半落汀洲半入雲[4]

라고 하였으며, 〈병중에 읊다病中吟〉 시에

꽃 피는 때에 몸 병들어 문 깊이 닫고　花時人病閉門深
굳이 꽃가지 꺾어 술 마시며 시 읊어보지만　強折花枝對酒吟
서러워라 흐르는 세월 꿈처럼 지나가니　惆悵流年夢中過
봄 즐기려 해도 다신 젊을 때 그 마음 없네　賞春無復少年心[5]

라고 하였다.

---

1 제목 : 〈율곡의 시에 차운하여 스님의 시축에 적다次栗谷韻 題僧軸〉, 『손곡시집蓀谷詩集』 권5.
2 제목 : 〈연밥 따는 노래. 대동강 누선에 쓰인 시에 차운하다采蓮曲 次大同樓船韻〉, 『손곡시집蓀谷詩集』 권6.
3 제목 : 〈강릉의 일을 쓰다江陵書事〉, 『손곡시집蓀谷詩集』 권6.
4 제목 : 〈그림을 두고 짓다題畫〉 4수 중 세 번째 수, 『손곡시집蓀谷詩集』 권6.
5 제목 : 〈병중에 꽃을 꺾어 술을 마시며 읊다病中 折花對酒吟〉, 『손곡시집蓀谷詩集』 권6.

李蓀谷達<回舟[1]>詩曰, "宿鷺下秋沙, 晩蟬鳴江樹. 驅[2]舟白蘋風, 夢落西潭雨." <次湞江韻[3]>曰, "蓮葉參差蓮子多, 蓮花相間女郎歌. 來時約伴橫塘口, 辛苦移舟逆上波." <江陵書事>詩曰, "三月江陵花滿枝, 折花還有去年悲. 傷心莫問東流水, 日夜悠悠無歇時." <題畫>云, "霜落天南雁叫群, 荻花風起雪紛紛. 一行飛過瀟湘岸, 半落汀洲半入雲." <病中吟[4]>曰, "花時人病閉門深, 強折花枝對酒吟. 怊[5]悵流年夢中過, 賞春無復少年心."

[1] 達回舟 : 次栗谷韻題僧軸(『蓀谷詩集』 卷5)

[2] 驅 : 歸(『蓀谷詩集』 卷5)

[3] 次湞江韻 : 采蓮曲次大同樓船韻(『蓀谷詩集』 卷6)

[4] 病中吟 : 病中折花對酒吟(『蓀谷詩集』 卷6)

[5] 怊 : 惆(『蓀谷詩集』 卷6)

19

석주石洲 권필權韠은 제법 기개가 높고 구속을 받지 않아 관직에 오르기를 달가워하지 않고 평생 시학을 전공하였는데 격조가 여유롭고 맑았으며 풍류와 운치는 번뜩임이 있었다. 목릉성세의 여러 문인들 가운데 시의 정통을 가장 잘 터득하였다. 다만 너무 알려져 선조宣祖가 그의 시고를 들여서 왕이 볼 수 있게 하라고 명하였고, 명明나라의 사신이 조선에 왔을 때에는 벼슬이 없는 권필을 종사관에 충원시켜 응접하게 하였다. 광해군光海君대에 이르러 시詩로 죄를 얻어 억울하게 죽임을 당했다. 인조仁祖조에 지평持平으로 증직되었다.

그의 〈송강[1]의 묘소를 들렀다가 감정이 북받쳐 올라過松江墓有感〉 시에

텅 빈 산에 낙엽 지고 비는 추적추적	空山落木雨蕭蕭
상국의 풍류 이미 고요해져	相國風流已寂寥
슬프구나 한 잔 술조차도 다시 권하기 어려우니	怊悵一杯難更進
옛날 그 노래[2]가 바로 오늘이로구나	昔年歌曲卽今朝[3]

라고 하였고, 〈창랑정[4]滄浪亭〉 시에

부들자리 고요하고 향로 연기 사그라드는데	蒲團涔寂篆烟殘
홀로 선경 끼고 고요한 가운데 보자니	獨抱仙經靜裡看
강가 누각 밤은 깊고 솔 위에 달 훤한데	江閣夜深松月白
물새가 대나무 난간 저 너머로 날아오르네	渚禽飛上竹欄干[5]

라고 하였으며, 〈한식寒食〉 시에

제사 마친 언덕 위로 해 벌써 저물었고　祭罷原頭日已斜
지전 날리는 곳에선 까마귀 우는데　紙錢翻處有鳴鴉
사람 되간 적막한 산길에서　山蹊寂寞人歸去
빗줄기만 한 그루 팥배나무 꽃을 두드리네　雨打棠梨一樹花[6]

라고 하였고, 〈죽창[7]에게 부치다寄竹窗〉 시에

해마다 함께 도성 꽃구경했었으니　年年同賞禁城花
이별 후 흐르는 세월을 어찌 견뎌낼까　別後那堪度歲華
기러기도 오지 않고 봄도 또 저무는데　鴻雁不來春又晚
한 척 배로 비바람 속 하늘가에 있네　一船風雨在天涯[8]

라고 하였으며, 〈구 김화 현감[9]을 곡하다哭具金化〉 시에

이승과 저승 만날 길 아득해 방법 없으니　幽明相接杳無因
꿈속에서의 은근함 사실이 아니라　一夢慇懃未是眞
눈물 훔치며 산 나와 갈 길 찾으며　掩淚出山尋去路
새벽 꾀꼬리만 울며 홀로 되가는 날 전송하네　曉鶯啼送獨歸人[10]

라고 하였고, 〈허 성주[11]에게 부치다寄許成州〉 시에

강가 고운 풀 아스라이 푸르건만　江潭芳草碧迢迢
천리 먼 곳 소식은 끊긴 지 오래인데　千里音書久寂寥
생각해보니 강선루[12] 위로 뜬 달빛 아래　想得降仙樓上月

옥인은 한가로이 봉황소 불고 있겠지	玉人閑捻鳳凰簫[13]

라고 하였으며, 〈정부원征婦怨〉 시에

교하엔 서리 내려 기러기 남으로 날건만	交河霜落雁南飛
구월 금성은 포위 풀리지 않았으니	九月金城未解圍
정부는 님 벌써 죽은 줄도 모르고	征婦不知郎已沒
밤 늦도록 여전히 홀로 겨울옷 다듬이질하네	夜深猶自擣寒衣[14]

라고 하였고, 〈임무숙[15]이 삭과되었다는 소식을 듣고聞任茂叔削科〉 시에

궁궐 버들은 짙푸르고 꾀꼬리 여기저기 나는 속	宮柳青青鶯亂飛
도성 가득 벼슬아치들 봄빛에 재롱떨고	滿城冠蓋媚春輝
조정에선 모두들 태평의 즐거움 하례하는데	朝家共賀昇平樂
누가 벼슬 없는 선비에게 위태로운 말 하게 했나	誰遣危言出布衣[16]

라고 하였으며, 〈밤에 앉아 회포를 쏟아내다夜坐書懷〉 시에

세상사 이와 같으니	世事有如此
흐르는 세월을 어찌할 수 있으랴	流光無奈何
가을 지나 국화꽃은 다 떨어지고	菊花秋後少
밤 깊어질수록 벌레 소리만 커지며	虫語夜深多
쓸쓸한 달빛 창으로 스며들고	悄悄月侵牖
으스스한 바람 가지를 흔드는데	蕭蕭風振柯
지난 십 년 세월 회상하며	關心十年事
앉아 날아드는 불나방만 세노라	坐數撲燈蛾[17]

라고 하였고, 〈나그네 시름旅懷〉 시에

동쪽 고을에 가을도 다 저물어 가는데　　東郡秋將盡
서쪽 가려던 계획도 틀어졌으니　　西征計又非
관문 밖은 전란으로 막혔고　　烟塵關外阻
골짝 깊은 곳이라 서신도 오질 않으며　　書信峽中稀
오래된 나루엔 뿔피리 소리만 차고　　古渡寒吹角
텅 빈 숲 사립문 닫는 저녁이라　　空林暮掩扉
시름 어린 때 되가는 기러기들 보자니　　愁時見歸雁
하나하나 날 등지고 날아가는구나　　一一背人飛[18]

라고 하였으며, 〈초가을 밤에初秋夜〉 시에

나그네 시름겨워 잠 못 드는데　　客子悄無睡
텅 빈 당엔 가을 밤만 깊어지니　　空堂秋夜深
반딧불 빛 창틈새로 들고　　螢從窓隙入
풀벌레 바위틈에서 울어대는데　　虫在石間吟
세상살이 괴로움 이와 같으니　　世路難如此
병란은 지금까지 이어지누나　　兵戈動至今
어느덧 흰 머리 생겨나　　居然生白髮
장년 시절 마음 다 없어졌네　　寂寞壯年心[19]

라고 하였고, 〈일찍 용천[20]을 나서며早發龍泉〉 시에

용천관에서 하룻밤 묵고　　一宿龍泉館
닭 울자 갈 길을 물어 나서니　　鷄鳴問路岐
계곡 텅 비어 말소리만 울리고　　谷虛人語響

다리 갈라져 말 걸음 위태로운데 橋拆馬行危
속된 학문에 끝내 무슨 도움 받겠으며 俗學終何賴
부질없는 명성은 스스로를 속일 뿐이라네 浮名秪自欺
갈 길은 아직 만리나 남았으니 前途猶萬里
돌아올 기약 감히 생각 못 하네 不敢計歸期[21]

라고 하였으며, 〈남쪽 지방에서 작별하며南州留別〉 시에

막막하게 전란 일어나 漠漠兵塵起
아득한 인간사는 다 글렀으니 茫茫世事非
강호에선 사람들 북쪽으로 피란 가지만 江湖人北去
계절은 기러기 남으로 날아가는 때이니 時序雁南飛
역로엔 가을 풀만 무성하고 驛路多秋草
이별 정자엔 석양 반쯤 졌는데 離亭半夕暉
마주 보며 차마 이별 못 하고 相看不忍別
흐르는 눈물로 저마다 옷을 적시네 流淚各沾衣[22]

라고 하였고, 〈이른 아침 벽란[23]을 건너며早渡碧瀾〉 시에

성 위에선 나팔 소리 들려오지만 城上嗚嗚聞角聲
북두자루 비친 강물은 맑기만 한데 斗柄插江江水明
아침 물결 드는 언덕 오리떼 어지럽고 早潮侵岸鴨鵝亂
멀리 한 점 등에 다듬이 소리 울리며 遙舍點燈砧杵鳴
나그네 문 나서자 달 지고 客子出門月初落
뱃사람 돛 달자 바람 일려 하는데 舟人掛席風忽生
서주 천릿길 예서부터 가야 하니 西州千里有此去
험난한 먼길 어느 날에나 평안할까 長路險艱何日平[24]

라고 하였으며, 〈고 천사[25]와 이별하며別顧天使〉 시에

강어귀에 햇버들 푸른 안개실 같아　江頭細柳綠烟絲
잠시 배 멈추고 가지 하나 꺾어쥔 채　暫住蘭橈折一枝
마음속 이별의 말 두고 그저 보기만　別語在心徒脉脉
손에 쥔 작별의 잔 일부러 머뭇거린다네　離盃到手故遲遲
죽기 전에는 그리워하는 날만 있을 뿐이니　死前祗是相思日
떠나보낸 뒤 홀로 돌아가는 시간을 어찌 견딜까　送後那堪獨去時
그대 얼굴 모습 다시 볼 수 없다고 말하지 마시게　莫道音容便長隔
한평생 되레 꿈에서의 기약 있으니　百年還有夢中期[26]

라고 하였고, 〈고의古意〉 시에

성 북문을 나와　行出郭北門
저물녘 강가를 거니는데　日暝遊江皐
엉긴 서리 온 풀을 덮었고　凝霜被百草
매서운 바람 노한 소리를 내니　烈風聲怒號
너른 들판 어찌 저리 쓸쓸한가　原野何蕭條
눈 닿는 건 쑥대뿐　極目唯蓬蒿
함께 온 이 어찌 없을까만　豈無同來人
괴로운 내 마음 아는 이 없고　莫知我心勞
그리운 이는 만리 너머에 있지만　所思在萬里
아득히 풍랑이 가로막고 있네　茫茫隔風濤
외로운 기러기 서남쪽으로 날아가며　孤雁西南翔
구슬피 울며 무리 찾으니　哀鳴求其曺
이를 보고 길게 탄식 하며　見此長嘆息
눈물 흘려 시린 옷을 적시네　淚下沾寒袍[27]

라고 하였다.

---

1 송강松江 : 정철鄭澈(1536~1593)의 호이다. 본관은 연일延日, 자는 계함季涵, 시호는 문청文淸이다. 임억령林億齡에게 시를 배우고 김인후金麟厚 · 송순宋純 · 기대승奇大升에게 학문을 배웠다. 조선 중기의 문신이며 벼슬은 우의정 · 좌의정을 지냈다. 서인의 영수로서 사후에 추탈과 복권이 반복되었다. 저서에 시문집인 『송강집松江集』과 시가집인 『송강가사松江歌辭』가 있다.

2 노래[歌曲] : 송강 정철이 지은 시조인 〈장진주사將進酒辭〉를 가리킨다. 〈장진주사〉는 『송강가사松江歌辭』와 『문청공유사文淸公遺詞』에 실려 전하며, 『청구영언』 · 『근화악부槿花樂府』 등 각종 가집歌集에도 수록되어 있다.

3 제목 : 〈정송강의 묘에 들렀다가 감정이 일어過鄭松江墓有感〉, 『석주집石洲集』 7권.

4 창랑정滄浪亭 : 지금의 충청북도 충주忠州 진천鎭川에 있었던 정자로 보인다.

5 제목 : 〈창랑정滄浪亭〉, 『석주집石洲集』 7권.

6 제목 : 〈한식寒食〉, 『석주집石洲集』 7권.

7 죽창竹窓 : 구용具容(1569~1601)의 호이다. 본관은 능성綾城, 자는 대수大受, 호는 죽창竹窓 · 저도楮島이다. 1590년 생원시에 합격하였고, 임진왜란 때에는 권필權韠과 함께 강경한 주전론을 폈다. 시를 잘 지어 명성이 높았으며, 권필 · 이안눌李安訥 등과 교분이 두터워 창화시唱和詩를 많이 남겼다. 저서로 『죽창유고竹窓遺稿』가 있다.

8 제목 : 〈구용에게 부치다寄具容〉, 『석주집石洲集』 7권.

9 김화 현감[金化] : 김화 현감을 지낸 구용을 가리킨다. 구용은 1598년 김화 현감에 부임하여 선정을 베풀어 치적을 올렸으나 3년 후 33세의 나이로 요절하였다.

10 제목 : 〈양주의 산중에서 김화 현감 구용의 상여에 곡을 하고 날이 저물어 유숙을 하고 날이 밝자 산에서 나와哭具金化喪柩于楊州之山中 因日暮留宿 天明出山〉, 『석주집石洲集』 7권.

11 허 성주許成州 : 성천 부사를 지냈던 허잠許潛(1540~1607)을 가리킨다. 본관은 양천陽川, 자는 경량景亮, 시호는 정민貞敏이다. 성천 부사成川府使이외에 개성 유수開城留守 등을 역임하였다.

12 강선루降仙樓 : 관동팔경關東八景의 하나로 평안남도 성천成川에 있는 누각이다.

13 제목 : 〈성천 허영공께 부치다寄呈成川許令公〉, 『석주집石洲集』 7권.

14 제목 : 〈정부원征婦怨〉, 『석주집石洲集』 7권.

15 임무숙任茂叔 : 임숙영任叔英(1576~1623)을 가리킨다. 본관은 풍천豐川, 자는 무숙茂叔, 호는 소암疎菴 · 해동산인海東散人이다. 1611년(광해군3) 별시에 급제하였으나 별시 전시殿試에서 대책對策 응제문應製文에 척신戚臣을 비판하는 내용을 담아 광해군의 노여

움을 사서 삭과削科되었다가 후에 회복되었다. 승문원 박사, 봉상시 직장, 홍문관 박사·수찬, 사헌부 지평 등을 역임하였다.

16 제목 : 〈임무숙이 삭과되었다는 소식을 듣고聞任茂叔削科〉, 『석주집石洲集』 7권.

17 제목 : 〈밤에 앉아 회포를 쏟아내다夜坐盡懷〉, 『석주집石洲集』 3권.

18 제목 : 〈나그네 마음旅懷〉, 『석주집石洲集』 3권.

19 제목 : 〈초가을 밤에 앉아 회포를 쓰다初秋夜坐書懷〉, 『석주집石洲集』 3권.

20 용천龍泉 : 오늘날의 평안북도 철산군鐵山郡이다.

21 제목 : 〈이른 아침 용천을 출발하며 짓다早發龍泉 有作〉, 『석주집石洲集』 3권.

22 제목 : 〈남쪽 지방에서 이별하며南州留別〉, 『석주집石洲集』 3권.

23 벽란碧瀾 : 황해도 예성강禮成江 하류에 있는 나루인 벽란도碧瀾渡를 가리킨다.

24 제목 : 〈이른 아침 벽란을 건너며早渡碧瀾〉, 『석주집石洲集』 4권.

25 고 천사顧天使 : 1601년 황태자 책봉을 알리기 위해 조선에 왔던 명나라의 사신인 고천준顧天峻이다. 당시 최정건崔廷健과 함께 조선에 왔었다.

26 제목 : 〈고 천사와 이별하며. 원접사를 대신하여 짓다別顧天使 代遠接使作〉, 『석주집石洲集』 4권.

27 제목 : 〈고의古意〉, 『석주집石洲集』 1권.

權石洲韠, 小倜儻不羈, 不屑取官, 平生專攻詩學, 格調閒雅, 風韻脩然, 穆陵諸子中最得其正宗. 但過熟耳, 宣廟命徵其稿入, 以備乙覽. 明使之東來, 以白衣充從事, 使之應接. 及光海朝, 以詩案寃死. 仁祖朝贈持平. 其<過松江墓有[1]>詩曰, “空山落木[2]雨蕭蕭, 相國風流已[3]寂寥. 怊[4]悵一盃難更進, 昔年歌曲卽今朝.” <滄浪亭>詩曰, “蒲團涔[5]寂篆烟殘, 獨抱仙[6]經靜裡看. 江閣夜深[7]松月白, 渚禽飛上竹欄干.” <寒食>詩曰, “祭罷原頭日已斜, 紙錢翻處有鳴鴉. 山蹊寂寞[8]人歸去, 雨打棠梨一樹花.” <寄竹窓[9]>詩曰, “年年同賞禁城花, 別後那堪度歲華. 鴻雁不來春已[10]晚, 一船風雨在天涯.” <哭具金化[11]>詩曰, “幽明相接杳無因, 一夢慇懃[12]

未是眞. 掩淚出山尋去路, 曉鶯啼送獨歸人.” <寄許成州[13]>詩曰, “江潭芳草碧[14]迢迢, 千里音書久寂寥. 想得降仙樓上月, 玉人閒捻鳳凰簫.” <征婦怨>曰, “交河霜落雁南飛, 九月金城未解圍. 征婦不知郞已沒, 夜深猶自擣寒衣.” <聞任茂叔削科>詩曰, “宮柳靑靑鶯[15]亂飛, 滿城冠盖媚春輝[16]. 朝家共賀昇平樂, 誰遣危言出布衣.” <夜坐書懷>詩曰, “世事有如此, 流光無奈何. 菊花秋後少, 虫語夜深多. 悄悄月侵牖, 蕭蕭風振柯. 關心十年事, 坐數撲燈蛾.” <旅懷>詩曰, “東郡秋將盡, 西征計又非. 烟塵關外阻, 書信峽中稀. 古渡寒吹角, 空林暮掩扉. 愁時見歸雁, 一一背人飛.” <初秋夜[17]>詩曰, “客子悄無睡, 空堂秋夜深. 螢從窓隙入, 虫在石間吟. 世路難如此, 兵戈動至今. 居然生白髮, 寂寞壯年心.” <早發龍泉[18]>詩曰, “一宿龍泉館, 鷄鳴問路岐. 谷虛人語響, 橋析馬行危. 俗學終何賴, 浮名秖自欺. 前途猶萬里 不敢計歸期.” <南州留別>詩曰, “漠漠兵塵起, 茫茫世事非. 江湖人北去, 時序雁南飛. 驛路多秋草, 離亭半夕暉. 相看不忍別, 流淚各沾衣.” <早渡碧瀾>詩曰, “城[19]上嗚嗚聞角聲, 斗柄插江江水明. 早潮侵岸鴨鵝亂, 遙舍點燈砧杵鳴. 客子出門月初落, 舟人掛席風忽[20]生. 西州千里有此去, 長路險艱何日平.” <別顧天使[21]>詩曰, “江頭細柳綠烟絲, 暫住[22]蘭橈折一枝. 別語在心徒脉脉, 離盃到手故遲遲. 死前祇是相思日, 送後那堪獨去時. 莫道音容便長隔, 百年還有夢中期.” <古意>曰, “行出郭北門, 日暝[23]遊江皐. 凝霜被百草, 烈風聲怒號. 原野何蕭條, 極目唯蓬蒿. 豈無同來人, 莫知我心勞. 所思在萬里, 茫茫隔風濤. 孤雁西南翔, 哀鳴求其曹. 見此長嘆息, 淚下沾寒袍.”

[1] 過松江墓有 : 過鄭松江墓有感(『石洲集』 卷7)
[2] 落木 : 木落(『石洲集』 卷7)
[3] 已 : 此(『石洲集』 卷7)
[4] 怊 : 惆(『石洲集』 卷7)
[5] 涔 : 岑(『石洲集』 卷7)
[6] 仙 : 山(『石洲集』 卷7)
[7] 深 : 涼(『石洲集』 卷7)
[8] 寞 : 寂(『石洲集』 卷7)
[9] 寄竹窓 : 寄具容(『石洲集』 卷7)
[10] 已 : 又(『石洲集』 卷7)
[11] 哭具金化 : 哭具金化喪柩于楊州之山中因日暮留宿天明出山(『石洲集』 卷7)
[12] 慇懃 : 殷勤(『石洲集』 卷7)
[13] 寄許成州 : 寄呈成川許令公(『石洲集』 卷7)
[14] 碧 : 綠(『石洲集』 卷7)
[15] 鶯 : 花(『石洲集』 卷7)
[16] 輝 : 暉(『石洲集』 卷7)
[17] 初秋夜 : 初秋夜坐書懷(『石洲集』 卷3)
[18] 早發龍泉 : 早發龍泉有作(『石洲集』 卷3)
[19] 城 : 江(『石洲集』 卷4)
[20] 忽 : 欲(『石洲集』 卷4)
[21] 別顧天使 : 別顧天使代遠接使作(『石洲集』 卷4)
[22] 住 : 駐(『石洲集』 卷4)
[23] 暝 : 暮(『石洲集』 卷1)

20

어우於于 유몽인柳夢寅은 문장과 기절氣節로 한 시대를 굴복시켰으니 당시 사람들이 문장은 구양수歐陽脩를 뛰어 넘어섰고 시는 이규보李奎報보다 뛰어나다고 하였는데, 칭찬한 것이 혹 지나치기는 하지만 그의 조예가 높다는 것을 알 수 있다. 그 시는 기이하고 기발하며, 날카롭고 명쾌했으니 당시의 모의하고 진부한 습관을 단번에 씻어 내고 절로 기축機軸[1]에서 나와 생기가 떠서 움직이는 것 같았으니 참으로 절품이었다.

그의 〈회양가는 길에襄陽道中〉 시에

가난한 여인 북 놀리며 뺨에 눈물 가득한 것은	貧女鳴梭淚滿腮
처음엔 겨울옷 낭군 위해 만들려 했으나	寒衣初欲爲郎裁
아침 들어 세금 독촉 관리에게 나누어 주었는데	朝來裂與催租吏
한 관리 돌아가자마자 다른 관리가 와서라네	一吏纔歸一吏來[2]

라고 하였고, 〈남강南江〉 시에

비 내린 봄 물결에 배 한 척 떠 있고	春潮得雨一篙添
고운 꽃 듬성듬성 여린 잎 뾰족하니	濃蘂初稀嫩葉尖
미인을 불러 배 위에서 춤추게 하고 싶겠지만	欲喚佳人舟上舞
강바람이 미인의 가는 허리 내버려 두지 않겠네	江風不貸楚腰纖[3]

라고 하였으며, 〈대궐에서 숙직하며禁直〉 시에

대궐문[4] 겹겹이 닫혀도 달빛은 휘영하고	金鋪重掩月蒼蒼
물시계 소리 높아 나그네 꿈도 쓸쓸한데	漏鼓聲高客夢凉
계절의 경치는 사람 마음 괴로운 줄도 모르고	時物不知人意苦
섬돌의 꽃과 정원의 나무 가을빛으로 아름답기만 하네	砌花庭樹婉秋光[5]

라고 하였고, 〈승정원에서 숙직하며銀臺夜直〉 시에

국화는 노랗게 피고 단풍은 붉게 물들며	菊綻鵝黃楓染猩
가을벌레 울지 않고 이슬은 맑은데	秋虫不語露華淸
옥루에 누운 사람 괜시리 잠 못들고	玉樓人臥閒無寐
은하수는 밤새 소리를 내며 서쪽으로 흐르네	河漢西流夜有聲[6]

라고 하였으며, 〈허공에 쓰다書空〉 시에

장욱[7]과 장지[8]는 다시 태어나지 않을 것이니	張旭張芝不復生
용과 뱀이 땅에서 솟아난들 누가 놀라겠는가	龍蛇起陸也誰驚
한가로이 마음대로 허공에 글씨를 쓰니	閒將如意書空遍
푸른 하늘 종이 삼아 글자마다 선명하네	一紙靑天字字明[9]

라고 하였고, 〈두류산 절구頭流山絕句〉에

산 아래는 꽃 막 피고 산 위엔 눈이 있어	山下花殘山上雪
베옷 입고 산을 내려와 갖옷 입고 산에 오르니	下山絺綌上山裘
산 하나도 기후가 같지 않은 곳에서	一山氣候不齊處

나는 하루에 두 계절을 유람하네　　一日吾兼兩節遊[10]

라고 하였으며, 〈남산에서 은개의 노래[11]를 듣다가 추국청으로 가며南麓聽銀介歌仍赴推鞫廳〉 시에

성에 가득 꽃과 버들에 둘러싸여 봄나들이할 때　　滿城花柳擁春遊
섬섬옥수로 술잔을 들고 백주가[12]를 읊는다면　　玉手停盃詠柏舟
장사가 갑자기 장검 쥐고 일어나　　壯士忽持長劍起
취중에 늙은 간신 머리를 베었겠지　　醉中當斫老奸頭[13]

라고 하였고, 〈쌍폭포를 유람하며遊雙瀑〉 시에

두 갈래 쏟아지는 물줄기 패옥 울리는 듯　　兩道懸泉響玦環
차가운 못에는 흔들리는 그림자 푸른 산 부서지는 듯　　寒潭搖影碎青山
나무하는 아이야 바위의 꽃을 꺾어 가지 마라　　樵童莫折巖花去
봄풍경이 세상으로 샐까 두려우니　　怕却春光漏世間[14]

라고 하였으며, 〈포천에 암행어사로 가는 길에抱川繡行〉 시에

이글이글 타는 햇볕 긴 여정 고달팠는데　　炎炎熾景倦長程
타는 듯한 패랭이 꽃에 눈 갑자기 밝아지며　　石竹如燃眼忽明
후두둑 꿩이 사람을 피하니 새끼 있음을 알겠고　　驚雉避人知有子
우는 비둘기 숲에 숨어 소리만 들렸는데　　鳴鳩藏樹但聞聲
역참 다 쓰러져 어사도 말 빌리고　　郵殘御史猶賒馬
세상이 어지러워 서생이 병법을 말하기도　　世亂書生或說兵
산 사람은 당연히 나랏일이 있는데　　身在也須王事在

어찌 내 목숨 가지고 공명을 따지겠는가 | 豈將軀命較功名[15]

라고 하였고, 〈경원의 관사에서慶源館舍〉 시에

말만 어찌 서울과 다르겠나 | 語言豈獨異京華
풍경까지 황량해서 또 한숨이 나오는데 | 物色荒凉亦可嗟
복사 오얏 피지 않고 살구만 보이고 | 桃李不花唯見杏
목화는 심을 수 없어 삼베만 자라니 | 絮綿無種但生麻
백성은 털옷 입어 산짐승과 같고 | 民穿毳服同山獸
기녀의 금장식 빌려봐도 야차 같네 | 妓假金粧似夜叉
한나라엔 선우[16] 주나라엔 험윤[17]이 있으니 | 漢則單于周玁狁
이 성문 너머에는 어떤 오랑캐 있을까 | 此城門外是誰家[18]

라고 하였으며, 〈벽동의 객사에서碧潼客舍〉 시에

강은 천둥소리 솔은 파도 소리 내고 | 江作雷霆松作濤
벽에 가물대는 희미한 등에 이별의 시름 괴롭고 | 殘燈閃壁別愁牢
관을 삐지고 나온 흰머리 빗질 끝에 떨어지는데 | 衝冠雪色梳邊下
두우성 뻗치던 무지개는 갑 속에 감춰져 있네[19] | 射斗虹光匣裏韜
외로운 뿔피리 소리 관새의 달은 지는데 | 孤角響隨關月落
수많은 산 추위도 들어 변방 하늘에 닿아 심해지네 | 亂峯寒入塞天高
고운 물가 하루 밤새 가을 난초[20] 시들어 | 芳洲一夜秋蘭委
시인은 굴원의 이소경을 서글프게 읊조리네 | 詞客悲吟屈子騷[21]

라고 하였고, 〈일본으로 가는 사람을 전송하며送人日本〉 시에

동해에 큰 폭풍이 몰아친 뒤 십이 년　鯨曝東溟十二年
대마도는 황량하게 겹진 안개 속에 숨었지만　馬洲蕭瑟隱重烟
성 꼭대기의 화각소리 아침 해를 재촉하고　城頭畫角催紅日
누대 위의 화려한 자리 푸른 하늘 닿을 테며　臺上華筵近碧天
가을날 손님 쟁반 섬나라 귤 넉넉할 테고　秋日賓盤饒島橘
밤바람 속 어부 피리 소리 오랑캐 배인 줄 알겠지만　夜風漁笛識夷船
서생이 정좌하여 병법을 이야기 하니　書生正坐談兵略
취한 채 용천검 쥐고서 지는 솔개를 보겠지[22]　醉撫龍泉看跕鳶[23]

라고 하였으며, 〈북쪽으로 부임하는 이시발을 전송하며送李時發赴北〉 시에

석 자 오호궁[24]에 표범 가죽 활집 만들고　三尺烏號豹作韜
새로 벼린 용천검에 벽제 기름[25] 발랐으니　龍泉新淬鷿鵜膏
장군이 갑옷 입고 강가에 진을 치면　將軍擁甲江邊陣
오랑캐는 병사를 거두어 사막 너머로 달아날 것이고　老虜收兵漠外逃
산의 눈은 천장 회나무 온통 뒤덮고　嶺雪渾埋千丈檜
바닷바람은 백 층 파도를 일으킬 테니　海風能立百層濤
오랑캐 여인은 술을 권하고 오랑캐 아이는 춤추어　胡姬勸酒胡兒舞
붉은 담요에 취해 누워도 변방의 달만 높이 뜨리　醉卧紅氈塞月高[26]

라고 하였고, 〈보개산[27] 사찰의 벽에 쓰다題寶蓋山寺壁〉 시에

일흔 살의 늙은 과부가　七十老孀婦
혼자 빈방을 지키며 살았는데　單居守空壼
여사[28]의 시를 익숙하게 외우고　慣誦女史詩
임사[29]의 교훈을 제법 알아　頗知妊姒訓
이웃 사람이 시집가라 권하고　傍人勸之嫁

미남의 얼굴이 꽃 같지만 善男顔如槿
흰머리로 젊은 얼굴처럼 꾸민다면 白首作春容
연지와 분에 어찌 부끄럽지 않겠는가 寧不愧脂粉[30]

라고 하였다.

---

1 기축機軸 : 쇠뇌의 기아機牙와 수레의 축으로, 중요한 관건을 뜻한다. 여기서는 격조 높은 시문을 비유한 것이다.

2 제목 : 〈회양가는 길에襄陽道中〉, 『어우집於于集』 권1.

3 제목 : 〈포월정에 쓰다題抱月亭〉, 『어우집於于集』 권1.

4 대궐문[金鋪] : 원문의 금포金鋪는 문비門扉에 설치한 금속장식으로 짐승이나 용이 문고리를 물고 있는 모습이다. 여기서는 화려하게 치장한 대궐문을 뜻한다.

5 제목 : 〈대궐에서 숙직하며禁直〉 2수 중 두 번째 수, 『어우집於于集』 권1.

6 제목 : 〈승정원에서 숙직하며銀臺夜直〉 2수 중 두 번째 수, 『어우집於于集』 권1.

7 장욱張旭 : ?~?. 당나라의 명필가로 초성草聖으로 불렸다. 술을 매우 즐겨 술을 마신 뒤 머리카락에 먹을 묻혀 글씨를 썼으므로 세상에서 '장전張顚'이라고 불렀다. 『신당서新唐書』 권202, 「장욱열전張旭列傳」.

8 장지張芝 : ?~?. 후한의 명필가로 자는 백영伯英이다. 초서를 잘 써서 초성草聖으로 불렸다. 붓과 벼루를 씻은 못 안의 물이 검은색이 되도록 서예를 익혔다는 '임지학서臨池學書', '지수진묵池水盡墨'의 고사가 전한다.

9 제목 : 〈허공에 쓰다書空〉, 『어우집於于集』 권1.

10 제목 : 〈절구絶句〉, 『어우집於于集』 권1.

11 은개의 노래 : 유몽인은 친척과 함께 남산기슭 자신의 집에서 봄 경치를 즐기다가 동네에 사는 은개銀介라는 소녀를 불러 가사歌詞를 들었는데, 추국한다는 기별을 듣고 국청에 들어가서 취흥에 겨워 지은 시라고 한다. 유몽인은 이 시로 인해 탄핵을 받아 이조 참판에서 파직되었다. 『광해군일기』 권126, 10년 4월 8일 정유.

12 백주가[柏舟] : 『시경詩經』 「용풍鄘風」의 편명으로, 남편을 잃은 공강共姜이 재가하지 않겠다는 뜻을 밝힌 시이다.

13 제목 : 〈남산에서 은개의 노래를 듣고 추국청으로 가며南麓聽銀介歌 仍赴推鞫廳〉, 『어우집於于集』 권2.

14 제목 : 〈완사계 가에서 쌍폭포를 유람하다浣紗溪上遊雙瀑〉, 『어우집於于集』 권2.

15 제목 : 〈포천抱川〉 2수 중 첫 번째 수, 『어우집於于集』 권1.

16 선우單于 : 흉노의 군주를 부르던 칭호로, 북방 이민족의 우두머리를 지칭한다.

17 험윤玁狁 : 북방 오랑캐 종족의 하나로, 주나라 여왕厲王 때에 험윤이 경읍京邑을 침략하는 난이 있었다.

18 제목 : 〈경원 객사의 시에 차운하다次慶源館舍韻〉, 『어우집於于集』 권1.

19 두우성……있네 : 보검이 갑 속에 감춰져 있음을 말하는데, 뛰어난 재능을 지니고 세상에 나오지 못함을 비유한 것이다. 옛날 진晉나라 때 오吳 땅에 자색 기운이 하늘의 우수牛宿와 두수斗宿 사이로 뻗치는 것을 보고 장화張華가 뇌환雷煥을 풍성현豐城縣의 현령으로 보내 용천검龍泉劍과 태아검太阿劍을 얻은 다음 하나씩 나누어 가졌다. 『습유기拾遺記』 권10.

20 가을 난초 : 원문의 추란秋蘭은 굴원屈原의 〈이소離騷〉에 "강리와 벽지를 몸에 걸치고 가을 난초 엮어서 허리에 차네[扈江離與辟芷兮, 紉秋蘭以爲佩.]."라고 한 데에서 온 말이다.

21 제목 : 〈벽동의 객사 시에 차운하여 근심을 달래다次碧潼客舍韻 遣悶〉, 『어우집於于集』 권1.

22 용천검……보겠지 : 솔개가 떨어진다는 것은 더위와 독기毒氣로 인해 새들이 힘없이 나는 것을 가리키는데, 재주를 발휘할 기회가 없음을 의미한다.

23 제목 : 〈동래 부사 조수초를 전송하는 시의 서문送東萊府使趙遂初 詩序〉, 『어우집於于集』 권3.

24 오호궁[烏號] : 뽕나무로 만든 활인데 재질과 탄성력이 아주 좋은 활이다. 『회남자淮南子』, 「원도훈原道訓」.

25 벽제 기름 : 벽제鸊鵜는 농병아리과에 속하는 물새이다. 이 새의 기름을 도검에 바르면 녹이 슬지 않는다고 한다. 『소동파시집蘇東坡詩集』 권32.

26 제목 : 〈북쪽으로 가는 부체찰사 이양구를 전송하며送副體察使李養久赴北〉, 『어우집於于集』 권1.

27 보개산寶蓋山 : 경기도 연천군, 포천군, 철원군을 경계로 하는 산이다.

28 여사女史 : 어진 여자의 사적을 적은 글을 말한다.

29 임사姙姒 : 덕이 높았던 문왕文王의 어머니 태임太妊과 무왕武王의 어머니 태사太姒를 가리킨다.

30 제목 : 〈보개산 사찰의 벽에 쓰다題寶蓋山寺壁〉, 『어우집於于集』 권2.

柳於于夢寅文章氣節伏一代, 時人謂文過歐陽修, 詩逸李奎報, 譽之或過, 而亦見其造詣之高也. 其詩奇峭警拔神鋒森朗, 一洗當時模擬陳腐之習, 而自出機軸, 生氣浮動, 眞絶品也. 其<襄陽道中>詩曰, "貧女鳴梭淚滿腮, 寒衣初欲爲郎裁. 朝來裂與催租吏, 一吏纔歸一吏來." <南江[1]>詩曰, "春潮得雨一篙添, 濃蘂初稀嫩葉尖. 欲喚佳人舟上舞, 江風不貸楚腰纖." <禁直>詩曰, "金鋪重掩月蒼蒼, 漏鼓聲高客夢涼. 時物不知人意苦, 砌花庭樹婉秋光." <銀臺夜直>詩曰, "菊綻鵝黃楓染猩, 秋虫不語露華淸. 玉樓人臥閒無寐, 河漢西流夜有聲." <書空>詩曰, "張旭張芝不復生, 龍蛇起陸也誰驚. 閒將如意書空遍, 一紙靑天字字明." <頭流山絶句[2]>云, "山下花殘山上雪, 下山絺綌上山裘. 一山氣候不齊處, 一日吾兼兩節遊." <南麓聽銀介歌仍赴推鞫廳>詩曰, "滿城花柳擁春遊, 玉手停盃詠柏舟. 壯士忽持長劍起, 醉中當斫老奸頭." <遊雙瀑[3]>詩曰, "兩道懸泉響玦環, 寒潭搖影碎靑山. 樵童莫折巖花去, 怕却春光漏世間." <抱川繡行[4]>詩曰, "炎炎熾景倦長程, 石竹如燃眼忽明. 驚雉避人知有子, 鳴鳩藏樹但聞聲. 郵殘御史猶賖馬, 世亂書生或說兵. 身在也須王事在, 豈將軀命較功名." <慶源館舍[5]>詩曰, "語言豈獨異京華, 物色荒凉亦可嗟. 桃李不花唯見杏, 絮綿無種但生麻. 民穿毳服同山獸, 妓假金粧似夜叉. 漢則單于周玁狁, 此城門外是誰家." <碧潼客舍[6]>詩曰, "江作雷霆松作濤, 殘燈閃壁別愁牢. 衝冠雪色梳邊下, 射斗虹光匣裏韜. 孤角響隨關月落, 亂峯寒入塞天高. 芳洲一夜秋蘭委, 詞客悲吟屈子騷." <送人日本[7]>詩曰, "鯨曝[8]東溟十二年, 馬洲蕭瑟隱重烟. 城頭畫角催紅日, 臺上華筵近碧天. 秋日賓盤饒島橘, 夜風漁笛識夷船. 書生正坐談兵略, 醉撫龍泉看跕鳶." <送李時發赴北[9]>詩曰, "三尺烏號豹作韜, 龍泉新淬鸊鵜膏. 將軍擁甲江邊陣, 老虜收兵漠外逃. 嶺雪渾埋千丈檜, 海風能立百層濤. 胡姬勸酒胡兒舞, 醉卧紅氊塞月高." <題寶蓋山寺壁>詩曰, "七十老孀婦, 單居守空壼. 慣誦女史詩, 頗知姙姒訓. 傍人勸之嫁, 善男顔如槿. 白首作春容, 寧不愧脂粉."

[1] 南江 : 題抱月亭 (『於于集』 卷1)

[2] 頭流山絕句 : 絕句 (『於于集』 卷1)

[3] 遊雙瀑 : 浣紗溪上遊雙瀑 (『於于集』 卷2)

[4] 抱川繡行 : 抱川 (『於于集』 卷1)

[5] 慶源館舍 : 次慶源館舍韻 (『於于集』 卷1)

[6] 碧潼客舍 : 次碧潼客舍韻遣悶 (『於于集』 卷1)

[7] 送人日本 : 送東萊府使趙遂初詩序 (『於于集』 卷3)

[8] 曝 : 瀑 (『於于集』 卷3)

[9] 送李時發赴北 : 送副體察使李養久赴北 (『於于集』 卷1)

朝鮮詩學考

21

청음淸陰 김상헌金尙憲[1]은 문장과 기개와 절조가 뛰어났다. 일찍이 사신의 명을 받들어 명나라에 들어갈 때 등주登州[2]를 거쳐가는 길이어서 장연등張延登[3]이 집에 머무르게 하였는데 청음의 시를 좋아하여 간행하였다. 뒤에 어양漁洋 왕사정王士禎[4]의 논시論詩에서,

옅은 구름 이슬비 속 소고사	淡雲微雨小姑祠
국화 곱고 난초 지는 팔월이라	菊秀蘭衰八月時
기록한 조선 사신의 시 기억나니	記得朝鮮使臣詩
과연 동국은 시를 이해하는구나	果然東國解聲詩[5]

라고 하였으니, 이로 인해 청음의 시명詩名이 천하를 울렸다.

그의 〈내려앉는 기러기落雁〉 시에

여신이 가을 되어 밤이슬 내리자	靑女乘秋結夜霜
기러기 줄을 지어 곧장 남쪽 날다가	塞鴻連陣正南翔
형산에 닿아서는 더 갈 길이 없어	衡山到日無前路
잠시 갈대 위해 석양에 내려앉네	少爲蘆花下夕陽[6]

라고 하였고, 〈진중자의 옛 마을陳仲子故里〉 시에

청렴한 이 살던 옛터 어디서 찾을까　廉士遺墟何處尋
우물가 오얏나무[7] 이미 그늘 없는데　井邊螬李已無陰
들판 연못 물 푸르고 한 쌍 거위 새하얀 채　野塘水綠雙鵝白
그때의 꽥꽥 소리 아직까지 내고 있네[8]　猶作當時鶂鶂聲[9]

라고 하였으며, 〈순천 부사 정유성[10]에게 주다贈順天宰鄭維城〉 시에

봄 가득 전가에는 뻐꾸기 날아들고　春滿田家布穀飛
관아 뜰엔 일 없어 낮에도 발 쳤으니　訟庭無事晝簾垂
꽃 그림자 미동 없고 금서소리 고요할 땐　花陰不動琴書靜
아마도 향 사르며 편히 쉬는 때겠지　想見焚香宴坐時[11]

라고 하였고, 〈한강에서 놀며遊漢江〉 시에

비단 자리 강굽이에 펼쳐서 두고　綺席臨江曲
목란 배는 물가 동쪽 곁에 있는데　蘭橈傍渚東
맑은 모래 볼수록 하얗고　晴沙望更白
지는 해는 갈수록 붉으며　夕照斂猶紅
땅 위의 산하는 장엄하고　地理山河壯
마음속 기상은 웅대해　襟懷氣像雄
되가는 말 위에서 밝은 달을 기다리며　歸鞍待明月
휘파람 크게 불며 긴 바람을 마주하네　高嘯倚長風[12]

라고 하였으며, 〈종성[13]으로 부임하는 학사 이경용[14]에게 주다贈李學士景容赴鍾城〉 시에

송골매 나는 속에 변방 바람 매섭고　鷹隼朔風厲
얼음 서리 엉긴 속에 변방 하늘 맑은데　氷霜關塞淸
청릉[15] 덮고 대궐 당직 마치자마자　靑綾罷禁直
말 타고 변방 성을 향해 떠나니　白馬向邊城
화살 쏘면 오랑캐 별 떨어지고　箭出胡星落
병영 열면 한나라 달 밝을 테니　營開漢月明
평생토록 이태수가 한 일 보면　平生李太守
농서[16]의 명성에 부끄럽지 않겠구나　不愧隴西名[17]

라고 하였고, 〈등주에서 청천 오대빈[18]의 시에 차운하다登州次吳晴川大斌〉 시에

엷은 구름 이슬비 속 소고사　澹雲輕雨小姑祠
국화 곱고 난초 지는 팔월　佳菊衰蘭八月時
지기석은 직녀 물가 가까이에 있을 테고　機石近依牛女渚
계수꽃은 광한전에 가지 낮게 드리울 텐데　桂花低映廣寒枝
외론 베개 꿈을 깨자 거센 물결 일렁이고　夢回孤枕鯨波撼
먼 하늘 바람 불자 기러기 떼 어긋나니　風散遙空雁列差
끝없는 객의 시름 풀 길 없던 차에　無限旅愁消不得
그대 시구 나그네 맘 위로해 줘 기쁘구나　喜君詩句慰羈離[19]

라고 하였으며, 〈이별하며 주다贈別〉 시에

누런 모래 천리 뻗고 흰 기러기 드물어　千里黃沙白雁稀
고향에서 오는 소식 하늘 가에 끊어지니　故園消息隔天涯
너절해진 사신 깃발 소무는 늙어가고[20]　節旄零落蘇卿老
을씨년한 가을 기운 송옥은 슬퍼하며[21]　秋氣蕭條宋玉悲

온 천하의 영웅들은 마음 거의 꺾이었고　四海英雄心幾折
백년 전한 종묘 사직 눈물 그저 흐르는데　百年宗社涙空垂
내일 아침 또 다시 하량의 이별[22]하면　明朝又作河梁別
적막한 외론 마음 나 혼자만 알겠지　寂寞孤懷秖自知[23]

라고 하였고, 〈심양에서 가을을 보내는 감회瀋陽送秋日感懷〉 시에

갑작스레 가을이 다 지나니　忽忽殊方斷送秋
한 해의 세월 풍광 물과 빠름 다투며　一年光景水爭流
하늘 닿은 시든 잎에 변새 바람 사납고　連天敗葉西風急
사막 덮은 찬 구름에 지는 해는 수심인데　冪磧寒雲落日愁
소무는 어느 때나 끝내 고국 돌아갔고　蘇武幾時終返國
중선은 어디에서 누대에 올랐나[24]　仲宣何處可登樓
시인과 열사는 품은 한이 끝이 없어　騷人烈士無窮恨
지하서도 마음 상해 머리 역시 세겠지　地下傷心亦白頭[25]

라고 하였으며, 〈임자정[26]에게 주다贈任子瀞〉 시에

북풍이 모래 먼지 흩날려서　北風揚塵沙
천지가 하나같이 막혔으니　天地同晦塞
고운 모습 때가 끼어 변했고　玉貌變垢膩
하얀 옷도 예전 빛깔 아니라네　素衣非故色
나에게 백첩선[27] 있으니　我有白疊扇
남해에서 만들어진 것인데　出自南海曲
헤어질 때 그대에게 주나니　臨分把贈君
이것을 가지고 탁한 먼지 막으시오　持此障塵濁
탁한 먼지 사라지고 난 후엔　塵濁旣云去

맑은 빛 씻은 듯 환할 테니 清光皎如拭
진중하게 오랜 친구 생각해 珍重故人思
가을바람 불어와도 간직하소 秋風莫輕擲[28]

라고 하였고, 〈김백후[29]의 시에 차운하다次金伯厚韻〉 시에

고국 땅 봄이 벌써 저물어 故國春已去
꽃가지 이미 녹음이 자랐을 텐데 花枝生綠陰
우물은 버려져 이끼 끼었고 井廢苔蘚滑
풀은 자라 문 앞 길을 가렸을 테니 草沒門逕深
친척들은 눈물 속에 지나갈 테고 親戚拚淚過
친구들도 마음 상해 아파하겠지 朋遊亦傷心
거미줄은 누런 책을 휘감고 있고 蟲絲罥黃卷
기러기발 거문고서 버려졌겠고 雁柱抛素琴
제비 와도 예전 주인 아닐 터이며 燕來非舊主
꾀꼬리 고운 소리 부질없으리 鶯啼空好音
내 스스로 종의 연주[30] 하지 못하니 自非鍾儀奏
어느 누가 장석 신음[31] 가여워할까 誰憐莊舃吟
묶인 매는 구름 하늘을 바라다보고 絏鷹望雲霄
새장 속 새 산과 숲을 그려보는데 羈禽憶山林
관산으로 솟아오른 저기 저 달만 惟有關山月
밤마다 맺힌 마음 열어주네 夜夜開煩襟[32]

라고 하였다.

1 김상헌金尙憲 : 1570~1652. 본관은 안동安東, 자는 숙도叔度, 호는 청음淸陰 · 석실산인石室山人 · 서간노인西磵老人이다. 1590년 진사가 되고 1596년 전쟁 중에 실시한 정시 문과에 병과로 급제하였다. 1623년 인조반정 이후 서인 청서파淸西派의 영수가 되었다. 병자호란이 일어나자 주화론主和論을 배척하고 주전론主戰論을 펴다가 인조가 항복하자 안동에서 은거하였다. 1639년 청나라가 명나라를 공격하기 위해 요구한 출병에 반대하는 소를 올렸다가 청나라에 압송되어 6년 후 풀려 귀국하였다. 1645년 특별히 좌의정에 제수되고, 기로소에 들어갔다. 문집으로 『청음집淸陰集』이 있다.

2 등주登州 : 중국 산동의 지역 이름으로, 이곳에서 조선 문인들과 중국 문인들의 교류가 활발하게 이루어졌다.

3 장연등張延登 : ?~?. 산동山東 추평鄒平 사람으로 자는 제미濟美, 호는 화동華東이다. 1627년 장연등이 파직당하여 집에 거처하고 있을 때 김상헌이 성절겸사은진주사聖節兼謝恩陳奏使로 중국에 가면서 만났다. 이때 장연등이 김상헌의 시를 보고 탄복하면서 청음이 지은 『조천록朝天錄』에 서문을 쓰고 판각하였다.

4 왕사정王士禎 : 1634~1711. 산동山東 신성新城 사람으로 또 다른 이름은 사정士禎, 사진士禛이다. 자는 이상貽上, 호는 완정阮亭 · 어양산인漁洋山人이다. 만년에 전겸익錢謙益의 지우知遇를 받았고, 주이존朱彝尊과 함께 '남주북왕南朱北王'이라 불리었다. 청조풍淸朝風 시의 확립자이며 그 대표적인 시인으로, 신운설神韻說의 주창하였다.

5 제목 : 〈장난삼아 원유산을 본떠 시를 논한 절구32수戲倣元遺山論詩絶句三十二首〉 32수 중 스물아홉 번째 수, 『정화록精華錄』 권5.

6 제목 : 〈갈대 섬에 내려앉는 기러기蘆洲落雁〉, 『청음집淸陰集』 권2.

7 우물가 오얏나무 : 원문의 정변조리井邊螬李는 『맹자孟子』 「등문공滕文公」 하下에, 전국시대 진중자陳仲子란 사람이 너무도 개결介潔하여 불의不義한 곡식을 먹지 않으려다 3일 동안 아무것도 먹지 못하여 귀와 눈이 캄캄해졌다. 그러다 우물가 굼벵이가 반 넘게 파먹은 오얏[井上有李, 螬食實者過半]을 기어가서 먹어 세 번 삼킨 뒤에야 귀가 들리고 눈이 보였다고 한다. 이에 맹자가 "중자의 지조대로 다 하려면 지렁이가 된 뒤라야 가능할 것이다[充仲子之操則蚓而後可者也.]." 하였다.

8 들판……있네 : 『맹자』 「등문공」 하에, 진중자는 형의 만종록萬鍾祿을 의롭지 않다고 여겨 형과 어머니를 피하여 오릉於陵으로 옮겨가 살았다. 후일에 집에 돌아가자 형에게 살아 있는 거위를 선물한 자가 있었다. 중자는 "이 꽥꽥거리는 것을 어디에 쓰겠는가." 라고 하였다. 훗날 어머니가 이 거위를 잡아 주어 중자가 먹고 있었는데, 형이 밖에서 돌아와 "이것이 그 꽥꽥거리는 것의 고기이다."라고 하자, 중자는 밖으로 나가 먹은 것을 토하였다.

9 제목 : 〈진중자의 옛 마을陳仲子古里〉, 『청음집淸陰集』 권9.

10 정유성鄭維城 : 1596~1664. 본관은 영일迎日, 자는 덕기德基, 호는 도촌陶村이다. 1627년 강도에서 보인 정시문과에 을과로 급제한 뒤, 주서 · 한림 등의 벼슬을 하다 순천 현감順天縣監으로 나갔다.

11 제목 : 〈순천 부사 정유성에게 주다贈順天宰鄭維城〉 4수 중 네 번째 수, 『청음집淸陰集』 권3.

12 제목 : 〈한림편수 강왈광의 '한강에서 놀며' 시에 차운하다次姜編修日廣遊漢江韻〉 2수 중 첫 번째 수, 『청음집淸陰集』 권4.

13 종성鍾城 : 오늘날 함경북도 종성군鐘城郡일대로 만주滿洲의 간도間島와 맞닿아 있는 국경 도시다.

14 이경용李景容 : 1580~1635. 본관은 덕수德水, 자는 여복汝復, 호는 두곡杜谷 · 계곡桂谷이다. 1625년 홍문관 수찬에 임명되었다가 지평으로 옮겨 체직하고, 직강에 임명되고 교리로 옮겼다가, 얼마 안 되어 종성 부사鍾城府使가 되었다. 전날 밤 숙직하다가 이튿날에 종성 부사에 임명되었다.

15 청릉靑綾 : 이경용이 중앙에서 일을 하다가 지방으로 부임하게 된 것을 보여준 것이다. 『한관구의漢官舊儀』 권상上에서, 푸른 깁으로 만든 이불로, 한나라 때 상서랑尙書郎이 대궐에서 숙직하면 푸른 깁 이불[靑綾被]과 흰 깁 이불과 비단 이불 등을 준 고사가 있다.

16 농서壠西 : 농서隴西의 오자인데, 농서隴西는 한나라의 대장군 이광李廣, 당대唐代의 이백李白 등을 배출한 명가名家인 농서이씨隴西李氏를 말한다. 여기서는 같은 이씨李氏인 이경용을 추켜세우기 위해 이경용을 농서이씨에도 부끄럽지 않다고 한 것이다.

17 제목 : 〈종성으로 부임하는 학사 이경용에게 주다贈李學士景容赴鍾城〉, 『청음집淸陰集』 권4.

18 오대빈吳大斌 : ?~?. 명나라 말엽에 산동의 등주에서 활동한 문인이다. 김상헌이 1627년 성절겸사은진주사로 연경에 가면서 등주를 경유하면서 오대빈과 만나 여러 차례 수창하였다.

19 제목 : 〈청천 오대빈의 시에 차운하다次吳晴川大斌韻〉 3수 중 첫 번째 수, 『청음집淸陰集』 권9.

20 너절해진……늙어가고 : 『한서漢書』 권54 「소건전蘇建傳」에, 한나라 소무蘇武가 무제武帝 때에 중랑장中郎將으로 흉노에게 사신 갔다가 19년 동안 억류되었는데, 끝까지 한절을 몸에 지니고 있어서 절모節旄가 모두 너덜너덜해졌다고 한다. 김상헌이 1639년 청나라가 명나라를 공격하기 위해 요구한 출병에 반대하는 소를 올렸다가 청나라에 압송되어 있었던 것을 소무의 절개에 빗대 말한 것이다.

21 을씨년한……슬퍼하며 : 가을을 맞은 슬픔을 송옥에 빗대 말한 것이다. 『굴송고음의屈宋古音義』 권3 「구변九辯」에, "슬프다, 가을의 기운이여. 쓸쓸하게 초목은 지고 쇠한 모

습으로 변하였네[悲哉秋之爲氣也, 蕭瑟兮, 草木搖落而變衰.]."라고 하였다.

22 하량의 이별 : 원문의 하량별河梁別은 누구와 이별한 것인지 구체적으로 알 수는 없다. 하지만 김상헌이 억류되어 있으면서 이별 상대에게 줄 시를 하량별河梁別이라고 표현한 것이다. 한나라 때 소무가 흉노에 사신으로 가서 억류되어 있다가 19년 만에 고국으로 돌아올 때, 흉노에 항복하여 그곳에 살고 있던 이릉이 하량에서 송별하면서 지은 시에 "손 잡고 하량 오르니, 노는 사람 저문 날 어디로 가는가. 길가에서 서성거리며, 서운해서 헤어질 수 없네. 새매 북림에서 울다가, 반짝이며 동남쪽으로 난다. 뜬구름은 하루에 천 리 가니, 어찌 내 마음 슬픔 알리[携手上河梁, 遊子暮何之, 徘徊蹊路側, 悵悵不得辭, 晨風鳴北林, 耀耀東南飛, 浮雲日千里, 安知我心悲.]."라고 하였다.

23 제목 : 〈이별하며 주다贈別〉, 『청음집淸陰集』 권13.

24 소무는……올랐나 : 김상헌이 심양에 억류된 자신의 처지를 오랫동안 고향을 떠나 떠돌던 소무와 왕찬에 빗댄 것이다. 『삼국지三國志』 권21 「위서魏書 왕찬열전王粲列傳」에, 소무는 한나라 무제 때에 흉노에 사신으로 갔다가 억류되어 19년 만에 돌아왔으며, 중선은 왕찬王粲의 자로 한나라 헌제獻帝 때 난리를 피해 형주荊州의 유표劉表에게 15년 동안 의탁하며 객지를 떠돌아다니면서 강릉江陵의 성루城樓에 올라가 시사時事를 한탄하고 고향을 그리는 내용의 〈등루부登樓賦〉를 읊어 시름을 달래었다.

25 제목 : 〈가을을 보내는 감회送秋日感懷〉, 『청음집淸陰集』 권11.

26 임자정任子瀞 : 임광任絖(1579~1644)이다. 본관은 풍천豐川, 자는 자정子瀞이다. 1623년 인조반정 후 순릉참봉이 되었다가 이듬해 별시문과에 갑과로 급제하였다. 1642년 황해도 관찰사 · 동지중추부사 · 도승지를 지내고, 이듬해 좌부빈객左副賓客으로 김육과 함께 심양瀋陽에 볼모로 잡혀간 소현세자昭顯世子가 환국하게 되었을 때 이들을 수행하기 위하여 청나라에 갔다가 1644년 그곳에서 죽었다.

27 백첩선白疊扇 : 흰 종이를 발라 만든 쥘부채를 말한다.

28 제목 : 〈빈객 임자정에게 주다贈任賓客子瀞〉, 『청음집淸陰集』 권13.

29 김백후金伯厚 : 김육金堉(1580~1658)이다. 본관은 청풍淸風, 자는 백후伯厚, 호는 잠곡潛谷 · 회정당晦靜堂이다. 1609년에 청종사오현소請從祀五賢疏를 올린 것이 화근이 되어 문과에 응시할 자격을 박탈당하고, 인조반정 이후 문과에 급제하였다. 1643년 겨울, 원손보양관元孫輔養官이 되어 원손 소현세자가 볼모로 잡혀갈 때 세자를 모시고 심양으로 들어갔다.

30 종의 연주 : 원문의 종의주鍾儀奏는 타향에서 고향을 그리워한다는 뜻인데, 여기서는 김상헌이 고향으로 돌아가는 것을 말한다. 『춘추좌씨전春秋左氏傳』 「성공成公」 9년에, 춘추 시대 초나라의 악관樂官이었던 종의鍾儀가 진晉나라에 포로로 잡혀 있을 때 고국을 잊지 못해 남쪽 지방의 관을 쓰고 초나라 곡을 연주하였다가 군자라는 칭송을 듣고 풀려난 일이 있다.

31 장석 신음 : 원문의 장석음莊舃吟은 타향에서 고향을 그리워하는 것을 말한다. 전국시대 월나라의 장석莊舃이 초楚나라에서 높은 관직에 올라 부귀를 누렸으나 병이 들자 월나라 노래를 불렀다는 고사가 전한다. 『사기史記』 권70, 「장의열전張儀列傳」

32 제목 : 〈참판 김백후가 보여준 시에 차운하다次金參判伯厚所示韻〉, 『청음집淸陰集』 권13.

金淸陰尙憲, 文章氣節卓冠. 當時嘗奉使入明, 路由登州, 張延登館于家, 愛淸陰詩, 爲之印行. 後王漁洋士禎論詩曰, "淡雲微雨小姑祠, 菊秀蘭衰八月時. 記得朝鮮使臣詩, 果然東國解聲詩." 由是淸陰詩名震天下. 其<落雁[1]>詩曰, "靑女乘秋結夜霜, 塞鴻連陣正南翔. 衡山到日無前路, 少爲蘆花下夕陽." <陳仲子故里>詩曰, "廉士遺墟何處尋, 井邊螬李已無陰. 野塘水綠雙鵝白, 猶作當時鶂鶂聲[2]." <贈順天宰鄭維城>詩曰, "春滿田家布穀飛, 訟庭無事晝簾垂. 花陰不動琴書靜, 想見焚香宴坐時." <遊漢江[3]>詩曰, "綺席臨江曲, 蘭橈傍渚東. 晴沙望更白, 夕照斂猶紅. 地理山河壯, 襟懷氣像[4]雄. 歸雁[5]待明月, 高嘯倚長風." <贈李學士景容赴鍾城>詩曰, "鷹隼朔風厲, 氷霜關塞淸. 靑綾罷禁直, 白馬向邊城. 箭出胡星落, 營開漢月明. 平生李太守, 不愧壠[6]西名." <登州次吳晴川大斌[7]>韻曰, "澹雲輕雨小姑祠, 佳菊衰蘭八月時. 機石近依牛女渚, 桂花低映廣寒枝. 夢回孤枕鯨波[8]撼, 風散遙空雁列差. 無限旅愁消不得, 喜君詩句慰羈離." <贈別>詩曰, "千里黃沙白雁稀, 故園消息隔天涯. 節旄零落蘇卿老, 秋氣蕭條宋玉悲. 四海英雄心幾折, 百年空[9]社淚空垂. 明朝又作河梁別, 寂寞孤懷秪自知." <瀋陽送秋日感懷[10]>詩曰, "忽忽殊方斷送秋, 一年光景水爭流. 連天敗葉[11]西風急, 罩[12]磧寒雲落日愁. 蘇武幾時終返國, 仲宣何處可登樓. 騷人烈士無窮恨, 地下傷心亦白頭." <贈任子瀞[13]>

詩曰, “北風揚塵沙, 天地同晦塞. 玉貌變垢膩, 素衣非故色. 我有白疊扇, 出自南海曲. 臨分把贈君, 持此障塵濁. 塵濁旣云去, 清光皎如拭. 珍重故人思, 秋風莫輕擲.” <次金伯厚韻[14]>曰, “故國春已去, 花枝生綠陰. 井廢苔蘚滑, 草沒門逕深. 親戚拚淚過, 朋遊亦傷心. 蟲絲罥黃卷, 雁柱拋素琴. 燕來非舊主, 鶯啼空好音. 自非鍾儀奏, 誰憐莊舃吟. 絏鷹望雲霄, 羈禽憶山林. 惟有關山月, 夜夜開煩襟.”

[1] 落雁 : 蘆洲落雁 (『淸陰集』 卷2)

[2] 聲 : 音 (『淸陰集』 卷9)

[3] 遊漢江 : 次姜編修日廣遊漢江韻 (『淸陰集』 卷4)

[4] 像 : 象 (『淸陰集』 卷4)

[5] 雁 : 鞍 (『淸陰集』 卷4)

[6] 壠 : 隴 (『淸陰集』 卷4)

[7] 登州次吳晴川大斌 : 次吳晴川大斌韻 (『淸陰集』 卷9)

[8] 波 : 濤 (『淸陰集』 卷9)

[9] 空 : 宗 (『淸陰集』 卷13)

[10] 瀋陽送秋日感懷 : 送秋日感懷 (『淸陰集』 卷11)

[11] 葉 : 草 (『淸陰集』 卷11)

[12] 罩 : 冪 (『淸陰集』 卷11)

[13] 贈任子瀞 : 贈任賓客子瀞 (『淸陰集』 卷13)

[14] 次金伯厚韻 : 次金參判伯厚所示韻 (『淸陰集』 卷13)

제6절 시학의 혁명시대 詩學革命時代

1

만물이 전성기에 달하면 반드시 변함은 당연하다. 우리나라의 시학은 선조와 인조 간에 매우 성하였고 모두 당시를 위주로 하였으나, 또한 논할 만한 것이 없는 것은 아니다. '시'라는 것은 바람이니, 사람 본성의 맑고 탁함과 세상 풍조에 시 또한 따라서 변화하였다. 예컨대 당나라 한 시대만 해도 초初 · 중中 · 만晚 3대의 다른 점이 있는데, 하물며 우리 땅은 서로 수천 리나 떨어져 있으며, 세대는 천여 년 정도 차이가 나니 시를 짓는 자들이 시 하나하나를 모두 당시를 본떠 짓고자 하였으나 형세는 행할 수 없는 것이다. 그러므로 풍웅豊雄한 것은 혹 지나치게 화려하여 실상이 적은 경우가 있고, 우아優雅한 것은 혹 지나치게 평담平淡하여 흥취가 적은 경우가 있다. 이에 시격詩格이 변하지 않을 수 없어서, 청신淸新하고 정치精緻의 시격이 되었으니 그 한 시대가 성하고 쇠하는 행적은 가릴 수 없는 것이 이와 같다. 현종과 숙종 간에 삼연三淵 김창흡金昌翕[1]이 황정견黃庭堅과 진사도陳師道의 구법을 처음 떨쳐내어 이미 조금 풍조가 변했으나, 풍조의 계승이 형암炯庵 이덕무李德懋[2] · 영재冷齋 유득공柳得恭[3] · 초정楚亭 박제가朴齊家[4] · 강산薑山 이서구李書九[5] · 자하紫霞 신위申緯[6] 등 여러 사람에 의하였으니, 혹자는 첨신尖新을 위주로 하고, 혹자는 기궤奇詭를 위주로 하여 송 · 명의 시체가 우리나라를 풍미했다. 삼가 여러 대가의 시를 아래에 기록하니, 이를 갖추어 참고할 수 있도록 한다.

---

1 김창흡金昌翕 : 1653~1722. 본관은 안동安東, 자는 자익子益, 호는 삼연三淵이다. 1673년 진사시에 합격하였으나 과거를 보지 않고 백악白岳 낙송루洛誦樓에서 글을 읽으며 산수를 즐겼다. 1689년 기사환국으로 부친 김수항이 사사되자, 영평永平에 은거하며 유학에 전념하였다. 형인 김창협과 함께 진시眞詩와 천기天機를 중심으로한 시문의 창작을 주장하였으며 한시로 널리 이름을 떨쳤다. 저서로 『삼연집三淵集』, 『심양일기瀋陽日記』 등이 있다.

2 이덕무李德懋 : 1741~1793. 본관은 전주全州, 자는 무관懋官, 호는 형암炯庵 · 아정雅亭 · 청장관靑莊館이다. 문장 실력이 뛰어났으며 학문에 관심이 많았으나 서자라는 이유로 크게 등용되지 못하였다. 박지원朴趾源, 홍대용洪大容 등 북학파 실학자들과의 교유를 활발히 하며 많은 영향을 받았다. 1779년 규장각 검서관이 되었으며, 박제가朴齊家 · 서이수徐理修 · 유득공柳得恭과 함께 '4검서'라 일컬어졌다. 저서로는 『청장관전서靑莊館全書』가 있다.

3 유득공柳得恭 : 1748~1807. 본관은 문화文化, 자는 혜보惠甫 · 혜풍惠風, 호는 영재泠齋 · 영암泠庵이다. 1774년 사마시에 합격해 생원이 되었고, 1779년 규장각검서에 임명되었다. 조선의 풍속과 역사에 관심을 가져 『이십일도회고시二十一都懷古詩』를 지었으며, 저서로 『고운당필기古芸堂筆記』, 『발해고渤海考』 등이 있다.

4 박제가朴齊家 : 1750~1805. 본관은 밀양密陽, 자는 차수次修 · 재선在先, 호는 초정楚亭 · 정유貞蕤이다. 이덕무 · 유득공 등과 교유하였으며, 1778년에는 이덕무와 함께 청나라로 향해 청의 학자들과 교류하기도 하였다. 이후 규장각 검서관으로 임명되어 다양한 서적을 교정, 간행하였다. 저서에는 『북학의北學議』 · 『명농초고明農草藁』 · 『정유집貞蕤集』 등이 있다.

5 이서구李書九 : 1754~1825. 본관은 전주全州, 자는 낙서洛瑞, 호는 척재惕齋 · 강산薑山이다. 1774년 병과에 제16인으로 뽑혀 섭기주攝記注로 첫 벼슬을 받았다. 시강원 사서, 홍문관 교리, 형조 판서 등의 벼슬을 역임하였다. 『한객건연집韓客巾衍集』에 시가

수록되어 있으며, 이덕무 · 박제가 · 유득공과 함께 사가시인四家詩人으로 일컬어진다. 저서로는 『강산집薑山集』이 있다.

6 신위申緯 : 183쪽 주2 참조.

物極必變, 理之常也. 我東時學, 極盛於宣仁之間, 皆主唐聲, 然亦不無可論者. 夫詩者風也, 人性之淸濁, 世代之隆替, 風亦隨而變焉. 如唐一代, 有初中晩三代之異, 況地之相距千有餘里, 世之相後千有餘年, 爲詩者, 欲一一盡出於唐聲, 則勢所不行也. 故豊雄者, 或過於華靡而少實, 優雅者, 或過於平淡而少趣. 于是詩格, 不得不變, 而爲淸新精緻之體矣, 其一代昇降之跡, 有所難掩者如此. 顯肅之間, 金三淵昌翕始倡黃陳句法, 已少變風調, 繼之以李炯菴 · 柳冷齋 · 朴楚亭 · 李薑山 · 申紫霞諸公, 或主尖新, 或主奇詭, 而宋明詩體, 風靡靑邱矣. 謹錄諸家詩于下, 以備參考.

삼연三淵 김창흡金昌翕의 〈백연 계곡[1]에서百淵谷〉 시에

바람 잔 시냇물 가 따뜻만 하고　風定溪潭暖
맑은 빛은 돌문에서 일렁이며　淸暉漾石門
뭇 봉우리 짙고 옅은 초록빛으로　羣峰深淺綠
물결 밑서 봄 자취를 보여주네　波底見春痕[2]

또

시내 너머 쩡쩡 소리 울려나지만　隔澗丁丁響
구름이 나무하는 사람 가리니　雲埋伐木人
이끼 낀 바위 기대 홀로 읊으며　孤吟倚幽石
맑디맑은 푸른 물만 굽어다 보네　俯視碧粼粼[3]

또

안개비 속 비둘기 울어대니　鳩鳴煙雨裏
은은한 게 정녕 어느 봉우리인지　隱隱定何峰
막대 짚고 봄 빛깔을 바라다보니　植杖看春色
돌밭 가는 흥취도 짙기만 하네　巖耕興亦濃[4]

라고 하였고, 〈정양사[5]에서 때가 되어도 이르지 않기에正陽寺有期不至〉 시에

뭇봉우리 우뚝 높이 울릴 듯한데　千峰峭欲響
정양사 누대에선 종이 울리니　鐘動正陽樓
낙엽 지자 스님은 되돌아오고　落木僧歸定
높은 구름 손님과 머무는데도　高雲客與留
아양의 거문고[6]는 적적만 하고　峩洋琴寂寂
성궐의 달빛은 아득하기만 해　城闕月悠悠
우두커니 계수나무 기대보아도　偃蹇憑叢桂
만날 약속 끝내 저문 시름 되었네　幽期竟晩愁[7]

라고 하였으며, 〈밤에 연광정[8]에 올라夜登練光亭〉 시에

설악산에 아득히 숨어 사는 손　雪嶽幽棲客
관하[9]에 또 잠깐 노닐려는데　關河又薄游
몸 따라서 맑은 달빛 비추어주고　隨身有淸月
밤늦도록 높은 누대 올라서노니　卜夜在高樓
칼춤 추자 고기 용도 조용만 하고　劍舞魚龍靜
술잔 돌자 은하수도 따라흐르네　杯行星漢流
닭 울 때 돌아보며 일어나서는　鷄鳴相顧起
목란배에 이 흥을 머물러두네　留興木蘭舟[10]

라고 하였고, 〈인현왕후에 대한 만사仁顯王后輓〉 시에

송나라 인종은 성인이지만　宋有仁宗聖
요화 일[11]은 지금도 이상하니　瑤華事愧今
손괘[12]는 땅 도리에 딱 들어맞고　巽非虧地道

복괘[13]는 천심에 다시 보이네　　復乃見天心
옥찬의 광채 올리자마자　　玉瓚光初薦
황후께서 의젓하게 재림했지만　　黃裳儼再臨
맑은 하늘에 갑자기 달이 져서　　晴空俄落月
계수 궁전 긴 그늘을 드리웠네　　桂殿結長陰[14]

라고 하였으며, 〈산으로 돌아오며還山〉 시에

해 질 녘 산으로 돌아오니　　還山落日時
말머리에 저녁 바람 불어오고　　馬首夕風吹
쌓인 잎에 예전 그 길 아닌 듯하나　　積葉非前路
먼 봉우리 옛 모습 완연하니　　遙岑宛舊姿
시냇물 깊고 얕음을 훤히 보고　　溪流明暗見
서리 계절 늦고 이름 알아도　　霜候淺深知
갑자기 띠집만 나와서　　忽已茅茨出
황벽 나무 울타리 쓸쓸하기만　　蕭然黃檗籬[15]

라고 하였고, 〈만월대[16]에서滿月臺〉 시에

푸른 산도 힘 없어서 다만 주위 걸으니　　蒼山無力但周遭
숙물이 어찌 호걸 일으킬 수 있을까　　宿物何能更作豪
대청 섬돌 애초에 나라 위해 만들었고　　堂陛初因千乘設
연못 누대 충분히 백성 수고 보였지만　　池臺足見庶民勞
반디 나는 궁궐 같은 가을 안개 차갑고　　螢飛輦道秋煙冷
사슴 오는 궁궐에는 밤 달만 높으니　　鹿下毬庭夜月高
이제 이미 쓸쓸하다 오히려 일 많은지　　已是寂寥猶有事
나무꾼들 설호 무리 만난다네　　樵牧人遇挈壺曹[17]

라고 하였으며, 〈여강에서驪江〉 시에

이호[18]로 노저어 가보니 산 온통 낮으며	擊汰梨湖山四低
저 멀리 황려는 고운 풀 가득하고	黃驪遠勢草萋萋
파사성[19] 청심루[20] 북쪽으로 그림자 지며	婆娑城影淸樓北
신륵사 백탑 서쪽으로 종 울리는데	神勒鐘聲白塔西
강 자갈에 치는 물결 용마 자취 같고	積石波沈龍馬迹
이릉[21]에 봄 들어 자규 울어대니	二陵春入子規啼
취옹[22]과 목로[23]의 문조 헛된 것은	翠翁牧老空文藻
이같은 풍광 함께 못하기 때문이네	如此風光不共携[24]

라고 하였고, 〈경성사군에게 주다贈鏡城使君〉 시에

변새 바람 종일 불어 저녁 추위 심하고	邊風盡日暮寒多
두만강 흐르는 물 흰 물결로 솟구치며	豆滿江流涌白波
눈 앞의 오랑캐 산 끝없이 다가올 테니	眼底湖山來不已
하늘 저 끝에서 대궐은 얼마나 아득할까	天邊京闕杳如何
서생이나 담력 있고 군사 일 논하더니	書生有膽能論劍
진장[25] 돼서 잠 못 들고 매일 창만 베겠지[26]	鎭將無眠每枕戈
밝은 달 밑 피리 소리 안 들리면 다행이지만	幸不聞笳明月下
수루에서 가을 밤을 어떻게 견디려나	戍樓秋夜詎堪過[27]

라고 하였으며, 〈사수 이유인[28]에 대한 만사四嫂李孺人挽〉 시에

제수 우리집에 시집올 그 무렵부터	自嫂入我門
편하고 즐거운 때 전혀 없었으니	苦少平樂時
혼례복 상자에 넣어두고	箱委嫁時衣

십 년 동안 눈썹도 그리지 못했네 畵休十年眉
서쪽 숲 비둘기 머물고 싶으나 西林鳩欲定
둥지 온통 상전벽해 되었으니 半巢滄桑移
먼 하늘가 바다 보며 통곡하고 荒天望海哭
깊은 골짝 도토리 주우며 슬퍼하네 苦峽拾橡悲
아 차마 말할 수 있겠나 嗚呼可忍說
생사가 끝내 무엇인지 存沒竟如何
백운천에 물 잔잔히 흐르고 潺湲白雲川
우물이며 절구통 물가에 그대로 있네 井臼猶在湄[29]

라고 하였고, 〈새벽에 읊다曉吟〉 시에

새벽에 일어나 띠집에 앉으니 晨起坐茅亭
작은 달빛 창 닿아 하얗네 微月當窓白
은하수 그림자는 맑고도 성기며 河漢影淸淺
마을 닭 울음소리 드문드문 들리는데 村鷄聲斷續
돌아봐도 고요한 채 사람 없고 四顧闃無人
거미만 텅 빈 벽에 걸려있으며 蠨蛸掛虛壁
흰 이슬은 밤에 내려 축축하니 白露夜來濕
가을 산은 마치 기름에 씻긴 듯 秋山似膏沐
조용히 살아 말할 수 없으며 端居不可道
경물도 나날이 쇠락해져서 景物日蕭索
신 신고 홀로 서성여 보지만 蹝履獨彷徨
깊은 회포 더욱더 적적하네 幽懷更寂寞[30]

라고 하였다.

1 백연 계곡 : 원문의 백연곡百淵谷은 설악산의 백담百潭 계곡을 말한다. 이 계곡은 설악의 계곡을 거의 모두 합치고 있으며 넓고 깊은 소가 많다. 백개의 못이 있어 백담계곡으로 이름이 붙여졌다고 한다.

2 제목 : 〈또 짓다又賦〉 5수 중 첫 번째 수, 『삼연집三淵集』 권8.

3 제목 : 〈또 짓다又賦〉 5수 중 두 번째 수, 『삼연집三淵集』 권8.

4 제목 : 〈또 짓다又賦〉 5수 중 네 번째 수, 『삼연집三淵集』 권8.

5 정양사正陽寺 : 금강산에 있는 절 이름이다. 백제의 관륵觀勒이 창건하고, 신라 문무왕 때 원효대사가 중건하였다. 내금강 가운데서도 가장 경치가 좋기로 유명한 절이다.

6 아양의 거문고 : 원문의 아양금峩洋琴은 거문고의 곡조인 〈아양곡峨洋曲〉을 말하는데 산수의 즐거움을 의미한다.

7 제목 : 〈때가 되어도 이르지 않아有期不至〉, 『삼연집三淵集』 권9.

8 연광정練光亭 : 평양의 대동강大同江가 덕암德巖의 절벽 위에 있는 이름난 정자로 관서팔경關西八景 중의 하나이다.

9 관하關河 : 함곡관函谷關과 황하黃河의 병칭으로, 고향이나 도성에서 멀리 떨어진 변방을 뜻하는데, 여기서는 삼연이 현재 있는 관서關西 지방을 가리켜서 한 말이다.

10 제목 : 〈밤에 연광정에 올라 조정이의 시를 차운하다夜登練光亭 次趙定而韻〉, 『삼연집三淵集』 권8.

11 요화 일 : 원문의 요화瑤華는 요화궁瑤華宮으로, 송 인종이 곽 황후郭皇后를 폐위하여 이곳에 두었다. 인종은 상미인尙美人과 양미인楊美人을 총애하였는데 하루는 인종 앞에서 상 미인이 황후를 모욕하는 말을 하자 황후가 분을 이기지 못하고 그 뺨을 때렸고 인종은 이를 저지하다가 목덜미 부분을 맞게 되었다. 이에 크게 노한 인종은 황후를 폐위하여 요화궁에 두었다.

12 손괘巽卦 : 팔괘八卦의 하나로 일이 순리대로 움직임을 의미한다.

13 복괘復卦 : 육십사괘六十四卦의 하나로 잘못을 깨달아 곧장 바른길로 들어서는 것을 의미한다.

14 제목 : 〈인현왕후에 대한 만사仁顯王后挽詞〉 5수 중 두 번째 수, 『삼연집三淵集』 권7.

15 제목 : 〈산으로 돌아오며還山〉, 『삼연집三淵集』 권6.

16 만월대滿月臺 : 개성의 송악산松嶽山에 있는 고려 시대의 궁궐터이다. 919년 정월에 태조가 송악산 남쪽 기슭에 도읍을 정하고 궁궐을 창건한 이래 1361년 홍건적의 침입으로 소실될 때까지 고려왕의 주된 거처였다.

17 제목 : 〈또 짓다又賦〉 3수 중 두 번째 수, 『삼연집三淵集』 권7.

18 이호梨湖 : 경기도 여주의 남한강가에 있는 지명이다. 현재는 경기도 여주시 강천면

이호리이다.

19 파사성婆娑城 : 여주의 소산小山 임강臨江에 있는 성으로 선조宣祖 때 승려 의엄義嚴이 수축한 것이라고 한다.

20 청심루淸心樓 : 여주 객관客館 북쪽 여강 가에 있던 누대다. 주변의 경관이 아름다워 많은 문인 학사들이 이곳에서 시를 지었다.

21 이릉二陵 : 경기도 여주에 있는 세종世宗의 능인 영릉英陵과 효종孝宗의 능인 영릉寧陵을 가리킨다.

22 취옹翠翁 : 읍취헌挹翠軒 박은朴誾(1479~1504)을 가리킨다. 194쪽 주1 참조.

23 목로牧老 : 목은牧隱 이색李穡(1328~1396)을 가리킨다. 118쪽 주6 참조.

24 제목 : 〈여강에서驪江〉, 『삼연집三淵集』 권4.

25 진장鎭將 : 진영장鎭營將과 같다. 조선 후기 인조仁祖 때 설치된 정3품직으로 각 도 병마절도사兵馬節度使에 소속되어 지방 군대를 지휘 · 감독하였다.

26 창만 베겠지 : 항상 전투태세를 갖추고 있는 모습을 말한다. 유곤劉琨이 일찍이 친구인 조적祖逖과 함께 중원中原을 수복收復할 뜻을 품었는데, 한번은 다른 친구에게 보낸 편지에서 "나는 창을 베고 아침이 오기를 기다리면서 역적의 머리를 효시하려는 생각뿐인데, 항상 조생이 나보다 말채찍을 먼저 쥘까 염려하네[枕戈待旦, 志梟逆虜, 常恐祖生先吾著鞭.]."라고 한 데서 온 말이다.

27 제목 : 〈회령사군에게 주다贈會寧使君〉 3수 중 두 번째 수, 『삼연집三淵集』 권3.

28 사수四嫂 이유인李孺人 : 사수는 넷째 형제의 아내를 말하는데 넷째 형제인 김창업金昌業의 아내로, 1693년 2월 28일에 38세의 나이로 죽어 경기 장단長湍의 강련리江漣里 광대곡廣大谷에 묻혔다.

29 제목 : 〈사수 이유인에 대한 만사四嫂李孺人挽〉 7수 중 세 번째 수, 『삼연집三淵集』 권5.

30 제목 : 〈새벽에 읊다曉吟〉, 『삼연집三淵集』 권1.

金三淵昌翕, <百淵谷[1]>詩曰, "風定溪潭暖, 淸暉漾石門. 羣峰深淺綠, 波底見春痕." 又 "隔澗丁丁響, 雲埋伐木人. 孤吟倚幽石, 俯視碧粼粼." 又 "鳩鳴煙雨裏, 隱隱定何峰. 植杖看春色, 巖耕興亦濃." <正陽寺有期不至[2]>詩, "千峰峭[3]欲響, 鐘動正陽樓. 落木僧歸定, 高雲客與留. 峩洋琴寂寂, 城闕月悠悠. 偃蹇憑叢桂,

幽期竟晚愁.” <夜登練光亭[4]>詩曰, “雪岳幽棲客, 關河又薄遊. 隨身有清月, 卜夜在高樓. 劍舞魚龍靜, 杯行星漢流. 雞鳴相顧起, 留興木蘭舟.” <仁顯王后輓[5]>曰, “宋有仁宗聖, 瑤華事愧今. 巽非虧地道, 復乃見天心. 玉瓚光初薦, 黃裳儼再臨. 晴空俄落月, 桂殿結長陰.” <還山>詩曰, “還山落日時, 馬首夕風吹. 積葉非前路, 遙岑[6]宛舊姿. 溪流明暗見, 霜候淺深知. 忽已茅茨出, 蕭然黃檗籬.” <滿月臺[7]>詩曰, “蒼山無力但周遭, 宿物何能更作豪. 堂陛初因千乘設, 池臺足見庶民勞. 螢飛輦道秋煙冷, 鹿下毬庭夜月高. 已是寂寥猶有事, 樵牧[8]人遇挈壺曹.” <驪江>詩曰, “擊汰梨湖山四低, 黃驪遠勢草萋萋. 婆娑城影淸樓北, 神勒鐘聲白塔西. 積石波沈[9]龍馬迹, 二陵春入子規啼. 翠翁牧老空文藻, 如此風光不共携.” <贈鏡城使君[10]>詩曰, “邊風盡日暮寒多, 豆滿江流涌白波. 眼底湖山來不已, 天邊京闕杳如何. 書生有膽能論劍, 鎭將無眠每枕戈. 幸不聞笳明月下, 戍樓秋夜詎堪過.” <四嫂李孺人挽>曰, “自嫂入我門, 苦少平樂時. 箱委嫁時衣, 畵休十年眉. 西林鳩欲定, 半巢滄桑移. 荒天望海哭, 苦峽拾橡悲. 嗚呼可忍說, 存沒竟如何[11]. 潺湲白雲川, 井臼猶在湄.” <曉吟>詩曰, “晨起坐茅亭, 微月當窓白. 河漢影淸淺, 村鷄聲斷續. 四顧閴無人, 蠨蛸掛虛壁. 白露夜來濕, 秋山似膏沐. 端居不可道, 景物日蕭索. 蹤履獨彷徨, 幽懷更寂寞.”

[1] 百淵谷 : 又賦 (『三淵集』 卷8)

[2] 正陽寺有期不至 : 有期不至 (『三淵集』 卷9)

[3] 峭 : 悄 (『三淵集』 卷9)

[4] 夜登練光亭 : 夜登練光亭次趙定而韻 (『三淵集』 卷8)

[5] 仁顯王后輓 : 仁顯王后挽詞 (『三淵集』 卷7)

6 岑 : 峰 (『三淵集』 卷6)
7 滿月臺 : 又賦 (『三淵集』 卷7)
8 樵牧 : 牧樵 (『三淵集』 卷7)
9 沈 : 侵 (『三淵集』 卷4)
10 贈鏡城使君 : 贈會寧使君 (『三淵集』 卷3)
11 何 : 斯 (『三淵集』 卷5)

朝鮮詩學考

3

형암炯庵 이덕무李德懋는 자는 무관楙官으로 그가 시구를 만드는 것이 견고하고 노련하였으며, 만든 격조는 맑고 기이하여 자잘한 물줄기를 다 쓸어버리고 따로 길을 열어 영 · 정조대의 음조를 변화시킨 열쇠를 쥐고 있었다. 그리하여 화제주火齊珠나 목란주木蘭舟처럼 눈에 보이는 것마다 모두 기이한 보배이니 참으로 뛰어난 작품이다.

그의 〈소낙비 내리는 가을날 등불을 켜고秋燈急雨〉 시에

서늘한 밤 그림자 짝해 심지 돋우니	凉宵顧影剔燈紅
검록[1] 성경 시렁 가득 꽂혀있는데	釖錄星經揷架充
갑자기 편주 띄워 바다 떠갈 생각 드니	頓有扁舟浮海想
가을 서재 빗소리에 갑자기 둥둥 뜨네	秋齋忽泛雨聲中[2]

라고 하였고, 〈새벽에 연안을 떠나며曉發延安〉 시에

관아 동쪽 새벽 닭은 그치지 않고	不已霜鷄郡舍東
지는 별들 달과 함께 하늘 밝게 빛나는데	殘星配月耿垂空
발굽 소리 갓 그림자 어스름한 들판으로	蹄聲笠影朦朧野
젊은 아낙 짧은 꿈을 밟으면서 지나가네	行踏閨人片夢中[3]

라고 하였으며, 〈금교[4] 찰방에게 주다贈金郊察訪〉 시에

초록 빛깔 관포 입은 나이 많은 태상경[5]은　　草色官袍老太常
젊은이들 모임에서 줄줄 얘기하며 웃더니　　淋漓諧笑少年場
술 취해 누운 채로 형경전을 들을 때는　　酒酣臥聽荊卿傳
푸른 수염 쓰다듬으며 의기 대단하더라　　特捋蒼髯意氣長[6]

라고 하였고, 〈벽제점碧蹄店[7]〉 시에

계사년 명나라군 왜놈들과 싸울 때　　天兵癸巳齒倭鋒
강철 말이 진흙탕서 발굽 몹시 지쳐서　　鐵馬蹄勞泥土濃
날랜 호접진을 당해내지 못했으니　　未抵輕儇蝴蝶陣
부는 바람 맞으면서 이여송[8]이 통곡했지　　臨風痛哭李如松[9]

또

이따금 호미끝에 강철 탄환 걸려 나와　　往往鋤頭觸鐵丸
마을 처자 꿰어 차고 무던히도 아끼는데　　村娥綴佩愛團團
태평세월 자랐으니 무슨 수로 알겠는가　　太平生長那由識
갑옷 뚫고 장수에게 상처 준 것임을　　透甲曾成壯士瘢[10]

라고 하였으며, 〈선연동[11]嬋娟洞〉 시에

선연동 풀빛이 비단 치마와 겨루고　　嬋娟洞草賽羅裙
분내음 남은 향기 옛 무덤에 그윽하니　　剩粉遺香暗古墳
살아있는 홍랑들 고운 미모 자랑 마라　　現在紅娘休詑豔
여기에 무수한 이 옛날은 너 같았으니　　此中無數舊如君[12]

라고 하였고, 〈시골집에 묵으며宿村舍〉 시에

시내 남쪽 가을 숲속[13] 작은 집에서　　溪南秋樹屋
지낼수록 정 더욱 깊어지니　　信宿意彌深
멋대로 읊어도 지금의 시 아니고　　漫咏非今體
약간의 취기에도 옛 마음 되며　　微醺卽古心
저녁 섬돌 서리는 신발에 버석대고　　夕階霜響屐
새벽 창틈 달빛은 이불에 스미니　　晨牖月窺衾
산에 사는 성품 조용한 데 익숙하여　　習靜山居性
새 한 마리 지저귐도 시끄럽기만　　煩嫌一鳥音[14]

또

우리 집안 조용히 물러남에 뜻 있어서　　吾家恬退志
예로부터 깊숙한 곳 숨어 살았으니　　終古卜居深
어지러운 나무 찬 꿈은 들락날락　　亂樹通寒夢
외론 구름에 먼 마음만 기대보네　　孤雲托遠心
좋은 시절 은거 않는 것이지만[15]　　明時休誓墓
맑은 밤 이불에 안 창피하니[16]　　淸夜不慚衾
실의한 이 그 누가 나와 같겠는가　　落魄誰如我
가을 시에 거센 소리 섞여나네　　秋詩發勁音[17]

라고 하였으며, 〈연안부[18]延安府〉 시에

신공[19]이 성 쌓은 것 기미 먼저 안 것이라　　申公築城炳幾先
마침내 이월천[20] 대단한 공 세웠으니　　畢竟奇功李月川
구불구불 무너진 벽 도적들 무찔렀고　　敗壘蜿蜒逋艸冦

우뚝하게 높은 비석 임진년 증명하나	崇碑矗矗辨龍年
못의 연꽃 쓸만하니 되레 세금 걷고	池蓮適用還徵稅
들의 학 잡는 것은 그저 돈 때문이네	野鶴橫罹亦直錢
연안 곡식 어느 누가 좋다고 하였는가	飯顆延川誰云美
흉년 들어 벼와 기장 몹시도 드물구나	秋荒禾黍劇蕭然[21]

라고 하였고, 〈금사사[22]金沙寺〉 시에

강굽이 활과 같아 모래톱 안 봬도	水背如弓不見洲
장쾌한 유람에 이 몸의 객수 사라지는데	壯遊吾且散羈愁
물결 소리 우렁차니 뭇 용들 장난인가	群龍鬐戲潮音大
지축이 둥둥 뜨니 불상들 근심할 듯	諸佛眉憂地軸浮
무성한 해당화 피어나니 아름답고	遍滿穠棠開亦艷
날려오는 콩싹은 유래가 아득한데	飛來芽菽事頗幽
해마다 초여름 중국 배 머무니	年年首夏唐船泊
승장의 진영에 해월루[23] 높았구나	僧將營高海月庳[24]

라고 하였으며, 〈전사田舍〉 시에

농가의 월령가[25]에 새로 써 넣을 것이	農家月令補新篇
누런 빛 하늘이면 서리 내릴 조짐인데	霜眹先占卵色天
늦 태어난 물고기는 손가락보다 가늘고	魚種晩生纖勝指
꼴 갖춘 병아리는 주먹보다 더 크며	鷄孫具體大於拳
큰 옷 입은 젊은 아낙 좋은 풍속 되살리고	寬衣健婦醇風返
밥 축내는 못난 사내 바보천치 같지만	頓飯癡男慧竇塡
민요 어찌 근심하랴 주변 풍경 변했으니	謠俗那愁遷目境
마을의 술 마시고서 책 안은 채 졸뿐이지	細斟村酒抱書眠[26]

라고 하였고, 〈숭인전[27]에서 참배하다謁崇仁殿〉 시에

단군전 공자궁을 참배한 뒤라서　　檀君殿謁孔宮瞻
신성한 이웃에 사당은 더 엄숙한데　　神聖之隣廟更嚴
도는 주서에 담겨있어 탕탕하다 했고[28]　　道寄姬書陳蕩蕩
시는 조선시를 열어 점점하다고[29] 읊었지　　詩開鮮雅詠蔪蔪
위태로운 자취에 옛날 미친척 머리 풀어헤쳤고[30]　　危踪昔被佯狂髮
후손들 누가 기자와 같이 머리털 휘날렸었나　　後裔誰飄克肖髯
주나라의 봉함을 받지 않고 원래 스스로 왔으니　　不受周封元自到
맹견이 지를 써서 본 마음을 가리켰네[31]　　孟堅爲志素心拈[32]

라고 하였으며, 〈용인으로 가는 길에龍仁途中〉 시에

시든 풀 가냘프며 돌비탈 야트막하고　　黃草纖纖石磴微
무덤가엔 나무들 빙 둘러있으며　　土饅頭畔樹盈圍
채찍 따라 붉은 잎 돌며 춤추고　　趁鞭彤葉回旋舞
갓 위로 벌레들 또렷하게 나는구나　　跳笠紺蟲的歷飛
저녁 지난 배는 묵은 밥조차 편하고　　經夕腹便紅米飯
가을 든 몸에는 흰 솜옷이 참 좋지　　當秋身吉白綿衣
물굽이 가득 노을이 연지 같이 고우니　　一灣霞作臙脂艶
가을 든 마을 정자문에서 뒷짐지고 있네　　負手閑村井字門[33]

또

그림 같은 시문을 경치마다 지으니　　畵譜詩箋觸境舒
펼쳐진 온갖 광경 다 비슷한데　　森羅光景悟如如
맑은 벼에 소슬한 바람 다니면서 듣고　　晴禾瑟颯行當聽

저녁 잎에 붉은 빛 드니 펴서 글자 쓸만하네 夕葉紅明展可書
해질 때 소는 외나무길로 돌아가고 落照牛歸孤樹逕
빈 들에 사람들은 옅은 안개 낀 집에서 떠드네 曠郊人語擔烟廬
온 숲에 지저귀는 이름 모를 새는 一叢嘈囋無名雀
욕심 잊은 것 알고서 일부러 내게 오네 解覘忘機故近予[34]

라고 하였고, 〈감회가 있어有感〉 시에

농장인성[35] 새벽하늘 비추고 農丈人星曉映空
안개 서리 벼 익은 언덕 이쪽에 자욱한데 烟霜衝冒稻陂東
시고 짠 것은 오랜 가난한 시절에 익숙해졌고 酸鹹已熟長貧日
차고 따뜻한 것은 오랜 떠돌이 생활에 두루 겪었네 冷煖偏經久旅中
어버이 늙으셨으니 어찌 보잘것없는 일인들 사양하겠으며 親老那能辭鄙事
재주 없으니 오직 미천한 몸은 힘쓰는 일에나 맞는 것이지 才疏端合役微躬
경략 아니라고 말해왔으니 어찌 이 잡으며 있겠나[36] 談非景略何捫蝨
당장은 온화한 표정을 지으며 추수나 마주하네 姑把溫顔對社翁[37]

라고 하였으며, 〈아산 백암으로 밤에 박기양[38]을 찾아가다牙山白巖夜訪朴岐陽〉 시에

현충사[39]는 멀고 백암은 뚜렷한데 顯忠祠廻白巖圓
마을 그림자 흐릿해 고요하여 낮에도 자는 듯 村影濛濛靜晝眠
깊은 밤 은하수 너댓 개 별이 빛나고 遙夜河明三五宿
텅 빈 들엔 물이 비옥한 토지에 환하네 虛郊水白上中田
언덕 서리 내려 쌓여 뱀 소리 울릴 듯하고 厓霜颯集蛇鳴戛
고개 위 달 움직이니 호랑이 냄새 날 것만 같네 嶺月橫翻虎氣羶
별다른 곳 등불 켜고 시 이야기 오래하니 特地張燈詩話久

화분 꽃도 더욱 향기로워 옷깃 곱게 비추누나 盆花逾馥照襟姸[40]

라고 하였고, 〈마포에서 묵다宿麻浦〉 시에

봄 든 얼굴빛으로 즐겁게 마주 보니 初春顔色喜相看
등은 성긴 꽃을 맺고 술은 출렁거리는데 燈結疎花酒漾瀾
얼음 속 잉어 안 자고 무슨 일 생각하며 氷鯉不眠思底事
모래 위 기러기 놀랄 일 많아 끝없이 괴로워하나 沙鴻多警惱無端
안개 막 걷히니 새로운 밝음이 펼쳐지고 烟纔澹蕩鋪新白
달 가장 고와지니 전처럼 보름달 되어서 月最嬋娟返舊團
정경 그윽하여 바짝 다가앉아서 境到幽迷方促膝
송나라 사람 시화로 한가로움 메우네 宋人詩話補餘閒[41]

라고 하였다.

---

1 검록釰錄 : 양梁나라의 도홍경陶弘景(452~536)이 역대 제왕들과 각국 인물들의 도검刀劍에 대하여 저술한 『고금도검록古今刀劍錄』을 가리키는데, 여기에서는 병법서를 의미한다.

2 제목 : 〈비가 쏟아지는 가을날 등잔 아래穢燈雨急〉, 『청장관전서靑莊館全書』 권9.

3 제목 : 〈새벽에 연안을 떠나며曉發延安〉, 『청장관전서靑莊館全書』 권9.

4 금교金郊 : 황해도 금천군金川郡 금교역金郊驛을 가리킨다.

5 태상경[太常] : 종묘宗廟의 의식儀式을 관장하는 관명인데 이 시에서는 금교 찰방으로 가는 사람을 가리킨다.

6 제목 : 〈임지인 금교로 가는 노 찰방에게 주다贈盧察訪之任金郊〉, 『청장관전서靑莊館全書』 권9.

7 벽제점碧蹄店 : 경기도 고양시 덕양구 고양동에 있던 역관驛館으로, 조선 시대에 중국에 왕래하던 사절이 쉬던 곳이다. 임진왜란 때 왜군과 이여송이 거느린 명나라군이 격전을 벌인 곳이다.

8 이여송李如松 : 1549~1598. 명나라 말기의 무장으로 자는 자무子茂이며 요동遼東 철령위鐵嶺衛 사람이다. 임진왜란 때 원병을 이끌고 조선에 와서 1593년(선조 26) 평양에서 고니시 유키나가[小西行長]의 군대를 격파하였다. 벽제관碧蹄館에서 고바야카와 다카카게[小早川隆景]의 군대에 대패하고 간신히 목숨을 건진 뒤 귀국하였다.

9 제목 : 〈벽제점碧蹄店〉 1~4구, 『청장관전서靑莊館全書』 권9.

10 제목 : 〈벽제점碧蹄店〉 5~8구, 『청장관전서靑莊館全書』 권9.

11 선연동嬋娟洞 : 평양성平壤城 칠성문七星門 밖에 있는 골짜기로, 평양 기녀가 죽으면 모두 이곳에 묻혔다 하여 붙여진 이름이다. 궁사宮斜라고도 한다.

12 제목 : 〈선연동嬋娟洞〉, 『청장관전서靑莊館全書』 권10.

13 숲속 : 『동양시학원류』에는 '水'로 되어 있으나 시의 맥락에 따라 '樹'로 바로잡아 번역하였다.

14 제목 : 〈조촌에 사는 일가 화중의 집에서 심계와 초정을 만나 함께 읊다潮邨宗人和仲舍遇心溪楚亭同咏〉 6수 중 두 번째 수, 『청장관전서靑莊館全書』 권11.

15 은거 않는 것이지만 : 원문의 서묘誓墓는 벼슬을 내놓고 고향으로 돌아가 은둔하는 것을 말한다. 진晉나라 왕희지王羲之가 말년에 관직을 버리고 선영先塋에 나아가서 〈서묘문誓墓文〉을 짓고 은거하며 더 이상 출사하지 않았다.

16 이불에 안 창피하니 : 혼자 있을 때의 행실을 경계하는 말이다. 『신논新論』 「신독愼獨」에 "홀로 서 있을 때는 그림자에 부끄럽지 않아야 하고, 홀로 잠잘 때는 이불에 부끄럽지 않아야 한다[獨立不慚影, 獨寢不慚衾.]."라고 한 데서 온 말이다.

17 제목 : 〈조촌에 사는 일가 화중의 집에서 심계와 초정을 만나 함께 읊다潮邨宗人和仲舍遇心溪楚亭同咏〉 6수 중 네 번째 수, 『청장관전서靑莊館全書』 권11.

18 연안부延安府 : 황해도 연백군으로, 이곳에 있는 연안성은 이정암이 의병을 이끌고 임진왜란 침입한 일본군 수만 명을 물리친 연안대첩이 있었던 곳이다. 진주대첩 · 행주대첩과 함께 임진왜란의 3대 전첩의 전승지 중 하나이다.

19 신공申公 : 신각申恪(?~1592)을 가리킨다. 신각이 연안 부사로 있던 당시 조헌의 조언에 따라 참호를 깊이 파고 연안성을 수리하였다. 그리하여 임진왜란 당시 이정암이 왜적을 물리칠 수 있었다. 『선조수정실록宣祖修正實錄』 권25, 선조 24년 3월 1일 정유.

20 이월천李月川 : 월천月川은 이정암李廷馣(1541~1600)의 호이다. 임진왜란 때 황해도 초토사가 되어 황해도 의병을 모아 연안에서 왜군을 격파하였다. 1597년 왜란이 다시 일어나자 또 명을 받고 해서 초토사海西招討使가 되어 연안을 지켰다.

21 제목 : 〈연안부延安府〉, 『청장관전서靑莊館全書』 권9.

22 금사사金沙寺 : 황해도 장연현長淵縣 해안방海安坊에 있던 절로 경치가 좋아 많은 문인들이 찾아 시를 남겼다. 이덕무는 「서해여언西海旅言」에서 1768년에 금사사를 유람했다고 하였다.

23 해월루海月庫 : 금사사에 있던 망루로 보인다.

24 제목 : 〈금사사金沙寺〉, 『청장관전서青莊館全書』 권9.

25 월령가[月令] : 달의 순서에 따라 한 해 동안의 기후 변화나 의식 및 행사 따위를 읊은 노래이다.

26 제목 : 〈전사를 두고 쓰다題田舍〉, 『청장관전서青莊館全書』 권9.

27 숭인전崇仁殿 : 평양에 있는 기자箕子의 사당으로 단군檀君과 고구려 동명왕을 모시는 숭령전崇靈殿과 공자를 모시는 사당 사이에 있다.

28 도는……했고 : 원문의 희姬는 주周나라의 성씨로 희서姬書는 『서경書經』「홍범洪範」을 의미하는데, 여기에서 "편벽됨이 없고 편당함이 없으면 왕도가 탕탕하다[無偏無黨, 王道蕩蕩.]."라고 하였다.

29 점점하다고[漸漸] : 기자가 주나라에 조회하러 가는 길에 은허殷墟를 지나게 되었는데, 폐허가 된 궁실에 벼와 기장이 자라는 것을 보고 "맥수가 점점함이여! 벼와 기장이 성하구나[麥秀漸漸兮, 禾黍油油.]."라고 하였다. 『사기史記』 권38, 「송미자세가宋微子世家」.

30 미친척 머리 풀어헤쳤고 : 은殷나라 주왕紂王이 사치스러운 생활을 일삼자 기자가 간하였으나 주왕이 듣지 않자 머리를 풀어헤치고 미친 척하여 노예가 되었던 일을 말한다. 『사기史記』 권38 「송미자세가宋微子世家」.

31 맹견이……가리켰네 : 맹견孟堅은 『한서漢書』를 지은 반고班固의 자로, 『사기史記』에서 "무왕武王이 기자를 조선에 봉하였다[於是武王乃封箕子於朝鮮.]."고 말한 것과 달리 『한서』에서는 "은나라의 도가 쇠하자 기자가 조선으로 왔다[殷道衰, 箕子去之朝鮮.]."라고 하였다. 반고가 기자는 주왕의 친척이므로 무왕의 봉함을 받지 않았을 것임을 생각해 『한서』에 이와 같이 썼을 것이라고 말한 것이다.

32 제목 : 〈숭인전에서 참배하다謁崇仁殿〉, 『청장관전서青莊館全書』 권10.

33 제목 : 〈용인 가는 길에龍仁途中〉 1~8구, 『청장관전서青莊館全書』 권10.

34 제목 : 〈용인 가는 길에龍仁途中〉 9~16구, 『청장관전서青莊館全書』 권10.

35 농장인성農丈人星 : 남두성南斗星 서남쪽에 있는 별의 이름으로 추수秋收를 주관한다고 한다.

36 경략……있겠나 : 경략景略은 오호십육국五胡十六國 시대의 인물인 왕맹王猛의 자로, 전진前秦의 승상을 지냈다. 젊었을 때 동진東晉의 환온桓溫을 찾아가 여유롭게 이를 잡으며 천하를 담론했다는 일화가 있다. 『진서晉書』 권114, 「왕맹열전王猛列傳」.

37 제목 : 〈감회가 있어有感〉, 『청장관전서青莊館全書』 권10.

38 박기양朴岐陽 : 이덕무와 교유했던 인물로 보이나 자세한 행적은 확인할 수 없다.

39 현충사顯忠祠 : 충남 아산 염치면에 있는 충무공 이순신李舜臣을 기리는 사당이다.

40 제목 : 〈아산 백암으로 이계숙과 함께 밤에 박사문을 찾아가다牙山白巖 同李繼叔 夜訪朴斯文〉, 『청장관전서青莊館全書』 권10.

41 제목 : 〈마포에 묵으며 치천에게 보내다宿麻浦贈穉川〉, 『청장관전서青莊館全書』 권10.

李炯菴德懋, 字楙官, 其造句堅老, 立格清奇, 力掃凡豀, 別開門逕, 握英正時代變調之鍵. 如火齊木蘭, 觸目都是奇寶, 眞絶品也. 其<秋燈急雨[1]>詩曰, “凉宵顧影剔燈紅, 釰錄星經插架充. 頓有扁舟浮海想, 秋齋忽泛雨聲中.” <曉發延安>詩曰, “不已霜鷄郡舍東, 殘星配月耿垂空. 蹄聲笠影曚曨野, 行踏閨人片夢中.” <贈金郊察訪[2]>詩曰, “草色官袍老太常, 淋漓諧笑少年場. 酒酣卧聽荊卿傳, 特捋蒼髯意氣長.” <碧蹄店>詩曰, “天兵癸巳齒倭鋒, 鐵馬蹄勞泥[3]土濃. 未抵輕儇蝴蝶陣, 臨風痛哭李如松.” 又 “往往鋤頭觸鐵丸, 村娥綴佩愛團團. 太平生長那由識, 透甲曾成壯士瘢.” <嬋娟洞>詩曰, “嬋娟洞草賽羅裙, 剩粉遺[4]香暗古墳. 現在紅娘休詫豔, 此中無數舊如君.” <宿村舍[5]>詩曰, “溪南秋水[6]屋, 信宿意彌深. 漫咏非今體, 微醺卽古心. 夕階霜響屧, 晨牖月窺衾. 習靜[7]山居性, 煩嫌一鳥音.” 又 “吾家恬退志, 終古卜居深. 亂樹通寒夢, 孤雲托遠心. 明時休誓墓, 清夜不慚衾. 落魄誰[8]如我, 秋詩發勁音.” <延安府>詩曰, “申公築城[9]炳幾先, 畢竟奇功李月川. 敗壘蜿蜒逋艸[10]冦, 崇碑贔[11]贔辨龍年. 池蓮適用還徵稅, 野鶴橫罹亦直錢. 飯顆延川[12]誰云[13]美, 秋荒禾黍[14]劇蕭然.” <金沙寺>詩曰, “水背如弓不見洲, 壯遊吾且散覊愁. 群龍鬐戲潮音大[15], 諸佛眉憂地軸浮. 遍滿穠棠開[16]亦艶, 飛來芽菽事頗幽. 年年首夏唐船泊, 僧將營高海月庳[17].” <田舍[18]>詩曰, “農家月令補新篇, 霜眹先占卯色天. 魚種晩生纖勝指, 鷄孫具體大於拳. 寛衣健婦醇風返,

頓飯癡男慧賓塡. 謠俗那愁遷目境, 細斟村酒抱書眠.” <謁崇仁殿>詩曰, “檀君殿謁孔宮瞻, 神聖之隣廟更嚴. 道寄姬書陳蕩蕩, 詩開鮮雅詠蕲蕲. 危踪昔被佯狂髮, 後[19]裔誰飄克肖髯. 不受周封元自到, 孟堅爲志素[20]心拈.” <龍仁途中>詩曰, “黃草纖纖石磴微, 土饅頭畔樹盈圍. 趁鞭彤葉回旋舞, 跳笠紺蟲的歷飛. 經夕腹便紅米飯, 當秋身吉白綿衣. 一灣霞作臙脂艶, 負手閑村井字門[21].” 又 “畵譜詩箋觸境舒, 森羅光景悟如如. 晴禾瑟颯行當聽, 夕葉紅明展可書. 落照牛歸孤樹逕, 曠郊人語擔[22]烟廬. 一叢嘈囋無名雀, 解覘忘機故近予.” <有感>詩曰, “農丈人星曉映空, 烟霜衝冒稻陂東. 酸鹹已熟長貧日, 冷煖偏經久旅中. 親老那能辭鄙事, 才疏端合役微躬. 談[23]非景略何捫蝨, 姑把溫顔對社翁.” <牙山白巖夜訪朴岐陽[24]>詩曰, “顯忠祠廻白巖圓, 村影濛濛靜晝眠. 遙夜河明三五宿, 虛橋[25]水白上中田. 厓霜颯集蛇鳴戛, 嶺月橫翻虎氣羶. 特地張燈詩話久, 盆花逾馥照襟姸[26].” <宿麻浦[27]>詩曰, “初春顔色喜相看, 燈結踈花酒漾瀾. 氷鯉不眠思底事, 沙鴻多警惱無端. 烟纔澹蕩鋪新白, 月最嬋娟[28]返舊團. 境到幽迷[29]方促膝, 宋人詩話補餘閒.”

[1] 秋燈急雨 : 穮燈雨急 (『靑莊館全書』 卷9)

[2] 贈金郊察訪 : 贈盧察訪之任金郊 (『靑莊館全書』 卷9)

[3] 泥 : 膩 (『靑莊館全書』 卷9)

[4] 遺 : 殘 (『靑莊館全書』 卷10)

[5] 宿村舍 : 潮邨宗人和仲舍遇心溪楚亭同咏 (『靑莊館全書』 卷10)

[6] 水 : 樹 (『靑莊館全書』 卷10)

[7] 靜習 : 習靜 (『靑莊館全書』 卷10)

[8] 誰 : 說 (『靑莊館全書』 卷10)

9 築城 : 城築 (『青莊館全書』 卷9)
10 艸 : 卉 (『青莊館全書』 卷9)
11 贔 : 屭 (『青莊館全書』 卷9)
12 川 : 州 (『青莊館全書』 卷9)
13 云 : 謂 (『青莊館全書』 卷9)
14 黍 : 麥 (『青莊館全書』 卷9)
15 大 : 迴 (『青莊館全書』 卷9)
16 開 : 聞 (『青莊館全書』 卷9)
17 庫 : 樓 (『青莊館全書』 卷9)
18 田舍 : 題田舍 (『青莊館全書』 卷9)
19 後 : 遺 (『青莊館全書』 卷10)
20 素 : 本 (『青莊館全書』 卷10)
21 門 : 扉 (『青莊館全書』 卷10)
22 擔 : 淡 (『青莊館全書』 卷10)
23 談 : 譚 (『青莊館全書』 卷10)
24 牙山白巖夜訪朴岐陽 : 牙山白巖同李繼叔夜訪朴斯文 (『青莊館全書』 卷10)
25 橋 : 郊 (『青莊館全書』 卷10)
26 姸 : 娟 (『青莊館全書』 卷10)
27 宿麻浦 : 宿麻浦贈穉川 (『青莊館全書』 卷10)
28 娟 : 鮮 (『青莊館全書』 卷10)
29 迷 : 微 (『青莊館全書』 卷10)

4

영재泠齋 유득공柳得恭[1]의 자는 혜풍惠風이다. 재주와 기개가 거침없었고 격률이 치밀하고 명확했으니, 마치 오도五都[2]의 시장에 들어가면 산해진미가 모두 있는 것 같았다. 게다가 남보다 뛰어난 타고난 자질로 단련하여 기이함을 이루었다. 회고시에 이르러서는 더욱 걸작이 많았으니 이 사람은 진실로 동국의 문봉文鳳[3]이다.

그의 〈농가에서田家〉 시에

군자가 되지 못해서	不得爲君子
괴로움 이미 습관이 되어 버렸는데	辛苦良所習
낫 쥐고 들에 있으니	操鎌在中野
삭풍만 쓸쓸히 불어오며	朔風來蕭颯
사람 없는 들판엔 해오라기만 우뚝 서 있고	人遠一鷺峙
들판 환해서 만 번 돌아보지만	畦明萬鑑疊
시비엔 사람 발길 끊어지고	柴扉斷人蹤
울타리 끝엔 잠자리만 앉아있네	籬末蜻蜓立[4]

라고 하였고, 〈한 해가 다갈 때 산 속의 나그네歲暮山中客〉 시에

동쪽 봉우리 푸르름 끝나지 않았으니	東峰碧末已
한가한 날 편안히 지내는 마음 어떠한가	寒日燕居情
안개 낀 집에서 시상 담박하고	烟屋潭詩意

비 오는 누대에선 글 소리 잠기는데 雨樓沈讀聲
그윽한 샘물은 땅에서 솟아나고 暗泉吹壤出
희미한 돌길은 이끼에 덮여 비껴있으니 微磴冒苔橫
앞길 나가 배회해 봐도 前路徘徊罷
벗 하나 만나기 어렵구나 難逢一友生[5]

라고 하였으며, 〈개성 잡시 절구松京雜絕〉 시에

자하동[6] 풀 우거져 紫霞洞裏草菲菲
함께 말 타고 오던 궁녀 안 보이지만 不見宮姬送馬歸
여긴 신왕[7]의 행락지였으니 爲是辛王行樂地
지금도 여전히 제비들 쌍쌍이 나네 至今猶有燕雙飛[8]

또

황량한 스물여덟 개의 왕릉은 荒凉二十八王陵
비바람에 해마다 칠등[9]은 어두운데 風雨年年暗漆燈
진봉산[10] 그쪽에 붉은 철쭉꽃만은 進鳳山中紅躑躅
봄 오면 여전히 절로 겹겹 피어나네 春來猶自發層層[11]

라고 하였고, 〈여름밤夏夜〉 시에

개구리 소리 잦아들고 약초 윤나며 蛙黽聲沈藥草肥
달 밝은 뜰에선 때로 홑옷 다림질 보지만 月庭時見熨單衣
온 하늘 이슬 기운 이같이 서늘하니 一天露氣凉如許
흰 봉선화 이슬 맞아 안 날리겠구나 白鳳仙花濕不飛[12]

라고 하였으며, 그의 〈이별 후에別後〉 시에

만났던 곳 이별 자리 눈앞을 스치는데　過眼逢塲與別筵
가는 사람 눈물 쏟은 뒤 또 가을인데　行人彈淚又秋天
오늘 밤 서당 위 환한 달 비추고　今宵練練西堂月
귀뚜라미 높은 소리 지난해 비슷하네　蟋蟀聲高似去年[13]

라고 하였고, 〈동협으로 돌아가는 소완정[14]을 송별하며送素玩歸東峽〉 시에

동쪽 산 여막엔 쑥대만 무성하니　東峯丙舍長蒿萊
황폐한 작은 길 이중[15] 기다려 열어서　荒徑應須二仲開
가을 산 낙엽 날리는 속에서 자중자애하다　珍重秋山飛葉裏
깡마른 황소 탄 사람 난 줄 알게　瘦黃犢背認吾來[16]

라고 하였으며, 〈연암[17], 형암[18]과 마포에서 놀다與燕巖炯菴游麻浦〉 시에

용산 산 아래 나그네 배 비껴놓고　龍山山下客橫舟
서글피 저 멀리 강가 누각 바라보니　怊悵相望江上樓
한사 오지 않은 섬에는 흰 구름만　韓使不歸島雲白
몽희 한 번 가버린 고개에 꽃은 시름겹기만　蒙姬一去峴花愁
석양은 아득히 외론 배 너머로 지고　夕陽杳杳孤帆下
한강은 넘실넘실 천 리를 흐르는데　洌水洋洋千里遊
끝없이 서호[19]가 옛 땅을 품고 있으니　無限西湖褭古地
해마다 고운 풀들 사람을 시름겹게 하네　年年芳草滿汀洲[20]

라고 하였고, 〈만월대 회고滿月臺懷古〉 시에

부서진 꽃벽돌 옛 궁궐터 알려주고 破碎花甎認故宮
선인교[21] 너머 버들은 희미한데 仙人橋外柳朦朧
타향에서 절기는 시름을 재촉하고 異鄕節候催愁裏
고려조의 풍경은 꿈결 같지만 勝國風烟似夢中
고운 강 높은 산 모두 또렷하고 麗水高山徒歷歷
지는 꽃 우는 새 더 급하구나 落花啼鳥更悤悤
떠올려보니 우리 집안의 문정공께서는 緬憶吾家文正相
이 궁궐서 신발 소리 끊임없이 울리셨지[22] 鞋聲礫礫此墀彤[23]

라고 하였으며, 〈부용산[24]에서 지난날을 이야기하다芙蓉山中話舊〉 시에

동소문[25] 동쪽에서 더 동쪽에 東小門東更向東
신흥사[26] 조용한 절간 옛날 살 때와 똑같은데 新興蕭寺舊棲同
헤어진 지 며칠만에 옛날 오하 아니고[27] 別來幾日非吳下
화답하는 이 없으니 영중 같지만[28] 和者無人又郢中
되레 한호의 득과조[29]와 같고 還似寒號得過鳥
쇄결[30]의 기거충보다 더 가련하니 偏憐瑣珐寄居蟲
차디찬 산 좀먹은 책이 오늘 밤 구슬픈데 寒山蠹笈悲今夜
집을 두른 된서리에 단풍 붉게 흔들리네 繞屋霜鳴聶聶紅[31]

라고 하였고, 〈마포에서 물고기를 잡다麻浦打魚〉 시에

봄 날씨 맑고 바람도 잠잠하며 春天澹無風
봄 강은 기름처럼 윤기나는데 春江膩如油
펄럭펄럭 물결 비껴 나는 나비 站站橫波蜨
이리저리 오리는 물결을 가르며 交交勝浪鳧
고깃배는 한 쌍의 삿대를 부리고 漁舠使雙槳

강 가운데서 날듯이 춤추는데 飛舞於中流
그물 던지고 또 그물 던지니 沈網復沈網
그 생각이 늙은 거미같구나 意智同老蛛
아득하게 저쪽 언덕에서 보이다가 悠悠望彼岸
어느샌가 떠났던 물가로 되와선 於焉返故洲
그물 잡고 배에서 내려 下船網在手
힘써 버티기를 계속 일삼고 復事相支吾
어우러진 그 모습 게처럼 횡행하고 隊隊橫行蟹
사람들 모두 연자방아 나귀 같으니 人人左旋驢
한 편 저 맑은 강 속에 一片空明裏
잡고 못 잡는 것에 무슨 마음을 두었겠나 何心繫有無
물빛은 밝고 환한데 波光似拂鬱
그물 가엔 펄떡이는 고기 있어 網邊有勇魚
물고기는 참으로 살길 얻었지만 於魚實得計
사람들 또 놀라 소리치네 爲人且驚呼
마음 비록 좋은 놈만 잡길 바라고 心雖蘄得雋
또 한편 무고한 놈 불쌍히 여기지만 志亦矜無辜
텅 빈 그물 가져다가 翻空持空網
남들 큰 비웃음 받는 것 매우 두렵네 頗爲人揶揄
물 빼는 소리 잦아들고 水淺瀉聲盡
고기 가둔 그물 터는데 窮鱗暎網疎
남정네들 바지 걷고서 羣夫脫却袴
물에 들어가 마음대로 찾아 잡으니 入水恣探挐
힘 있는 놈은 깨물어 죽이고 驕者嚙殺之
나머지 것들은 산 채로 건져내니 餘盡生劫諸
작은 물고기는 그래도 퍼덕이다가 小魚猶跳躑
모래펄을 온몸에 뒤집어쓰고 沙土被肌膚
큰 물고기는 어찌할 수 없어 大魚無奈何

옆으로 누운 채 뻐끔거리네	橫卧但欷嘘
복어는 화를 견디지 못해	河豚不勝怒
제강[32]처럼 배 키우니	腹大帝江如
가져다가 뱃머리에 달아	取次懸篷際
잠시 놀이감으로 삼을 만하네	暫時充玩娛
식탐 있는 놈은 회도 꺼리지 않아	饞士不棄膾
다시는 온전한 몸을 바랄 수 없을 것이고	無望復成軀
비늘 지느러미 옛 기세 남아 있어도	鱗鬣有舊勢
오히려 솥 안에선 다 풀어져 버릴 거라네	猶向鼎裏遊
강물과 끓는 솥[33]이	江湖與湯鑊
느닷없는 한순간에 달려있으니	忽焉在須臾
물고기야 내 너를 먹더라도	魚兮我食汝
너는 죽어 나를 원망 말거라	汝死勿怨尤
복희씨 그 옛날에 그물 만들었고[34]	庖犧旣結網
주관에 어인[35]을 두었으며	周官更置黀
중니께서 큰 성인이셨으나	仲尼大聖人
가늘게 썬 회[36]를 찾으셨으니	惟細膾是求
맹자도 먹고 싶어 하셨지만[37]	孟氏云所欲
촘촘한 그물만 탄식하셨을 뿐이니	咨嗟但數罛
물고기야 멀리 갈 수 있었는데	魚兮可遠引
어찌하여 내게 잡혔느냐	胡爲我禽乎
방어 연어처럼 스스로 조심 않다가	魴鱮自不愼
마른고기 되어 편지 보내지 말거라[38]	枯魚莫寄書[39]

라고 하였다.

1 유득공柳得恭 : 292쪽 주3 참조.

2 오도五都 : 당唐나라 때의 중경中京 장안長安, 동경東京 낙양洛陽, 서경西京 봉상鳳翔, 남경南京 성도成都, 북경北京 태원太原를 뜻하는 것으로 번성한 도시를 말한다.

3 문봉文鳳 : 유득공의 문학적 재능을 칭찬한 말로 이덕무가 〈시를 논한 절구에서 조음, 우촌, 난타, 강산, 영재, 초정이 떠올라論詩絶句 有懷篠飮雨邨蘭坨薑山泠齋楚亭〉에서 유득공을 문봉으로 평가한 데서 가져온 말이다. 『청장관전서青莊館全書』 권11.

4 제목 : 〈지포자와 함께 부용봉정사에서 글을 읽다與芝圃子讀書于芙蓉峯精舍〉 5수 중 다섯 번째 수 중 9~16구, 『영재집泠齋集』 권2.

5 제목 : 〈세모에 읊다歲暮吟〉 5수 중 두 번째 수, 『영재집泠齋集』 권2.

6 자하동紫霞洞 : 개성 송악산 아래에 있는 골짜기 이름이다. 동천洞天이 그윽하며 시냇물이 맑고 잔잔하여 예로부터 절경으로 손꼽히는 곳이다. 도가에서 신선은 붉은 놀을 타고 다닌다고 이르는 데서, 자하동은 곧 신선이 사는 곳을 말한다.

7 신왕辛王 : 고려 후기의 권간인 신예辛裔(?~1355)이다. 본관은 영산靈山, 호는 초정草亭이다. 충혜왕 때 과거에 급제하였는데 원나라에서 충혜왕을 잡으러 사신을 보냈을 때 환관 고용보高龍普와 함께 원나라 사신을 도와 왕을 잡아가게 하였다. 매부인 고용보의 세력을 믿고 남의 재물을 강탈하고 벼슬을 파는 등 횡포가 심하였으므로 당시 사람들이 그를 지목하여 신왕辛王이라 하였다.

8 제목 : 〈21도 회고시. 고려二十一都懷古詩 高麗〉 9수 중 여덟 번째 수, 『영재집泠齋集』 권2.

9 칠등漆燈 : 무덤 앞에 켜 놓는 등을 말한다. 칠등장명漆燈長明이라고도 한다.

10 진봉산進鳳山 : 개성 동남부에 있는 산이다. 진봉進鳳은 옛날 이 산에서 봉황이 살다가 날아갔다는 전설에서 유래되었다고 한다.

11 제목 : 〈21도 회고시. 고려二十一都懷古詩 高麗〉 9수 중 첫 번째 수, 『영재집泠齋集』 권2.

12 제목 : 〈여름밤夏夜〉 5수 중 네 번째 수, 『영재집泠齋集』 권2.

13 제목 : 〈남쪽으로 돌아가는 사람에게 주며贈人南歸〉 2수 중 첫 번째 수, 『영재집』 권2.

14 소완정素玩亭 : 이서구李書九(1754~1825)로 소완정은 그의 호이다. 자는 낙서洛瑞, 호는 강산 · 척재惕齋 등이다. 연암에게 문장을 배웠으며, 사가시인四家詩人의 한 사람으로 문자학文字學과 전고典故에 조예가 깊고 글씨에도 뛰어났다. 1774년 정시庭試에 합격한 후 전라도 관찰사, 우의정 등을 지냈다.

15 이중二仲 : 세상의 명리名利를 피해 숨어 살았다는 양중羊仲과 구중求仲을 가리킨다. 『삼보결록三輔決錄』에 한漢나라 장후蔣詡가 두릉杜陵에 은거하면서 정원에다 세 개의 오솔길을 만들어 놓고는 오직 양중과 구중 두 사람과 함께 왕래하며 노닐었다는 고사가 전한다.

16 제목 : 〈동협으로 돌아가는 소완정 거사를 송별하며別素玩亭居士歸東峽〉, 2수 중 두 번째 수, 『영재집泠齋集』 권2.

17 연암燕巖 : 박지원朴趾源(1737~1805)의 호이다. 박지원의 본관은 반남潘南, 자는 중미仲美, 호는 연암燕巖이다. 홍대용洪大容 · 박제가와 함께 북학파北學派의 영수로서 과학기술을 개발하고 상업을 발달시키는 데 힘을 기울였다. 저서로 『연암집燕巖集』과 『과농소초課農小抄』, 『열하일기熱河日記』 등이 있다.

18 형암炯菴 : 이덕무(1741~1793)의 호이다. 292쪽 주2 참조.

19 서호西湖 : 서강西江의 별칭이다. 한양漢陽의 남쪽을 싸고 흐르는 한강 구간을 셋으로 나누어 부르는데, 남산의 남쪽 일대에서 노량鷺梁까지를 한강漢江, 노량 서쪽으로부터 마포麻浦까지를 용산강龍山江, 그 서쪽인 양화도楊花渡 일대를 서강이라 한다.

20 제목 : 〈연암, 무관과 함께 마포에서 노닐며與燕巖懋官游麻浦〉, 『영재집泠齋集』 권1.

21 선인교仙人橋 : 개성의 자하동紫霞洞에 있는 다리이다.

22 떠올려보니……울리셨지 : 원문의 문정공[文正相]은 유득공의 선조인 유경柳璥(1211~1289)을 가리킨다. 유경은 고려 고종高宗 때 최의崔竩를 죽이고 정권을 왕실에 반환, 추성위사공신推誠衛社功臣이 되었으며, 문장에 뛰어나 신종 · 희종 · 강종 · 고종의 4대 실록을 편찬하고, 그 문하에서 안향安向 · 이존비李尊庇 등의 인재를 배출하였는데 그러한 유경이 당시 궁궐에서 중임을 맡아 부지런히 공무를 살폈음을 의미한다.

23 제목 : 〈만월대滿月臺〉, 『영재집泠齋集』 권1.

24 부용산芙蓉山 : 서울 근교에 있는 산으로 보이는데 정확한 위치는 알 수 없다.

25 동소문東小門 : 서울의 혜화문惠化門의 이칭이다.

26 신흥사[新興] : 경상남도 하동군 화개면 신흥리에 있었던 절로 신응사神凝寺 또는 신흥사神興寺라고도 한다. 조식曺植의 「유두류록遊頭流錄」에 쌍계사에서 10여 리 지점에 있다고 하였다.

27 헤어진……아니고 : 이덕무가 상대방과 헤어진 뒤 학문적으로 진보를 이루었다는 의미이다. 원문의 오하吳下는 오하아몽吳下阿蒙의 줄임말로 오하吳下는 소주蘇州를, 아몽阿蒙은 여몽을 가리킨 말이다. 여몽이 군무軍務에만 종사하다 손권孫權의 권유로 독서에 힘써 학식을 쌓았는데, 노숙魯肅이 그와 이야기해 보고는 "예전 오나라의 아몽이 아니구려."라고 하자, 여몽은 "선비는 헤어진 지 3일이면 눈을 비비고 다시 봐야 합니다[士別三日, 卽更刮目相對.]."라고 답하였다. 『삼국지三國志』, 「오지吳志 여몽전呂蒙傳」.

28 화답하는……같지만 : 송옥宋玉의 〈대초왕문對楚王問〉에 "영郢에 노래하는 나그네가 있어, 먼저 〈하리下里〉와 〈파인巴人〉을 노래하자 서울에서 화답하는 자가 수천 명이었다. 〈양춘陽春〉과 〈백설白雪〉을 노래하자 서울에서 화답하는 자가 수십 명뿐이었다."라고 하였다.

29 한호의 득과조 : 한호寒號는 오대산五臺山에 사는 새로 다리는 넷에 지느러미가 있고

날지는 못한다. 여름이 되면 무늬가 화려하여 “봉황이 나만 못하다[鳳凰不如我.].”라고 울지만, 겨울이 되면 깃털이 다 떨어져 병아리 같아져서 “그럭저럭 산다[得過且過.].”라고 운다고 한다. 『철경록輟耕錄』, 「한호충寒號蟲」.

30 쇄결瑣玠 : 게와 비슷한 생물인데, 조개의 배속에 기생하는 생물이다. 소라게라고도 한다.

31 제목 : 〈밤에 앉아 지포자와 지난날을 이야기 하다夜坐與芝圃子話舊〉 8수 중 일곱 번째 수, 『영재집泠齋集』 권1.

32 제강帝江 : 고대 전설상의 새처럼 생긴 가무의 신이다. 『산해경山海經』, 「서산경西山經」.

33 끓는 솥 : 원문의 탕확湯鑊은 사람을 집어넣어 죽이기 위하여 물을 끓일 때 쓰던 가마솥 혹은 사람을 삶아 죽이는 형벌을 의미한다.

34 복희씨……만들었고 : 전설에 복희씨가 그물을 짜서 물고기 잡는 법을 가르쳤다고 한다. 『사기史記』, 「보삼황본기補三皇本紀」.

35 주관에 어인 : 주나라 때에 백관을 통솔하는 천관총재天官冢宰를 두고 그 밑에 어인漁人을 두었던 것을 의미한다. 『주례周禮』, 「천관총재天官冢宰」.

36 가늘게 썬 회 : 『논어論語』 「향당鄕黨」에서 공자의 행실에 대해 “밥은 정미한 것을 싫어하지 않으셨고 회는 가늘게 썬 것을 싫어하지 않으셨다[食不厭精, 膾不厭細.].”라고 설명한 데에서 인용한 것이다.

37 맹자도……하셨지만 : 맹자는 “회와 구운 고기는 모든 사람이 좋아하는 것이다[膾炙所同也.].”라고 하였다. 『맹자孟子』, 「진심 하盡心下」.

38 마른고기……말거라 : 사람 손에 들려 하수河水를 지나가는 마른 고기의 불쌍한 처지를 슬퍼하며, 아직 사람 손에 잡히지 않은 고기들에게 맛있는 미끼에 현혹되어 건어와 같은 신세가 되지 말 것을 당부한 말이다. 여기서는 물고기에게 사람에게 잡히지 않게 조심하라는 말을 한 것이다. “하수 가 흐느끼는 마른 물고기여, 이제는 후회한들 때 놓쳤네. 편지 써 방어 연어에게 보내어, 부디 출입을 삼가게 하시게[枯魚過河泣, 何時悔復及. 作書與魴鱮, 相教愼出入.].” 『고시상석古詩賞析』 권6, 「한시漢詩」.

39 제목 : 〈삼호에서 고기를 잡다三湖打魚〉, 『영재집泠齋集』 권1.

柳泠齋得恭, 字惠風. 才氣縱橫, 格律森朗, 如入五都之市, 山珍海錯, 無物不有. 加以天姿勝人. 鍛鍊成奇. 至於登臨懷古, 尤多傑作, 此眞東國之文鳳也. 其<田家[1]>詩曰, “不得爲君子, 辛苦

良所習. 操鎌在中野, 朔風來蕭颾. 人遠一鷺峙, 畦明萬鑑疊. 柴扉斷人蹤, 籬末蜻蜓立." 其<歲暮山中客[2]>詩曰, "東峰碧末[3]已, 寒[4]日燕居情. 烟屋潭[5]詩意, 雨樓沈讀聲. 暗泉吹壞出, 微磴冒苔橫. 前路徘徊罷, 難逢一友生." <松京雜絶[6]>曰, "紫霞洞裏草菲菲[7], 不見宮姬送[8]馬歸. 爲是辛王行樂地, 至今猶有燕雙飛." 又 "荒凉二十八王陵, 風雨年年暗漆燈. 進鳳山中紅躑躅, 春來猶自發層層." <夏夜>詩曰, "蛙黽聲沈藥草肥, 月庭時見熨單衣. 一天露氣凉如許, 白鳳仙花濕不飛." 其<別後[9]>詩曰, "過眼逢場與別筵, 行人彈淚又秋天. 今宵練練西堂月, 蟋蟀聲高似去年." <送素玩歸東峽[10]>詩曰, "東峯丙舍長蒿萊, 荒徑應須二仲開. 珍重秋山飛葉裏, 瘦黃犢背認吾來." <與燕巖炯菴游麻浦>詩曰, "龍山山下客橫舟, 怊悵相望江上樓. 韓使不歸島雲白, 蒙姬一去峴花愁. 夕陽杳杳孤帆下, 洌水洋洋千里遊[11]. 無限西湖襄古地, 年年芳草滿汀洲." <滿月臺懷古[12]>詩曰, "破碎花甎認故宮, 仙人橋外柳朦朧. 異鄉節候催愁裏, 勝國風烟似夢中. 麗水高山徒歷歷, 落花啼鳥更悤悤. 緬億吾家文正相[13], 鞋聲礫礫此墀彤[14]." <芙蓉山中話舊[15]>詩曰, "東小門東更向東, 新興蕭寺舊棲同. 別來幾日非吳下, 和者無人又郢中. 還似寒號得過鳥, 偏憐瑣蛣寄居蟲. 寒山蠹笈悲今夜, 繞屋霜鳴聶聶紅." <麻浦打魚[16]>篇曰, "春天澹無風, 春江膩如油. 站站[17]橫波蜨, 交交劈[18]浪梟. 漁舠[19]使雙槳, 飛舞於中流. 沈網復沈網, 意智同老蛛[20]. 悠悠望彼岸, 於焉返故洲. 下船網在手, 復事相支吾[21]. 隊隊橫行蟹, 人人左旋驢. 一片空明裏, 何心繫有無. 波光似拂鬱, 網邊有勇魚. 於魚實得計, 爲人且驚呼. 心雖蘄得雋, 志亦矜無辜. 翻空持空網, 頗爲人揶揄. 水淺瀉聲盡, 窮鱗暎[22]網疎. 羣夫脫却袴, 入水恣探挐. 驕者嚼殺之, 餘盡生劫諸. 小魚猶跳躑[23], 沙土被肌膚[24]. 大魚無奈何, 橫卧但欷[25]噓. 河豚不勝怒, 腹大[26]帝江如. 取次懸篷際[27], 暫時充玩娛. 饞士不棄膾, 無望復成軀. 鱗鬛有舊勢, 猶向鼎裏遊[28]. 江湖與湯鑊, 忽焉在須臾. 魚兮我食汝, 汝死勿怨尤[29]. 庖犧旣結網, 周官更置𢿱. 仲尼大聖人[30], 惟細膾是求[31]. 孟氏云所欲, 咨嗟但數罛. 魚兮可[32]遠引, 胡爲我禽乎. 魴鱮自不愼[33], 枯魚莫寄書."

[1] 田家 : 與芝圃子讀書于芙蓉峯精舍 (『泠齋集』 卷2)

[2] 歲暮山中客 : 歲暮吟 (『泠齋集』 卷2)

[3] 末 : 未 (『泠齋集』 卷2)

[4] 寒 : 閒 (『泠齋集』 卷2)

[5] 潭 : 淡 (『泠齋集』 卷2)

[6] 松京雜絕 : 二十一都懷古詩 (『泠齋集』 卷2)

[7] 菲菲 : 霏霏 (『泠齋集』 卷2)

[8] 送 : 並 (『泠齋集』 卷2)

[9] 別後 : 贈人南歸 (『泠齋集』 卷2)

[10] 送素玩歸東峽 : 別素玩亭居士歸東峽 (『泠齋集』 卷2)

[11] 遊 : 流 (『泠齋集』 卷1)

[12] 滿月臺懷古 : 滿月臺 (『泠齋集』 卷1)

[13] 緬億吾家文正相 : 五百季來興廢事 (『泠齋集』 卷1)

[14] 鞋聲礫礫此墀彤 : 斜陽回首石臺空 (『泠齋集』 卷1)

[15] 芙蓉山中話舊 : 夜坐與芝圃子話舊 (『泠齋集』 卷2)

[16] 麻浦打魚 : 三湖打魚 (『泠齋集』 卷1)

[17] 站站 : 帖帖 (『泠齋集』 卷1)

[18] 交交髈 : 輕輕點 (『泠齋集』 卷1)

[19] 舠 : 舟 (『泠齋集』 卷1)

[20] 意智同老蛛 : 網沈網還浮 (『泠齋集』 卷1)

21 吾 : 梧 (『泠齋集』 卷1)

22 暎 : 映 (『泠齋集』 卷1)

23 小魚猶跳躑 : 없음 (『泠齋集』 卷1)

24 沙土被肌膚 : 없음 (『泠齋集』 卷1)

25 欷 : 唏 (『泠齋集』 卷1)

26 腹大 : 其腹 (『泠齋集』 卷1)

27 際 : 頭 (『泠齋集』 卷1)

28 遊 : 舒 (『泠齋集』 卷1)

29 尤 : 吾 (『泠齋集』 卷1)

30 大聖人 : 嘉細鱠 (『泠齋集』 卷1)

31 惟細膾是求 : 門人見而書 (『泠齋集』 卷1)

32 可 : 若 (『泠齋集』 卷1)

33 枯魚莫寄書 : 없음 (『泠齋集』 卷1)

5

초정楚亭 박제가朴齊家[1]의 자는 재선在先이다. 7언 율시에 뛰어나 시를 짓는 것이 탄환과 같았고[2], 편벽되고 껄끄러운 소리를 두지 않았으며 마음이 사소한 데에 구애받지 않았으니 마치 그 사람됨을 보는 것 같았다. 몽득夢得[3]과 향산香山[4]에 근본을 두었으나 험난하고 곡절 많은 기운은 그들보다 심한 듯하다.

그의 〈글자를 늘어놓다排字〉 시에

하늘은 온통 푸른빛이고	天浮平綠色
서북쪽 아득한 산은 눈썹 같은데	西北遠山眉
술 생각은 봄 되자 끝이 없고	酒意逢春永
옷주름 바위에 앉자 기이하네	衣紋坐石奇
산들바람에 나무는 흔들리지 않고	微風佳樹靜
대낮에 산 새는 날아가며	白日澹禽移
우리집 살구 붉게 꽃 피어나니	紅發吾家杏
서성이며 시 지을만하구나	徘徊可以詩[5]

라고 하였고, 〈가을날 새벽 이불 속에서秋晨衾中〉 시에

산 오르고 물가 서면 즐겁기만 하니	登山臨水若爲悰
서릿발 짙푸르고 잎새엔 단풍 들며	霜脚嵌青葉舂彤
천지 쓸쓸하니 승냥이는 제사 지내고[6]	天地蕭蕭豺祭獸

벗들과 떨어져서도 거가 공을 의지하듯[7] 朋交落落岠依蛩
한가히 붓 도끼로 하릴없이 잘못된 글 벌을 주고 閒將筆鉞誅書贋
뿔잔 배를 속히 저어 게으른 병 고쳐보니 快掉觥船濟病慵
국화 향 심히 엷어 도리어 원망스러움은 卻恨黃花香太淡
나처럼 성품이 질탕하지 않아서라네 也應如我性非濃[8]

이소[9]는 원망하는 사람의 노래라 離騷只是怨人歌
내 마음 어지럽히기만 하는 것이니 다른 것 아끼지 말아야지 徒亂中情勿愛他
가을 되니 입은 더 거칠어지고 牙頰逢秋頗磈礧
세속 따라 의관은 나날이 어지러워지네 衣冠與俗日婆娑
태현경[10] 전해진들 아는 사람 누구일 것이며 太玄行世誰知否
큰 술잔 앞에 두고 안 마신들 어쩌랴 太白當前不飮何
정녕 내 몸을 맑게 죽게 하려 해서인지 定使吾身淸死了
국화꽃 단풍잎에 달빛 서리 가득하네 黃花紅樹月霜多[11]

라고 하였으며, 〈가을 생각秋懷〉 시에

하늘 높고 기러기는 모두 남쪽 날아가고 天高無雁不南飛
은하수 막 기울고 온 세상 고요할 때 星漢初橫地籟稀
단풍 든 숲속에서 그댄 홀로 잘 살련만 紅樹之中君獨住
국화꽃 다 지는데 나는 누굴 찾아가나 黃花也盡我誰歸
난간 기대 절로 가서 가을 산봉우리 보다가 憑欄自去看秋嶂
발길 대로 때로 와 한밤 사립 두들기고 信步時來欵夜扉
술 마신 뒤 쓸쓸해져 자주 무릎 맞댔다가 酒後凄然頻促膝
사람 시켜 촛불 잡고 의관 고쳐 돌아오오 倩人扶燭起更衣[12]

라고 하였고, 〈만산[13] 주점 새벽에 비 내리다萬山店曉雨〉 시에

누운 채로 돌아갈 길 따지느라 잠 못 들어 臥數歸程睡不成
친구들 그리다가 내 평생 또 생각해보니 懷群更自念平生
마음 수고 거의 모두 육체 때문 그런 거라 心勞大抵由形役
고된 집이 원래 즐겁다는 여행보다 나은 거지 苦住元來勝樂行
남쪽 지방 산천에는 기러기만 많았는데 南國山川多雁影
이 한밤중 비바람 속 또 닭 소리 듣고 있네 中宵風雨又鷄聲
철컥철컥 베틀 소리 아이 울음 섞여 들려 鳴機軋軋啼兒混
주막 주인 내 인연이 도리어 정겹구나 店主因緣倒有情[14]

라고 하였으며, 〈이심계[15]의 시골 집에서 이틀을 묵다信宿李心溪鄉廬〉 시에

계수나무 숲속 있는 그대 몰래 그리워하니 山中桂樹隱思君
초택 산다 한들 어떻게 새나 짐승과 무리 지어 살겠는가 草澤胡爲鳥獸群
먼 물 흐르는 속 사람은 홀로 가고 遠水縱橫人獨去
들 밭 황량한 속 길은 어렴풋이 나뉘며 野田蕭瑟路微分
황량한 마을 대낮에도 바람 소리뿐인데 午時墟落惟天籟
사립문의 아자 형상은 완연한 고문인데 亞字柴門宛古文
삿갓 같은 정자 그늘에 그런대로 함께 쉬니 一笠亭陰聊共憩
고요한 하늘 아득히 외로운 구름 피어나네 寥天杳杳潑孤雲[16]

라고 하였고, 〈오랜 친구의 농가에 방문하다訪故人農庄〉 시에

마음 고요하니 도리어 한 자 방도 넓은 것 알겠고 心靜還知丈室寬
술이 시큼해지니 외려 한때의 즐거움도 크며 酒酸猶博片時歡
십 년 동안의 인생살이 제문의 거문고 같았고[17] 十年人似齊門瑟
반평생 문장은 초나라 정승 의관[18]이 대부분이지 半世文多楚相冠
외론 벌레 한 해 저물기 재촉함에 느껍지만 感此孤蟲催歲暮

텅 빈 들판에서 찬 서리 밟는 것도 거침없네　飄然曠野履霜寒
시골 마을 적막하여 항상 일찍 잠드는데　鄕村寂寞眠常早
사립 위로 달 떠오르자 그제야 나와 보네　月壓柴荊始出看[19]

또

가을 되어 주량이 한껏 커져　秋來酒戶十分寬
바닷가서 우연히 만나 며칠 동안 기뻤던가　海上萍逢幾日歡
낙척해서 함께 달빛 아래 칼자루 두드렸지만[20]　落拓共彈明月鋏
우뚝한 건 되레 절운관[21] 쓴 것 같았지　崔嵬猶戴切雲冠
빈풍 그림[22] 속의 국화는 시들었고　豳風畫裡黃花老
농장성[23] 가의 흰 이슬도 차갑지만　農丈星邊白露寒
초가집 푸른 등에 정 더욱 기꺼우니　蔀屋靑燈情轉勝
해낭[24] 속의 시초를 밤 깊도록 보네　奚囊詩草夜深看[25]

또

좋은 술[26] 마시면 각박한 이도 너그러워지니　醇醪合使薄夫寬
오랜 나그네 외려 눈물 멎고 기뻐하네　久客翻爲破涕歡
그래도 향기 있어 이틀을 머무니　猶有書香留信宿
어느새 들 빛이 의관을 물들이며　居然野色染衣冠
버석이는 나뭇잎엔 흰서리 내리고　多聲木葉流霜白
어스름한 띠집엔 찬 달빛만 조용한데　未曙茅茨澹月寒
콩깍지와 벼 더미 속 이별한 뒤로는　荳殼禾叢離別後
언제 꿈에서라도 만나볼지 모르겠네　不知何日夢中看[27]

라고 하였다.

1 박제가朴齊家 : 1750~1805. 본관은 밀양密陽, 자는 차수次修, 호는 초정楚亭 · 정유貞蕤 · 위항도인葦杭道人이다. 어릴 때부터 시문에 뛰어났으며 이덕무李德懋 · 유득공柳得恭 · 이서구李書九와 함께 후사가後四家로 불리우며 『한객건연집韓客巾衍集』이라는 사가 시집을 엮었다. 규장각의 검서관이 되어 여러 책들을 교정하고 간행하였다. 저서에는 『정유각집貞蕤閣集』 · 『북학의北學議』 · 『명농초고明農草藁』 등이 있다.

2 시를……같았고 : 유창한 시문을 비유하는 말이다. 남제南齊의 시인 사조謝朓가 일찍이 심약沈約에게 "좋은 시는 원만하고 아름다워서 거침없고 유창한 것이 마치 탄환과 같다[好詩圓美, 流轉如彈丸]."라고 한 데서 온 말이다. 『남사南史』 권22, 「왕균열전王筠列傳」.

3 몽득夢得 : 당唐나라 헌종憲宗 때의 문인文人인 유우석劉禹錫(772~842)으로, 본관은 팽성彭城, 자는 몽득夢得이다. 왕숙문王叔文 등과 함께 개혁을 꾀하였으나 실패하여 좌천되었다. 오랜 지방관 생활을 하며 백성들의 삶에 관심이 많았다. 백거이白居易와 교유하면서 깊은 관계를 맺었고, 여러 시를 남겼다. 문집으로는 『유몽득문집劉夢得文集』과 『유빈객문집劉賓客文集』 등이 있다.

4 향산香山 : 당나라 시인 백거이白居易(772~846)를 말한다. 본관은 하규下邽, 자는 낙천樂天, 호는 향산거사香山居士 · 취음선생醉吟先生이다. 현실주의적인 시인으로 유명하며, 다양한 제재와 형식의 시를 지었으며 〈장한가長恨歌〉 등 여러 유명한 시를 남겼다. 유우석과 비등하여 '유 · 백'으로 일컬어졌다. 저서로는 『백씨장경집白氏長慶集』 등이 있다.

5 제목 : 〈글자를 늘어놓다排字〉, 『한객건연집韓客巾衍集』 권3.

6 승냥이는 제사 지내고 : 『예기禮記』에서 "1월에는 수달이 물고기로 제사 지내고, 9월에는 승냥이가 짐승으로 제사 지낸다[孟春之月獺祭魚, 季秋之月豺祭獸]."라고 하였다. 『예기禮記』, 「월령月令」.

7 거가 공을 의지하듯 : 원문의 거蚷는 거허距虛이고 공蛩은 공공蛩蛩으로 모두 전설상의 짐승이다. 거허와 공공은 서로 닮았는데, 붙어서 떨어지지 않고 산다고 한다. 『회남자淮南子』, 「도응훈道應訓」.

8 제목 : 〈가을 생각秋懷〉 6수 중 네 번째 수, 『정유각집貞蕤閣集』 초집.

9 이소離騷 : 초楚나라 굴원屈原이 간신奸臣의 참소로 왕에게 신임을 잃고 쫓겨난 뒤, 애국의 감정과 자신의 울분을 서술한 글이다.

10 태현경[太玄] : 한漢나라 양웅揚雄이 『역경易經』을 모방하여 지은 책인데, 모두 10권이다. 음양이원론陰陽二元論 대신 시始, 중中, 종終의 삼원三元으로써 설명하고 여기에 역법曆法을 덧붙였다.

11 제목 : 〈가을 생각秋懷〉 6수 중 여섯 번째 수, 『정유각집貞蕤閣集』 초집.

12 제목 : 〈청수옥에서 밤에 앉아淸受屋夜坐〉 6수 중 두 번째 수, 『정유각집貞蕤閣集』 초집.

13 만산萬山 : 자세히 알 수 없으나 『정유각집』이 창작 시기에 따라 시를 수록하고 있음을 고려할 때, 온양溫陽에서 자신의 집으로 돌아오는 길에 머물렀던 곳으로 보인다.

14 제목 : 〈갈산 여관에서 새벽 비가 내려葛山店舍曉雨〉, 『정유각집貞蕤閣集』 초집.

15 이심계李心溪 : 이덕무의 조카인 이광석李光錫으로 심계心溪는 그의 호이다. 정확한 행적은 알 수 없다.

16 제목 : 〈이 처사 심계의 시골 집에서 이틀을 묵다信宿李處士心溪草堂〉 9수 중 첫 번째 수, 『정유각집貞蕤閣集』 초집.

17 제문의 거문고 같았고 : 자신이 좋아하는 것을 할 뿐 복록을 위해 즐거움을 바꾸지 않았다는 뜻이다. 당나라 진상陳商은 세인世人들에게 맞지 않는 난해한 문장을 즐겨 썼다. 그러자 한유韓愈가 「답진상서答陳商書」에서 "제왕은 피리를 좋아하는데, 제나라에 벼슬자리를 구하는 사람이 비파를 가지고 가서, 궁궐 문에 서서 3년 동안 있었으나 문에 들어가지 못했다[齊王好竽, 有求仕於齊者操瑟, 而往立王之門, 三年不得入.]."라는 이야기를 하여, 세상과 맞지 않으면 아무리 홀로 유능하여도 쓰임을 받을 수 없다고 그에게 충고해 주었다는 데에서 나온 말이다.

18 초나라 정승 의관 : 남의 흉내를 낸다는 말이다. 춘추春秋시대에 초나라의 악공 우맹優孟이란 사람이 재상 손숙오의 의관衣冠을 본떠 그와 같은 옷차림을 한 데서 나온 말로, 겉은 비슷하나 내용은 다름을 말한다. 『사기史記』 권126, 「골계전滑稽傳」.

19 제목 : 〈두보의 시에 차운하여 이의암에게 보이다次杜示李宜菴〉 6수 중 첫 번째 수, 『정유각집貞蕤閣集』 초집.

20 칼자루 두드렸지만 : 129쪽 주55 참조.

21 절운관切雲冠 : 위로 높이 솟은 관으로 굴원이 쫓겨나 강호를 유람할 때 쓰던 관을 말한다. 전국 시대 초나라 굴원이 지은 〈섭강涉江〉에 "내가 어릴 적부터 이런 특이한 복장을 좋아하였는데 늙어서도 그 마음이 변하지 않았네. 긴 칼을 허리에 차고 우뚝 높은 갓을 머리에 썼지[余幼好此奇服兮, 年旣老而不衰, 帶長鋏之陸離兮, 冠切雲之崔嵬.]." 라는 말에서 왔다.

22 빈풍 그림 : 송나라 조맹부趙孟頫가 『시경詩經』의 「빈풍칠월豳風七月」, 즉 농사짓는 일을 내용으로 하여 그린 그림이다.

23 농장성農丈星 : 『진서晉書』, 「천문지天文志」에, 농장인성農丈人星으로 남두성南斗星 서남쪽에 있는 별 이름이다. 추수秋收를 상징하고 있다고 한다.

24 해낭奚囊 : 시초詩草를 넣는 주머니를 말한다. 『당서唐書』 「이하전李賀傳」에, 당나라 시인 이하李賀가 명승지를 돌아다니며 지은 시를 종 해노奚奴가 가지고 다니는 주머니에 넣었던 고사가 전해 온다.

25 제목 : 〈두보의 시에 차운하여 이의암에게 보이다次杜示李宜菴〉 6수 중 세 번째 수, 『정유각집貞蕤閣集』 초집.

26 좋은 술 : 원문의 순료醇醪는 순주醇酒로, 무회주無灰酒라고 불린다. 석회石灰를 조금도 넣지 않은 진국의 술이다.

27 제목 : 〈두보의 시에 차운하여 이의암에게 보이다次杜示李宜菴〉 6수 중 여섯 번째 수. 『정유각집貞蕤閣集』 초집.

朴楚亭齊家, 字在先. 工於七律, 脫乎如彈丸, 不爲僻澁之音, 衿期磊落, 如見其人. 蓋原本於夢得香山, 而嶔奇歷落之氣, 則似過之. 其<排字>詩曰, "天浮平綠色, 西北遠山眉. 酒意逢春永, 文[1]紋坐石奇. 微風佳樹靜, 白日澹[2]禽移. 紅發吾家杏, 徘徊可以詩." <秋晨衾中[3]>詩曰, "登山臨水若爲悰, 霜腳嵌青葉脊彤. 天地蕭蕭豺祭獸, 朋交落落蚷依蛩. 閒將筆鉞誅書贋, 快掉舭船濟病慵. 卻恨黃花香太淡[4], 也應知[5]我怪[6]非儂[7].", "離騷只是怨人歌, 徒亂中情勿愛他. 牙頰逢秋頗磈磊[8], 衣冠與俗日婆娑. 太玄行世誰知否, 太白當前不飮何. 定使吾身淸死了, 黃花紅樹月霜多." <秋懷[9]>詩曰, "天高無雁不南飛, 星漢初橫地籟稀. 紅樹之中君獨住, 黃花也盡我誰歸. 憑欄自去看秋嶂, 信步時來欵夜扉. 酒後凄然頻促膝, 倩人扶燭起更衣." <萬山店曉雨[10]>詩曰, "卧數歸程睡不成, 懷群[11]更自念平生. 心勞大抵由形役, 苦住元來勝樂行. 南國山川[12]多雁影, 中宵風雨又鷄聲. 鳴機軋軋啼兒[13]混, 店主因緣[14]倒有情." <信宿李心溪鄕廬[15]>詩曰, "山中桂樹隱思君, 草澤胡爲鳥獸群. 遠水縱橫人獨去, 野田蕭瑟路微分. 午時墟落惟天籟, 亞[16]字柴門宛古文. 一笠亭陰聊共憩, 廖天[17]杳杳潑孤雲." <訪故人農庄[18]>詩曰, "心靜還知丈室寬, 酒酸猶博片時歡. 十年人似齊門瑟, 半世文多楚相冠. 感此孤蟲催歲暮, 飄然曠野履霜寒. 鄕村寂寞眠

常早, 月壓柴荊始出看." 又 "秋來酒[19]戶十分寬, 海上萍逢幾日歡. 落拓共彈明月鋏, 崔嵬猶戴切雲冠. 豳風畫裡黃花老, 農丈星邊白露寒. 蔀屋青燈情轉勝, 奚囊詩草夜深看." 又 "醇醪合使薄夫寬, 久客翻爲破涕歡. 猶有書香留信宿, 居然楚色染衣冠. 多聲木葉流霜白, 未曙茅茨澹月寒. 荳殼禾叢離別後, 不知何日夢中看."

[1] 文 : 衣 (『韓客巾衍集』 卷3)
[2] 澹 : 淡 (『韓客巾衍集』 卷3)
[3] 秋晨衾中 : 秋懷 (『貞蕤閣集』 初集)
[4] 淡 : 冷 (『貞蕤閣集』 初集)
[5] 知 : 如 (『貞蕤閣集』 初集)
[6] 怪 : 性 (『貞蕤閣集』 初集)
[7] 儂 : 濃 (『貞蕤閣集』 初集)
[8] 礧 : 磊 (『貞蕤閣集』 初集)
[9] 秋懷 : 淸受屋夜坐 (『貞蕤閣集』 初集)
[10] 萬山店曉雨 : 葛山店舍曉雨 (『貞蕤閣集』 初集)
[11] 群 : 君 (『貞蕤閣集』 初集)
[12] 川 : 河 (『貞蕤閣集』 初集)
[13] 啼兒 : 兒啼 (『貞蕤閣集』 初集)
[14] 因緣 : 生涯 (『貞蕤閣集』 初集)
[15] 信宿李心溪鄕廬 : 信宿李處士心溪草堂 (『貞蕤閣集』 初集)
[16] 亞 : 丣 (『貞蕤閣集』 初集)
[17] 廖天 : 秋空 (『貞蕤閣集』 初集)
[18] 訪故人農庄 : 次杜示李宜菴 (『貞蕤閣集』 初集)
[19] 酒 : 飮 (『貞蕤閣集』 初集)

강산薑山 이서구李書九[1]의 자는 낙서洛瑞이다. 그의 시는 모든 형식에 뛰어났는데 특히 오언고시에 능했다. 그의 시는 도잠陶潛[2]과 사령운謝靈運[3]에 근본하였으나 때때로 저광희儲光羲[4]와 맹교孟郊[5]의 사이에 노닐기도 하였는데, 시품에서 가장 뛰어난 사람이었다. 칠언율시는 송풍의 시체를 짓기도 하였는데 새로운 생각들이 많았으니, 참으로 천재이다.

그의 〈새벽에 일어나 불어난 물을 보고曉起觀漲〉 시에

사공이 찬비 속에 잠잤었는지 　篙子宿寒雨
밤에 배 속에서 소리 들렸는데 　夜聞篷底語
아침 들어 양쪽 언덕 나무 사이 　朝來兩岸樹
머물러 있는 배가 보이지 않네 　不見停舟處[6]

라고 하였고, 〈서쪽 산등성이西岡〉 시에

집이 푸른 시내 어귀에 있어 　家近碧溪頭
밤낮으로 시내 바람 거세고 　日夕溪風急
깊은 숲에는 사람 만나지 못해 　脩林不逢人
논에는 백로만 서 있네 　水田鷺影立[7]

또

때로 비치는 석양 향하여	時向返照裏
홀로 푸른 산 너머로 가면	獨行靑山外
저물녘에 수많은 매미가 울어	鳴蟬晩無數
강 건너 맑은소리 울려오네	隔水飛淸籟[8]

또

솔뿌리 위에서 책을 읽으니	讀書松根上
책 사이로 솔방울 떨어져	卷中松子落
지팡이 짚고 되가려 하니	支笻欲歸去
산허리서 구름 기운 일어나네	半嶺雲氣白[9]

라고 하였고, 〈강가의 저녁江夕〉 시에

어옹이 찬 비 속에 잠자는지	漁翁宿寒雨
초막 집엔 시린 연기 서려 있고	蟹舍宿寒烟
물가에 몇 점 불 있으니	數點洲邊火
아마도 장사치 배인 듯하네	遙知估客船[10]

라고 하였으며, 〈학을 애도하다挽鶴〉 시에

몸은 날리는 바람 좇아 속세를 떠났으니	身逐飄風與去塵
물과 구름 그 어디에 정신 머무는가	水雲何處駐精神
더딘 꽃 찬 대 곁 거문고 탄 뒤로	花遲竹冷彈琴後
이제부터 한가한 삶 한 사람 줄었구나	從此閒居少一人[11]

라고 하였고, 〈여름날 쉬며休夏〉 시에

서쪽 정원에 고목이 많기도 하여　西園多古木
여름 깊어지니 꾀꼬리 보이며　深夏見鸝黃
작은 열매 기울어진 벽에 늘어져 있고　細果垂欹壁
그윽한 꽃 무너진 담장 뒤덮었으며　幽花覆壞墻
빗소리는 늦더위를 거둬가고　雨聲收晚暑
산빛은 석양 속에 되비쳐오니　山色返斜陽
물어보자 한가한 삶 그 즐거움이　借問幽居樂
곡구장[12]과 비하면 어떤가　何如谷口莊[13]

또

오랜 비에 축축해져서　久雨仍成濕
빈 섬돌엔 이끼가 자라고　空階長屋遊
제비는 대 끝으로 날아들며　竹稍來燕子
달팽이는 박 위로 기어오르고　匏背上蝸牛
고요한 누대에서 막 달을 넘기니　樓靜新經月
맑은 강은 벌써 가을 가까워졌네　江明已近秋
생애 영락함을 달게 받으며　生涯甘濩落
외려 취향후[14] 되려 하네　猶作醉鄕侯[15]

라고 하였으며, 〈시냇가에서 누군가를 그리워하며溪上懷人〉 시에

맑은 시내 집 둘렀고 숲은 쓸쓸하나　清溪繞屋樹蕭森
산에 깃들어 살며 도심을 깨달으니　棲宿山居見道心
냇가 집 이끼는 사슴 기를 만하고　澗戶蒼苔馴子鹿

돌밭이나 봄비는 인삼 심을 만하네　石田春雨種人蔆
흰 구름 늘 있으나 누구에게 줄 것이며　白雲長在誰堪贈
향긋한 두약 그리워하여 원망을 못 견디니　芳杜相思怨不任
묻노니 여산[16]에서 함께했던 그대들은　爲問匡廬同社客
언제쯤 물러나 사시려나　何時欲攬芰荷衿[17]

라고 하였고, 〈가을날 중목[18]을 떠올리며秋日懷仲牧〉 시에

숭양산[19] 터잡은 건 숨어 살기 좋아서나　嵩陽卜宅善藏名
그래도 하나 근심은 형제와 떨어진 것이니　只有幽愁隔弟兄
무수한 청산에서 새벽 꿈에 놀라 깨고　無數青山驚曉夢
어느새 든 단풍숲에 가을 소리 한스러우며　至今紅樹恨秋聲
갈바람 부는 옛 성에선 우양이 내려오고　西風古郭牛羊下
해 저문 황량한 마을에선 범 이리 횡행하니　落日荒村虎豹橫
다음날 동리에서 함께 손 부여잡고　洞裏他年携手去
안개비 속 지팡이 짚고 초평[20]을 찾아가세　一笻煙雨訪初平[21]

라고 하였으며, 〈가을날 전원에서의 소회秋日田園有懷〉 시에

울긋불긋 단풍숲에 가을 풍경 담백하여　青黃山木澹秋容
맑디맑은 전가에서 누워 저녁 방앗소리 듣노라니　蕭洒田家臥夕舂
붉은 연꽃 핀 연못엔 때로 백로 내려앉고　紅藕池塘時下鷺
푸른 꽃 핀 울타리엔 귀뚜라미 울어대는데　碧花籬落亂鳴蛩
이미 부를 지어 첨윤[22]에게 보였으니　已能作賦要詹尹
회종에게 답서를 보낼 필요 없겠고[23]　不必移書報會宗
몸소 농사지을 수 있다면 모두가 곡구[24]이니　可使躬耕皆谷口
토란 반 묘면 돌아가 농사 짓기 충분하지　芋區半畝足歸農[25]

라고 하였고, 〈압구정을 바라보며望狎鷗亭〉 시에

높은 정자 아스라이 호수 구름에 잠기고	危亭隱約枕湖雲
가없는 맑은 모래펄은 바라보니 들쭉날쭉	無限晴沙眺望紛
한강의 돛단배 언덕 질러 지나가고	洌水風帆橫岸去
광릉의 안개 낀 숲 강 너머에 뚜렷하며	廣陵煙樹隔江分
청산은 중국 사신 눈을 시리게 했었고	靑山眼冷皇華使
방초는 한명회[26]의 애간장을 태웠으니	芳草魂銷上黨君
만 겹 쌓인 시름 다 버리지 못했는지	萬疊閒愁抛不盡
잔물결에 푸른 비단 무늬 주름지네	輕波皺得碧羅紋[27]

라고 하였으며, 〈중양절에 혜풍[28]을 그리워하며九日懷惠風〉 시에

혼은 꿈 속에서 멀리 금강 가로 날아가봤지만	魂夢長飛錦水濱
중양절이라 온갖 근심이 더 생겨나고	重陽時節百愁新
하늘 가득 찬비는 남녘에도 내릴 터이고	一天寒雨連南國
두 곳의 국화 친구 그립게 만들겠지	兩地黃花憶故人
오늘은 가을 끝물이라 제비도 돌아가니	此日秋窮歸燕子
타향에서도 서리 내려 기러기 원망할 텐데	他鄕霜落怨鴻賓
그대와 이별 후 쓸쓸함만 더해 가니	別君以後添寂寥
홀로 솔문 걸어 닫고 은자 흉내 내보네	獨掩松關倣隱淪[29]

라고 하였다.

---

1 강산薑山 이서구李書九 : 292쪽 주5 참조.

2 도잠陶潛 : 육조六朝 시대 동진東晉의 시인詩人으로 호는 연명淵明, 자는 원량元亮이다.

팽택 령彭澤令이 된 지 80여 일 만에 벼슬을 버리고 귀향하여 시와 술을 벗 삼아 살았다.

3 사령운謝靈運 : 남조南朝 송宋나라 사령운謝靈運을 말한다. 도연명陶淵明과 함께 전원시田園詩와 산수시山水詩에 능하여, 자연의 경물 묘사에 최고의 솜씨를 선보였다.

4 저광희儲光羲 : 163쪽 주25 참조.

5 맹교孟郊 : 163쪽 주26 참조.

6 제목 : 〈새벽에 일어나 불어난 물을 보고曉起觀漲〉, 『척재집惕齋集』 권1.

7 제목 : 〈초가을 동음의 낡은 집으로 돌아와 저물녘 시냇가를 걷다가 3수를 쓰다早秋歸洞陰弊廬 晩步溪上作三首〉 3수 중 첫 번째 수, 『척재집惕齋集』 권1.

8 제목 : 〈초가을 동음의 낡은 집으로 돌아와 저물녘 시냇가를 걷다가 3수를 쓰다早秋歸洞陰弊廬 晩步溪上作三首〉 3수 중 두 번째 수, 『척재집惕齋集』 권1.

9 제목 : 〈초가을 동음의 낡은 집으로 돌아와 저물녘 시냇가를 걷다가 3수를 쓰다早秋歸洞陰弊廬 晩步溪上作三首〉 3수 중 세 번째 수, 『척재집惕齋集』 권1.

10 제목 : 〈강가의 저녁江夕〉, 『척재집惕齋集』 권1.

11 제목 : 〈우물에 빠져 죽은 학을 애도하며 장난삼아 짓다鶴墜井死戲作挽詞〉 2수 중 두 번째 수, 『한객건연집韓客巾衍集』 권4.

12 곡구장谷口莊 : 한漢나라 때 곡구谷口에 집을 짓고서 권세가의 초빙에도 응하지 않은 채 한가롭게 농사를 지으면서 산 정자진鄭子眞을 말한다. 『한서漢書』 권72, 「고사전高士傳」.

13 제목 : 〈여름날 쉬며休夏〉 2수 중 첫 번째 수, 『한객건연집韓客巾衍集』 권4.

14 취향후醉鄕侯 : 취중醉中 세계의 임금이라는 뜻으로, 술을 즐기며 한가로운 여생을 보내는 사람을 뜻하는 말이다. 당나라 때 왕적王績이 「취향기醉鄕記」를 지어 술 취한 세계를 취향醉鄕이라 한 뒤 "술을 잘 먹는 사람을 그 고을의 후侯로 봉한다."라고 한 데서 온 말이다.

15 제목 : 〈여름날 쉬며休夏〉 2수 중 두 번째 수, 『한객건연집韓客巾衍集』 권4.

16 여산[匡廬] : 중국 강서성江西省에 있는 산으로, 광려산匡廬山이라고도 한다. 주 무왕周武王 때 광속匡俗 형제 7명이 이곳에 오두막을 짓고 은거하다가 신선이 되어 떠나고 빈 오두막만 남았다 하여 광려라는 이름이 생겼다고 한다. 이 산은 특히 당唐나라의 이백李白이 남긴 〈여산폭포를 바라보며望廬山瀑布〉 시로 인하여 유명하다.

17 제목 : 〈서울에 있는 친구에게 부치다寄洛中故舊〉, 『척재집惕齋集』 권3.

18 중목仲牧 : 이서구의 종제從弟인 이중목李仲牧(?~?)인데, 그의 자세한 행적은 알 수 없다.

19 숭양산[嵩陽] : 시가 창작된 상황으로 보아 이서구가 은거했던 포천에 있는 지명으로 보이는데 정확히 알 수 없다.

20 초평初平 : 황초평黃初平으로 단계丹溪 사람인데 15세에 양을 치다가 도사를 따라 금화산金華山 석실石室로 가서 수도修道하였다. 그 후 40년 만에 그 형 초기初起가 수소문 끝에 그를 찾아가 만났더니 양은 보이지 않고 흰 돌들만 있었다. 초평이 "양들은 일어나

라."고 소리치자, 흰 돌들이 모두 수만 마리의 양으로 변했다고 한다. 『신선전神仙傳』, 「황초평黃初平」.

21 제목 : 〈중목이 회포를 읊은 시에 차운하다和仲牧見懷之作〉, 『척재집惕齋集』 권3.

22 첨윤詹尹 : 초楚나라 때의 태복太卜 정첨윤鄭詹尹을 가리킨다. 점을 잘 치기로 유명하여 굴원이 자신의 진퇴를 알아보려고 찾아갔다고 한다. 『초사楚辭』 「복거卜居」에 "마음이 어수선하여 종잡을 수 없기에 태복 정첨윤을 찾아 간다[心煩慮煩, 不知所從, 乃往見太卜鄭詹尹]."라는 말이 나온다.

23 회종에게……없겠고 : 화를 자초할 필요 없다는 의미이다. 양운楊惲이 한漢 선제宣帝 때 죄를 지었다는 혐의로 폐서인이 된 이후 농사를 짓고 빈객들과 노닐며 살자 친구인 손회종孫會宗이 편지를 보내 자중하기를 충고했다. 이에 양운이 보낸 답신에 "농사일이 수고로워 세시歲時, 삼복일, 납향에 양羊을 삶아 안주로 삼고 두주斗酒를 마셔 위로하고, 술이 거나해지면 하늘을 우러러 질장구 치면서 노래 부르며 즐긴다."라고 하였는데, 훗날 이 편지로 인해 양운은 처형을 당하였다. 『한서漢書』 권66, 「양운전楊惲傳」.

24 곡구谷口 : 지명으로 한漢나라 성제成帝 때 고사高士 정자진鄭子眞이 곡구에서 농사를 지으며 은거하였는데, 이로 인해 곡구는 현자들이 은거하는 곳을 이르게 되었다. 양웅揚雄의 『법언法言』 「문신問神」에 "곡구의 정자진은 뜻을 굽히지 않고 암석 아래에서 밭을 갈며 살았는데 그 이름이 경사에 진동하였다."라고 하였다.

25 제목 : 〈은거幽居〉, 『척재집惕齋集』 권3.

26 한명회[上黨君] : 원문의 상당군上黨君은 세조의 등극에 공을 세워 상당부원군上黨府院君에 봉해진 한명회韓明澮(1415~1487)를 말한다.

27 제목 : 〈압구정을 바라보며望狎鷗亭〉, 『척재집惕齋集』 권3.

28 혜풍惠風 : 유득공柳得恭(1749~1807)의 자이다.

29 제목 : 〈중양절에 호서의 벗에게 부치다九月寄湖西友人〉, 『척재집惕齋集』 권3.

李薑山書九, 字洛瑞. 其詩諸體皆空, 尤嫺五古. 原本陶謝, 而時泛觴於儲孟之間, 詩品爲最高矣. 七律參以宋體, 亦多新穎之思, 眞天才也. 其<曉起觀漲>詩曰, "篙子宿寒雨, 夜聞篷底語. 朝來兩岸樹[1], 不見停舟處." <西岡[2]>詩曰, "家近碧溪頭, 日夕溪風急. 脩林不逢人, 水田鷺影立." 又 "時向返照裏[3], 獨行靑山外. 鳴

蟬晩無數, 隔水飛淸籟.", "讀書松根上, 卷中松子落. 支笻欲歸去, 半嶺雲氣白[4]." <江夕>詩曰, "漁翁宿[5]寒[6]雨, 蟹舍宿[7]寒烟. 數點洲邊火, 遙知估客船." <挽鶴[8]>詩曰, "身逐飄風與去塵, 水雲何處駐精神. 花遲竹冷彈琴後, 從此閒居少一人." <休夏>詩曰, "西園多古木, 深夏見鸝黃. 細果垂欹壁, 幽花覆壞墻. 雨聲收晩暑, 山色返斜陽. 借問幽居樂, 何如谷口庄." 又 "久雨仍成濕, 空階長屋遊. 竹稍來燕子, 匏背上蝸牛. 樓靜新經月, 江明已近秋. 生涯甘濩落, 猶作醉鄕侯." <溪上懷人[9]>詩曰, "淸溪繞屋樹蕭森[10], 棲宿山居見道心[11]. 澗戶蒼苔馴子鹿, 石田春雨種人蔆. 白雲長在誰堪贈, 芳杜相思怨不任. 爲問匡廬同社客[12], 何時欲攬芰荷衿[13]." <秋日懷仲牧[14]>詩曰, "嵩陽卜宅善[15]藏名, 只有幽愁隔弟兄. 無數靑[16]山驚[17]曉夢, 至今紅[18]樹恨[19]秋聲. 西風古郭牛羊下, 落日荒村虎豹橫. 洞裏他年携手去[20], 一笻煙雨訪初平[21]." <秋日田園有懷[22]>詩曰, "靑黃山木澹秋容[23], 蕭洒田家卧夕春[24]. 紅藕池塘時下鷺, 碧花籬落亂鳴蛩. 已能作賦要詹尹[25], 不必移書報會宗[26]. 可使躬耕皆谷口[27], 芋區半畝足歸農[28]." <望狎鷗亭>詩曰, "危亭隱約[29]枕湖雲, 無限晴沙眺望紛. 冽水風帆橫岸去, 廣陵煙樹隔江分. 靑山眼冷皇華使, 芳草魂銷上黨君. 萬疊閒愁抛不盡[30], 輕波皺得碧羅紋[31]." <九日懷惠風[32]>詩, "魂夢長飛[33]錦水濱, 重陽時節百愁新[34]. 一天寒雨連南國[35], 兩地黃花憶故人[36]. 此日秋窮歸燕子[37], 他鄕霜落怨鴻賓[38]. 別君以後添寂寥[39], 獨掩松關倣隱淪[40]."

[1] 樹 : 頭 (『惕齋集』 卷1)

[2] 西岡 : 早秋歸洞陰弊廬 晩步溪上作三首 (『惕齋集』 卷1)

[3] 裏 : 中 (『惕齋集』 卷1)

4 白 : 作 (『惕齋集』 卷1)

5 宿 : 歸 (『惕齋集』 卷1, 『韓客巾衍集』 卷4)

6 寒 : 暮 (『惕齋集』 卷1, 『韓客巾衍集』 卷4)

7 『동양시학원류』에는 글자가 없으나 『惕齋集』 및 『韓客巾衍集』과 대조하여 "宿"자로 입력함.

8 挽鶴 : 鶴墜井死戲作挽辭 (『韓客巾衍集』 卷4)

9 溪上懷人 : 寄洛中故舊 (『惕齋集』 卷3)

10 清溪繞屋樹蕭森 : 問余何事愛山林 (『惕齋集』 卷3)

11 棲宿山居見道心 : 靜處方能適素心 (『惕齋集』 卷3)

12 爲問匡廬同社客 : 爲報宗雷諸社友 (『惕齋集』 卷3)

13 何時欲攬芰荷衿 : 匡廬何日共題襟 (『惕齋集』 卷3)

14 秋日懷仲牧 : 和仲牧見懷之作 (『惕齋集』 卷3)

15 嵩陽卜宅善 : 林泉遯跡爲 (『惕齋集』 卷3)

16 數青 : 那雲 (『惕齋集』 卷3)

17 驚 : 遮 (『惕齋集』 卷3)

18 至今紅 : 不堪霜 (『惕齋集』 卷3)

19 恨 : 送 (『惕齋集』 卷3)

20 洞裏他年携手去 : 回首京華行樂地 (『惕齋集』 卷3)

21 一節煙雨訪初平 : 憑君詩句慰離情 (『惕齋集』 卷3)

22 秋日田園有懷 : 幽居 (『惕齋集』 卷3)

23 青黃山木澹秋容 : 幽居寂寞斷塵蹤 (『惕齋集』 卷3)

24 蕭洒田家卧夕舂 : 雲樹秋光鎖幾重 (『惕齋集』 卷3)

25 已能作賦要詹尹 : 身閑未暇成中隱 (『惕齋集』 卷3)

26 不必移書報會宗 : 志拙端宜學老農 (『惕齋集』 卷3)

27 可使躬耕皆谷口 : 我欲歸休聊自適 (『惕齋集』 卷3)

28 芋區半畝足歸農 : 近名何必似曼容 (『惕齋集』 卷3)

29 隱約 : 縹緲 (『惕齋集』 卷3)

30 萬疊閒愁抛不盡 : 文物豪華俱寂寞 (『惕齋集』 卷3)

31 輕波皺得碧羅紋 : 至今惟有白鷗群 (『惕齋集』 卷3)

32 九日懷惠風 : 九月寄湖西友人 (『惕齋集』 卷3)

33 魂夢長飛 : 送君爲客(『惕齋集』 卷3)

34 重陽時節百愁新 : 楊柳離亭颶麴塵(『惕齋集』 卷3)

35 一天寒雨連南國 : 晩歲羈遊驚鬢髮(『惕齋集』 卷3)

36 兩地黃花憶故人 : 衡門高卧厭蹄輪(『惕齋集』 卷3)

37 此日秋窮歸燕子 : 一天寒雨連南國(『惕齋集』 卷3)

38 他鄕霜落怨鴻賓 : 兩地黃花憶故人(『惕齋集』 卷3)

39 別君以後添寂寥 : 却把詩篇遙寄意(『惕齋集』 卷3)

40 獨掩松關倣隱淪 : 蒹葭秋水雁初賓(『惕齋集』 卷3)

7

자하紫霞 신위申緯[1]는 타고난 재주가 빼어나고 호탕하였으며, 그의 시는 소자첨蘇子瞻[2]을 스승으로 삼았고 곁가지로 서릉徐陵[3]과 왕마힐王摩詰[4], 육무관陸務觀[5]의 사이를 드나들어 그 깨달은 것이 밝고 시를 써내려가는 것이 빨라[6] 그 쇠퇴한 마지막 시기의 대가로 이름을 날렸다.

그의 〈서경에서 정지상의 시에 차운하여西京次鄭知常韻〉 시에

빠른 가락 잔 재촉해 이별 설움 넘쳐나는데	急管催觴離思多
취하지 못하고 노래도 안되네	不成沈醉不成歌
하늘이 강물을 서쪽으로 흐르게 했으니	天生江水西流去
님 위해 동쪽으로 물결 흐르게 못하네	不爲情人東倒波[7]

라고 하였고, 〈밤에 앉아夜坐〉 시에

밝은 달이 사람 찾아 곧장 방으로 드는 것은	明月尋人直入房
원래 약속 없는 거라 생각도 못했지만	原無約束絕商量
어찌 깊이 잠들어 밤 더 깊어진 뒤에	那堪熟睡更深後
홀로 회랑을 돌아서 짧은 담장을 지나게 할 수 있나	獨轉迴廊過短墻[8]

라고 하였으며, 〈금림의 가을 꾀꼬리禁林秋鶯〉라는 시에

기댄 난간 바람 이슬 모자챙에 엉기니	憑欄風露帽簷欹

사신이 잠에서 깨는 가을밤 이 시간이지만　秋夕詞臣睡起時
궁궐 기운 초여름 보다 따뜻하여　御氣暖於初夏景
꾀꼬리 소리 아직도 만년지[9]에서 들려오네　鶯聲猶在萬年枝[10]

라고 하였고, 〈서재에서 입으로 읊다書寮口占〉 시에

서재 너무 볼품없다고 비웃지 마라　莫笑書齋太儉寒
세 칸 다섯 시렁에 넉넉함이 있으며　三間五架有餘寬
자그마한 집 속에 상서롭고 화한 기운 있어　一團屋裏祥和氣
배를 주고 대추 양보하는[11] 기쁨을 볼 수 있으니　看取推梨讓棗歡[12]

라고 하였으며, 〈낡은 명주에 그린 산수도에 짓다題古絹山水圖〉 시에

닭과 개 있는 온 마을도 구름 속에 조용하고　雲中鷄犬一村靜
언덕 위의 복사꽃은 흐드러지는데　岸上桃花千萬枝
휘장 걷고 가벼운 노 천천히 저어가니　捲幔輕橈徐轉去
봄 강물은 푸른 유리보다 미끄럽네　春江滑笏碧琉璃[13]

또

아침 맞은 산빛은 세상 먼지 씻긴 듯하니　朝來山色洗塵氛
봉창의 가랑비 소리 홀로 밤에 들었었지　細雨蓬窓獨夜聞
가벼운 노 젓는 소리 속 어딘지 모르겠는데　柔櫓一聲忘近遠
앞 개울엔 꽃이 만발했고 위로는 구름 잔뜩 끼어있네　前溪花發後溪雲[14]

또

버들개지 대가지 다같이 들쭉날쭉 柳絲筠粉共參差
단정히 앉아 말없이 굽은 못을 마주하니 端坐無言面曲池
등 뒤로 흰 갈매기 절로 날아가고 背後白鷗飛自去
온 강 봄 물에 석양이 지는 때이네 一江春水夕陽時[15]

또

푸른 절벽 붉은 언덕에 비 막 지나가고 翠壁丹崖初過雨
흰 구름 붉은 나무 가을로 바뀌는데 白雲紅樹變秋時
거리낌 없는 촌 늙은이 지팡이 하나 짚고서 飄然野老一藜杖
시내 다리 잠시 서서 무슨 생각하는가 小立溪橋何所思[16]

라고 하였고, 〈박연朴淵〉 시에

잔교 내려보며 구불구불 내려와선 俯棧盤盤下
지나온 길 돌아보니 回看所歷懸
바위가 날아온 듯 산은 땅을 박차고 있고 巖飛山拔地
시내는 서 있는 듯 폭포는 하늘에 걸려 있네 溪立瀑垂天
허공에 음악소리 저절로 들려오니 空樂自生聽
세상의 시끄러움 조용해지니 衆喧殊寂然
이제야 알겠구나 어젯밤 머문 곳 方知昨宿處
흰 구름 걸린 그윽한 곳이었음을 幽絕白雲巓[17]

라고 하였으며, 〈요동 벌판으로 막 나와서初出遼野〉 시에

바람은 거세고 땅은 아득한데 天風浩浩地茫茫
만 리 밖까지 마음 뚫린 이는 나 하나뿐 萬里披襟我一當

푸른 바다 물러선 곳 동쪽 경계 됐고　　　滄海逡巡東盡界
의무려산[18] 눌러앉아 북쪽 강역이었으니　　　醫巫勒住北連疆
몸은 학이 될 수 없어[19] 성곽을 슬퍼하고　　　身非化鶴悲城郭
갈림길은 망양[20] 같아 성광에 눈물짓네　　　歧似亡羊泣聖狂
연남의 축 타는 선비[21]와 똑같아서　　　合置燕南琴筑士
이곳에서 목욕하고 취해선 고향 삼네　　　此中湯沐醉爲鄉[22]

라고 하였고, 〈문소각[23]에서 아침 비 개자 감회가 있어聞韶閣朝霽有懷〉 시에

넓디넓은 하늘과 땅 창 안으로 들어오고　　　乾坤納納一窓中
강 기운 맑고 비 기운에 흐릿하니　　　江氣澄鮮雨氣濛
밤새 물 불어선지 배 그림자 볼록하고　　　夜水肥知帆影凸
아침 꽃 환해선지 새소리도 고우며　　　曉花晴覺鳥聲工
푸른 산 아득한 속 누대는 해 머금고　　　青山渺渺樓含日
나뭇잎 우거져도 집은 바람에 흔들리니　　　綠葉陰陰戶撼風
고인 서신 끊어졌다 말하지 마라　　　莫道故人書信斷
소양강 가에서 조수가 통하니　　　昭陽江上有潮通[24]

라고 하였으며, 〈만월대滿月臺〉 시에

삼한[25]을 통일한 큰 업적을　　　大業三韓一統來
자손에게 맡겼지만 재주 없으니 어찌하랴　　　子孫付托奈非才
궁궐 뒤흔들리도록 사병이 들어오고　　　宮闈震蕩家兵入
범패소리[26] 처량한 속 불국토 열렸지만　　　梵唄凄淸佛國開
당나라는 공신들의 발호 많았고[27]　　　唐鎭勳名多跋扈
진나라 안제 때는 높은 자리에 있는 사람들 비애에 가득했으니[28]　　　晉安尊位寄悲哀
번화한 지난 자취 물어볼 사람 없고　　　繁華往跡無人問

만월대 앞엔 푸른 이끼만 자라네　　滿月臺前生綠苔[29]

라고 하였다.

---

1 신위申緯 : 183쪽 주2 참조.

2 소자첨蘇子瞻 : 소식蘇軾(1036~1101)을 말한다. 중국 북송 때의 시인으로 자가 자첨子瞻, 호는 동파거사東坡居士이다. 시서화詩書畵에 모두 능했고, 부친인 소순蘇洵, 형제인 소철蘇轍과 더불어 삼소三蘇로 불렸고, 당송팔대가唐宋八大家로 일컬어진다. 저서로 『동파칠집東坡七集』, 『동파역전東坡易傳』, 『동파악부東坡樂府』 등이 있다.

3 서릉徐陵 : 507~583. 중국 육조시대 양진梁陳의 시인으로 자는 효목孝穆이다. 어려서부터 비범해서 8살 때 시문을 지었고, 12살 때 장자와 노자에 통했다. 역사와 경적을 두루 섭렵했다. 저서에 『서효목집徐孝穆集』이 있고, 『옥대신영玉臺新詠』을 편집했다. 문장이 화려하고 아름다워 유신庾信과 함께 '서유체徐庾體'로 일컬어졌다.

4 왕마힐王摩詰 : 왕유王維(693추정~761)를 말한다. 중국 당나라의 시인이자 화가로서 자가 마힐摩詰이다. 시인으로서 그는 시선詩仙이라고 불리는 이백李白, 시성詩聖이라고 불리는 두보杜甫와 함께 중국의 서정시 형식을 완성한 3대 시인 가운데 하나로 꼽힌다. 그의 시에는 불교의 영향이 많이 나타나 있어 '시불詩佛'이라고도 불린다. 저서에 『왕우승집王右丞集』이 있다.

5 육무관陸務觀 : 육유陸游(1125~1210)를 말한다. 중국 남송의 시인으로 자가 무관務觀이며, 호는 방옹放翁이다. 32세부터 85세까지의 약 50년간에 1만 수에 달하는 남겼으며, 자신의 파란만장한 생애와 국토회복의 절규를 담은 비통한 우국의 시를 짓는가 하면, 가난하면서도 평화스러운 전원생활의 기쁨을 노래하는 한적한 시를 지었다. 저서에 『검남시고劍南詩稿』가 있다.

6 그……빨라 : 신위의 시에 대한 김택영金澤榮의 평가로 「신자하시집서申紫霞詩集序」에서 인용한 것이다. 『신자하시집申紫霞詩集』, 「서序」.

7 제목 : 〈서경에서 정지상의 시에 차운하여西京次鄭知常韻〉, 『신자하시집申紫霞詩集』 권1.

8 제목 : 〈윤6월 15일 밤에 달이 몹시 밝아 짓다閏六月十五夜月極明〉 10수 중 두 번째 수, 『경수당전고警修堂全藁』 책3.

9 만년지萬年枝 : 대궐에 심었던 만년청萬年靑이란 나무로, 동청冬靑이라고도 한다. 송나라 안수晏殊의 시에 "만년지 나무 위에 안개 어려 움직이고, 백자지 연못가에 상서로운 해가 기네.[萬年枝上凝烟動, 百子池邊瑞日長.]" 하였다.

10 제목 : 〈금림의 가을 꾀꼬리禁林秋鶯〉, 『경수당전고警修堂全藁』 책9.

11 배를……양보하는 : 우애가 두터움을 말한다. 남송 때의 왕태王泰가 가족들과 밤과 대추를 먹을 때, 왕태가 먹지 않아 그의 할머니가 묻자 어른들이 나누어주실 때까지 가져가지 않겠다고 하였으며, 동한의 공융孔融은 형제들과 배를 먹을 때 작은 것만 먹었는데, 형들이 묻자 자신은 나이가 어리니 작은 것을 먹겠다고 한 일화가 있다. 『남사南史』 권13, 「왕태전王泰傳」.

12 제목 : 〈비 내리는 겨울 밤 서재에 창과 벽을 발라 절구 3수를 읊어 아이들에게 보이다冬夜雨寮糊窓褙壁訖口占三絶示兒輩〉 3수 중 두 번째 수, 『경수당전고警修堂全藁』 책10.

13 제목 : 〈무명씨가 낡은 명주에 그린 산수도를 두고 지은 10수의 절구. 진사 성수 박승혁이 지어달라고 부탁하다無名氏古絹山水十絶句 朴聖叟進士 屬題〉 10수 중 첫 번째 수, 『경수당전고』 책27.

14 제목 : 〈무명씨가 낡은 명주에 그린 산수도를 두고 지은 10수의 절구. 진사 성수 박승혁이 지어달라고 부탁하다無名氏古絹山水十絶句 朴聖叟進士 屬題〉 10수 중 세 번째 수, 『경수당전고』 책27.

15 제목 : 〈무명씨가 낡은 명주에 그린 산수도를 두고 지은 10수의 절구 진사 성수 박승혁이 지어달라고 부탁하다無名氏古絹山水十絶句 朴聖叟進 士屬題〉 10수 중 다섯 번째 수, 『경수당전고』 책27.

16 제목 : 〈무명씨가 낡은 명주에 그린 산수도를 두고 지은 10수의 절구. 진사 성수 박승혁이 지어달라고 부탁하다無名氏古絹山水十絶句 朴聖叟進士 屬題〉 10수 중 일곱 번째 수, 『경수당전고警修堂全藁』 책27.

17 제목 : 〈박연朴淵〉, 『경수당전고警修堂全藁』 책6.

18 의무려산[醫巫] : 만주滿洲 요령성遼寧省 북진현北鎭縣 서쪽에 있는 산으로, 여산閭山이라고도 한다. 경관이 뛰어난 것으로 잘 알려져 있다.

19 몸은……없어 : 한漢나라 때 정령위丁令威가 영허산靈虛山에서 도를 배운 후에 학이 되어 요동으로 돌아왔는데, 신위 자신은 그럴 수 없는 안타까움을 드러낸 것이다.

20 망양亡羊 : 도망친 양을 잡으러 쫓아가다 갈림길 속에 또 갈림길이 있어 양을 찾지 못하고 잃어버렸다는 고사에서 비롯된 말이다. 『열자列子』, 「설부說符」.

21 연남의……선비 : 원문의 연남燕南은 황하 이북 지역을 의미하는 연남조북燕南趙北의 줄임말이다. 이 지역에는 강개한 사람이 많다고 알려져 있는데, 축筑을 잘 연주했던 고점리高漸離가 이곳 출신이다.

22 제목 : 〈요동 벌판으로 막 나와서初出遼野〉, 『경수당전고警修堂全藁』 책1.

23 문소각聞韶閣 : 1646년에 춘천 부사 엄황嚴愰이 춘천 봉의산鳳儀山 아래에 지은 누각이다.

24 제목 : 〈문소각에서 아침에 비가 개자 찬란히 세상에 임함에 감회가 있어 입으로 읊어 멀리 부치다聞韶閣朝霽 有懷斐然任世 口號遙寄〉, 『경수당전고警修堂全藁』 책5.

25 삼한三韓 : 삼한은 신라와 후백제, 후고구려가 각축을 벌이던 때를 말한다. 여기에서는 고려가 후삼국을 통일했다는 의미로 사용하였다.

26 범패소리[梵唄] : 불교 음악 중 하나로, 주로 여래如來의 공덕을 찬미하는 노래이다. 어산魚山, 범음梵音이라고도 한다.

27 당나라는……많았고 : 당나라 말기에 절도사가 난립하여 여러 반란이 일어나 국가가 혼란스러웠던 것을 의미한다.

28 진나라……가득했으니 : 동진東晉의 14대 황제인 안제安帝는 백치 황제로 유명한데 이로 인해 나라가 매우 혼란스러웠고, 그 결과 안제는 유유劉裕에 의해 죽임을 당하였던 것을 말하는 듯하다.

29 제목 : 〈만월대에서 옛날을 회상하며滿月臺懷古〉 2수 중 첫 번째 수, 『경수당전고警修堂全藁』 책6.

申紫霞緯, 天才奇偉逸宕, 其詩以蘇子瞻爲師, 旁出入于徐陵王摩詰陸務觀之間, 瑩瑩乎其悟徹也, 猋猋乎其馳突入也, 翩翩乎其衰晩之大家矣. 其<西京次鄭知常韻>曰, “急管催觴離思多, 不成沈醉不成歌. 天生江水西流去, 不爲情人東倒波.” <夜坐[1]>詩曰, “明月尋人直入房, 原無約束絶商量. 那堪熟睡[2]更深後, 獨轉迴廊過短墻.” <禁林秋鶯>詩曰, “憑欄風露帽簷欹, 秋夕詞臣睡起時. 御氣暖於初夏景, 鶯聲猶在萬年枝.” <書寮口占[3]>詩曰, “莫笑書齋太儉寒, 三間五架有餘寬. 一團屋裏祥和氣, 看取推梨讓棗歡.” <題古綃山水圖[4]>詩曰, “雲中鷄犬一村靜, 岸上桃花千萬枝. 捲幔輕橈徐轉去, 春江滑笏碧琉璃.” 又 “朝來山色洗塵氛, 細雨蓬窓獨夜聞. 柔櫓一聲忘近遠, 前溪花發後溪雲.” 又 “柳絲筠粉共參差, 端坐無言面曲池. 背後白鷗飛自去, 一江春水夕陽時. 翠壁丹崖初過雨, 白雲紅樹變秋時. 飄然野老一藜杖, 小立溪橋何所思.” <朴淵>詩曰, “俯棧盤盤下, 回看所歷懸. 巖飛山拔地, 溪

立瀑垂天. 空樂自生聽, 衆喧殊寂然. 方知昨宿處, 幽絶白雲巓." <初出遼野>詩曰, "天風浩浩地茫茫, 萬里被[5]襟我一當. 滄海逶迤東盡界, 醫巫勒住[6]北連疆. 身非化鶴悲城郭, 歧似亡羊泣聖狂. 合置燕南琴筑士, 此中湯沐醉爲鄕." <聞詔閣朝齋有懷[7]>詩曰, "乾坤納納一窓中, 江氣澄鮮雨氣濛. 夜水肥知帆影凸, 曉花晴覺鳥聲工. 靑山渺渺樓含日, 綠葉陰陰戶撼風. 莫道故人書信斷, 昭陽江上有潮通." <滿月臺[8]>詩曰, "大業三韓一統來, 子孫付托奈非才. 宮闈震蕩家兵入, 梵唄凄淸佛國開. 唐鎭勳名多跋扈, 晉安尊位寄悲哀. 繁華往跡無人問, 滿月臺前生綠苔."

[1] 夜坐 : 閏六月十五夜月極明 (『警修堂全藁』 冊3)

[2] 熟睡 : 睡熟 (『警修堂全藁』 冊3)

[3] 書寮口占 : 冬夜雨寮糊窓褙壁訖口占三絶示兒輩 (『警修堂全藁』 冊10)

[4] 題古綃山水圖 : 無名氏古絹山水十絕句 朴聖叟進士屬題 (『警修堂全藁』 冊27)

[5] 被 : 披 (『警修堂全藁』 冊1)

[6] 住 : 駐 (『警修堂全藁』 冊1)

[7] 聞詔閣朝齋有懷 : 聞詔閣朝齋有懷斐然任世口號遙寄 (『警修堂全藁』 冊5)

[8] 滿月臺 : 滿月臺懷古 (『警修堂全藁』 冊6)

제7절 시학의 쇠미시대 詩學衰微時代

헌종憲宗 · 철종哲宗 이후부터 구한말로 내려오면서 나라의 운수가 매우 막히고 풍속과 기상이 날로 낮아졌다. 그러므로 그 시에 드러난 것도 대부분 얕고 경박하며 취청비백取青媲白[1]하여 구절마다 꾸며 아름답고 민첩하고 공교로운 것만을 추구했으니 이런 시기에 성정性情이 하늘에서 나왔음을 어디서 볼 수 있겠는가. 그 사이에 혹 스스로 '명유석학鳴儒碩學'이라고 하는 사람들이 있어 시론을 내어 시에서 참신하고 기묘한 작품들이 없진 않았지만 원기가 따라서 고갈되었으니, 타고난 지혜의 움직임이 얕아져서 흥상이 심원하지 않고 사물을 형상하는 것은 조잡하고 묘사가 진실하지 못하여 읽으면 시가 삭막하여 온유돈후溫柔敦厚함이 없음을 깨닫게 된다. 일창삼탄一唱三歎[2]의 아취가 이미 썩은 나무에 아로새기는 것과 같아서 기교가 뛰어날수록 진실을 훼손하는 것이 더욱 심해졌으니 시도詩道의 위태로움이 지극하다고 말할 수 있다. 최근에 창강滄江 김택영金澤榮[3]이 우뚝하게 서서 당시의 풍상과 기습에 얽매이지 않고 홀로 시 창작의 길을 열어 쇠퇴하는 흐름을 되돌리고자 생각하였으나 또한 헛수

고여서 아무런 효험 없이 끝이 났으니 아아, 시운을 어떻게 하겠는가? 아래에 창강의 시 약간을 인용하여 참고하도록 한다.

---

1 취청비백取青媲白 : 변려문騈儷文처럼 구절마다 대우對偶의 형식을 취하는 것을 말한다.

2 일창삼탄一唱三歎 : 훌륭한 음악이나 시가詩歌를 의미한다. "청묘의 비파는 붉은 줄에 너른 구멍을 밑바닥에 뚫었으며, 한 사람이 연주를 하면 세 사람이 따라서 감탄하는데, 이는 선왕이 남긴 소리가 있는 것이다[淸廟之瑟, 朱絃而疏越, 壹倡而三歎, 有遺音者矣]."라고 한 데서 온 말이다. 『예기禮記』, 「악기樂記」.

3 김택영金澤榮 : 1850~1927. 본관은 화개花開, 자는 우림于霖, 호는 창강滄江이다. 당시 고문가古文家로 유명한 이건창李建昌에게 시로 인정을 받아 이름이 알려졌다. 을사늑약이 체결되자 1908년 중국으로 망명하여 퉁저우에 살면서 학문과 교육으로 여생을 보냈다. 고시古詩에 뛰어났다고 알려져 있다. 역사서 『동국역대사략東國歷代史略』, 『동사집략東史輯略』 등을 편찬하였으며, 저서로 『소호당집韶濩堂集』이 있다.

憲哲以降韓末, 氣數極否, 風氣日以卑下. 故其發於聲詩者, 大率膚淺輕儇, 取青媲白, 唯綺麗佻巧焉, 是爭, 烏覩其所謂性情之天也. 其間或有自號以鳴儒碩學者, 出言詩論, 韻不無蔪新奇妙之作, 然元氣隨以澌敗, 其動乎天機也淺, 而興象不遠, 命乎事物者粗, 而描寫不眞, 讀之便覺風韻索然, 無溫柔敦厚. 一唱三歎之趣, 如已朽之木雕鏤, 愈巧而毁眞愈甚, 詩道之厄, 可謂極矣. 近日, 金滄江澤榮, 傑然挺立, 不爲其風氣所囿, 獨開門逕, 思欲挽回頹波, 然亦徒勞, 無效而止, 嗚呼, 其於世運何哉. 下擧滄江詩若干篇以備參考.

창강의 〈만봉으로 되가는 스님萬峰歸僧〉 시에

지는 꽃 속 스님 가는데	花落一僧去
봄 산 더욱 첩첩이라서	春山更萬重
절문엔 아직 도착 못 했는데	寺門行未到
벌써 구름 속 종소리 울리네	早有出雲鐘[1]

라고 하였고, 〈안함재[2]에게 부치다寄安涵齋〉 시에

곱디고운 안학사는	娟娟安學士
누워 푸른 강에 뜬 달 가지고 장난질하는데	臥弄滄江月
책 읽은 건 만 권이 넘고	讀書過萬卷
술 마실 땐 한 사발이 넘지	飮酒能一鉢[3]

또

학사 얼굴은 옥 같고	學士顔如玉
한강의 물결은 비단 같은데	漢江浪如綺
비단 같은 것이 쉼 없이 흐르니	如綺不停流
그대도 늙겠지	君亦行老矣[4]

또

강북에서 강남을 바라보면 江北望江南
바람맞으며 손으로 부를 수 있는데 臨風可招手
어느 때나 한 조각 배를 何時一葉舟
강가 버들에 함께 맬까 共繫江邊柳[5]

또

바짝 마른 이태린[6]이 枯槁李泰隣
강굽이에서 약 팔고 있으니 賣藥在江曲
나는 하늘에 묻고 싶지만 我欲問諸天
어쩌겠나 하늘은 송사하지 않는걸 奈天無訟獄[7]

라고 하였으며, 〈남쪽으로 가며 기러기 소리를 듣다南遊聞雁〉 시에

은하수 막 떠오를 때 서당 떠나며 明河初灩別書堂
금강과 변산 역로는 멀기만 한데 錦水邊山驛路長
기러기 뒤에서 날아와 나를 스쳐 지나가고 鴻雁後飛過我去
가을바람 가을비는 강마을에 가득하네 秋風秋雨滿江鄉[8]

라고 하였고, 〈백운대[9]에서 도선암[10]에 이르러自白雲臺至道詵庵〉 시에

산꼭대기에서 돌아오니 적선[11]과 비슷하여 絕頂歸來似謫仙
놀란 혼 불러 모아 참선하고 싶은데 驚魂收召欲參禪
산 승은 앉아 졸고 산 꽃은 만발하며 山僧坐睡山花發

한낮에 암자 가득 벌 소리만 윙윙대네　　滿院蜂聲卓午天[12]

라고 하였으며, 〈중화군 구현[13]에서 평양성을 바라보며中和駒峴望平壤城〉 시에

따뜻한 바람은 소매 흔들고 말발굽은 가벼운데　　和風弄袖馬蹄輕
아스라한 너른 숲에 묵은 비 개니　　平楚茫茫宿雨晴
만 겹 산 천 길 강을 보던 눈길 모두 거두어　　都捲萬山千水目
푸른 하늘 아래의 평양성 한눈에 보네　　靑天一望大同城[14]

라고 하였고, 〈대동문[15] 누대에 올라登大同門樓〉 시에

하늘은 비고 바다 드넓어 아득하기만 하고　　天空海濶漭悠悠
동쪽 오는 강물이 성곽 휘감고 가니　　江水東來抱郭流
시퍼런 비단 같은 삼만 이랑 물결이　　錦綠羅靑三萬頃
순식간에 대동루로 닥쳐드네　　一時吹出大同樓[16]

라고 하였으며, 〈평양平壤〉 시에

잔치자리 곳곳마다 단장 화려하고　　歡場處處粉粧明
꽃 피고 따스한 강어귀엔 일자 모양 성 있을 것이며　　花暖江頭一字城
가파른 절벽에 자는 용은 누각에 그림자 만들 게고　　仄壁龍眠樓閣影
가지 끝에 꾀꼬리 앉아 풍악 소리 낼 테니　　纖梢鶯止管絃聲
뛰어난 곡조 의주까지 전하고　　新翻妙曲傳灣府
몇 장의 좋은 소식을 한양에 알리려　　幾紙芳緘報漢京
관리들이 해마다 동쪽으로 건너 가니　　冠蓋年年東渡去

늘어진 버들 수양 고금의 정이라네	垂楊垂柳古今情[17]

또

영명사[18]는 자성 북쪽에 있어	永明禪寺子城陰
스님 생애 절로 그윽하지 못하니	法侶生涯不自深
사찰 부엌가에는 관아의 술 있고	香積廚邊官置酒
관음 책상 위엔 기녀의 거문고 있으니	觀音榻上妓橫琴
푸른 솔과 늙은 회나무 지난 시절 일을 알고	蒼松老檜知前代
보경과 울리는 종은 묘한 소리 펼쳐내지만	寶磬鳴鐘震妙音
그래도 남조 때를 떠올릴 길 없는 채로	還是南朝無路憶
누대에 안개비만 자욱히 내리겠지	樓臺烟雨鎖沈沈[19]

또

단군의 세상 개벽 참으로 아득한 일	檀君開闢儘荒哉
만고의 풍운 속에 한 잔 술을 마시니	萬古風雲一擧杯
강과 바다 뒤섞여 천지 너머로 흘러가는데	江海交流天地外
병란은 몇 번이나 촉만따라 왔는가	干戈幾經蜀蠻來
정전엔 새 앉고 봄풀이 무성하며	井田鳥下春蕪遠
기린 떠난 물결치는 굴[20]엔 밤 달만 애처로울 텐데	波窟麟飛夜月哀
가련구나 흥망은 운수 따라가니	興廢可憐隨氣運
가무로 고소대와 견주지 말라	莫將歌舞比蘇臺[21]

또

은나라 예법 동쪽 와서 오랑캐에게 전해졌는데	殷禮東來聞變夷

동천왕 도읍한 게 정말 대장부였지　　東川虎踞自男兒
어찌 알았겠나 중국의 봉토 밖에[22]　　何知禹貢堯封外
비슷하기로 삼왕오제 시대와 같은 나라를　　略似三王五覇時
제단에선 옛 홍범구주를 어루만지고　　壇壝但捫疇範古
강산에선 부족한 사관의 재주를 길이 애석해하여　　江山長惜史才卑
천추의 문사들 올라 한스러워 했으니　　千秋文士登臨恨
방주의 두약 가지[23]에 눈물 뿌리네　　涙灑芳洲杜若枝[24]

또

이 제독[25] 동쪽 오며 강개가를 불렀으니　　提督東征慷慨歌
진나라 궁정서 칠일 통곡한 일[26]과 어떤가　　秦庭七日事如何
갑옷에 식량 싸서 아침에는 심양을 넘어와선　　甲包粮食朝踰瀋
횃불로 산천 비추며 밤에는 왜군 격파했으니　　火照江山夜破倭
경관에 묻은 창칼엔 토화가 끼고　　京觀土花埋劍戟
황량한 사당에 무성한 덩굴에 봄비 내리겠지만　　荒祠春雨蔭藤蘿
차공이 전승보 짓고 한공이 글을 쓰자　　車公露布韓公筆
십만 명의 사나운 놈들 무기를 내던졌었지　　十萬豼貅盡擲戈[27]

라고 하였고, 〈제석除夕〉 시에

희화[28] 급한 채찍질에 먼지가 따라 날리는 듯　　羲和鞭急逐飛塵
긴 밤 내달려 새벽 되려 하는데　　長夜駸駸欲轉晨
가는 해는 어쩌겠나 떠나야 할 나그네 같고　　决絕奈如當去客
분주함은 모두 아직 오지 않은 사람을 위해서지　　奔忙都爲未來人
흩뿌려진 별들은 온통 집을 비추고　　垂垂星斗千門影
흐드러진 매화는 한 줄기 봄 같으니　　勃勃梅花一線春

천상계의 신선은 굽어보고 분명 비웃겠지만　　上界神仙應俯笑
등불 밝히고 밤새우는 어리석은 백성 몇 있네　　明燈守歲幾癡民[29]

라고 하였으며, 〈아침에 임진강을 건너며朝渡臨津〉 시에

산들산들 가을바람 하늘 끝에서 불어오는데　　嫋嫋秋風起天末
훨훨 나는 큰 기러기 어디로 날아가나　　翛翛鴻雁適何方
아침에 닭이 울 때 한양 떠나와　　朝辭漢府鷄聲裏
저녁에 게 통발 놓인 임진강서 묵었으니　　夕宿臨江蟹斷傍
나루 어귀 단풍 숲으로 아침 해 떠오르고　　渡口楓林升曉日
뱃사람의 삿갓에선 새벽 서리 걷히니　　舟人篷笠捲新霜
시비와 성패가 모두 물거품과 같아　　是非成敗皆泡沫
모래톱의 옛 전장[30]을 바라보네　　看取沙邊古戰場[31]

라고 하였고, 〈배를 타고 예성강을 출발해 행주에 도착하여舟發禮成江至杏洲〉 시에

삼각산의 푸른 빛 뱃머리에 비춰들고　　三峰蒼翠落篷頭
한강의 풍경 한눈에 다 들어오니　　漢口風烟一望收
김포 인가엔 저물녘이라 숲이 붉고　　金浦人家紅樹暮
행주 병영은 가을이라 구름 흰데　　杏洲兵壘白雲秋
배의 등불은 점차 성긴 별과 함께 보이고　　船燈漸與疎星出
마을 절구소리 멀리 찬 낙엽과 함께 퍼지는데　　村杵遙將冷葉流
이소를 불러봐도 누가 알아 들을까　　唱徹離騷誰解聽
용이 신음하고 기러기 울어 강 가득 시름겹네　　龍吟雁嗷滿江愁[32]

라고 하였다.

1 제목 : 〈홍산의 이씨 분암에서 십이경 시에 화답하다. 만봉으로 돌아가는 스님鴻山李氏墳菴和十二景詩 萬峰歸僧〉 12수 중 네 번째 수, 『소호당집韶濩堂集』 권1.

2 안함재安涵齋 : 안종화安鍾和(1860~1924)이다. 본관은 광주廣州, 자는 사응士應, 호는 함재涵齋이다. 1894년 문과에 급제하여 세자시강원 시독, 중추원 의관 등을 지냈다. 을사늑약 폐기 상소가 수용되지 않은 뒤에 역사 연구와 지식 보급 및 교육 활동에 전념하였다. 저서로 『국조인물지國朝人物志』가 있다.

3 제목 : 〈안함재 종화에게 부치고 겸하여 단농에게 주다. 다섯 수寄安涵齋鍾和 兼屬丹農五首〉 5수 중 첫 번째 수, 『소호당집韶濩堂集』 권1.

4 제목 : 〈안함재 종화에게 부치고 겸하여 단농에게 주다. 다섯 수寄安涵齋鍾和 兼屬丹農五首〉 5수 중 두 번째 수, 『소호당집韶濩堂集』 권1.

5 제목 : 〈안함재 종화에게 부치고 겸하여 단농에게 주다. 다섯 수寄安涵齋鍾和 兼屬丹農五首〉 5수 중 세 번째 수, 『소호당집韶濩堂集』 권1.

6 이태린李泰隣 : 구한말의 문인 학자인 이건초李建初이다. 본관은 전주全州, 자는 태린泰隣, 호는 단농丹農이다. 어당峿堂 이상수李象秀의 아들로 김택영과 함께 구한말에 시로 이름이 났던 인물이다.

7 제목 : 〈안함재 종화에게 부치고 겸하여 단농에게 주다. 다섯 수寄安涵齋鍾和 兼屬丹農〉 5수 중 네 번째 수, 『소호당집韶濩堂集』 권1.

8 제목 : 〈기러기 소리를 듣다聞雁〉, 『소호당집韶濩堂集』 권1.

9 백운대白雲臺 : 북한산에서 가장 높은 봉우리이다.

10 도선암道詵菴 : 지금의 서울특별시 강북구 우이동 북한산 자락에 있는 도선사를 말한다.

11 적선謫仙 : 인간 세상에 귀양 온 신선이란 뜻으로, 당나라 시인 이백李白을 가리킨다.

12 제목 : 〈백운대에서 도선암에 이르러自白雲臺至道詵菴〉, 『소호당집韶濩堂集』 권2.

13 중화군 구현駒峴 : 평안남도 중화군 남동쪽과 황해도 황주黃州와의 경계에 위치한 고개이다.

14 제목 : 〈중화군 구현에서 평양성을 바라보며中和駒峴 望平壤城〉, 『소호당집韶濩堂集』 권3.

15 대동문大同門 : 평양성 내성內城의 동문東門이다.

16 제목 : 〈대동문 누대에 올라 짓다登大同門樓作〉, 『소호당집韶濩堂集』 권2.

17 제목 : 〈이 위사가 평양으로 가서 관찰사 조공을 만나보려고 나를 방문하여 시를 지어 달라기에 마침내 장구 열다섯 수를 지어서 응해 주고 아울러 이영재 학사에게 부치다. 학사가 먼저 위사를 전송한 시가 있었다李韋史將之平壤 見觀察使趙公 過余徵詩 遂賦長句十五首塞之 兼寄李寧齋學士 學士先有送韋史之作〉 15수 중 다섯 번째 수, 『소호당집韶濩堂集』 권1.

18 영명사永明寺 : 평양 금수산錦繡山에 있는 절로 부벽루의 서편 기린굴麒麟窟 위쪽에 위치

하고 있다.

19 제목 : 〈이 위사가 평양으로 가서 관찰사 조공을 만나보려고 나를 방문하여 시를 지어달라기에 마침내 장구 열다섯 수를 지어서 응해 주고 아울러 이영재 학사에게 부치다. 학사가 먼저 위사를 전송한 시가 있었다李韋史將之平壤 見觀察使趙公 過余徵詩 遂賦長句十五首塞之 兼寄李寧齋學士 學士先有送韋史之作〉 15수 중 일곱 번째 수, 『소호당집韶濩堂集』 시집詩集 권1.

20 기린……굴 : 평양의 부벽루 아래에 있는 기린굴에 얽힌 전설에 의하면, 동명왕이 대동강 부벽루 아래의 기린굴에서 기린을 길러 이것을 타고 조천석朝天石으로 나가 하늘에 올라 조회했다고 한다.

21 제목 : 〈이 위사가 평양으로 가서 관찰사 조공을 만나보려고 나를 방문하여 시를 지어달라기에 마침내 장구 열다섯 수를 지어서 응해 주고 아울러 이영재 학사에게 부치다. 학사가 먼저 위사를 전송한 시가 있었다李韋史將之平壤 見觀察使趙公 過余徵詩 遂賦長句十五首塞之 兼寄李寧齋學士 學士先有送韋史之作〉 15수 중 열 번째 수, 『소호당집韶濩堂集』 권1.

22 중국의 봉토 밖에 : 「우공禹貢」은 『서경』의 편명으로 중국의 지리가 열거된 부분이고, 요봉은 요임금의 봉토를 가리켜 중국 땅을 의미하는데, 그 바깥 지역을 가리키므로 우리나라가 된다.

23 방주의 두약 가지 : 『초사楚辭』 「구가九歌 상군湘君」에 "향초 두약을 저 방주에서 캐다가, 장차 이것을 하녀에게 보내 주련다[采芳洲兮杜若, 將以遺兮下女.]."라고 하였는데, 하녀는 곧 신하를 지칭한 것으로, 바로 저 방주에서 향초를 캐어다가 정정貞正한 신하에게 주겠다는 의미이다.

24 제목 : 〈이 위사가 평양으로 가서 관찰사 조공을 만나보려고 나를 방문하여 시를 지어달라기에 마침내 장구 열다섯 수를 지어서 응해 주고 아울러 이영재 학사에게 부치다. 학사가 먼저 위사를 전송한 시가 있었다李韋史將之平壤 見觀察使趙公 過余徵詩 遂賦長句十五首塞之 兼寄李寧齋學士 學士先有送韋史之作〉 15수 중 열한 번째 수, 『소호당집韶濩堂集』 권1.

25 이 제독 : 임진왜란 때 원병으로 조선에 왔던 명나라의 장수 이여송李如松을 가리킨다.

26 진나라……일 : 춘추春秋 시대에 오자서伍子胥가 오吳나라 군사로 초楚나라를 쳐서 영郢에 들어오니 초나라의 대부 신포서申包胥가 진秦나라 왕정王庭에 들어가 구원을 청하여 7일을 통곡하니 진왕秦王이 장수를 보내어 난을 평정하여 주었다는 고사가 전한다.

27 제목 : 〈이 위사가 평양으로 가서 관찰사 조공을 만나보려고 나를 방문하여 시를 지어달라기에 마침내 장구 열다섯 수를 지어서 응해 주고 아울러 이영재 학사에게 부치다. 학사가 먼저 위사를 전송한 시가 있었다李韋史將之平壤 見觀察使趙公 過余徵詩 遂賦長句十五首塞之 兼寄李寧齋學士 學士先有送韋史之作〉 15수 중 열두 번째 수, 『소호당집韶濩堂集』 권1.

28 희화羲和 : 해를 움직이는 신이다.

29 제목 : 〈제석除夕〉, 『소호당집韶濩堂集』 권1.

30 옛 전장 : 임진왜란 당시 신할申硈(1555~1592)이 임진강에서 북상하는 왜군을 방어하다가 전사했다.

31 제목 : 〈아침에 임진강을 건너며朝渡臨津〉, 『소호당집韶濩堂集』 권2.

32 제목 : 〈배를 타고 예성강에서 출발하여 행주에 도착하다舟發禮成江 至幸州〉, 『소호당집韶濩堂集』 권3.

滄江<萬峰歸僧>詩曰, "花落一僧去, 春山更萬重. 寺門行未到, 早有出雲鐘." <寄安涵齋[1]>詩曰, "娟娟安學士, 臥弄滄江月. 讀[2]書過萬卷, 飲酒能一鉢." 又 "學士顏如玉, 漢江浪如綺. 如綺不停流, 君亦行老矣." 又 "江北望江南, 臨風可招手. 何時一葉舟, 共繫江邊柳.", "枯槁李泰隣, 賣藥在江曲. 我欲問諸天, 奈天無訟獄." <南遊聞雁[3]>詩曰, "明河初灩別書堂, 錦水邊山驛路長. 鴻雁後飛過我去, 秋風秋雨滿江鄉." <自白雲臺至道詵庵>詩曰, "絶頂歸來似謫仙, 驚魂收召欲參禪. 山僧坐睡山花發, 滿院蜂聲卓午天." <中和駒峴望平壤城>詩曰, "和風弄袖馬蹄輕, 平楚茫茫宿雨晴. 都捲萬山千水目, 青天一望大同城." <登大同門樓>詩曰, "天空海濶漭悠悠, 江水東來抱郭流. 錦綠羅青三萬頃, 一時吹出大同樓." <平壤[4]>詩曰, "歡場處處粉粧明, 花暖江頭一字城. 仄壁龍眠樓閣影, 纖梢鶯止管絃聲. 新翻妙曲傳灣府, 幾紙芳緘報漢京. 冠蓋年年東渡去, 垂楊垂柳古今情." 又 "永明禪寺子城陰, 法侶生涯不自深. 香積廚邊官置酒, 觀音榻上妓橫琴. 蒼松老檜知前代, 寶磬鳴鐘震妙音. 還是南朝無路憶, 樓臺烟雨鎖沈沈." 又 "檀君開闢儘荒哉, 萬古風雲一舉杯. 江海交流天地外, 干戈幾經蜀[5]蠻來. 井田鳥下春蕪遠, 波窟麟飛夜月哀. 興廢可憐隨氣運, 莫將

歌舞比蘇臺." 又 "殷禮東來聞變夷, 東川虎踞自男兒. 何知禹貢堯封外, 略似三王五霸[6]時. 壇壝但捫疇範古, 江山長惜史才卑. 千秋文士登臨恨, 淚灑芳洲杜若枝." 又 "提督東征慷慨歌, 秦庭七日事如何. 甲包粮食朝踰瀋, 火照江山夜破倭. 京觀土花埋劍戟, 荒祠春雨蔭藤蘿. 車公露布[7]韓公筆, 十萬貔貅盡擲戈." <除夕>詩曰, "羲和鞭急逐飛塵, 長夜駸駸欲轉晨. 决絶奈如當去客, 奔忙都爲未來人. 垂垂星斗千門影, 勃勃梅花一線春. 上界神仙應俯笑, 明燈守歲幾癡民." <朝渡臨津>詩曰, "嫋嫋秋風起天末, 翛翛鴻雁適何方. 朝辭漢府鷄聲裏, 夕宿臨江蟹斷[8]傍. 渡口楓林升曉日, 舟人篷笠捲新霜. 是非成敗皆泡沫, 看取沙邊古戰場." <舟發禮成江至杏[9]洲>詩曰, "三峰蒼翠落篷頭, 漢口風烟一望收. 金浦人家紅樹暮, 杏洲兵壘白雲秋. 船燈漸與疎星出, 村杵遙將冷葉流. 唱徹離騷誰解聽, 龍吟雁嗷滿江愁."

[1] 寄安涵齋 : 寄安涵齋鍾和兼屬丹農五首 (『韶濩堂集』 卷1)

[2] 讀 : 閱 (『韶濩堂集』 卷2)

[3] 南遊聞雁 : 聞鴈 (『韶濩堂集』 卷1)

[4] 平壤 : 李韋史將之平壤見觀察使趙公過余徵詩遂賦長句十五首塞之兼寄李寧齋學士學士先有送韋史之作 (『韶濩堂集』 卷1)

[5] 經蜀 : 競觸 (『韶濩堂集』 卷1)

[6] 霸 : 伯 (『韶濩堂集』 卷1)

[7] 布 : 版 (『韶濩堂集』 卷1)

[8] 斷 : 籪 (『韶濩堂集』 卷2)

[9] 杏 : 幸 (『韶濩堂集』 卷3)

색 인

인명

서명

第二編 朝鮮詩學考

第一章 朝鮮詩之淵源

第一節 詩學胚胎時代

朝鮮邃古之世年代杳邈未詳其文字之起源然修山李志曰檀君以神設教有神誌文龍飛御天歌註曰九變圖局檀君時人神誌所撰文獻備考藝文考曰書名有神誌秘詞據諸說則檀君時已有文字可推而知也但其辭不傳後人無由邈究未知其文字之為何樣也又古記云檀君定國號曰朝鮮取朝日鮮明之義也以此推之則其時用漢字無疑也

柳譜曰扶餘王文書文字如篆如符考其時則在殷時帝乙三十七年而亦無可徵其後箕子東來詩書禮樂從焉則自是以後漢字通行于朝鮮

若夫論文學之起源則韻文必先於散文樂又由詩而作者也

蓋自生民之初人稟天地之靈各具性情性者理也靜也情者氣也動也人有時而受外物之觸擊則情之動者先發而性之靜者隨而感焉於是乎形之於言言之不足故嗟歎之嗟歎之不足故永歌之此詩之所以言志而樂之所以權輿也按樂成王朝鮮箕氏元年王親製宗廟樂章九十五天老王十七年王出遊沸流江使樂工奏迎仙樂蓋有樂則必有詩而其詞並無傳焉古樂之遺詞唯有麗玉箜篌引一篇而已古記云朝鮮津吏霍里子高晨起刺船有白首狂夫亂流而渡其妻隨而止之不及遂墮河而死其妻援箜篌而歌聲甚悽愴曲終亦投河而死子高歸語其妻麗玉麗玉傷之引箜篌而寫其聲曰「公無渡河公竟渡河墮河而死將奈公何」音操哀怨悽惋聞者莫不感傷其詞流入中國漢武帝新設樂府采四方風謠被之管絃而箜篌曲為其選首其後李白作公無渡河詩以大振之由是箜篌曲

為中國詩樂界之大影響
高句麗琉璃王有二妃一曰禾姬鶻川人一曰雉姬漢人二姬爭寵王造東西二宮置之後王出田七日不返二姬相妬禾姬罵雉姬曰漢家婢何無禮之甚雉姬慙恨亡歸王親自追之雉姬怒不肯還王憩樹下見黃飛鳥集乃感而歌曰「翩々黃鳥雌雄相依念我之獨誰其與歸」其踽踽無聊之意可見
高句麗乙支文德武將也亦能詩古所謂神威能奮武儒雅更知文者莫文德之謂矣高句麗嬰陽王二十三年隋主楊廣與于仲文等大擧來侵文德佯敗以誘之隋軍畢濟薩水文德作詩遺仲文曰「神策究天文妙算窮地理戰勝功既高知足願云止」詩含譏誚意以動歸仲文不聽文德出精兵大破之
新羅眞德女王自製太平頌織錦爲紋遣金法敏獻于唐高宗大爲唐人所稱賞其詩曰「大唐開鴻業巍々皇猷昌止戈戎衣

東洋詩學源流 五二

定修文継百王統天崇雨施理物體含章深仁諧日月推運邁
時康幡旗何赫々鉦鼓何煌々外夷違命者剪覆被天殃淳風
凝幽顯遐邇競呈祥四時和玉燭七曜巡萬方維嶽降宰輔維
帝任忠良五三成一德昭我皇家唐」

王巨仁新羅隱者也女主曼時有人識謗時政榜于路主疑巨
仁所為命下獄巨仁憤怨作詩書獄壁曰「于公慟哭三年旱鄒
衍含悲五月霜今我幽愁還似古皇天無語但蒼々」

薛瑤新羅左武衛將軍承冲之女也年十五剪髮出家六年為
返俗謠還家嫁郭元振為妾其辭曰「化雲心兮思淑貞洞寂寞
兮不見人瑤草芳兮思芳蒀將奈何兮青春」

第二節　詩學進步時代

我東山川靈秀氣候清和自能陶冶人心興禮教服仁化有君
子之風故其感於物者亦得性情之正觀其思於歌謠之辭可

如已煞鴻荒之世文獻無徵後人無由考究如新羅之兜率
歌會蘇歌百濟之山有花歌有其曲而無其辭或有遺傳者不
過零金片羽不可以篇章律之也自新羅中葉以降入唐遊學
者續出詩學大為進步而崔孤雲致遠傑然為我東開山初祖」
崔致遠新羅沙梁部人字孤雲年十二入唐留學唐僖宗乾符
元年登第為高騈從事表狀書啓多出其手其討黃巢檄有不
唯天下之人皆思顯戮抑亦地中之鬼已議陰誅之語巢不覺
下牀由是名振天下至憲康王十一年還國拜翰林學士致遠
自以西學多所得欲展所蘊而衰季多疑忌不能容晩年入伽
倻山終焉謚文昌侯配享文廟有桂苑筆耕行于世其秋夜雨
中詩曰秋風惟苦吟世路少知音窓外三更雨燈前萬里心贈
金川寺主人詩曰白雲溪畔剏仁祠三十年來此住持笑指門
前一條路纔離山下有千歧芋江驛亭詩曰沙汀立馬待回舟

一帶烟波萬古愁直得山平兼水渴人間離別始應休題伽倻
山詩曰狂奔疊石吼重巒人語難分咫尺間常恐是非聲到耳
故教流水盡籠山贈智光上人詩曰雲畔結精廬安禪四紀餘
筇無出山步筆絶入京書竹架泉聲緊松欞日影疎境高吟不
盡瞑目悟眞如贈樂官詩曰人事盛還衰浮世實可悲誰知
天上曲來向海邊吹水殿看花處風欞對月時攀髥今已矣與
爾淚雙垂登潤州慈和寺詩曰登臨暫隔路岐塵吟想興亡恨
益新畫角聲中朝暮浪青山影裏古今人霜摧玉樹花無主風
暖金陵草自春賴有謝家餘景在長教詩客爽精神再經盱眙
縣詩曰孤蓬再此接恩輝吟對秋風恨有餘門柳已凋新歲葉
旅人猶着去年衣路迷霄漢愁中老家隔烟波夢裏歸自笑身
如春社燕畫樑高處又來飛江南女詩曰江南蕩風俗養女嬌
且憐性冶恥針線粧成調管絃所學非雅音多被春心牽自謂

芳華色長占艷陽年却笑隣家女終朝弄機杼機杼縱勞身羅
衣不到汝諸詩皆婉麗雅馴深得唐人風韻
崔承祐新羅孝恭王九年入唐登第以詩鳴于世送曹松入羅
浮詩曰雨晴雲斂鷓鴣飛嶺嶠臨流話所思厭次先生須讓賦
宣城太守敢言詩休攀月桂凌天險好把烟霞避世危七十長
溪三洞裏他年名遂也相宜送陳嶽先輩鄧州幕詩曰禰衡詞
賦陸機文再捷名高已不羣珠淚遠辭裴吏部玳筵今奉竇將
軍樽前有雪吟京洛馬上無山入塞雲從此幕中聲價高紅蓮
丹桂共芳芬諸篇皆典重有法
朴仁範新羅人亦仕唐爲著作郎其詩格奇健有致大爲華人
所稱賞錄載于全唐詩邃廬文章華國之手也涇州龍朔寺詩
曰翬飛仙閣在青冥月殿笙歌歷々聽燈撼螢光明鳥道梯回
虹影倒巖扃人隨流水何時盡竹帶寒山萬古青試問是非空

色裏百年愁醉坐來醒江行呈張秀才詩曰蘭橈晚泊荻花洲露冷蛩聲繞岸秋潮落古灘沙嘴沒日沈寒島樹容愁風驅江上群飛雁月送天涯獨去舟共厭羇離年已老每言心事淚潛流

崔匡裕新羅末入唐留學亦能詩長安春日有感詩曰麻衣難拂路岐塵鬢改顏衰曉鏡新上國好花愁裏艶故園芳草夢中春扁舟烟月思浮海羸馬關河倦問津祗爲未酬螢雪志綠楊鶯語太傷神此詩起句結句相稱而頷聯爲李東嶽安訥所點化云邊城缺月懸愁外故國開花落夢中然原詩似優

崔承老高麗成宗時官至守侍中其禁中東池新竹詩云禁籬初開稍節明低臨輦路綠陰成宸遊何必將天樂自有金風撼玉聲其格調雖不高然因物寓諷諫之意頗有可觀

第三節 詩學勃興時代

高麗光宗始設科用詞賦睿宗喜文雅日會文士唱和繼而仁明亦尚儒雅忠烈與詞臣唱酬有龍樓集由是俗尚詞賦燦然生光照映篇什如朴文烈寅亮金文烈富軾鄭諫議知常李大諫仁老李文順奎報金内翰克己陳補闕澕林上舍椿尤其傑然者也中葉以降屢與而宋遼金交通每以文詞見稱得紓國患者居多夫豈以詞賦而少之哉

朴小華寅亮文宗時官至叅政嘗奉使入宋過泗州龜山寺有詩曰巉巖怪石疊成山上有蓮坊水四環塔影倒江翻浪底磬聲搖月落雲間門前客棹洪波疾竹下僧碁白日閒一奉皇華堪惜別更留詩句約重攀其柵中夜吟詩曰故國三韓遠秋風客意多孤舟一夜夢月落洞庭波公之入宋所至皆留詩華人競相傳誦刊其詩文公于世號小華集可謂華國手也

東人千古絕唱

金文烈富軾仁宗時文豪也其所撰三國史錯綜典雅緯有西

亷風氣詩亦雅健老實非雕篆者可及其東宮春帖詩曰曙色明樓角春風着柳梢鷄人初報曉已向寢門朝甘露寺詩曰俗客不到處登臨意思清山形秋更好江色夜猶明白鳥高飛盡孤帆獨去輕自慚蝸角上半世覔功名燈夕詩曰城闕沉嚴更漏長燈山火樹燦交光綺羅繚緲春風細金碧鮮明曉月凉華蓋正高天北極玉爐相對殿中央君王恭默踈聲色弟子休誇百寶粧

鄭知常詩格清新艷逸如出水芙蓉天然去飾而清香遠聞真絶調也西都詩曰紫陌春風細雨過輕塵不動柳絲斜綠窓朱户笙歌咽盡是梨園弟子家醉後詩曰桃花紅雨鳥喃喃繞屋青山間翠嵐一頂烏紗慵不整醉眠花塢夢江南大同江詩曰雨歇長堤草色多送君南浦動悲歌大同江水何時盡別淚年年添綠波團月驛詩曰飲闌欹枕畫屏低夢覺前村第一鷄却

意夜深雲雨散碧空孤月小樓西長源亭詩曰岧嶤雙闕枕江濵消夜都無一點塵風送客帆雲片片露凝宮瓦玉鱗々綠楊開戶八九屋明月捲簾三四人縹緲蓬萊在何許夢闌黃鳥囀青春邊山蘇來寺詩曰古逕寂寞縈松根天近斗牛聊可捫浮雲流水客到寺紅葉蒼苔僧閉門秋風微凉吹落日山月漸白啼清猿奇哉厖眉一老衲長年不夢人間喧皆清麗可咏世傳鄭知常與金富軾同遊山寺知常有琳宮梵語罷天色淨琉璃之句富軾喜之乞而不與乃猜而殺之後富軾有楊柳千絲綠桃花萬點紅句鄭鬼忽自空中批其頰曰千絲萬點有誰數之耶曷以綠々點々可也富軾甚惡之後富軾往一寺偶登廁鄭鬼從後握囊曰君顏何赤富軾曰隔岸丹楓照顏紅因叱鬼囊鄭鬼握囊愈緊富軾竟死廁中此雖齊東野說然可以為猜才好名者之戒

鄭人手寺詩二頁記

二八

高平章基兆山庄夜雨詩曰昨夜松堂雨溪聲一枕西平明看庭樹宿禽未離棲高平旦景物如畫寄遠詩曰錦字裁成寄玉關勸君珍重好加飡封侯自是男兒事不斬樓蘭未擬還此詩擬征婦寄夫之言而絕無閨房私昵之情勸其盡瘁報國最爲得體

林西河椿再舉不第武人之亂闔門遭禍脫身僅免其厄窮愁嘆之意每見於詩聞鶯詩曰田家椹熟麥將稠綠樹初聞黃栗留似識洛陽花下客慇懃百囀未能休次左人韻曰十載崎嶇面撲埃長遭造物小兒猜問津路遠槎難到燒藥功遲鼎不開科第未消羅隱恨離騷空寄屈平哀襄陽自是無知己明主何曾棄不才其落魄無聊之意可見

李仁老號雙明齋題天壽院壁詩云待客客未到尋僧僧亦無惟餘林外鳥款款勸提壺山居詩曰春去花猶在天晴谷自陰

杜鵑啼白晝始覺卜居深元夕燈籠詩曰風細不敎金燼落更、、
長漸覺玉蟲生須知一片丹心在欲助重瞳日月明夜直銀臺
詩曰孔雀屛深燭影微鴛鴦雙宿畫分飛自憐憔悴青樓女長
爲他人作嫁衣次張學士未開牧丹詩曰春寒勤住小園[illegible]
蝶遊蜂欲戀何楚雨未飄三峽暮吳娃尚阻五湖沒苔遮丹白
晨粧嫩深鎖紅房睡味多自是含嬌呼不出豈緣銷瘦却羞他
雙明錘字鍊意極其精緻而韻極幽遠閒雅深有可觀第奉使
赴燕元日題春帖于門館未幾名遍中國後中國學士遇高麗
使价則輒誦前詩問曰今爲何言云其詩曰翠眉嬌展街頭柳
白雪香飄嶺上梅千里家園知好在春風先自海東來詞極清
婉可詠
李文順奎報號白雲居士官至太保平章事文章富麗橫放壓
倒一世濮陽吳世才置酒林亭會一時名流文順亦與會吳以

所著三百二韻詩索和文順援筆步韻々愈强而思愈健浩汗
奔放雖風檣陣馬未易擬其速滿座驚服其北山雜詠詩曰幽
人不浪出古逕蒼苔沒應恐紅塵人欺我緣蘿月詠井中月曰
山僧貪月色并汲一瓶中到寺方應覺瓶傾月亦空晩望曰李
杜啁啾後乾坤寂寞中江山自閒暇片月掛長空江上月夜望
客舟詩曰官人閒捻笛橫吹蒲席凌風去似飛天上月輪天下
共有疑私載一船歸夏日詩曰輕衫小簟卧風欞夢斷啼鶯三
兩聲密葉翳花春後在薄雲漏日雨中明詠魚曰團團紅鱗沒
復浮人言得意任遨遊細思片隙無閒暇漁父纔歸鷺又謀下
寧寺詩曰偶到湖邊寺晴風散酒醺野荒偏引燒江晴易生雲
碧嶺侵沙斷奔流夾岸分孤舟何處泊漁笛晩來聞草堂和子
美韻曰寓興撫桐孫虛心對竹君林深鵯嘯子園靜鳥呼羣坐
石吟移日開窓卧送雲塵喧卽咫尺閉户不曾聞九品寺曰山

險馬頻蹶路長人已疲驚飈時 入草宿鳥已安枝虛閣秋生早
危峰月上遲僧閒無一事除却點茶時宿德淵院詩曰落日三
杯醉清風一枕眠竹虛同客性松老等僧年野水搖蒼石村畦
繞翠嶺曉來山更好詩思湧如泉大灘詩曰清曉發龍浦黃昏
泊大灘點雲欺落日狠石捍狂瀾水國秋光冷船亭夜更寒江
山眞勝畫莫作畫圖看寄吳德全詩曰海山東去路悠悠一落
天涯故倦遊黃稻日肥鷄鶩喜碧梧秋老鳳凰愁烟波不返遊
吳棹雪月期浮訪剡舟聖代未應終見棄莫辭垂白釣清流扶
寧浦詩曰流水聲中暮復朝海村籬落苦蕭條湖清圬印當心
月浦闊貪呑入口潮古石浪舂平作礪壞船苔沒卧成橋江山
萬狀吟難狀須倩丹青畫筆抽甘露寺詩曰金碧樓臺似翥翬
青山環繞水重圍霜華照日沾秋露海氣干天散夕霏鴻鴈偶
成文字去鷺鸞自作畫圖飛微風不起江如鏡路上行人對影

歸文機障詩曰九門清蹕走驚雷蕊闕華筵卜夜開龍燭影中
排羽葆鳳簫聲裏送金盃三呼萬歲神山湧一熟千年海菓來
恩許侍臣同宴樂宮花滿揷扶醉歸諸詩皆工妙驚絶可堪傳
誦金農岩嘗云李奎報詩擅名東方久矣前輩諸公亦皆推爲
不可及蓋其材力捷敏蓄積富博一時莫及又能自造言語不
蹈襲前人以爲工亦可謂有詩人之才矣然其學識卑陋氣像
庸下格卑而調雜語瑣而意煩無一語道得淸明洒落高古宏
潤意思其所沾沾自喜以爲不經人道語者羽鄕所謂下劣詩
魔入其肺腑者也乃列擧其詩之最不佳者數句以爲不過村
學童百聯鈔句語耳附識于下以備讀者之參考
金員外克己號東峰高宗時人官翰林其詞格豪壯自成一家
醉時歌曰釣必連海上之六鰲射必落日中之九烏六鰲動兮
魚龍震盪九烏出兮草木焦枯男兒要自立奇節弱羽纖鱗安

足誅紫纓雲孫始墮地何謂壯大陳雄圖鍊石欲補東南鈌鏊
石將通西北迂嗟哉計大未易報半世飄零爲腐儒不隨馮異
西登壠不遂孔明南渡瀘論詩說賦被屋下却抱短布包妻孥
時々壯憤掩不得拔劍斫地空長吁何時乘風破巨浪坐令四
海如唐虞君不見淩烟閣上圖形容半是書生半武夫其骯髒
豪健之意可見漁翁詩曰天翁尚不貰漁翁故遣江湖少順風
人世險巇君莫笑自家還在急流中世之逐々名利者可以警
省贈彌勒寺住老林端窮眇路逶迤境僻寧教俗士知惟有雪
衣松上鶴見公初到結廬時李花凄風冷雨顯枯根一樹狂花
獨放春無乃異香來聚露漢宮重見李夫人田家四時春詩曰
草箔游魚躍楊堤候鳥翔耕皐萬葉秀饁畝蕨芽香喚雨鳩飛
屋含泥燕入樑晩來茅舍下高卧等羲皇夏詩柳郊陰正密桑
塢葉初稀雉爲哺雛瘦蠶臨成繭肥薰風驚麥浪凍雨暗苔磯

寂寞無軒騎溪頭晝掩扉秋詩曰捐々田家苦秋來得暫閒灘
霜楓葉墻蛩音菊花灣牧笛穿雲去樵歌帶月還真覺收拾早
梨栗滿空山冬詩曰歲事長相續終年未釋勞板簷愁雪壓荊
戶厭風號霜曉伐岩斧月宵乘屋綯何看春事起舒嘯更登皐
諸篇曲盡田家勞苦之狀高原驛詩曰百歲浮生過五旬崎嶇
世路少通津三年去國成何事萬里歸來只此身林鳥有情啼
向客野花無語笑留人詩魔催處來相惱不待窮愁已苦辛
陳澕号梅湖神宗時登第累遷右司諫出知公州卒詩格婉麗
秀朗與李奎報齊名其春曉詩曰雨餘庭院簇莓苔人靜雙扉
晝不開碧砌落花深一寸東風吹去又吹來咏柳鳳城西畔萬
條金句引春愁作暝陰無限狂風吹不斷惹烟和雨到秋深春
興詩曰小梅零落柳僛垂閑踏清風步々遲漁店閉門人語絅
一江春雨碧絲々賞春亭玉蘂花詩曰懶隨桃李鬪嬌嬈素艶

開愁顰寂寞絶國夫人嫌粉黛漢皐仙子佩瓊瑤半牆踈影風
前翠椋鼻清香雨後飄十二玉欄春欲暮急須摹取上鮫綃京
都詩曰小雨朝來捲細毛浴江初日暈紅濤千門撲地魚鱗錯
雙闕撓天鷲翼高吳苑袂衣晴鬪草漢宮仙袂醉分桃多慚在
忝金閨侍與倚清香奉赭袍月溪寺晚眺詩曰小樓高倚碧孱
顔雨後登臨物色閒帆帶綠烟歸遠浦潮穿黃葦到前灣水分
天上真身月雲滿江邊本色山客路幾人閒似我曉來吟到晚
潮還諸篇皆清麗可詠
魯僕宿水寺樓詩曰輕裝短帽一尋幽蘭院依然十載遊壁價
幾年詩共重寺名千古水同流寒推岳色僧扃戶冷踏溪聲客
上樓長嘯徘徊日云暮倚欄回首起鄉愁
朴植北京路上詩曰一色平蕪觸處同四時無日不狂風淺山
白日能飛雨古塞黃沙忽放紅地隔四千天共遠埃磨雙隻路

栖竊漢家信美非吾土歸夢時々遶海東

洪侃早朝馬上詩曰紫翠橫空澗水流風烟千里似滄洲石橋西畔南臺路柱笏看山又一秋

鄭允宜書江城縣舍詩曰凌晨走馬入孤城籬落無人杏子成布穀不知王事急傍林終日勸春耕

金坵落梨花詩曰飛舞翩々去却回倒吹還欲上枝開無端一片粘絲網時見蜘蛛捕蝶來

第四節 詩學正音時代

勝國光睿仁明時諸子競以詩鳴可謂盛矣然求其盡合於聲律之正音則不可多得而間或有之亦偶合爾至李益齋齊賢以雄偉豪健之資從忠宣王于燕邸虞集與趙孟頫等遊善又奉使西蜀遍歷名勝古蹟眼目益以宏博詩學始得其正聲焉我東五千年之第一大家繼之以稼亭牧隱父子大顯于元朝

自後鄭圃隱李陶隱諸公皆雅健卓犖脫東俗膚淺之習而開
詩學之正門其功豈不偉大也哉玆錄諸家詩于下
李益齋普德窟詩曰陰風生岩谷溪水深更綠倚杖看層巔飛
簷架雲木山中雪夜詩曰紙被生寒佛燈暗沙彌一夜不鳴鐘
應嗔宿客開門早要見庭前雪壓松漂母墳詩曰婦人猶解識
英雄一見慇懃慰困窮自棄爪牙資敵國項王無賴目重瞳范
蠡詩曰論功豈是破强吳最在扁舟泛五湖不解載將西子去
越宮還有一姑蘇涿郡詩曰美壤每每接太行東秦右臂北燕
吭劉郎却愛蠶叢國故里虛生羽葆桑鄴城詩曰漢月依依照
露盤金人獨自淚闌干須知鄴下荀文若不愧遼東管幼安瀟
湘夜雨詩曰楓葉蘆花水國秋一江風雨灑扁舟驚回楚客三
更夢分與湘妃萬古愁北上詩曰去魯情何極遊秦興未闌每
懷姜被暖誰念范袍寒對酒頻彈鋏吹燈乍挑鞍白雲看漸遠

安得報平安京師得舊寫眞詩曰我昔留形影青青兩鬢春流傳幾歲月邂逅尚精神此物作他物前身定後身兒孫渾不識相問是何人 焦山詩曰裴老開浮玉胸襟讓一焦海吞吳地盡山擁楚天遙蜃氣窓間日鯨聲砌下潮欲歸還倚杖松竹晩蕭蕭 放舟向峨嵋山詩曰錦江江上白雲秋唱撤驪駒下酒樓一片紅旗風閃閃數聲柔櫓水悠悠兩催寒犢歸漁店波送輕鷗近客舟孰謂書生多不遇每因王事飽淸遊 路上詩曰馬上行吟蜀道難今朝始復入秦關碧雲暮隔魚鳧水紅樹秋連鳥鼠山文字剩添千古恨利名誰博一身閒令人最憶安知路竹杖芒鞋自往還 寄呈趙子昂學士詩曰夢罷鄰亭敢曉燈欲乘鞍馬覺凌兢雲迷柱史燒丹竈雪壓文王避雨陵觸事誰知胸磈磊吟詩只得鬢鬅鬙塵巾折角裘穿縫羞向龍門見李膺 多景樓雪後詩曰樓高 正喜雪漫空晴後奇觀更不同萬里天圍銀

色界六朝山擁水晶宮光搖醉眼滄溟日清透詩腸草木風御
笑區區何事業十年揮汗九街中多景樓陪擢一齋同賦詩曰
桃子津頭古潤州幾番歡樂幾番傷圖魚鷗黠吏廋
民偽養羞風驛夜喧潮入浦烟篆暝立雨侵樓中流擊楫非吾
事開望天涯范蠡舟宿臨安海會寺詩曰梵宮臺殿遠嵯峨沙
步移舟夜始過峽月轉廊隨響度溪風入户動鳴珂山因蘇子
知名久樹向錢王閱事多陌上春歸花寂々惟聞谷鳥和村歌
感懷詩曰枕肱茅店夜三更矯首金臺路幾程苦節頻同彈鋏
客芳年已過棄繻生窮通有命悲親老緩急非才愧主明畢竟
行藏誰與問滿窓霜月獨鐘情
李椽亭穀忠肅王時中元朝製科即授國史檢閱文章鳴于世
本朝贈韓山君其途中避雨詩曰甲第當街蔭綠槐高門應爲
子孫開年來易主無車馬惟有行人避雨來李陵臺詩曰許國

身何有功成命不侔漢皇雖好武飛將未封侯苦戰知無賴生
降亦可羞高臺銜落日爲甬故遲留雪夜小酌詩曰臘近[illegible]皇
瑞冬溫不失和履聲人起早篆跡鳥留多舊業餘書榻歸期誤
釣簑旃爐俱是客奈欠酒錢何驀詩曰簷前相對語客裏故相
依身世炎涼近乾坤羽翼微巢成還棄去雛長各分飛見簷諳
悲慨今年又未歸七夕小酌詩曰平生蹤跡等浮雲萬里相逢
信有由天上風流牛女夕人間佳麗帝王州笑談欸々樽如海
簾幙深々雨送秋乞巧曝衣非我事且憑詩句遣閒愁正朝雪
詩曰雪從除夜到正朝旋入春風不禁消扇影未分雙闕仗執
聲早集午門橋從教賀列朝衣溫好傍昭容舞袖飄便是新年
多瑞氣願隨椒酒進民謠元正崇天門下詩曰正朝大闕大明
宮萬國衣冠此會同虎豹守閽嚴內外鵷鸞分序肅西東壽觴
灩々浮春色仙仗攢々立曉風袍笏昔曾陪後考天門端首思

無窮冰渡漢江詩曰沙頭逆旅正蕭條幾傍虛簷望斗杓半夜
疾風吹破屋一江流水凍成橋須臾便見人心小尋丈休誇馬
足驕過了畏途還自笑不如歸去老漁樵禮成江阻風詩曰山
居畏虎豹水行厭蛟蜃人生少安處肘下生白刃不如從險易
天命且自信速行固所願遲留亦何吝日月江河流百年真一
瞬作詩相棹歌明當風自順
李牧隱穡穀之子隨其父登第元朝授翰林知制誥恭愍門下
侍中李朝封韓山伯諡文靖道學文章爲一時泰斗其洞庭晚
靄詩曰一點君山夕照紅濶呑吳楚勢無窮長風吹上黃昏月
銀燈紗籠暗淡中寄東亭詩曰春深門巷少經過桃李花開落
又多記得去年亭上坐一簾疎雨洒生波浮碧樓詩曰昨過永
明寺暫登浮碧樓城空月一片石老雲千秋麟馬去不返天孫
何處遊長嘯倚風磴山青江自流早行詩曰凌晨開前路曉色

七三

未全分帶月馬頭夢隔林人語聞樹平連野霧風細起溪雲已
過三河懸丹心只在君天壽節觀大明殿詩曰大闢明堂曉色
寒旌旗高拂玉欄干雲開寶座聞天語春滿金卮奉聖歡六合
一家堯日月三呼萬歲漢衣冠不知身世今何在疑是青冥控
紫鸞大都與同舍同賦詩曰斐然吾黨欲歸歟趨向須明發軔
初衣綻尚餘慈母線帙多難盡古人書春來客榻氈猶亂風送
鄉船食有魚不向馬蹄塵作拜高情幸喜勝閒居南新店詩曰
文章可是立功名自笑儒冠太瘦生楊子著書空自負馬卿題
柱竟何成人情不似春山色客夢偏驚夜雨聲過了長城風日
好何人盡我海邊行即事詩曰幽居野興老彌清恰得新詩眼
底生風定餘花猶自落雲移小雨未全晴墻頭粉蝶別枝去屋
角錦鳩深樹鳴齊物逍遙非我事鏡中形色甚分明貞觀吟詩
曰晉陽公子結豪客風雲壯懷滿八極爀然一起揮天戈隋堤

楊柳無顏色已踵殷周成武功宜追虞夏敷文德持盈守成貴
安靜好大喜功多反側三韓箕子不臣地置之度外疑亦得胡
爲動金玉武御杖自將臨東土貔貅夜擁鶴野月旌旗曉濕雞
林雨謂是囊中一物耳那知玄花落白羽鄭公已死言路澁可
笑豐碑蹶復立四頭三咩貞觀年天末悲風吹颯颯
鄭圃隱夢周字達可其學問爲東方理學之祖性慷慨伏忠義
一身任國家之安危恭愍時爲門下侍中及鼎革之際竟以身
殉李朝贈領議政謚文忠配享文廟其詩律亦矯健卓犖非雕
篆者所可跂及也其征婦怨詩曰一別多年消息稀塞垣存沒
有誰知今朝始寄寒衣去泣送歸時在腹兒復州食櫻桃詩曰
五月遼東暑氣微櫻桃初熟壓枝低嘗新客路還腸斷不及吾
君薦廟時奉使日本詩曰水國春光動天涯客未行草連千里
綠月共兩鄕明遊說黃金盡思歸白髮生男兒四方志不獨爲

功名又平生南與北心事轉蹉跎故國西海岸孤舟天一涯枉
愆春色早板屋雨聲多獨坐消長日那堪苦憶家又樊盡羅衾
志未伸萬將寸舌比蘇秦張騫槎上天連海徐福祠前草自春
眼為感時垂淚易身因許國遠遊頻故園手種新楊柳應向東
風待主人定州重九日詩曰定州重九登高處依舊黃花照眼
明浦淑南連宣德鎮峰巒北倚女眞城百年戰國興亡事萬里
征夫慷慨情酒罷元戎扶上馬淺山斜日照紅粧明遠樓詩曰
青谿石壁控州廻更起新樓眼豁開南畝黃雲知歲熟西山爽
氣覺朝來風流太守二千石邂逅故人三百盃直欲夜深吹玉
笛高攀明月共徘徊登全州望京樓詩曰千仞岡頭石逕橫登
臨使我不勝情青山隱約扶餘國黃葉繽紛白帝城九月高風
愁客子十年豪氣誤書生天涯日沒浮雲合翹首無由望玉京
贈禮部主事胡璉詩曰男子平生愛遠遊異鄉胡乃歎淹留無

人更掃陳蕃榻有客獨登王粲樓萬戶砧聲明月夜一竿帆影白鷗洲時來飲酒城南市豪氣猶能塞九州 江南柳詩曰江南柳江南柳春風裊裊黃金絲江南柳色年年好江南行客歸何時滄海茫茫萬丈波家山遠在天之涯天涯之人日夜望歸舟坐對落花空長歎但識相思苦肯識此間行路難人生莫作遠遊客少年兩鬢如雪白

李陶隱崇仁字子安牧隱門人詩格清麗俊逸大爲牧隱稱許官至密直副事以圃隱黨削職杖流卒其村居詩曰赤葉明村逕清泉漱石根地偏車馬少山氣自黃昏題僧舍詩曰山南山北細路分松花含雨落繽紛道人汲井歸茅舍一帶青烟染白雲漂母墳詩曰一飯王孫感慨多不知菹醢竟如何孤墳千載精靈在笑殺高皇猛士歌 憶三峯詩曰 不見鄭生久秋風又颯然新篇殊堪誦狂態更誰憐天地容吾輩江湖臥數年相思渺

何限極目斷鴻邊題松月軒詩曰獨向層峰更新開大塗清躁
松留鶴老好月近人明河漢高秋影風霜半夜聲歸心遺有相
燕坐樂無生扈從城南詩曰郊甸秋成早君王玉趾臨鑾輿前
事陋講武春謀漲鼓角滄江動旌旗白日陰詞臣多侍從會見
獻虞箴哭遁村詩曰風指誰知我傷心欲問天若齋曾萬里遁
老又重泉慷慨無窮人語清新絶俗篇鄭今俱已矣烏得不潸然
元日奉天殿早朝詩曰煌々蠟燭照彤墀宮漏聲催動曙光彩
仗分開從上下構花高拱殿中央梯航玉帛通蠻貊禮樂衣冠
邁漢唐朝罷更叨沾錫宴東風吹暖泛椒觴嗚呼島詩曰嗚呼
在東溟中滄波渺然一點碧夫何使我雙涕零秖爲哀此田横
客田横氣槩横素秋壯士歸心實五百咸陽隆準真天人手注
天潢洗秦虐横何爲哉不歸來寃血自污蓮花鍔客雖聞之將
奈何飛鳥依々無處托寧從地下共追隨軀命如絲安足惜同

將分寄孤嶼山哀浦思日色薄嗚呼千秋與萬古此心菀結誰能識不為轟霆有所滅定作長虹射天赤君不見古今多少輕薄兒朝為同胞暮仇敵此詩慷慨悲壯讀之令人氣湧血躍陶隱嘗與鄭三峯道傳令師李牧隱才名相埒然牧老每當題評先李而後鄭嘗稱陶隱曰此子文章求之中國不可多得一日牧老見陶隱嗚呼島詩極口稱賞曰此詩置之王韋儲孟集中少無遜色三峯心猜之後數日亦作嗚呼島詩謁牧老曰偶得此詩於古人集中牧老曰此真佳品然君輩亦裕為之至於陶隱詩不易得也三峯自此積不平後為柄臣令其私人出守陶隱所配邑杖殺之詩之為禍一至於此耶

第五節 詩之極盛時代

李朝之受命百度草創干戈纔收未遑文教至世宗朝典章始備然其於文學猶有所未興故國初詩文可傳者實少獨有權

東洋詩學原流 六六

近姜淮伯徐居正數公彼其寂寥而 明宣仁之間詩學遂大振金佔畢齋宗直始倡盛唐聲韻爲諸學界之泰斗繼之以朴誾李荇金淨鄭士龍李好閔李達許夫人權韠金尚憲諸公皆主豐雄高華之趣以大鳴國家之盛方之古則猶唐之玄肅代德間文學達其極頂也由是觀之文學之盛衰與時運之隆替相伴行可知已謹錄諸家詩于下

權陽村近金剛山詩曰雪立亭亭千萬峰海雲開出玉芙蓉神光蕩漾滄溟近淑氣蜿蜒造化鍾突兀岡巒臨鳥道清幽洞壑秘仙蹤東還便欲凌高頂俯視鴻濛一盪胸

姜通亭淮伯寄鄭明府詩曰人情揔與時情變世事半毛孤月新想得吾師禪榻上坐看東海碧巑巑

春自寄昆季詩曰旅愁蕭颯若飄蓬況復萊衣隔鯉庭心與暮雲歸不住愁隨春酒醉無醒江山此日頭將白骨肉何時眼更青宦路險夷曾歷試是

身天地一浮萍早朝奉天殿詩曰御溝楊柳正依々月上觚稜
玉漏遲環佩丁當鵷鷺集彌林麗戟虎賁馳螭頭忽靄香烟動
鳳尾徐開彩仗移稍看紅雲籠扇轉日光先照萬年枝
徐四佳居正睡起詩簾影依々轉荷香續々來夢回孤枕上桐
葉雨聲催春日詩曰金入垂楊玉謝梅小池春水碧於苔春愁
春興誰深淺燕子未來花未開晚秋詩曰佳菊今年開較遲一
秋清興謾東籬西風大是無情思不入黃花入鬢絲秋風詩曰
茅齋連竹逕秋日艶清暉果熟擎枝重瓜寒著蔓稀遊蜂飛不
定閒鴨睡相依頗識身心靜棲遲願不違三田渡詩曰羸馬三
回渡西風吹帽斜澄江涵去雁落日送還鴉古樹明黃葉孤村
見白沙青山將盡處還認是吾家夏日卽事詩曰小晴簾幙日
暉々短帽輕衫暑氣微解籜有心仍雨長落花無力受風飛纔
拚翰墨藏名姓已厭簪纓惹是非寶鴨香殘初睡覺客曾來少

戊午年寺洞子一頁完

六上

燕頻歸
金佔畢齋宗直善山人文章冠一時至於詩律氣格遒勁沈蒼
一洗東人膚率庸淺之習直遡盛唐聲韻申紫霞所謂萬變風
生鐵鳳翔氣撐宇宙格沈蒼佛天花雨羅時益又見駸々入盛
唐者是也官至刑曹判書謚文簡燕山亂政禍及泉壤其濟川
亭詩曰吹花擘柳半江風檣影搖々背暮鴻一片鄉心空倚柱
白雲飛渡酒船中寶泉灘即事詩曰桃花浪高幾尺許銀石沒
頂不知處兩々鸕鷀失舊磯啣魚却入菰蒲去入京詩曰屈為
妻孥計虛拋故國春明朝將禁火遠客欲沾巾花事看々晚農
功處々新羞將湖海眼還眯市街塵洛東驛詩曰津吏非朧吏
官人郭邑人三章辭聖主五馬慰慈親白鳥如迎棹青山慣送
賓澄江無點綴持以律吾身仙槎寺詩曰偶到仙槎寺岩空松桂
秋鶴飜羅代蓋龍蹴佛天毬細雨僧縫衲寒江客棹舟孤雲書

帶草綠々滿池頭次淸心樓韻曰維舟茅舍棘籬端魚鳥依然
識我顔病後猶能撰杖屨論來纔得賞江山十年世事苦吟裏
八月秋容亂樹間一雲倚樓仍挂望高師儀氣不教閒泊報恩
寺下贈主持詩曰報恩寺下日曛黃磬纔尋僧踏月光棟宇已
成新法界江湖猶攬舊詩腸上方動鐘驪龍舞萬竅風生鐵屑
翔珍重吳公亦人事時將菜把問舟航伏龍途中詩曰筍輿伊
軋過晴川遙見前驅過阪田邑犬吠人籬有賓野巫迎鬼紙爲
錢短雲寒日工呑吐山嶽平岡遠接連南去錦城三十里却愁
禎畫擔夫肩直過廬偶吟詩曰藏室蓬山昔討論十三年後更叩
恩眼花正怯金蓮燭曰梗難堪白傲樽霜後梧桐猶窣々月明
娟鵑自飛々故園松菊應蕪沒婧毋而今足夢魂寒食村家詩
曰禁火之辰春事多芳菲點檢在農家嬌鳴戴々棣棠葉蝶飛
款々蕪菁花帶樵壠上烏犍返桃菜籬邊丫髻歌有田不去戀
右、并韓學原稾

五斗元亮笑人將奈何登金剛山看日出詩曰金剛之山高揷
天白石亭亭露秋骨搏桑遠影晴勿引日觀高標共崎崪我昔
討奇凌絶頂手闢雲關敲石室滄溟眼底小如盃八極風來神
橫逸同游老僧倚薜蘿夜半蹴客候初日扗方流瀣澄似酒天
外雞鳴聞彷彿是時暘谷半明暗臥牛東蓋爭點綴長庚睒々
欲收若火輪忽蕤波濤出紅光騰起數千丈萬里驚蕩魚龍窟
人寰自鼻息尚雷鳴輒向峯頭睎我髮平生偉觀此已足岱宗之
遊豈相埒不須崦嵫看入處至今冷笑夸父渴
朴挹翠軒誾字仲說高靈人十五能文章十八登第二十七歲
値燕山亂政被禍死其詩本祖江西氣格渾然天成李容齋荇
嘗曰挹翠詩出人意表自然成章不假雕飾殆千古希音金農
巖昌協曰挹翠雖學黃陳而天才絶高不爲所縛故辭致淸渾
撿力縱逸至其興會所到天真爛漫氣機洋溢似不免人力此

則恐非黃陳所得囿也二公之深相推許如此其雨中懷擇之
詩曰寒雨不宜菊小樽知近人閑門紅葉落得句白頭新離懷
情親友愁添寂寞辰何當對青眼一笑見天真曉望詩曰曉望
星垂海樓高寒襲人乾坤身外大鼓角坐來頻遠岫看如霧噎
龕覺已春宿醒應自解詩興謾相因萬里瀨詩曰醉嚼岩間雪
狂遺頭上巾時應投瀨散境自著清真澗曲音生石松高影落
茵小詩偷勝景君歸豈余嗔宿三田渡詩曰寓庵初被酒簫串
晩來風白雨時々墮黃花處々同詩篇半行李秋色一囊獨
向漁村宿平江月影空和擇之詩曰深秋木落葉侵關戶牖全
輸一面山縱有盃樽誰共對已愁風雨欲催寒天應於我賦窮
相菊亦與人無好顔擬棄憂懷真達士莫教病眼謾長潸福靈
寺詩曰伽藍卻是新羅舊千佛皆從西竺來從古神人迷大塊
至今福地似天台春陰欲雨鳥相語老樹無情風自哀萬事不

東洋詩與之次　六

堪供一笑青山閱世自浮埃贈擇之詩曰憂患祗應関己事襟
懷尚欲爲誰寬鬢毛颯々生秋氣風雨悽々作晩寒萬事可能
辭爛醉十年端悔做微官遽然罷却湖山夢依舊塵埃自滿冠
永保亭詩曰晩潮來處暫敧枕擡眼忽看洲渚生朝暮應須事
呼吸乾坤終亦有虧盈南人浮海如行馬澤國逢春更少晴日
日依樓渾不下灘聲時聽白鷗鳴又地如拍々將飛翼樓似搖
搖不繫篷北望雲山欲何極南來襟帶此爲雄海氛升霧仍成
雨浪勢翻天自起風瞋裡如鬪鳥相呌坐闇渾覺境俱空古體
詩投容齋詩其一曰造化無停機一奇還一偶功成付萬物天亦不
自有丈夫少歎業時來聊下手卓哉張子房更與赤松友其二
曰行裝有年事無圖亦無必來如浮雲出去若浮雲滅用舍故
在人本非吾所恤先師道如此陋巷與之匹其三曰酒醒月亦
更要失五湖舟襟懷忽不樂松韻亦颼々攜燈照四壁古書在

床頭讀罷有餘味可以遣百憂
李容齋荇字擇之德水人燕山時十八登第典文衡官至左相
諡文定與挹翠友善以詩道相尚其詩平和純熟優入神境許
筠稱爲國朝第一雖其推許太過然要不失詞家上乘其題畫
詩曰淅瀝湘江雨依俙斑竹林此間難寫得當日二妃心書直
舍壁詩曰衰年奔走病如期春興無多不到詩睡起忽驚花事
晩一番微雨濕薔薇陝川聞子規詩曰江陽春色夜凄凄聽罷
無端客意迷萬事不如歸去好隔林頻聽子規啼書朴誾題畫
屛詩後詩曰古紙淋漓寶墨痕青山無處可招魂百年寂寞頭
渾白風雨空齋獨掩門霜月詩曰晩來微雨洗長天入夜高風
捲暮烟夢覺曉鐘寒徹骨素娥青女鬪嬋娟題天磨錄後詩曰
卷裡天磨色依依尚眼明斯人今已矣古道日悠悠細雨靈通
寺斜陽滿月臺死生曾契闊白頭獨徘徊獨酌有感詩曰薄酒

時多酌酬腸日九迴道爲當世棄跡或後人哀歸與生芳草春
愁付落梅百年湖海顏莫受二毛催新秋詩曰薄晩新秋色殊
方久客情蟬聲高樹靜螢火遠林明文字三生誤功名一笑輕
鹿門他日約妻子幾時迎風樹詩曰風樹多危葉秋山易夕陽
雁行斜度漢蛩韻冷依床病欲侵年至愁是捻夜長知音空海
內誰與一商量有懷詩曰百年亦未半相知餘幾人文章祗自
累天地豈能仁寂寂山川瞑悲悲草樹春平生湖海志老去又
逡巡感懷詩曰多難累然一病夫人間隨處盡窮途青山在眼
誅茅晩明月傷心把筆孤短夢無端蟻穴浮生不定似檣烏
祗今贏得衰遲趣藤敍兒童將白鬚次上亭韻曰西日依依下
遠巒倦飛禽鳥各知還黃鸝無語分明老紅藥傷心一半殘藜
杖解能扶病骨酒盃聊爲洗愁時東皐舒嘯邀淸影偷得餘生
分外歡感懷詩曰白髮非白雪豈爲春風減春愁若春草日夜

生滿道東海無返波西日難再早大運只如此安得不衰老生
也未澹泊外物作煩惱奈何今之人不自寶其寶簞食是金液
陋巷乃蓬島超然萬世事下視彭鏗夭題畫竹詩曰石生常有
神信手寫生竹凜々千畝姿寄此一枝足風人美君子永聲漢
園蔬對之至歲寒可使食無肉
金冲庵淨字元冲慶州人中宗丁卯魁科選湖堂官至刑曹判
書乙卯爲南衮所陷與趙靜庵光祖俱被禍竄死海島謚文簡
詩格清爽飄逸以啓崔白李三唐門逕亦東國之有數大家也
其佳月詩曰佳月重雲掩遲々瞑色愁清光不可待深夜倚江
樓即事詩曰落日臨荒野寒鴉下晩村空林烟火冷白屋掩柴
門江南詩曰江南殘夢晝厭々愁逐年芳日々添雙燕來時春
欲暮杏花微雨下重簾晩行詩曰極浦微陰逗夕陽秋容淡
淡碧天長西風小雨蕭々過併作溪橋一陣涼錦江樓詩曰西

風木落錦江秋烟霧蘋洲一望愁日暮酒醒人去遠不堪離思
滿江樓題路傍松詩曰海風吹去悲聲壯山月高來瘦影踈賴
有眞根泉下到雪霜摽格未全除又枝條摧落葉鬖髿斤金餘
身欲臥沙望斷棟樑人世用查牙堪作海仙槎此二首竄謫路中見臥松而寓
感者也讀之不
覺潸然霑衿 山雨詩曰蕭々山雨下茅庵秋老荒城曉色酣
故國山川魂自往不知身在海天南清風寒碧樓詩曰盤僻山
川壯乾坤玆境幽風生萬古穴江撼五更樓虛枕宜清夏詩魂
爽九秋何因脫身累高臥寄滄洲寄溟州詩曰歲暮倦遊客關
河山萬重孤雲隨去鳥落葉沒行蹤嶺外餘荒業沙邊一釣翁
相思明月滿夢盡海天東絶國詩曰絶國無相問孤身棘室圍
夢知關塞近僮作兄弟依憂病工侵鬢風霜未授衣思心若明
月天末寄遙輝積水詩曰積水浮天極溟茫漾太虛地孤疑世
外人遠得泰餘舟楫通吳楚魚龍半邑墟乘桴潛聖歎終不陋

黛居叢石亭詩曰絶嶠丹崖滄海陬孤標負勢鄭蓬丘破根郎坤幽波險削面疑經巧斧修叢柱天高殘四片羊碑峴古杳今秋鶴背人去已寥廓目斷碧空雲自愁其二曰千古高阜最右勝登臨搖落九秋懷半魁鐘彩隨滄海月宮借斧削丹崖巨濵欲逐危巒去頑骨長衝激浪排蓬僊笙簫空淡佇夕陽撩背寄天涯其三曰雲歛秋晴淡碧層清晨起望太陽昇光滴海穿初吞吐彩射天衢忽湧騰幽窟老龍驚火焰深林陰鬼失依憑壁寰昏黑從今廓然向崦嵫爲繫繩感懷詩曰客散酒初醒茅軒坐幽獨華月流素光層城藹遐矚雲湛遙空露葉蹊靈簷木蕭蕭荒竹林寒風碎叢玉候虫罷秋吟蔓草歇芳綠觀靜迹已睽感時思還續遺韻篇可儕寄之雙黃鵠

鄭湖陰士龍詩格豪壯勁健別具一體如猛將猂卒袒而搏戰所向披靡讀之令人氣聳神爽其遊楓嶽詩曰萬二千峰領略

歸蕭々黃葉打征衣正陽寒雨燒香夜蘧瑗方知四十非其春
與詩曰花滿園林葉未齊陰回殘夢有鶯啼蝦蟆不礙東風過
無奈輕陰壓客低岐江詩曰萍到交流處船移亂樹間急風吹
霧駁跡雨打篷斑行役能催老功名不博閒終斷便開府謝賦
動江關荒山戰場詩曰昔年窮寇此殲亡鏖戰神鋒繞紫芒漢
幟壓痕餘石縫斑衣漬血染霞光商聲帶殺林巒肅鬼燐憑陰
堞壘荒東土兔魚皆爲力小臣拈筆敢揄揚後臺夜坐詩曰潭
沙浩浩望無邊千仞臺臨不測淵山木俱鳴風乍起江聲急亭
月孤懸平生牢落知誰藉投老迷邅秘自憐擬着宮袍放身去
騎鯨人跡問高天楊根郡事詩曰擁山爲郭似盤中暝色初沈
洞壑陰峰頂星摐爭鉄月樹巔禽動夜風深叢晴灘遠聽翻疑雨
疎葉微零自起愁此夜共分喧榻料明朝珂馬軟塵紅記懷詩
曰四落堦黃魄又盈梢無車馬鬧柴荊詩書舊業地難起場圃

新功業未成兩氣壓霞山忽暝川華受月夜猶明思量不復勞心事身世端宜付釣耕他如馬鼓枯箕和夢聽鼠偷殘栗背燈看新葉受風疑曉雨疎星垂野混漁燈之句皆清新奇警道人難寫之境

朴思庵淳長於七絶詩興想之深遠象物之工妙往々有他人做不得處其訪曹處士山居詩曰醉睡山家覺後疑白雲平壑月沈時翛然獨出脩林外石逕笻音宿鳥知湖堂雨後卽事詩曰亂流經野入江沱滴瀝猶殘檻外荷籬掛蓑衣簷晒網望中漁屋夕陽多贈山別行思上人詩曰王程那得駐征驂愁外青山幾夕曛金馬古城相送處刺桐花落雨霏々送退溪先生南還詩曰鄕心不斷若連環一騎今朝出漢關寒勒嶺梅春未放留花應待老仙還題楊總兵照廟詩曰鐵衣金甲已塵沙廟閣松杉暝夕鴉惆悵漢家飛將死胡笳頻渡白狼河清風寒碧樓

詩曰客心孤迥自生愁坐聽江聲不下樓明日又登官道去白
雲紅樹爲誰秋贈堅上人詩曰久沐恩波役此心曉鷄聲裏戴
朝簪江南野屋今蕪沒却倚山僧護竹林
崔簡易豈非徒文章獨步於 穆陵國際詩律亦矯健有致得
黃陳句法權石洲韠嘗問於簡易曰當世文章巨手當推老丈
而詩則推于何人蓋自擬也簡易默然良久曰未知老夫死後
誰復擅場石洲有愧色其自負若此其三日浦詩曰晴峰六六
歛螺蛾白馬瘦々弄鏡波三日仙遊猶不再十洲佳處始知多
洛山寺觀日出詩曰王宇迢迢落月東滄波萬頃忽翻紅燒々
百怪皆啣火捧出金輪黃道中竹西樓詩曰滯客愁相守寒衣
直潰闌樓光龍拕睡洞翠鶴拿飛一水橫臨斷諸峰徙倚非分
留物色少携爲後荷衣淤文殊菴僧卷云文殊路已十年迷有
夢猶尋北郭西萬壑倚杖雲遠近千峰開戶月高低磬殘石實

晨泉滴燈剪松風夜鹿啼與況共僧那再得官銜乜月困泥蹄
醉河大雨墓云代木丁々山鳥悲獨來懸釰向何放才名不救
當世謗交道還應入地知瀛海別回為此別驛亭詩後更無詩
平生得酒須皆醉倘省雲床莫一危三月三日登遼陽城詩曰
城上高樓勢若騫危梯一踏一驚魂還空自盡無山地淡靄多
生有樹村北極長安知客路東風上巳憶鄉園閒愁萬緒那禁
得料理斜陽酒一樽望京樓詩曰清秋目力試樓雄昨夜纔收
塞雨濛八角勢飛遙野外五層陰結半空中烏鶴一道衝寒日
砧杵千家響曉風東憶故園西念路此時臨眺摠情同寄權大
雅驛詩曰西江不見西關還一世良難一日知氣槩合求高士
傳文章尤過古人詩白衣未解還乘駒黃卷安能只下帷見說
圣傳機稿入全勝身到鳳凰池延與花會宴詩曰避暑風流傾
北海衝泥車馬鎮南山身忘國舅衣冠右具敢家人非姐閒柱

醽盞蕉葉脆冰露盤詠水晶殘佳招秘為憐能賦白首共何
夢錦還
李蓀谷達湘寺僧卷次韻詩曰東湖征棹暫經過楊柳依々水
岸斜病客孤舟明月在老僧深院落花多春愁黯々連芳草鄉
夢迢々隔海波獨坐計程關西外不堪殘月聽啼鵑
李五峰好閔龍灣行在聞王道兵追攻漢城敵詩曰干戈誰着
老萊衣萬事人間意漸微地勢已從蘭子盡行人不見漢陽歸
天心錯莫臨江水廟算淒凉對夕暉聞道南兵近乘勝幾時三
捷復王畿
許夫人名景樊號蘭雪軒草堂曄之女岳麓荷谷峻巖皆其兄
弟也夫人天姿絕倫於書無不涉獵凡有著作思若湧泉惺々
如仙絕非烟火口氣明使朱之蕃得夫人詩稿弁記云飄々乎
塵埃之外秀而不靡冲而有骨想其本質乃雙成飛瓊之流偶

謫海外去蓬壺採藥不過隔衣帶水玉樓一成鸞書號召行殘墨皆成珠玉落在人間永充玄賞因此播入中國鋟鏤盛行有京都紙貴之語後編入於于個竹枝詞其傳益廣眞絶代之女流詩家也夫人適侍郎金誠立無育二十七歿所著詩文臨終命茶毗之其遺稿存者僅百之一二殊可恨也效崔國輔體詩曰春雨暗西池輕寒襲羅幕愁倚小屛風墻頭杏花落閨怨曰錦葉羅裙積淚痕一年芳草恨王孫瑤琴彈罷江南曲雨打梨花晝掩門月樓秋盡玉屛空霜打蘆洲下暮鴻瑤瑟一彈人不見藕花零落野塘中宮詞曰淸齋秋殿夜初長不放宮人近御床時把剪刀裁越錦燭前閒繡紫鴛鴦秋恨曰絳紗遙隔夜燈紅夢覺羅衾一半空霜冷玉籠鸚鵡語滿階梧葉落西風夜坐詩曰金刀剪出篋中羅裁就寒衣手屢呵斜拔玉釵燈影畔剔開紅焰救飛蛾送荷谷謫甲山詩曰遠謫甲山客咸原行色

忙座同賈太傅主豈在懷王河水平秋岸關雲斂夕陽霜風吹
雁去中斷不成行次仲氏南原登高臺韻層巒一柱歷嵯峨西
北浮雲接塞多鐵峽霸圖龍已去穆陵秋色雁初過山回大陸
吞三郡水割平原納九河萬里登臨日將暮醉憑長劍獨悲歌
感遇詩曰夜夢登蓬萊足踏葛陂龍仙人綠玉杖邀我芙蓉峰
下視東海水澹然若一盃花下鳳吹笙月照黃金罍哭子詩曰
去年喪愛女今年喪愛子哀哀廣陵上雙墳相對起蕭蕭白楊
風鬼火明松楸紙錢招汝魂玄酒奠汝丘應知兄弟魂夜夜相
追遊縱有腹中孩安可冀長成浪吟黃詞血泣悲吞聲
穆陵盛際詩學達于極點全做唐人風韻可以諷詠而崔孤竹
慶昌白玉峰光勳李蓀谷達尤其翹翹者也蘭雪軒所謂近者
崔白輩攻詩軌成唐寥寥大雅音得此復鏗鏘者是也人稱三
唐者豈無所據而過譽哉然以余所見其五七諸律多模擬剽

傍之遺放只取其五七絕數首以備攷詩者之參考云
崔孤竹次漫江韻曰水岸悠々楊柳多小船遥唱採菱歌紅衣
落盡西風起日暮芳洲生白波邊思曰幼少離家音信稀秋花
猶著戰時衣城頭畫角吹霜急一夜黃榆葉盡飛哀楊繼榮詩
曰日沒雲中火照山單于兵近鹿頭關將軍獨領千人去夜渡
蘆河戰未還大隱巖詩曰門前車馬散如烟相國繁華未百年
村巷寥々寒食過茱萸花發古墻邊寄楊州成使君詩曰官橋
雨霽曉寒多小吏門前候早衙莫怪使君常晏出醉聞東閣賞
梅花寄陞上人詩曰茅菴寄在白雲間長老西遊久未還黃葉
飛時疎雨過獨敲寒磬宿秋山
白玉峰題僧軸詩曰智異雙溪勝金剛萬瀑奇名山身未到每
賦送僧詩春後詩曰春去無如病客何出門時少閉門多杜鵑
啼有縱中總啼在青山未落花松月詩曰手持一卷蕊珠篇讀罷

[illegible]

松壇伴鶴眠驚起中宵酒身影沾霞飛盡月流天淸快得詩句

一天晴雪夜迢迢 舊鶴人歸碧玉簫 噎夢不知寒意重起尋梅

信劉南橋

李蓀谷達回舟詩曰 霜鷺下秋沙 晚蟬鳴江樹 歸舟白蘋風渡

蓉西潭再次須江韻曰 蓮葉參差蓮子多 蓮花相間女郎歌 來

時約伴橫塘口 辛苦移舟逆上波 江陵書事詩曰 三月江陵花

滿枝折花還有去年悲 傷心莫問東流水 日夜悠悠無歇時 題

畫云 霜落天南雁時 群荻飄風起雪紛紛 一行飛過瀟湘岸 千

落汀洲半入雲 病中吟曰 花時人病閉門深 强折花枝對酒吟

惆悵流年夢中過 賞春無復少年心

權石洲韠少倜儻不羈 不屑取官 平生專攻詩學 格調閑雅風

韻脩然 穆陵諸子中最得其正宗 但過熟耳 宣廟命徵其

稿入以備乙覽 明使之東來 以白衣充從事 使之應接 及光海

朝以詩安寃死 仁祖朝贈持平其過松江墓有詩曰空山落木雨蕭々相國風流此寂寥惆悵一盃難更進昔年歌曲即今朝滄浪亭詩曰蒲團淡寂篆烟殘獨抱仙經靜裡看江闊夜深松月白渚禽飛上竹欄干寒食詩曰祭罷原頭日已斜紙錢翻處有鳴鵶山蹊寂寞人歸去雨打棠梨一樹花寄竹窓詩曰年年同賞禁城花別後那堪度歲華鴻雁不來春已晩一般風雨在天涯哭具金化詩曰幽明相接杳無因一夢慇懃未是真掩淚出山尋去路曉鶯啼送獨歸人寄許成川詩曰江潭芳草碧迢々千里音書久寂寥想得降仙樓上月玉人閒撿鳳凰簫征婦怨曰交河霜落雁南飛九月金城未解圍征婦不知郎已沒夜深猶自擣寒衣聞任戊叔削科詩曰宮柳青々鶯亂飛滿城冠蓋媚春輝朝家共賀昇平樂誰遣危言出布衣夜坐書懷詩曰世事有如此流光無奈何摘花秋後少出語夜深多梢々月

東溟集[illegible]

七二

侵膚蕭々風振柯關心十年事坐數撲燈蛾旅懷詩曰東郡秋
將盡西征計又非烟塵關外阻書信峽中稀古渡寒吹角空林
暮掩扉愁時見歸雁一々背人飛初秋夜詩曰客子情無睡空
堂秋夜深螢從窓隙入蟲在石間吟世路難如此兵戈動至今
居然生白髮寂寞失壯年心早發龍泉詩曰一宿龍泉館雞鳴
路岐谷虛人語響橋折馬行危俗學終何賴浮名秪自欺前途
猶萬里不敢計鄉期南州留別詩曰漠々兵塵起茫々世事非
江湖人北去時序雁南飛驛路多秋草離亭半夕暉相看不忍
別流淚忽沾衣早發瓊關詩曰城上鳴々聞角聲半柄捕江々
水明早潮侵岸鴨鷗亂遥逈含黔燈砧杵鳴客子出門月初落舟
人掛席風忽生西州千里有此去長路險艱何日平別顧夫使
詩曰江頭細柳綠烟絲暫住蘭橈折一枝攜別諸在心徒脉々離
盃到手故遲々死前祇是相思日送後那去時莫道音容便長

隔百年還有夢中期 古意曰行出郭北門日暝遊江皐凝霜被
百草烈風聲怒號原野何蕭條極目惟蓬蒿豈無同來人莫知
我心勞所思在萬里茫茫隔風濤孤雁西南翔哀鳴不共相見
此長嘆息淚下沾寒袍
柳於于夢寅文章氣節伏一代時人謂文過歐陽修詩逸李奎
報聲之武過而亦見其造詣之高也其詩奇峭鬱拔神鋒森朗
一洗當時模擬陳腐之習而自出機軸生氣浮動真絕品也其襄陽
道中詩曰貧女鳴梭淚滿腮寒衣初欲爲郎裁朝來裂與催租
吏一吏纔歸一吏來南江詩曰春潮得雨一篙添濃綠初稀嫩
葉尖娛喚佳人舟上舞江風不貸楚腰纖禁直詩曰金鋪重掩
月蒼蒼漏鼓聲高客夢涼時物不知人意苦御花庭樹婉秋光
銀臺夜直詩曰菊綻鵝黃楓染羅秋虫不語露華清玉樓人臥
開無床可笑西流夜有聲書室詩曰張旭張芝不復生龍蛇起

東洋說豐源肴
陸也雖鶯開將如意書空遍一紙青天字々明頭流山絕句云
山下花殘山上雪下山締落上山裘一山氣候不齊處一日吾
無兩節遊南楚總銀介歎仍赴推鞫廳詩曰滿城花柳擁春遊
王手停盃詠柏舟壯士息持長劍起醉中當斫老奸頭遊僊瀑
詩曰兩道懸泉響決環寒潭搖影碎青山樵童莫折巖花去怕
却春光漏世間花川繡行詩曰炎々熾景倦長程石竹如燃眼
怨明鶯雉游人知有子鵁鶄藏樹但聞聲郵殘御史猶騎馬世
亂書生武說兵身在也須王事在豈將軀命較功名慶源館舍
詩曰語言豈獨[illegible]鳩色荒流亦可嘆桃李不花唯見杏紫
綿無種但生麻氏芽毛服同山獸妓假金粧似夜叉漢則單手
困鐵犯此城門外是誰家[illegible]客舍詩曰江作雷霆松作濤殘
燈閃壁別愁牢衙冠雪色梳邊下射斗虹光匣裏韜孤角響隨
閑月落亂峰寒入塞天高芳洲一夜秋蘭萎詞客悲吟處子騷

送人日本詩曰鯨縣東溟十二年馬州蕭瑟隱垂烟城頭畫角催紅日臺上華筵近碧天秋日賓艦鐃鼓櫓夜風漁笛識東船書生正坐談兵略醉撫龍泉看站旛送李時發赴北詩曰三尺爲號豹作韜龍泉新淬鸊鵜膏將軍擁甲江邊陣老虜投兵漠外逃嶺雪渾埋千丈檜海風能立百層濤胡姬勸酒胡兒舞醉臥紅氈塞月高題寶蓋山寺壁詩曰七十老孀婦單居守空壼慣誦女史詩頗知姙姒訓傍人勸之嫁善男顏如槿白首作春容寧不愧脂粉

金淸陰尙憲文章氣節卓冠當時嘗奉使入明路由登州張延登館于家選淸陰詩爲之印行後王漁洋士禎論詩曰淡雲微雨小姑祠菊秀蘭衰八月時記得朝鮮使臣詩果然東國解聲詩由是淸陰詩名震天下其落雁詩曰靑女乘秋結夜霜塞鴻連陣正南翔衡山到日無前路少爲蘆花下夕陽陳仲子故里詩

曰廉士遺墟何處尋井邊螬李已無陰野塘水綠雙鵝白猶作當時鼢々聲 贈順天宰鄭維城詩曰春滿田家布穀飛訟庭無事晝簾垂花陰不動琴書靜想見焚香宴坐時 遊漢江詩曰帝席臨江曲蘭橈傍渚東晴沙望更白夕照斂猶紅地理山河壯襟懷氣像雄歸雁待明月高嘯倚長風 贈李學士景容赴鏡城詩曰鷹隼翔風厲冰霜關塞清青綾罷禁直白馬向邊城箭出胡星落營開漢月明平生李太守不愧壯西名 登州次吳晴川大拭韻曰澹雲輕雨小姑祠佳菊衰蘭八月時磯石近依牛女渚桂花低拂廣寒枝夢回孤枕繚波撼風散遙空雁列差無限旅愁消不得喜君詩句慰羈離 贈別詩曰千里黃沙白雁飛故園消息隔天涯節旄零落蘇卿老秋氣蕭條宋玉悲四海英雄心幾折百年空社淚空垂明朝又作河梁別寂寞孤懷秪向和落陽送秋日感懷詩曰忽々殊方斷送秋一年光景水爭流連天

敗葉西風急單磧寒雲暮白愁蘇武幾時終返國仲宣何處可登樓騷人烈士無窮恨地下傷心亦白頭贈任子瀞詩曰北風揚塵沙天地同晦塞玉貌變垢膩素衣非故色我有白疊扇出自南海曲臨分把贈君持此障塵濁塵濁既云去清光皎如拭珍重故人思秋風莫輕擲次金伯厚韻曰故國春已去花枝生綠陰井廢苔蘚滑草沒門逕深親戚揜淚過朋游亦傷心出綵胥黃卷雁柱拋素琴燕來非舊主鶯啼空好音自非鍾儀奏誰憐莊舃哈繼鷹望雲霄籠禽憶山林惟有關山月夜夜開煩襟

第六節 詩學革命時代

物極必變理之常也我東詩學極盛於宣仁之間皆主唐聲然亦不無可論者夫詩者風也人性之清濁世代之隆替風亦隨而變焉如唐一代有初中晚三代之異況地之相距千有餘里世之相後千有餘年為詩者欲一一盡出於唐聲則勢所不行也

故盡雄者或過於華靡而少實優雅者或過於平淡而少趣于
是詩格不得不變而爲清新精緻之體矣其一代昇降之跡有
所難掩者如此顯肅之間金三淵昌翕始倡黄陳句法已少變
風調繼之以李炯菴柳冷齋朴楚亭李薑山申紫霞諸公或主
尖新或主奇詭而宋明詩體風靡靑邱矣謹錄諸家詩于下以
備參考

金三淵昌翕百淵谷詩曰風定溪潭暖晴暉漾石門群峰深淺
綠波底見春痕又陽間丁々響雲埋伐木人孤喧倚幽石俯視
碧粼々又鳩鳴烟雨裏隱々定何峯植杖看春色岩耕興亦濃
正陽寺有期不至詩千峯峭欲響鐘動正陽樓落木僧歸定高
雲客與留寂洋琴寂々城闕月悠々偃蹇憑叢桂幽期竟晩愁
夜登練光亭詩曰雪岳幽棲客關河又薄遊隨身有淸月卜夜
在高樓劍舞魚龍靜盃行星漢流雞鳴相顧起留與木蘭舟 仁

顯王后輓曰宋有仁宗聖瑤華事愧今吳非戲地道後乃見天
心玉攢光初薦黃裳儼再臨晴空俄落羅桂殿結長陰還山詩
曰還山落日時馬首夕風吹積葉非前路遙岑宛舊姿溪流明
暗見霜條淺深知忽已茅茨出蕭然黃薜蘿滿月臺詩曰蒼山
無力但周遭宿物何能更作豪堂陛初困千乘設池臺足見庶
民勞螢飛輦道秋烟冷鹿下毬庭夜月高已是寂寥猶有事樵
牧人遇擊壺書驪江詩曰擊汰斜湖山四低黃驪遠勢草萋々
婆娑安城影清樓壯神勒鐘聲白塔西積石波沈龍馬跡二陵春
入子規啼翠翁妝老空文藻如此風光不共携贈鏡城使君詩
曰邊風盡日暮雲多豆滿江流湧白波眼底湖山來不已天邊
京闕杳如何書生有膽能論劍鎮將無眠每枕戈幸不關船明
月下戍樓秋夜詎堪過西傁李孺人挽曰自傁入我門昔少平
樂時緗委嫁時衣盡休十年眉西林嬌欲定半巢滄桑移荒天

望海哭苦峽拾橡悲嗚呼可思哉存沒竟如何浮沒白雲川井
日猶在湄晚吟詩曰晨起坐茅亭微月當窓白河漢影清淺村
雞聲斷續四顧寂無人蟏蛸掛虛壁白露夜來濕秋山似齋沐
端居不可道景物日蕭索羸癈獨彷徨幽懷更寂寞
李炯庵德懋字楙官其造句堅老立格清奇力掃凡蹊別開門
逕擬英正時代變調之鍵如吹齊木蘭觸目都是奇寶真絶品
也其秋燈急雨詩曰涼宵顧影剔燈紅倒錄星經插架充頗有
扁舟浮海想愁濟忽泛雨聲中曉發延安詩曰不已霜雞郡舍
東殘星配月耿金笠歸聲笠影朦朧野行踏閭人尼夢中贈金
郊察訪詩曰草色官袍老太常林滿諧笑少年場酒酣卧聽荊
卿傳特將蒼髯意氣長碧蹄店詩曰天兵癸巳齒倭鋒鐵馬蹄
勞泥土濃未拭輕儇蝴蝶陣臨風痛哭李如松又往〻鋤頭觸
鐵丸村娥綴佩愛團〻太平生長那由識透甲消成壯士瘢嬋

娟洞詩曰嬋娟洞草賽羅裙剩粉遺香暗古墳現在紅娘休說
艷此中無數舊如君宿村舍詩曰溪南秋水屋信宿意殊深漫
咏非今體微醺即古心夕階霜響屐晨牖月窺衾靜習山居性
煩嫌一鳥音又吾家恬退志終古卜居深亂樹通寒夢孤雲托
遠心明時休營墓清夜不慚衾落魄誰如我秋詩發勁音延安
府詩曰申公築城炳幾先畢竟奇功李月川敗壘蜿蜒浦艸寇
崇碑巋々辨龍年池蓮適用還徵稅野鶴橫羅亦直錢飯顆延
川誰云美秋荒禾黍劇蕭然金沙寺詩曰水背如弓不見洲壯
遊吾且散羈愁群龍鬐戲潮音大諸佛眉憂地軸浮遍滿穠棠
開亦艷飛來茅苡事頗幽年々首夏唐船泊僧捋營高海月庫
田舍詩曰農家月令補新編霜朕先占卵色天魚種晚生纖勝
指雞孫具體大於拳寬衣健婦醇風返頓飯痴兒慧寶填謠俗
那愁遷目境細斟村酒抱書眠謁崇仁殿詩曰檀君殿謁孔宮

瞻神聖之隣廟更嚴道寄姬書陳蕩蕩詩開鮮雅咏漸漸危踪
昔被佯狂髮後裔誰飄克肖髯不受周封元白到孟堅為志業
心指龍仁途中詩曰黃草纖纖石磴微土饅頭畔樹盈園趁顛
形葉回旋舞跳笠紺蟲的歷飛經夕腹便紅米飯當秋身吉白
綿衣一灣霞作臙脂艷負手間村井字門又畫譜詩篆觸境舒
森羅光景悟如如晴禾琵飄行當聽夕葉紅明辰可書落照牛
歸孤樹遙曠郊人語澹烟廬一叢嘈嘖充名雀解況忘機故近
予有感詩曰農丈人星曉映空烟霜衝冒稻波東酸鹹已熟長
貧日冷爨偏經久旅中親老那能辦斷事才疎端合役微躬歎
非景略何捫蝨姑把溫顏對社翁牙山白岩夜詩朴岐陽詩曰
顯忠祠逈白岩圓村影漾漾靜畫眠遙夜河明三五宿虛橋水
白上中田厓霜颯集蛇鳴憂嶺月橫翻虎氣鑪特地張燈詩話
久盆花逾馥照衿姸宿麻浦詩曰初春顏色喜相看燈結疎花

酒漾瀾冰鯉不眠思底〻事沙鷗多警惱無端烟繞澹蕩鋪新
白月最嬋娟返舊園境到幽迷方促滕宋人詩話補餘閒
柳冷齊得蒸字蕙風才氣縱橫格律森嚴如入五都之市山珍
海錯無物不有加以天姿勝人鍛鍊成奇至於登臨懷古尤多
傑作此其東國之文鳳也其田家詩曰不得爲君子辛苦良所
習操鎌在中野朔風來蕭颯人遠一鷺峙畦明萬鑑疊柴扉斷
人蹤籬末蜻蜓立其咸暮春山中客詩曰東峰碧未已寒月燕居
情烟屋簷詩意雨樓沈讀聲暗泉吹壞出微燈冒蒼橫前路緋
徊羅難逢一友坐松京襟絶曰紫霞洞裏草菲〻不見宮姬遂
馬歸爲是辛壬行樂地至今猶有燕雙飛又荒涼二十八王陵
風雨年〻暗添燈遊嶠山下紅躑躅春來猶自發層〻夏夜詩
曰睡遲薜沈藥草肥月庭時見燮単衣一天露氣涼如許白鳳
仙花濕不飛其別後詩曰過眼逢場與別筵行人彈淚又秋天
東華寺翠梧原荒

八三

今齊練々虛堂月蟋蟀聲高似去年送素玩歸東峽詩曰東峰 八三
丙舍長蒿萊荒徑應須二仲開珍重秋山飛葉裏瘦黃犢背認
吾來憩岩泂蒼遊麻浦詩曰龍山山下客橫舟惆悵相望江上
樓韓使不歸魚雲白蒙遮一去峴花愁夕陽杳々孤帆下洌水
洋々千里遊無限西湖懷古地年々芳草滿汀洲滿月臺懷古
詩曰破碎花飄古宮仙人橋外柳朦朧異鄉節候催愁裡勝
國風烟似夢中麗水高山徒歷々落花啼鳥更怨々總憶吾家
文正相韓聲礫々此擇彤芙落山中話舊詩曰東小門東更向
東新興蕭寺舊栖同別來幾日非吳下知者無人又郢中還似
寒號得過鳥偏憐瑣結寄居虫寒山蠹發悲今夜繞屋霜鳴聶
聶紅麻浦打魚篇曰春天瀟無風春江膩如油站々橫波蝀交
交艕浪覺漁船使雙槳飛舞於中流沈網復沈網意智同老蛛
悠々往彼岸旋喬返故洲下艇網在手復事相支春隊々橫行

鱍人々左旋驢一片空明裏何必繫有無波光似拂鬱網邊有
勇魚於魚實得計爲人且驚呼心雖斬得烏志亦殺無辜翻空
持空網頻爲人.揶揄水淺漏聲盡窮鱗晩網跡羣大脫部務入
水怨探擧驕者斃殺之餘盡生刼諸小魚猶跳擲沙土被肌膚
大魚無奈何横臥但欲獻河豚不勝怒腹大帝江如赦次懸逢
際暫時充玩娛饒士不棄膾無望復成軀鱗鬣有舊勢猶向鼎
裡遊江湖與湯鑊忽焉在須臾魚兮我食汝々死勿怨尤危機
鋭結網周官吏罝獻仲尼大聖人惟細膾是求孟氏云所欲唯
噬但數罟魚兮可遠引胡爲我禽乎鯨鰍自不愼枯魚莫寄書
朴楚亭齊家字在先工於七律脫乎如彈丸不爲僻澀之音矜
期磊落如見其人蓋原本於夢得.山而嶔奇歷落之氣則似
過之其排字詩曰天浮平綠色西北遠山眉酒意逢春永文紋
坐石奇微風佳樹靜白日澹禽移紅發吾家杏徘徊可以詩秋

良半寺立下原亢

八刀

晨衾中詩曰登山臨水若爲悰霜脚嵌青葉春形天地蕭々豺
祭獸朋交落々蚷依螢開將筆鉞誅書贋俠棹䑛舡濟病脩却
恨黃花香太淡也應知我怪非儂離騷只是悲人歌徒亂中情
勿愛他牙頻逢秋頻碨磊衣冠與俗日婆娑太玄行世誰知否
太白當前不飮何定使吾身淸死了黃花紅樹月霜多秋懷詩
曰天高無雁不南飛星漢初橫地籟稀紅樹之中君獨住黃花
也盡我誰歸憑欄自去看秋嶂信步時來款夜扉酒后淒然頻
促膝倩人扶燭起更衣萬山店曉雨詩白臥數歸程睡不成懷
羣更自念平生心勞大抵由形役昔住元來勝樂行南國山川
多雁影中宵風雨又雞聲鳴機軋々啼兒泥店主困綠倒有情
信宿孝心溪鄉廬詩曰山中桂樹隱思君草澤胡爲鳥獸羣遠
水縱橫人獨去野田蕭瑟路微分午時墟落惟天籟亞字柴門
宛古文一笠亭陰聊共憩寥々天杳々漑孤雲訪故人農庄詩曰

心靜還知丈室寬酒酸猶博片時歡十年人似齊門瑟半世身
多楚相冠感此孤蟲催歲暮飄然曠野履霜寒鄉村寂寞眠常
早月歷梁荊始出看又秋來酒戶十分寬海上萍逢幾日歡笑
搖共彈明月鋏崔嵬猶戴切雲冠臨風盡裏黃花老丈[illegible]
白露寒蓊屋青燈情轉勝奚囊詩草夜深看又醇醪合使尊夭
寬久客翻為破涕歡猶有書香留信宿居然野色染衣冠多辭
木葉流霜白未曙茅茨澹月寒荳殼禾叢離別後不知何日更
中看
李臺山書九字洛瑞其詩諸體皆空尤嫻五古原本陶謝而時
近蘇黃儲孟之間詩品為最高矣七律參以宋體亦多新穎之
思真天才也其曉起觀漲詩曰篙子宿寒雨夜聞篷底語朝來
兩岸樹不見停舟處西岡詩曰家近碧溪頭日夕溪風急脩林
不逢人水田鷺影立又時向返照裏獨行青山外鳴蟬晚無數
又 年寺學原名
人云

隔水飛清籟讀書松根上卷中松子落文鶴欲歸去半嶺雲氣白江夕詩曰漁翁宿寒雨蟹舍 寒烟數點洲邊火遙知估客船挑鶴詩曰身逐飄風與去塵水雲何處駐精神花避竹冷彈琴後從此間居少一人休夏詩曰西園多古木深夏見鸝黃細果垂欹壁幽花覆壞墻雨聲收晚暑山色送斜陽倚閒幽居樂何如谷口莊又久雨仍成濕空階長屋遮竹樹來燕子繞背上蝸牛樓靜新經月江明已近秋生涯甘濩落猶作醉鄉侯漢上懷人詩曰清溪繞屋樹蕭森棲宿山居見道心澗石蒼苔馴子鹿石田春雨種人蔘白雲長在誰堪贈芳杜相思怨不任溪閒匡廬同社客何時欲攬芰荷衿秋日懷仲牧詩曰嵩陽卜宅慕藏名只有幽愁隔舊見無數青山驚晦夢至今紅樹恨秋聲西風古郭牛羊下落日荒村虎豹橫洞裏他年携手去一節烟雨訪初平秋日田園有懷詩曰青黃山木澹秋容蕭洒田家卧夕

番紅藕池塘時下鷺碧花籬落亂鳴蛩已能作賦要詹尹不必修
書報曾宗可使躬耕皆谷口芋區半畝足歸農又狎鷗亭詩曰
花亭隱約枕湖雲無限晴沙眺望紛洌水風帆橫岸去廣陵烟
樹隔江分青山眼冷皇華使芳草魂銷上黨君萬疊閒愁拋不
盡輕波皺得碧羅紋九日懷惠風詩魂夢長飛錦水濱重陽時
節百愁新一天寒雨連南國兩地黃花憶故人此日秋窮遲燕
子他鄉霜落怨鴻賓別君以後添寂寥獨掩松關做隱淪
申紫霞緯天才奇偉逸宕其詩以蘇子瞻爲師旁出入于徐陵王摩
詰陸務觀之間犖々乎其悟徹也森々乎(其)馳突也翩々乎其褒
晚之大家矣其西京次鄭知常韻曰急管催觴離思多不成沈
醉不成歌天生江水西流去不爲情人東倒波花坐詩曰明月
尋人直入房原無約束總商量那堪熟睡更深後獨轉迴廊過
短墻禁林秋熾詩曰憑欄風露帽簷欹秋夕詞臣睡起時御氣

良 羊寺 紙 原稿

暖於初夏景鶯聲猶在萬年枝書齋口占詩曰莫笑書齋太儉
寒三間五架有餘寬一團屋裡祥和氣看取推梨讓棗歡題古
紺山水圖詩曰雲中雞犬一村靜岸上桃花千萬枝捲幔輕梳
徐轉去春江滑笏碧琉璃又朝來山色洗塵氛細雨蓬窓獨夜
聞柔櫓一聲忘近遠前溪花發後溪雲又柳絲篩粉共參差端
坐無言面巾池背後白鷗飛自去一江春水夕陽時翠壁丹崖
初過雨白雲紅樹變秋時飄然野老一藜杖小立溪橋何所思
朴淵詩曰俯棧攀々下回看所歷懸巖飛出拔地溪立瀑垂天
空樂自生聽衆喧殊寂然方知昨宿處幽絕白雲顛初出遊野
詩曰天風浩々地茫々萬里被襟我一當滄海遊巡東盡界醫
巫勤佳北連遼身非化鶴悲城郭皮似亡羊泣塹枉合置燕南
琴築士此中湯沐醉爲鄉聞韶閣朝霽有懷詩曰乾坤納々一
窓中江氣澄鮮雨氣濛夜水眠知帆影已曉花晴覺鳥聲 王青

山渺々樓舍日綠葉陰々戶城楓莫道故人書信斷能傷江上
有潮通滿月臺詩曰大業三韓一統來子孫付托奈非才宮闈
震蕩家兵入梵唄淒淸佛國開雲鎖鳥名多跋扈晉史何依寄
悲哀繫華往跡無人間滿月臺前生綠苔

第七節　詩學衰微時代

憲哲以降韓末氣數極否風氣日以卑下故其發於聲詩者大
率膚淺輕儇取靑媲白唯綺麗佻巧爲是爭爲靚其所謂性情
之天也其間或有自號以鴻儒碩學者出言詩論韻不無嶄新
奇妙之作然元氣隨以澌敗其動乎天機也淺而興象不遠命
乎事物者粗而描寫不眞讀之便覺風韻索然無溫柔敦厚一
唱三歎之趣如已朽之木雕鏤愈巧而毁眞愈甚詩道之厄可
謂極矣近日金滄江澤榮傑然挺立不爲其風氣所囿獨開門
逕思欲挽回頹波然亦徒勞無效而止嗚呼其於世運何哉下

東華寺正乎原稿

擧滄江詩若干篇以備參考
滄江萬峰歸僧詩曰花落一僧去春山更萬重寺門行未到早
有出雲鍾寄安涵齋詩曰娟々安學士臥弄滄江月讀書過萬
卷飮酒能一鉢 又學士顏如玉漢江浪如綺々如綺不停流君亦
行老矣 又江北望江南臨風可招手何時一葉舟共繫江邊柳
又枯槁李泰隣賣藥在江曲我欲問諸天奈天無詔獄南遊聞
雁詩曰明河初灩別書堂錦水邊山驛路長鴻雁後飛過我去
秋風秋雨滿江鄕自白雲臺至道詵庵詩曰絶頂歸來似謫仙
驚魂收召欲參禪山僧坐睡山花發滿院蜂聲卓午天中和駒
峴望平壤城詩曰和風弄袖馬蹄輕平蕪茫々宿雨晴都捲萬
山千水目青天一望大同城登大同門樓詩曰天空海濶滯悠
悠江水東來抱郭流錦繡羅青三萬頃一時吹出大同樓平壤
詩曰歡塲處々粉粧明花暖江頭一字城爪壁龍眠樓閣影纖

梢鶯止管絃聲新翻妙曲傳灣府幾然芳絨報漢京冠蓋年々
東渡玄垂楊垂柳古今情又永明禪寺子城陰法侶生涯不自
深香積廚邊官置酒觀音欄上妓橫琴蒼松老檜知前代寶磬
鳴鍾震妙音還是南朝無路憶樓臺烟雨鎖沈々又檀君開闢
儘荒哉萬古風雲一擧盃江海交流天地外干戈幾經蜀蠻來
井田鳥下春蕪遠波寵麟飛夜月衰興廢隨麟隨氣運莫將歌
舞比蘇臺又殷禮東來開變夷東川虎踞自男兒何知爲貢堯
封外略似三王五霸時壇還但惆疇範古江山長借史才卑千
秋文士登臨恨浪灑芳洲杜若枝又提督東征慷慨歌奏庭七
日事如何甲包粮食朝踰灣火照江山夜破倭京觀土花埋劍
戟荒祠春雨蔭藤蘿東公露布韓公筆十萬貔貅盡擲戈除夕
詩曰義和鞭急逐飛塵長夜駸々欲轉晨決絶奈如當去客奈
忙都爲未來人垂々星斗千門影動々梅花一線春上界神仙
乙 半寺迎京氣

應俯笑明燈守歲幾癡民朝渡臨津詩曰嫋嫋秋風起天末脩脩鴻雁適何方朔辭漢府雞聲裏夕宿臨江蟹斷傍渡口楓林升曉日舟人蓬笠搓新霜是非成敗皆泡沫看取沙邊古戰塲舟發禮成江至杏洲詩曰三峰蒼翠落篷頭漢口風烟一望收金浦人家紅樹暮杏洲兵壘白雲秋船燈漸與疎星出村杵遙將冷葉流唱徹離騷誰解聽龍吟雁數滿江愁

第二編

朝鮮詩學考

조선시학고

영인본

東洋詩學源流 全

第一編

朝鮮詩學考

조선시학고

영인본

지은이

이승규(李昇圭 1882~1954)는 보령 태생이며 호는 滄東이다. 그의 생애 전반에 대해 확인된 부분이 소략하지만, 한학에 조예가 깊었으며 동아일보 창간기자, 보성학교 교사, 휘문학교 교사, 서울시립 농과대학 교수 등을 거쳤다고 한다. 그가 주로 교육자의 길을 걸었던 것으로 보아『東洋詩學源流』는 교육 목적으로 저술을 한 듯하며, 여타의 저작에 대해서는 확인되지 않는다.

옮긴이

김효정 단국대학교 한국고전문학텍스트연구소 연구교수이다. 단국대학교에서「17세기 전반 北人系 南人 시문학 연구」로 박사학위를 취득했으며, 논문으로「松谷 李瑞雨의「靑巖錄」고찰-비일상의 체험에서 지식생산으로의 전환」,「18세기 전반 근기 남인계열 詩社 '湖社' 연구」,「謙齋 趙泰億의 시세계 一考: 의주 접반 시기를 중심으로」등이 있다.

박난아 단국대학교 한국고전문학텍스트연구소 연구원이다. 단국대학교 대학원 국어국문학과 박사 과정 중에 있다. 석사 논문인「明谷 崔錫鼎의 詩文學 硏究」를 시작으로 소론계 문인들의 시문학을 연구하고 있다. 논문으로「謙齋 趙泰億의 시세계 일고찰 - 門外黜送 時期 詩作을 중심으로 -」,「損窩 崔錫恒의 한시에 나타난 전란 기억」등이 있다.

유명석 단국대학교 한국고전문학텍스트연구소 상임연구원이다. 단국대학교 국어국문학과 박사과정을 수료했으며, 한국고전번역원 부설 고전번역교육원 연수과정을 마쳤다. 논문으로「淸陰 金尙憲의 文學論 硏究」·「문곡 김수항의 문학론 연구」등이 있으며, 18세기 농암 계열 문인 시문학의 형성과 전개를 중심으로 박사학위 논문을 준비 중에 있다.

유진희 단국대학교 한국고전문학텍스트연구소 연구교수이다. 단국대학교에서「조선 초기 시풍 연구–唐·宋風의 實存 樣相을 중심으로 박사학위를 취득하였다. 논문으로「昆侖 崔昌大의 기행시 일고찰 -『損窩遺稿』소재 昆侖詩를 중심으로 -」·「損窩 崔錫恒의 유람에 대한 인식-'壯遊'와 '淸遊'를 중심으로-」등이 있다.

최수완 단국대학교 한국고전문학텍스트연구소 연구원이다. 단국대학교 국어국문학과를 졸업하고 같은 대학 석사 과정 중에 있다. 晉菴 李天輔의 散文을 중심으로 석사 논문을 준비하고 있다.

감 수

윤재환 한국고전문학텍스트연구소장. 단국대학교 국어국문학과 교수로 동양학연구원 연구실장 및 번역실장을 겸하고 있다. 星湖와 順菴, 茶山 등을 중심으로 한 조선 중·후기 근기 남인들의 문학세계 연구에 주력하고 있으며, 저서로 『매산 이하진의 삶과 문학 그리고 성호학의 형성』·『조선 후기 근기 남인 시맥의 형성과 전개』·『옥동 이서의 삶과 시세계 그리고 성호학』 등과 다수의 저역서가 있다.

한국고전번역총서 3
동양시학원류
제2편 조선시학고

2023년 12월 29일 초판 1쇄 발행

지은이 / 이승규
옮긴이 / 김효정 · 박난아 · 유명석 · 유진희 · 최수완
감 수 / 윤재환
펴낸이 / 김병환
펴낸곳 / 학자원
주소 / 05355 서울시 강동구 천호대로 1121
전화 / (02)02) 6403-1000
팩스 / (02)02) 6338-1001
e-mail hakjaone@daum.net
등 록 2011년 3월 24일 제2011-14호

HAKJAONE Publishing Co.
1121 Cheonho-Daero kangdong-Gu Seoul

ISBN 979-11-6247-308-5 94810
979-11-6247-306-1 94810(세트)

값 35,000원

잘못된 책은 교환 가능하며 구입 서점이나 본사로 연락주세요.
이 책은 저작권법의 보호를 받는 저작물이므로 무단전재와 복제를 금지하며,
이 책의 내용을 이용하려면 저작권자와 학자원의 동의가 있어야 합니다.